普通高等教育"十一五"国家级规划教材

大学数学教程／韩旭里　主编

概率论与数理统计

（第四版）

裘亚峥　任叶庆　刘　诚　编

科学出版社

北京

内 容 简 介

本书是普通高等教育"十一五"国家级规划教材"大学数学教程"系列教材的概率论与数理统计部分.

全书包括随机事件及其概率、随机变量及其分布、多维随机变量及其分布、随机变量的数字特征、大数定律与中心极限定理、样本及其分布、参数估计、假设检验、回归分析与方差分析、正交试验设计、应用数学模型等 11 章内容. 本书体系新颖, 结构严谨, 内容翔实, 叙述清晰, 重点突出, 难点分散, 例题典型, 习题丰富, 重视对学生分析、推理、计算和应用数学能力的培养.

本书可作为高等学校理工科非数学类专业本科生的教材或教学参考书, 也可供科学研究与工程技术人员学习参考.

图书在版编目(CIP)数据

大学数学教程. 概率论与数理统计/韩旭里主编; 裘亚峥, 任叶庆, 刘诚编. —4 版. —北京: 科学出版社, 2015.8

普通高等教育"十一五"国家级规划教材
ISBN 978-7-03-045383-9

I. ①大… II. ①韩… ②裘… ③任… ④刘… III. ①高等数学-高等学校-教材 ②概率论-高等学校-教材 ③数理统计-高等学校-教材 IV. ①O13 ②O21

中国版本图书馆 CIP 数据核字(2015)第 183467 号

责任编辑: 李鹏奇　王　静/责任校对: 钟　洋
责任印制: 师艳茹/封面设计: 陈　敬

科学出版社出版
北京东黄城根北街 16 号
邮政编码: 100717
http://www.sciencep.com

三河市骏杰印刷有限公司印刷
科学出版社发行　各地新华书店经销

*

2004 年 8 月第 一 版　开本: 720×1000　1/16
2015 年 8 月第 四 版　印张: 21
2025 年 1 月第二十二次印刷　字数: 423 000
定价: 49.00 元
(如有印装质量问题, 我社负责调换)

第四版前言

　　大学数学课程是大学高等教育中最基础和最重要的课程之一，各高等院校都十分重视大学数学基础课程的教学．为了适应科学技术进步的要求，培养高素质的人才，我们在各级教育主管部门的领导和支持下，进行了多年的大学数学教学改革实践．我们进行教学改革的重点工作之一是注重吸取国内外高等学校在基础数学教学改革方面的进展，不断总结教学实践的经验，努力编写一套高质量的数学基础课教材．本套教材是在对原《大学数学教程》系列教材使用多年的基础上，进一步修订出版的．

　　本系列教材，在数学观点和思想方法上，贯穿集合、向量及映射的概念，体现局部线性化、离散化、逼近、最优化等思想．在内容体系上，淡化单纯面向专业的观念，理顺课程内容之间的关系，加强对应该普遍具备的数学基础知识的阐述，注重有利于学生对知识的理解与深化．在知识巩固和应用数学能力的培养上，除了精心选取例题和练习外，每册单独给出了与本册内容相关的应用数学模型一章，内容原则上只用到前面所学的知识，可以供相关章节中选讲，以培养学生的应用意识和提高学习兴趣，提高学生融会贯通的分析问题和解决问题的能力．

　　第一版教材侧重于将微积分、线性代数、概率论与数理统计的数学基础课内容统一安排教学，侧重适合于统一开设为大学数学一门课程使用．这样，对大学数学的基本内容，便于学生学习、教师教学和教学管理上的统一安排，有利于使这些基本内容保持同等重要和重视的地位．第二版教材，在保持原有指导思想的前提下，力求做到既适合于统一开设一门课程使用，也适合于分别开设多门课程使用．因而，实现了本系列教材的目标定位是作为非数学类理工科大部分本科专业的数学基础课教材，内容经选择适用于对数学要求差别不是很大的其他各类有关专业数学课程的教学．

　　为了更新教学内容和加强数学思维的训练，本次修订对部分内容进行了调整和补充，进一步精选了例题，补充了部分习题．每本书修订的其他情况如下：

　　《高等数学（上册）》是对第二版的《微积分（上册）》的修改，将函数、极限与连续两章进行了一定的调整，删除了一些不常用的内容和与中学有重叠的内容，增加了一些着重应用的数学内容，比如，介绍了一些经济管理领域内的数学概念等，并合并成了一章．适当引进了一些近似计算方法与实际应用的数学问题．第 1 章至第 3 章由刘碧玉编写，第 4 章至第 6 章由李军英编写，第 7 章由韩旭里编写．

　　《高等数学（下册）》是对第二版的《微积分（下册）》的修改，对内容力求简明直观地描述,着重训练、应用和运算,注重增强理性思维培养的要求. 第1章、第4章和第5章由刘旺梅编写,第2章和第3章由秦宣云编写,第6章由周英告编写,第7章由韩旭里编写.

《线性代数》在第二版的基础上,除了精心编写了基于线性映射定义行列式的内容,以加强培养学生的抽象思维能力,还补充了基于排列求和定义行列式的内容,便于读者参考其他教科书,更好地理解行列式的内容. 将逆矩阵内容后移,与初等矩阵合并在一节,使逆矩阵内容的介绍更为紧凑. 第1章至第3章由刘伟俊编写,第4章至第6章由杨文胜编写,第7章由韩旭里编写.

《概率论与数理统计》在第三版的基础上,对部分内容的叙述和公式的表示进行了适当的修正,对第7章和第8章的一些概念给出了便于理解的更详细的阐述、对例题和部分习题也作了一些增减,使其层次更加清楚,内容更加丰富和完善,适应多种课时安排的教学. 第1章至第3章由裘亚峥编写,第4章至第6章由刘诚编写,第7章至第10章由任叶庆等作者编写,第11章由韩旭里编写.

这套教材既是一个统一的整体,可以作为大学数学课程统一开课使用,进行一体化教学. 各部分之间又有相对独立性,可以按四本教材分别开设课程,独立讲授. 讲完全部内容大约需要290学时. 如果减少一些内容,安排240学时左右讲授是可以的.《高等数学(上册)》可以考虑安排80~90学时,《高等数学(下册)》可以考虑安排90~106学时,《线性代数》可以考虑安排32~40学时,《概率论与数理统计》可以考虑安排40~54学时,教师可以根据教学计划灵活安排.

课程教学体系和教学内容的改革不是一朝一夕就能完成的,需要不断完善、不断适应时代发展的需要. 本套教材前后版本的使用、修订和出版,得到很多教师和教育主管部门领导的帮助和支持,得到科学出版社的热情支持,在此表示衷心感谢. 同时,本教材若有不妥与错误之处,恳请专家、同行和读者不吝指正.

编 者

2015年5月

第一版前言

大学数学课程是高等教育中最基础和最重要的课程之一,各高等院校都十分重视大学数学基础课程的教学.为了适应科学技术进步的要求,培养高素质的人才,我们在各级教育主管部门的领导和支持下,进行了多年的大学数学教学改革实践.我们进行教学改革的特点是,根据大学数学基础课程的内在联系,突破原有课程的界限,将微积分、线性代数、空间解析几何、概率论、数理统计、应用数学模型的内容有机结合,加强相互渗透,加强数学思想方法的教学,加强应用数学能力的培养,统一开设大学数学课程.按照这种教学改革的思想,我们组织编写了一体化教学教材,并经过多年的教学实践,效果是令人满意的.现在,我们在原教材的基础上,广泛吸取国内外知名大学的教学经验,并进一步改进,出版了这套系列教材.

本系列教材的目标定位是作为非数学类理工科大部分本科专业的数学基础课的教材,内容经选择也适用于对数学要求较高的其他各类有关专业的数学课程的教学.本系列教材全部内容按大约 260 学时的教学计划编写.对于学时安排较少的专业,可根据要求选择使用.对全部教学内容,建议按三个学期整体安排.

本系列教材,在数学观点和思想方法上,全书贯穿集合、向量及映射的概念,体现局部线性化、离散化、逼近、最优化等思想.在内容体系上,进一步理顺了内容之间的关系,整体优化,强调分析、代数、几何的有机结合.对大学数学基础内容统一安排教学,既有利于学生对知识的理解与深化,又能使大学数学的基本内容在教学管理、教师选课和学生选课上,保持同等重要的地位.在知识巩固和应用数学能力的培养上,除了精心选取例题和练习外,每册单独给出了与本册内容相关的应用数学模型一章,内容原则上只用到前面所学的知识,可以供相关章节中选讲,以培养学生的应用意识和提高学习兴趣,提高学生分析问题和解决问题的能力.

本系列教材是"湖南省普通高等教育面向 21 世纪教学内容和课程体系改革计划"重点资助项目的研究成果的延续,得到了"湖南省高等教育 21 世纪课程教材"立项资助和"中南大学教育教改研究项目"的立项资助.在此,向对本系列教材的编写与出版给予帮助和支持的同志表示衷心感谢.

由于编者水平有限,若有不妥与错误之处,恳请专家、同行和读者不吝指正.

编 者

2004 年 3 月

目 录

第四版前言
第一版前言
第1章 随机事件及其概率 1
  1.1 随机事件 1
  1.2 随机事件的概率 6
  1.3 条件概率与乘法公式 17
  1.4 全概率公式与贝叶斯公式 20
  1.5 事件的独立性 24
  习题1 28

第2章 随机变量及其分布 31
  2.1 随机变量 31
  2.2 离散型随机变量的概率分布 32
  2.3 随机变量的分布函数 37
  2.4 连续型随机变量的概率密度 41
  2.5 随机变量函数的分布 52
  习题2 57

第3章 多维随机变量及其分布 60
  3.1 二维随机变量及其分布 60
  3.2 边缘分布 65
  3.3 条件分布 68
  3.4 随机变量的独立性 72
  3.5 两个随机变量函数的分布 76
  习题3 84

第4章 随机变量的数字特征 89
  4.1 数学期望 89
  4.2 方差 98
  4.3 几个重要随机变量的数学期望及方差 103
  4.4 协方差与相关系数 107
  4.5 矩、协方差矩阵 113
  习题4 116

第 5 章 大数定律与中心极限定理 ································ 118
5.1 切比雪夫不等式 ·· 118
5.2 大数定律 ·· 119
5.3 中心极限定理 ·· 121
习题 5 ·· 124

第 6 章 样本及其分布 ·· 126
6.1 简单随机样本 ·· 126
6.2 抽样分布 ·· 129
习题 6 ·· 143

第 7 章 参数估计 ·· 145
7.1 参数的点估计 ·· 146
7.2 估计量的优良准则 ·· 157
7.3 参数的区间估计 ·· 162
7.4 0-1 分布参数的区间估计 ·· 173
7.5 单侧置信区间 ·· 175
习题 7 ·· 179

第 8 章 假设检验 ·· 182
8.1 假设检验的一般理论 ·· 182
8.2 正态总体参数的假设检验 ·· 193
8.3 总体分布的拟合优度检验 ·· 203
8.4 置信区间与假设检验之间的关系 ······································ 205
习题 8 ·· 207

第 9 章 回归分析与方差分析 ·· 209
9.1 一元线性回归模型 ·· 209
9.2 多元线性回归模型 ·· 224
9.3 单因素方差分析 ·· 228
9.4 双因素方差分析 ·· 233
习题 9 ·· 239

第 10 章 正交试验设计 ·· 243
10.1 正交表 ·· 244
10.2 无交互作用的正交试验设计 ·· 245
10.3 有交互作用的正交试验设计 ·· 248
10.4 正交试验设计中一些特殊问题的处理 ·································· 252
习题 10 ·· 257

第 11 章 应用数学模型 ·· 259

11.1	飞机进攻与导弹防护的最优策略	259
11.2	传染病的随机感染	261
11.3	飞机票的预订策略问题	263
11.4	报童的诀窍	265
11.5	随机储存策略	266
11.6	轧钢中的浪费	268

部分习题参考答案 …………………………………………………… 272
附表 1　几种常用的概率分布　294
附表 2　泊松分布表 …………………………………………………… 297
附表 3　标准正态分布表 ……………………………………………… 303
附表 4　t 分布表 ……………………………………………………… 304
附表 5　χ^2 分布表 ……………………………………………………… 306
附表 6　F 分布表 ……………………………………………………… 309
附表 7　检验相关系数的临界值表 …………………………………… 319
附表 8　常用的正交表 ………………………………………………… 320

第1章 随机事件及其概率

在自然界与人类的社会活动中,存在着各种各样的现象,其中,有一类现象在一定条件下必然会出现. 例如,向上抛一石子必然下落;在标准大气压下,100℃的纯水必然沸腾;两个同性的电荷一定互斥,等等. 这类现象称为必然现象. 因为其结果是明确的,所以也称为**确定性现象**. 还有一类现象在一定条件下可能出现,也可能不出现. 例如,在相同条件下抛一枚均匀硬币,其结果可能是正面朝上,也可能是反面朝上,并且在每次抛掷之前不能预知其抛币后的结果肯定是什么;又如,用同一门大炮向同一目标射击,每次弹着点总是不尽相同,并且在每次射击之前,均无法预知其弹着点的确定位置. 这类现象,虽然在试验或观察之前不能预知其确切的结果,但人们经过长期实践并深入研究后,发现这类现象在大量重复试验或观察下,其结果呈现出某种规律性. 例如,均匀的硬币重复抛掷多次,正面朝上和反面朝上的次数大致相同. 这种在个别试验中其结果具有不确定性,而在大量重复试验中其结果具有统计规律性的现象称为**随机现象**,或称不确定性现象. 概率论与数理统计就是研究和揭示随机现象统计规律性的一门数学学科.

1.1 随 机 事 件

1.1.1 随机试验

对随机现象的研究是通过试验进行的. 在这里,试验这个术语既可以是各种各样的科学实验,也可以是对某一事物的某个特征的观测. 如果某一试验满足下列条件:

(1) 在相同条件下,试验可以重复进行;
(2) 试验可能的结果不止一个,但试验前可以明确知道所有可能的结果;
(3) 每次试验的结果,事先不能准确预言,

则称这样的试验为随机试验,简称为试验,记作 E. 今后所涉及的试验均指随机试验. 下面举几个随机试验的例子.

E_1:抛一枚硬币,观察正面 H、反面 T 出现的情况;
E_2:抛两颗骰子,观察出现的点数之和;
E_3:记录某电话总机 5 分钟内接到的呼唤次数;
E_4:在一批灯泡中任意抽取一只,测试它的寿命.

上面几个随机试验的例子有共同的特点:试验结果虽然不能完全预言,但其全部可能结果是已知的. 例如,抛一枚硬币只会有"正面出现"与"反面出现"这两种

可能结果,电话总机 5 分钟内接到的呼唤次数必定是某个非负整数.

要注意的是:对每一随机试验,总是在一定的试验目的之下讨论试验结果的规律性. 例如,从一批灯泡中任取一只进行通电试验,如果试验目的是检验产品是否合格,则试验结果为"合格品"或"不合格品";如果试验目的是测定其寿命,则试验结果为非负实数.

1.1.2 样本空间、随机事件

随机试验 E 的所有可能结果组成的集合称为 E 的样本空间,记为 S. 样本空间的元素,即 E 的每个结果,称为样本点.

一般地,称试验 E 的样本空间 S 的子集,即试验的若干个结果组成的集合为 E 的随机事件,简称事件,用字母 $A,B,C,\cdots$ 表示. 在每次试验中,当且仅当这一子集中的一个样本点出现时,称这一事件发生. 由一个样本点组成的单点集称为基本事件.

在 E_1 中,可能的结果只有两个:"正面出现"和"反面出现". 样本空间为 $S=\{H,T\}$. $\{H\}$(表示"正面出现")和 $\{T\}$(表示"反面出现")为 E_1 的随机事件,它们都为基本事件.

在 E_2 中,可能的结果有 11 个,分别为 $2,3,\cdots,12$. 故 $S=\{2,3,\cdots,12\}$,$A=\{5\}$ 和 $B=\{k|k$ 为正整数且 $k>6\}$ 为 E_2 的随机事件,E_2 的基本事件为 $A_k=\{k\}$,$k=2,3,\cdots,12$.

在 E_3 中,$S=\{0,1,2,\cdots\}$,$A=\{k|k$ 为正整数且 $20<k<30\}$ 为随机事件.

在 E_4 中,$S=\{t|t\geqslant 0\}$,$A=\{t|0\leqslant t\leqslant 400\}$,$B=\{t|t>1000\}$ 为随机事件.

在每次试验中,必然发生的事件称为必然事件. 显然,样本空间包含所有的样本点,它作为一个事件为必然事件,记作 S. 例如,"在地球上,上抛一石子必然下落"就是必然事件. 空集 $\varnothing$ 不包含任何样本点,作为样本空间的子集,它在每次试验中必然不发生的,称为不可能事件. 显然必然事件与不可能事件都是确定性的现象,但为了研究的方便,规定它们为随机事件.

1.1.3 事件的关系与运算

每一随机试验都含有许多随机事件,由于它们共处于同一试验之中,因而是相互联系着的,有必要弄清它们之间的关系,并引进事件间的运算. 以便化复杂事件为简单事件,更好地解决相应的概率问题. 从前面可以看出事件是一个集合,因而事件间关系与事件的运算自然按集合论中集合之间的关系和集合运算来处理. 下面给出这些关系和运算在概率论中的提法,并根据"事件发生"的含义,给出它们在概率论中的定义.

设试验 E 的样本空间为 S,而 $A,B,C,A_k,B_k(k=1,2,\cdots)$ 是 S 的子集.

1. 事件的包含与相等

若 $A \subset B$,则称事件 B 包含事件 A,即事件 A 发生必导致事件 B 发生,如图1-1所示.

若 $A \subset B$ 且 $B \subset A$,则称事件 A 与事件 B 相等. 记作 $A=B$.

2. 事件的和(或并)

"事件 A 与事件 B 至少有一个发生"这一事件称为事件 A 与事件 B 的和(或并),记作 $A \cup B = \{x \mid x \in A \text{ 或 } x \in B\}$. 显然,当且仅当 A,B 中至少有一个发生时,事件 $A \cup B$ 发生,如图1-2所示.

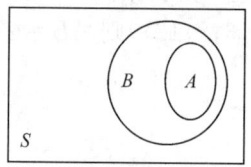

图 1-1

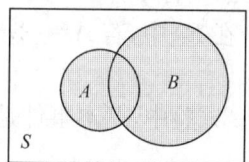

图 1-2

例如,在 E_2 中,若 A 表示"点数之和为奇数",则 $A=\{3,5,7,9,11\}$,B 表示"点数之和大于 8",$B=\{9,10,11,12\}$,则 $A \cup B = \{3,5,7,9,10,11,12\}$.

类似地,称 $\bigcup_{k=1}^{n} A_k$ 为 n 个事件 $A_1, A_2, \cdots, A_n$ 的和事件;称 $\bigcup_{k=1}^{\infty} A_k$ 为可列个事件 $A_1, A_2, \cdots$ 的和事件.

3. 事件的积(或交)

"事件 A 与 B 同时发生"这一事件称为事件 A 与事件 B 的积(或交),记作 $A \cap B = \{x \mid x \in A \text{ 且 } x \in B\}$. 当且仅当 A,B 同时发生时,事件 $A \cap B$ 发生. $A \cap B$ 也记作 AB,如图1-3所示,即事件 AB 所包含的样本点为事件 A,B 所共有.

例如,在 E_2 中,若设 $A=\{3,5,7,9\}$,$B=\{8,9,10\}$,则 $AB=\{9\}$.

$\bigcap_{k=1}^{n} A_k$ 和 $\bigcap_{k=1}^{\infty} A_k$ 的情况由读者自己完成.

4. 事件的差

"事件 A 发生,而事件 B 不发生"这一事件称为事件 A 与事件 B 的差,记作 $A-B = \{x \mid x \in A \text{ 且 } x \notin B\}$. 当且仅当 A 发生,B 不发生时,事件 $A-B$ 发生,如图 1-4 所示.

例如,在 E_2 中,若 $A=\{3,5,7,9\}$,$B=\{8,9,10\}$,则 $A-B=\{3,5,7\}$.

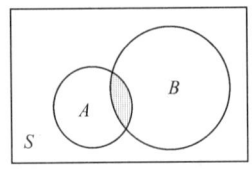
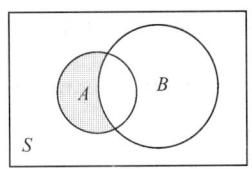

图 1-3　　　　　　　　　　　图 1-4

5. 事件互不相容(或互斥)

若 $A\cap B=\varnothing$,即事件 A 与事件 B 不能同时发生,或事件 A 与事件 B 没有共同的样本点,则称事件 A 与事件 B 是互不相容的,或互斥的,如图 1-5 所示.

例如,在 E_2 中,若 $A=\{3,5,7,9,11\}$,$B=\{2,4,6,8,12\}$,则 $AB=\varnothing$,因此 A 与 B 互斥.

在同一试验中,基本事件是两两互不相容的.

6. 对立(或逆)事件

若 $A\cup B=S$ 且 $A\cap B=\varnothing$,则称事件 A 与事件 B 互为对立事件(或逆事件).在一次试验中,若事件 A 与 B 是对立事件,则其中必有一个发生,且仅有一个发生. A 的对立事件记为 $\overline{A}$,如图 1-6 所示.

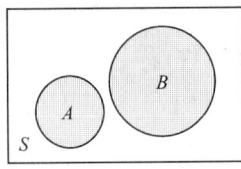
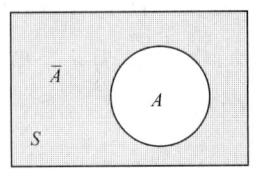

图 1-5　　　　　　　　　　　图 1-6

例如,在 E_2 中,若 $A=\{2,3,4\}$,$B=\{5,6,7,8,9,10,11,12\}$,则显然 $A\cup B=S$ 且 $A\cap B=\varnothing$,故 A 与 B 是对立事件,$B=\overline{A}$.

事件运算符合集合运算规律. 显然
$$A\cup \overline{A}=S,\quad A\cap \overline{A}=\varnothing;$$
$$A\cup S=S,\quad A\cap S=A;$$
$$A\cup A=A,\quad A\cap A=A.$$

设 A,B,C 为事件,则有

交换律:$A\cup B=B\cup A$;$A\cap B=B\cap A$.

结合律:$(A\cup B)\cup C=A\cup(B\cup C)$;
$\qquad(A\cap B)\cap C=A\cap(B\cap C).$

1.1 随机事件

分配律：$(A\cup B)\cap C=(A\cap C)\cup(B\cap C)$；
$\qquad(A\cap B)\cup C=(A\cup C)\cap(B\cup C)$.
吸收律：$A\cup(A\cap B)=A$；
$\qquad A\cap(A\cup B)=A$.
对偶公式（也称为德摩根律）：$\overline{A\cup B}=\bar{A}\cap\bar{B}$；$\overline{A\cap B}=\bar{A}\cup\bar{B}$.
更一般地，有

$$\overline{\bigcup_{i=1}^{n}A_i}=\bigcap_{i=1}^{n}\overline{A_i}; \qquad \overline{\bigcap_{i=1}^{n}A_i}=\bigcup_{i=1}^{n}\overline{A_i};$$

$$\overline{\bigcup_{i=1}^{\infty}A_i}=\bigcap_{i=1}^{\infty}\overline{A_i}; \qquad \overline{\bigcap_{i=1}^{\infty}A_i}=\bigcup_{i=1}^{\infty}\overline{A_i}.$$

差的公式：$A-B=A\bar{B}$.

例 1.1 掷一颗骰子的试验，观察出现的点数：事件 A 表示"奇数点"；B 表示"点数小于 5"；C 表示"小于 5 的偶数点"。用集合的列举法表示下列事件：$S, A, B, C, A+B, A-B, C-A, AC, \bar{A}+B$.

解 $S=\{1,2,3,4,5,6\}$, $\qquad A=\{1,3,5\}$,
$B=\{1,2,3,4\}$, $\qquad C=\{2,4\}$,
$A+B=\{1,2,3,4,5\}$, $\qquad A-B=\{5\}$,
$C-A=\{2,4\}$, $\qquad AC=\varnothing$,
$\bar{A}+B=\{1,2,3,4,6\}$.

例 1.2 设 A, B, C 为 3 个事件，试用 A, B, C 表示下列各事件：
(1) A_1 表示 3 个事件都发生；
(2) A_2 表示 3 个事件至少有一个发生；
(3) A_3 表示 3 个事件都不发生；
(4) A_4 表示 A 发生，但 B 与 C 不发生；
(5) A_5 表示 3 个事件中恰有一个发生；
(6) A_6 表示 A, B, C 中不多于两个发生。

解 (1) $A_1=A\cap B\cap C$；
(2) $A_2=A\cup B\cup C$；
(3) $A_3=\overline{ABC}$；
(4) $A_4=A-B-C$ 或 $A_4=A-(B\cup C)$，利用差的公式，$A_4=A\cap\overline{(B\cup C)}=A\cap\bar{B}\cap\bar{C}$；
(5) A, B, C 中恰有一个发生，即 A 发生而 B, C 不发生，或者 B 发生而 A, C 不发生，或者 C 发生而 A, B 不发生，所以
$$A_5=(A\cap\bar{B}\cap\bar{C})\cup(\bar{A}\cap B\cap\bar{C})\cup(\bar{A}\cap\bar{B}\cap C);$$
(6) $A_6=\overline{ABC}+A\overline{BC}+\overline{A}B\overline{C}+\overline{AB}C+AB\overline{C}+A\overline{B}C+\overline{A}BC$ 或 $A_6=\overline{ABC}$.

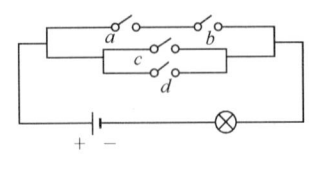

图 1-7

例 1.3 设 A,B,C,D 依次表示图 1-7 开关 a, b,c,d 闭合,E 表示灯亮,试用 A,B,C,D 表示 E.

解 因为当开关 a,b 同时闭合,或者当 c,d 两个开关至少有一个闭合时,电路被接通,灯就会亮,所以
$$E = (A \cap B) \cup C \cup D.$$

习 题 1.1

1. 写出下列随机试验的样本空间:
(1) 同时掷两颗骰子,记录两颗骰子点数之和;
(2) 记录一台电视机的使用寿命;
(3) 甲乙两人下棋一局,记录棋赛的结果;
(4) 在单位圆内任意取一点,记录它的坐标.

2. 在某系学生中任选一名学生,设 A 表示"被选出的是男生",B 表示"该生是三年级学生",C 表示"该生是运动员".
(1) 叙述事件 $A \cap B \cap C$ 的意义;
(2) 在什么条件下有恒等式 $A \cap B \cap C = C$?
(3) 什么时候关系式 $C \subset B$ 成立?
(4) 什么时候关系式 $\overline{A} = B$ 成立?

3. 某射手向目标射击 3 次,用 A_i 表示"第 i 次击中目标",$i=1,2,3$. 试用 A_i 及其运算符表示下列事件:(1) 三次都击中目标;(2) 至少有一次击中目标;(3) 恰好有两次击中目标;(4) 最多有一次击中目标;(5) 至少有一次没有击中目标;(6) 三次都没有击中目标.

4. 某灯泡厂取样检查出厂灯泡的寿命,设 A 表示"灯泡寿命大于 1500h",B 表示"灯泡寿命为 1000~2000h",请用集合形式写出下列事件:$S, A, B, A \cup B, AB, A-B, B-A$.

5. 一工人生产了 n 个零件,设 A_i 表示"第 i 个零件是正品",$i=1,2,\cdots,n$. 试用文字叙述下列事件:(1) $\bigcap_{i=1}^{n} A_i$,(2) $\overline{\bigcap_{i=1}^{n} A_i}$,(3) $\bigcup_{i=1}^{n} [\overline{A_i} \cap (\bigcap_{\substack{k=1 \\ k \neq i}}^{n} A_k)]$.

1.2 随机事件的概率

一般地,总会发现有些随机事件发生的可能性大些,有些随机事件发生的可能性小些,在实际中常希望知道某些事件在一次试验中发生的可能性究竟有多大.例如,为了确定水坝的高度,就要知道河流在造水坝地段每年洪水达到某一高度这一事件发生的可能性的大小. 希望找到一个合适的数来表示事件在一次试验中发生的可能性的大小. 这就需要用一个数量指标来定量地刻画随机事件发生的可能性的大小,这个数量指标称为事件的概率. 下面从几个不同的角度给出概率的定义和计算方法.

1.2.1 概率的统计定义

1. 事件的频率

定义 1.1 在相同条件下,进行 n 次试验,在这 n 次试验中,事件 A 发生的次数 n_A 称为事件 A 发生的频数. 比值 n_A/n 称为事件 A 发生的频率,并记成 $f_n(A)$.

由此定义易见频率具有下述基本性质:

(1) $0 \leqslant f_n(A) \leqslant 1$;

(2) $f_n(S)=1$;

(3) 若 $A_1, A_2, \cdots, A_k$ 是两两互不相容的事件,则
$$f_n(A_1 \cup A_2 \cup \cdots \cup A_k) = f_n(A_1) + f_n(A_2) + \cdots + f_n(A_k).$$

由于事件 A 发生的频率是它发生的次数与试验次数之比,其大小表示 A 发生的频繁程度,频率越大,事件 A 发生越频繁,这意味着 A 在一次试验中发生的可能性越大. 因而,自然会想:能不能用频率来表示 A 在一次试验中发生的可能性的大小.

2. 概率的统计定义

经验表明,当 n 较小时,频率 $f_n(A)$ 在 0 与 1 之间随机波动,其幅度较大. 此时用频率来表示事件发生的可能性大小显然是不合适的. 而当 n 逐渐增大时,频率 $f_n(A)$ 逐渐稳定于某个常数. 例如,在抛硬币的试验中,观察出现正面的次数,这种试验历史上曾有不少人做过,其结果如表 1-1 所示.

表 1-1

试验者	n	n_H	$f_n(H)$
德摩根	2048	1061	0.5181
蒲丰	4040	2048	0.5069
皮尔逊	12000	6019	0.5016
皮尔逊	24000	12012	0.5005

从表 1-1 可以看出:不管谁去抛硬币,当 n 逐渐增大时,频率 $f_n(H)$ 逐渐稳定于常数 0.5. 对于每一个随机事件 A 都有这样一个客观存在的常数与之对应. 这种"频率稳定性"即前面所说的统计规律性. 用这个频率稳定值来表示事件发生的可能性大小是合适的.

定义 1.2 在相同条件下进行大量重复试验,当试验次数充分大时,事件 A 的频率总在某个数值 p 附近摆动,则称 p 为事件 A 的概率,记为 $P(A)$,即
$$P(A) = p.$$

在第 5 章中将会证明,当 n 很大时,用统计概率来度量事件发生的可能性的大小是可行的.

1.2.2 概率的公理化定义

在实际中,不可能对每一个事件都做大量的试验,从中得到频率的稳定值. 然而,频率的这一规律是定义事件概率的客观基础.

定义 1.3 设 E 是随机试验,S 是它的样本空间. 对于 E 的每一事件 A,存在一实数,记作 $P(A)$,如果满足条件

(1) 非负性:对任意事件 A,$P(A) \geqslant 0$;
(2) 规范性:$P(S)=1$;
(3) 可列可加性:对两两互不相容的事件 $A_k(k=1,2,\cdots)$,有

$$P\left(\bigcup_{k=1}^{\infty} A_k\right) = \sum_{k=1}^{\infty} P(A_k), \tag{1.1}$$

则称 $P(A)$ 为事件 A 的概率.

由定义 1.3 可以推得概率的一些重要性质.

性质 1.1 $P(\varnothing)=0$.

证 由于 $\varnothing = \varnothing \cup \varnothing \cup \cdots$,则由概率的可列可加性(1.1)得

$$P(\varnothing) = \sum_{n=1}^{\infty} P(\varnothing),$$

而由概率的非负性知,$P(\varnothing) \geqslant 0$,故必有 $P(\varnothing)=0$.

性质 1.2 若 $A_1,A_2,\cdots,A_n$ 是两两互不相容的事件,则有

$$P(A_1 \cup A_2 \cup \cdots \cup A_n) = P(A_1) + P(A_2) + \cdots + P(A_n).$$

这一条叫概率的有限可加性.

证 令 $A_{n+1}=A_{n+2}=\cdots=\varnothing$,则 $A_i A_j = \varnothing$,$i \neq j$,$i,j=1,2,\cdots$. 由式(1.1)得

$$P(A_1 \cup A_2 \cup \cdots \cup A_n) = P\left(\bigcup_{k=1}^{\infty} A_k\right) = \sum_{k=1}^{\infty} P(A_k)$$

$$= \sum_{k=1}^{n} P(A_k) + 0 = P(A_1) + P(A_2) + \cdots + P(A_n).$$

性质 1.3 设 $\bar{A}$ 是 A 的对立事件,则

$$P(A) = 1 - P(\bar{A}).$$

证 因 $A \cup \bar{A}=S$,$A\bar{A}=\varnothing$,由概率的有限可加性,得

$$P(S) = P(A) + P(\bar{A}).$$

又由 $P(S)=1$,得 $P(A)=1-P(\bar{A})$.

性质 1.4 设 A,B 是两个事件,若 $B \supset A$,则有
$$P(B) \geqslant P(A), \tag{1.2}$$
$$P(B-A) = P(B) - P(A). \tag{1.3}$$

证 由 $B \supset A, B = A \cup (B-A)$(图 1-1)且 $A(B-A) = \varnothing$,再由概率的有限可加性,得
$$P(B) = P(A) + P(B-A).$$
又由概率的非负性
$$P(B-A) \geqslant 0$$
知
$$P(B) \geqslant P(A).$$

性质 1.5 对于任一事件 $A, P(A) \leqslant 1$.

证 因 $A \subset S$,由性质 1.4 得
$$P(A) \leqslant P(S) = 1.$$

性质 1.6(加法公式) 对任意两个事件 A, B,有
$$P(A \cup B) = P(A) + P(B) - P(AB). \tag{1.4}$$

证 因 $A \cup B = A \cup (B-AB)$(图 1-2)且 $A(B-AB) = \varnothing, AB \subset B$,故
$$P(A \cup B) = P(A) + P(B-AB) = P(A) + P(B) - P(AB).$$
由式(1.4)容易推广到 3 个事件,
$$P(A \cup B \cup C) = P(A) + P(B) + P(C) - P(AB) - P(AC)$$
$$- P(BC) + P(ABC). \tag{1.5}$$
对于 n 个事件的情形,可以用数学归纳法证得
$$P(A_1 \cup A_2 \cup \cdots \cup A_n)$$
$$= \sum_{i=1}^{n} P(A_i) - \sum_{1 \leqslant i < j \leqslant n} P(A_i A_j)$$
$$+ \sum_{1 \leqslant i < j < k \leqslant n} P(A_i A_j A_k) - \cdots + (-1)^{n-1} P(A_1 A_2 \cdots A_n). \tag{1.6}$$

例 1.4 已知 $A \supset B, A \supset C, P(A) = 0.9, P(\overline{B} \cup \overline{C}) = 0.8$,求 $P(A-BC)$.

解 由 $A \supset B, A \supset C$,知 $A \supset BC$,再由性质 1.4 得
$$P(A-BC) = P(A) - P(BC).$$
又
$$P(BC) = 1 - P(\overline{BC}) = 1 - P(\overline{B} \cup \overline{C}) = 1 - 0.8 = 0.2,$$
故
$$P(A-BC) = P(A) - P(BC) = 0.9 - 0.2 = 0.7.$$

例 1.5 设事件 A, B 的概率分别为 $1/3$ 和 $1/2$,求在下列三种情况下 $P(B\bar{A})$ 的值.

(1) A 与 B 互斥;(2) $A \subset B$;(3) $P(AB) = 1/8$.

解 (1) 由图 1-5 得 $P(B\bar{A}) = P(B)$,故
$$P(B\bar{A}) = P(B) = \frac{1}{2}.$$

(2) 由图 1-1 得
$$P(B\bar{A}) = P(B - A) = P(B) - P(A) = \frac{1}{2} - \frac{1}{3} = \frac{1}{6}.$$

(3) 由图 1-4 得 $A \cup B = A \cup B\bar{A}$,且 $A \cap B\bar{A} = \varnothing$,又
$$P(A \cup B) = P(A) + P(B) - P(AB),$$
$$P(A \cup B) = P(A \cup B\bar{A}) = P(A) + P(B\bar{A}).$$

因而
$$P(B\bar{A}) = P(B) - P(AB) = \frac{1}{2} - \frac{1}{8} = \frac{3}{8}.$$

例 1.6 甲、乙两高射炮手,各自单独击中敌机的概率分别为 0.8 和 0.6,两人同时击中敌机的概率为 0.48,求敌机被击中的概率.

解 设 A 表示事件"甲击中敌机",B 表示事件"乙击中敌机",C 表示事件"敌机被击中". 由题意有 $C = A \cup B$,所以
$$P(C) = P(A \cup B) = P(A) + P(B) - P(AB)$$
$$= 0.8 + 0.6 - 0.48 = 0.92.$$

例 1.7 设 A, B, C 是 3 个事件且 $P(A) = P(B) = P(C) = 1/4$,$P(AB) = P(BC) = 0$,$P(AC) = 1/8$,求 A, B, C 至少有一个发生的概率.

解 "A, B, C 至少有一个发生"可表示为 $A \cup B \cup C$. 因为 $P(AB) = P(BC) = 0$,而 $ABC \subset AB$,所以
$$0 \leqslant P(ABC) \leqslant P(AB), \quad P(ABC) = 0,$$

再由式(1.5)得
$$P(A \cup B \cup C) = \frac{1}{4} + \frac{1}{4} + \frac{1}{4} - 0 - 0 - \frac{1}{8} + 0 = \frac{5}{8}.$$

1.2.3 概率的古典定义

最先涉及的求概率问题都满足"各可能结果具有等可能"这一假设. 例如,在游戏中使用的骰子是一个匀质的正方体,使得掷出 1~6 各个点数的可能性相同,以保证游戏的公平. 又如,一副纸牌的每一张形状与大小均相同,而且在发牌前还

1.2 随机事件的概率

需充分地洗牌,于是发到的其中每张牌也是等可能的.

定义 1.4 一般地,若随机试验 E 有如下特点:

(1) 试验的全部可能的结果是有限个,即样本空间只含有有限多个样本点,
$$S = \{e_1, e_2, \cdots, e_n\}.$$

(2) 每次试验中,各样本点出现的可能性相同,即每个基本事件发生的可能性相等. 则称具有这两个特点的试验 E 为等可能概型,它在概率论发展初期曾是主要研究对象,所以也称为古典概型.

在古典概型的情况下,如果能知道某一事件 A 包含的基本事件数,就可以很容易地计算出 $P(A)$.

设试验结果共有 n 个基本事件 $e_1, e_2, \cdots, e_n$,即 $S = \{e_1, e_2, \cdots, e_n\}$,而且这些事件的发生具有相同的可能性,即有
$$P(\{e_1\}) = P(\{e_2\}) = \cdots = P(\{e_n\}).$$

由基本事件两两互斥,得
$$1 = P(S) = P(\{e_1\} \cup \{e_2\} \cup \cdots \cup \{e_n\})$$
$$= P(\{e_1\}) + P(\{e_2\}) + \cdots + P(\{e_n\}) = nP(\{e_i\}),$$

于是 $P(\{e_1\}) = P(\{e_2\}) = \cdots = P(\{e_n\}) = 1/n$.

若事件 A 由其中 m 个基本事件组成,即 $A = \{e_{i_1}\} \cup \{e_{i_2}\} \cup \cdots \cup \{e_{i_m}\}$,这里 $i_1, i_2, \cdots, i_m$ 是 $1, 2, \cdots, n$ 中某 m 个不同的数,则有

$$P(A) = \sum_{j=1}^{m} P(\{e_{i_j}\}) = \frac{m}{n} = \frac{A \text{ 包含的基本事件数}}{S \text{ 中基本事件的总数}}. \quad (1.7)$$

式(1.7)就是古典概型中事件 A 的概率的计算公式. 在应用式(1.7)计算 $P(A)$ 时,首先必须判断相应的试验一定是古典概型. 在此基础上需知道事件 A 所包含的基本事件个数 m 及基本事件总数 n,这种计算常要用到排列与组合的知识,现举例如下.

例 1.8 一个 5 位数字的号码锁,每位上有 $0, 1, \cdots, 9$ 共计 10 个数码,若不知该锁号码,问开一次锁就把该锁打开的概率多大?

解 这里开一次锁就是一次试验,其结果是一个 5 位号码. 由于在 5 位号码中数码是可以重复的,因此所有可能的结果为 10^5 个,即样本点的总数为 $n = 10^5$. 一个 5 位号码为一个基本事件,由于不知道锁的号码,则这 10^5 个基本事件发生的可能性是相等的.

设 A 表示"开一次锁就把锁打开",则 $m = 1$. 于是由式(1.7),得
$$P(A) = \frac{1}{10^5} = 0.00001.$$

由此可见,若不知道锁的号码,要想一次就把锁打开的可能性是很小的.把这种概率很小的事件称为小概率事件.人们在实践中总结出一条原理:概率很小的事件在一次试验中几乎不可能发生,这称为小概率实际推断原理.

例 1.9 将一枚质地均匀的骰子抛掷 2 次,设 A 表示"点数和等于 10",B 表示"第一次出现奇数点",求 $P(A),P(B)$.

解 试验的样本空间 $S=\{(1,1),(1,2),\cdots,(6,6)\}$ 共 $6\times 6=36$ 个样本点,且每个样本点出现是等可能的.由题设知
$$A=\{(4,6)(5,5)(6,4)\},$$
即 A 中有三个样本点;
$$B=\{(1,1),(3,1),\cdots,(5,6)\},$$
即 B 中共 $3\times 6=18$ 个样本点.从而
$$P(A)=\frac{3}{36}=\frac{1}{12}, \qquad P(B)=\frac{18}{36}=\frac{1}{2}.$$

例 1.10 一批产品共 200 件,其中恰有 6 件废品,求

(1) 这批产品的废品率;

(2) 任取 3 件,至多有 1 件废品的概率.

解 (1) 设 A_1 为事件"任取 1 件为废品",这批产品的废品率也就是从中任取 1 件时取到废品的概率,故 $P(A_1)=\dfrac{6}{200}=0.03$.

(2) 设 A_2 为事件"任取 3 件,至多有 1 件废品",$B_0=$"任取 3 件,恰好都不是废品",B_1 为事件"任取 3 件,恰有 1 件废品".由于 $A_2=B_0\bigcup B_1$,而且 B_0 与 B_1 是互斥的.所以
$$P(A_2)=P(B_0)+P(B_1)=\frac{C_{194}^3}{C_{200}^3}+\frac{C_6^1 C_{194}^2}{C_{200}^3}=0.9977.$$

例 1.11 一口袋中装有 7 个白球和 5 个红球,从袋中取球两次,每次随机地取一球,考虑两种取球方式:(a)第 1 次取 1 只球,观察其颜色后放回袋中,搅匀后再取 1 球,这种取球方式称为有放回抽样;(b)第 1 次取 1 球不放回袋中,第 2 次从剩余的球中再取 1 球,这种取球方式称为不放回抽样.试分别就上面两种情况求

(1) 取到的两只球均为红球的概率;

(2) 至少一次取到红球的概率.

解 设 A 表示"取到的两只球均为红球",B 表示"至少一次取到红球",显然袋中有 12 只球.

(a) 有放回抽样的情况.

样本空间中基本事件总数为 $n=12\times 12$,事件 A 所包含基本事件数为 $m=5\times 5$,于是

1.2 随机事件的概率

$$P(A) = \frac{5 \times 5}{12 \times 12} = 0.1736.$$

又设 C 表示"恰有一次取到红球",则 $B = A \cup C$ 且 A 与 C 不相容,而 C 所包含的基本事件数为 $2 \times (5 \times 7)$ 个,从而

$$P(B) = P(A) + P(C) = \frac{5 \times 5 + 2 \times (5 \times 7)}{12 \times 12} = 0.6597.$$

显然 $\bar{B}$ 表示"两次都取到白球",故下面的计算更简单

$$P(B) = 1 - P(\bar{B}) = 1 - \frac{7 \times 7}{12 \times 12} = 0.6597.$$

(b) 不放回抽样的情况.

样本空间中基本事件总数为 $P_{12}^2 = 12 \times 11$,A 中所包含的基本事件数为 5×4,故

$$P(A) = \frac{5 \times 4}{12 \times 11} = 0.1515.$$

又 $\bar{B}$ 中所包含的基本事件数为 7×6,故

$$P(B) = 1 - P(\bar{B}) = 1 - \frac{7 \times 6}{12 \times 11} = 0.6818.$$

例 1.12(公平的抽签) 盒中有彩券 $m+n$ 张,其中,m 张有奖,n 张无奖. 现随机地一张一张取出,试求第 k 张为有奖彩券的概率 $(1 \leqslant k \leqslant m+n)$.

解 从 $m+n$ 张彩券中不放回地一张一张地任取 k 张,有 P_{m+n}^k 种取法. 设 A 为事件"取出的 k 张彩券中,第 k 张是有奖彩券",完成事件 A 分两个步骤:①从 m 张有奖彩券中任取一张排在第 k 个位置上,有 m 种取法;②从剩下的 $m+n-1$ 张中任取 $k-1$ 张,放在前第 $k-1$ 张位置上,有 P_{m+n-1}^{k-1} 种取法. 因而所求的概率为

$$P(A) = \frac{P_m^1 P_{m+n-1}^{k-1}}{P_{m+n}^k} = \frac{m}{m+n}.$$

此例说明"抽签是公平的",即是否中签与取彩券次序 k 无关. 如果有 $m+n$ 个人抽签,必有 m 个人中签,无论是先抽还是后抽,每人中签的概率均为 $P(A) = \frac{m}{m+n}$,与抽签次序无关.

例 1.13 将 n 只球随机地放入 $N(N \geqslant n)$ 个盒子中去. 若盒子的容量不限,试求每个盒子中至少有一只球的概率.

解 设事件 A 表示"每个盒子中至多有一只球". 将 n 只球放入 N 个盒子中去,每一种放法是一基本事件,易知,这是古典概率的问题. 由于每只球都可以放入 N 个盒子中的任何一个,所以每只球有 N 种放法. 那么将 n 只球放入 N 个盒子中共有 $N \times N \times \cdots \times N = N^n$ 种放法,且每种放法的可能性相同. 而每个盒子中至多有一只球的放法有 $N(N-1)\cdots(N-n+1) = P_N^n$. 因而所求概率为

$$P(A) = \frac{N(N-1)\cdots(N-n+1)}{N^n} = \frac{P_N^n}{N^n}.$$

在实际中,有许多问题和本例有相同的数学模型. 例如,"人群中有相同生日的问题". 假设每人的生日在一年 365 天中的任一天是等可能的,即都等于 1/365, 现随机地选取 $n(n \leqslant 365)$ 个人,则他们生日各不相同的概率为

$$\frac{365 \cdot 364 \cdot \cdots \cdot (365-n+1)}{365^n}.$$

于是,n 个人中至少有两人生日相同的概率为

$$1 - \frac{365 \cdot 364 \cdot \cdots \cdot (365-n+1)}{365^n}.$$

经计算可得:64 个人中至少有 2 人生日相同的概率为

$$1 - \frac{365 \cdot 364 \cdot \cdots \cdot (365-64+1)}{365^{64}} = 0.997.$$

从上述结果可以看出:在仅有 64 人的人群里,十有八九会发生"两人或两人以上生日相同"这一事件.

例 1.14 从 5 双不同的鞋子中任取 4 只,问这 4 只鞋子中至少有两只配成一双的概率是多少?

解 令 A 表示"4 只鞋子中至少有两只配成一双",则 $\bar{A}$ 表示"4 只鞋子中没有任何两只配成一双",从而

$$P(\bar{A}) = \frac{C_5^1 C_2^1 C_4^1 C_2^1 C_3^1 C_2^1 C_2^1 C_2^1}{C_{10}^1 C_9^1 C_8^1 C_7^1},$$

$$P(A) = 1 - P(\bar{A}) = 1 - \frac{C_5^1 C_2^1 C_4^1 C_2^1 C_3^1 C_2^1 C_2^1 C_2^1}{C_{10}^1 C_9^1 C_8^1 C_7^1} = \frac{13}{21}.$$

例 1.15 在 1~2000 的整数中随机地取一个数,问取到的整数既不能被 6 整除,又不能被 8 整除的概率是多少?

解 设 A 表示事件"取到的数能被 6 整除",B 表示事件"取到的数能被 8 整除",则所求概率为 $P(\bar{A}\bar{B})$.

$$P(\bar{A}\bar{B}) = P(\overline{A \cup B}) = 1 - P(A \cup B)$$
$$= 1 - \{P(A) + P(B) - P(AB)\}.$$

因为 $333 < \frac{2000}{6} < 334$,所以 $P(A) = \frac{333}{2000}$.

由于 $\frac{2000}{8} = 250$,故得 $P(B) = \frac{250}{2000}$.

由于 $83 < \frac{2000}{24} < 84$,得 $P(AB) = \frac{83}{2000}$.

于是所求概率为

$$P(\overline{A}\,\overline{B}) = 1 - \{P(A) + P(B) - P(AB)\}$$
$$= 1 - \left(\frac{333}{2000} + \frac{250}{2000} - \frac{83}{2000}\right) = \frac{3}{4}.$$

1.2.4 概率的几何定义

概率的古典定义只适用于古典概型,它要求样本空间所包含的基本事件具有有限性及等可能性,在实际应用中有很大的局限性,有必要加以推广.

如果试验具有下列两个特点:

(1) 每次试验的结果(即基本事件)具有无限多个,且全体结果可用一个有度量的几何区域来表示;

(2) 在每次试验中,各个基本事件发生的可能性都相同.

这里所说几何区域的度量,是指直线段或曲线段的长度,曲面片的面积,空间立体的体积. 把具有这两个特点的试验模型称为几何概型.

对于几何概型中事件的概率可由下述定义所确定.

定义 1.5 设样本空间 S 所对应的区域仍记作 S,事件 A 所对应的区域仍记作 A,$A \subset S$,则定义事件 A 的概率 $P(A)$ 为

$$P(A) = \frac{A \text{ 的度量}}{S \text{ 的度量}}. \tag{1.8}$$

定义 1.5 称为概率的几何定义,由式(1.8)所确定的概率称为几何概率.

例 1.16 (约会问题) 甲、乙二人约定于 9 时到 10 时之间在某地会面,先到的等候 20 分钟,过时就离去. 假定每个人在指定的 1 小时内的任一时刻到达是等可能的,求这两人能会面的概率.

解 以 x, y 分别表示甲、乙两人到达约定地点的时刻,从 9 时算起,单位取分钟,则 $\begin{cases} 0 \leqslant x \leqslant 60, \\ 0 \leqslant y \leqslant 60. \end{cases}$ 两人能够会面的充要条件是 $|x - y| \leqslant 20$.

在平面上建立坐标系(图 1-8),则 (x, y) 的所有可能结果对应边长为 60 的正方形 G,而可能会面时间对应图 1-8 中阴影部分 g. 这是一个几何概率问题,由式(1.8)有

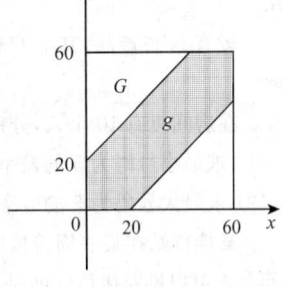

图 1-8

$$P(A) = \frac{g \text{ 的面积}}{G \text{ 的面积}} = \frac{60^2 - 40^2}{60^2} = \frac{5}{9}.$$

例 1.17 设电台每到整点均报时,一人早上醒来后打开收音机,求他等待时间不超过 10 分钟就能听到电台报时的概率.

解 显然样本空间 $S = [0, 60]$(单位:分钟). 设 A 表示"等待时间不超过 10

分钟",则 $A=[50,60]$. 从而
$$P(A) = \frac{A\text{ 的度量}}{S\text{ 的度量}} = \frac{10}{60} = \frac{1}{6}.$$

例 1.18 从区间 $[0,1]$ 中任取三个随机数,求三数和不大于 1 的概率.

解 设 x,y,z 分别表示这三个数,则易知样本空间
$$S = \{(x,y,z) \mid 0 \leqslant x \leqslant 1, 0 \leqslant y \leqslant 1, 0 \leqslant z \leqslant 1\}.$$
这是三维空间中一个棱长为 1 的正方体,设 A 表示"三数和不大于 1",则有
$$A = \{(x,y,z) \in S \mid x+y+z \leqslant 1\}.$$
A 中样本点组成如图 1-9 中锥体 $O—BCD$,于是有

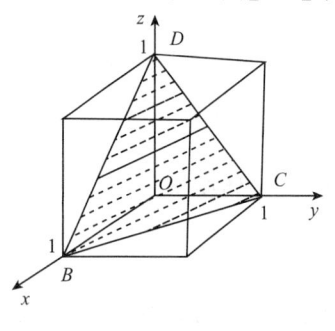

图 1-9

$$P(A) = \frac{A\text{ 的度量}}{S\text{ 的度量}} = \frac{1}{3} \times \frac{1}{2} \times 1 = \frac{1}{6}.$$

习 题 1.2

1. 设 A,B 为两个事件且 $P(A)=0.6, P(B)=0.5, P(A\cup B)=0.7$,求 $P(A\overline{B})$, $P(\overline{AB})$, $P(\overline{A}\overline{B})$.

2. 已知 $P(A)=0.3, P(B)=0.6$,试在下面两种情形下分别求出 $P(A-B)$ 与 $P(B-A)$.
(1) 事件 A,B 互不相容;
(2) 事件 A,B 有包含关系.

3. 10 个学生采取抽签的方式分配 3 张音乐会入场券. 求第五个抽签的人抽到入场券的概率.

4. 设有 N 件产品,其中 D 件次品,今从中任取 n 件,问其中恰有 $k(k \leqslant D)$ 件次品的概率是多少?

5. 在房间里有 10 个人,分别是佩戴从 1 号到 10 号纪念章,任选 3 人记录其纪念章的号码.
(1) 求最小号码为 5 的概率;
(2) 求最大号码为 5 的概率.

6. 某接待站在某一周曾接待过 12 次来访,已知所有这 12 次接待都是在周二和周四进行的,问是否可以推断接待时间是有规定的.

7. 将 15 名新生随机地平均分配到三个班级中去,这 15 名新生中有 3 名是优秀生. 问
(1) 每一个班级各分配到一名优秀生的概率是多少?
(2) 3 名优秀生分配在同一个班级的概率是多少?

8. 某货运码头仅能容一船卸货,而甲、乙两船在码头卸货时间分别为 1 小时和 2 小时,设甲、乙两船在 24 小时内随时可能到达,求它们中任何一船都不需要等待码头空出的概率.

9. 将一根长为 l 的棍子任意地折成 3 段,求此 3 段能构成一个三角形的概率.

1.3 条件概率与乘法公式

1.3.1 条件概率

在实际问题中,往往需要知道在"事件 A 已发生"这一附加条件下,事件 B 发生的概率. 这种概率称为条件概率,记作 $P(B|A)$. 例如,从标号分别为 $1,2,3,4$ 的 4 个球中,任取一球,那么事件 B "取得球的标号为 4"的概率为 $P(B)=1/4$. 如果 A 表示"取得球的标号为偶数",那么在事件 A 已经发生的条件下,事件 B 发生的概率是多少呢? 显然它是 $1/2$,这个概率就叫条件概率.

一般地,有 $P(B|A)=\dfrac{k}{m}=\dfrac{k/n}{m/n}=\dfrac{P(AB)}{P(A)}$,其中,$n$ 为基本事件总数,$m(m>0)$ 为事件 A 所包含的基本事件数,k 为 AB 所包含的基本事件数.

定义 1.6 在事件 B 已发生的条件下,事件 A 发生的概率,称为在事件 B 发生的条件下,事件 A 发生的条件概率. 记为 $P(A|B)$.

若 $P(B)>0$,规定 $P(A|B)=\dfrac{P(AB)}{P(B)}$;

若 $P(A)>0$,规定 $P(B|A)=\dfrac{P(AB)}{P(A)}$.

由定义 1.6 不难验证下列定理成立.

定理 1.1 设 A 为任一给定的事件且 $P(A)>0$,则条件概率 $P(B|A)$ 符合概率定义三条件,在缩减的样本空间,即事件 A 发生的样本点组成的集合中.

(1) 非负性:对于每一事件 B,$0 \leqslant P(B|A) \leqslant 1$;

(2) 规范性:$P(S|A)=1$;

(3) 可列可加性:设 $B_1,B_2,\cdots,B_n,\cdots$ 是两两互斥的事件,则

$$P\left(\bigcup_{i=1}^{\infty} B_i \mid A\right) = \sum_{i=1}^{\infty} P(B_i \mid A).$$

证 (1) $0 \leqslant P(B|A)=\dfrac{P(AB)}{P(A)} \leqslant 1$;

(2) $P(S|A)=\dfrac{P(SA)}{P(A)}=\dfrac{P(A)}{P(A)}=1$;

(3) $P\left(\bigcup\limits_{i=1}^{\infty} B_i \mid A\right) = \dfrac{P\left(\left(\bigcup\limits_{i=1}^{\infty} B_i\right)A\right)}{P(A)} = \dfrac{P\left(\bigcup\limits_{i=1}^{\infty} B_i A\right)}{P(A)}$

$$= \dfrac{\sum\limits_{i=1}^{\infty} P(B_i A)}{P(A)} = \sum_{i=1}^{\infty} \dfrac{P(B_i A)}{P(A)} = \sum_{i=1}^{\infty} P(B_i \mid A).$$

既然条件概率符合上述三个条件,故概率的性质也适用于条件概率. 例如,对

任意事件 A，有 $P(A|\bar{B})=1-P(\bar{A}|\bar{B})$.

例 1.19 设有某产品 10 只，其中有 3 只次品，每次任取 1 只作不放回抽样，求第 1 次取到次品后第 2 次再取到次品的概率.

解法 1 设 B 为事件"第 1 次抽得次品"，A 为事件"第 2 次抽得次品"，则 AB 为事件"第 1 次和第 2 次都抽得次品"，显然

$$P(B)=\frac{3}{10}, \quad P(AB)=\frac{3\times 2}{10\times 9}=\frac{1}{15}.$$

依条件概率定义，即得

$$P(A\mid B)=\frac{P(AB)}{P(B)}=\frac{1/15}{3/10}=\frac{2}{9}.$$

解法 2 原样本空间中有 3 只次品、7 只正品，第 1 次抽走 1 只次品后，缩减的样本空间中包含 2 只次品、7 只正品，因此 $P(A|B)=2/9$.

1.3.2 乘法定理

若 $P(B)>0$，由条件概率公式定义，可得

$$P(AB)=P(B)P(A\mid B).$$

若 $P(A)>0$，则 $P(AB)=P(A)P(B|A)$.

上面两式称为概率的乘法公式.

推广：(1) 设 A,B,C 为事件且 $P(AB)>0$，则有

$$P(ABC)=P(C\mid AB)P(B\mid A)P(A).$$

(2) 一般地，设 $A_1,A_2,\cdots,A_n$ 为 n 个事件，$n\geqslant 2$ 且 $P(A_1A_2\cdots A_{n-1})>0$，则有

$$P(A_1A_2\cdots A_n)$$
$$=P(A_1)P(A_2|A_1)P(A_3|A_1A_2)\cdots P(A_n|A_1A_2\cdots A_{n-1}).$$

例 1.20 已知 $P(A)=P(B)=1/2, P(A|B)=1/6$，求 $P(\bar{A}|\bar{B})$.

解 由 $P(A|B)=\dfrac{P(AB)}{P(B)}$ 得 $P(AB)=P(B)P(A|B)=\dfrac{1}{2}\times\dfrac{1}{6}=\dfrac{1}{12}$，而

$$P(A\cup B)=P(A)+P(B)-P(AB)=1-\frac{1}{12}=\frac{11}{12}.$$

故

$$P(\bar{A}\mid\bar{B})=\frac{P(\bar{A}\,\bar{B})}{P(\bar{B})}=\frac{P(\overline{A\cup B})}{P(\bar{B})}=\frac{1-P(A\cup B)}{1-P(B)}$$

$$=\frac{1-\dfrac{11}{12}}{1-\dfrac{1}{2}}=\frac{\dfrac{1}{12}}{\dfrac{1}{2}}=\frac{1}{6}.$$

例 1.21 设某光学仪器厂制造的透镜,第一次落下时打破的概率为 1/2,若第一次落下未打破,第二次落下打破的概率为 7/10,若前两次落下未打破,第三次落下打破的概率为 9/10. 试求透镜落下三次而未打破的概率.

解 设 $A_i(i=1,2,3)$ 表示事件"透镜第 i 次落下打破",B 表示事件"透镜落下三次而未打破",则 $B=\overline{A}_1\overline{A}_2\overline{A}_3$.

$$P(A_1)=\frac{1}{2}, \quad P(A_2\mid\overline{A}_1)=\frac{7}{10}, \quad P(A_3\mid\overline{A}_1\overline{A}_2)=\frac{9}{10}.$$

故

$$\begin{aligned}P(B)&=P(\overline{A}_1\overline{A}_2\overline{A}_3)=P(\overline{A}_3\mid\overline{A}_1\overline{A}_2)P(\overline{A}_2\mid\overline{A}_1)P(\overline{A}_1)\\&=(1-\frac{9}{10})(1-\frac{7}{10})(1-\frac{1}{2})=\frac{3}{200}.\end{aligned}$$

例 1.22 甲、乙两选手进行乒乓球单打比赛,甲选手发球成功后,乙选手回球失误的概率为 0.3,若乙选手回球成功,甲选手回球失误的概率为 0.4,若甲选手回球成功,乙选手再次回球失误的概率为 0.5,试计算这几个回合中,乙选手输掉 1 分的概率.

解 设 C 表示事件"乙选手输掉 1 分",A 表示事件"甲选手回球失误",B_k 表示事件"乙选手第 k 次回球失误",$k=1,2$,据题意

$$P(B_1)=0.3, \quad P(A\mid\overline{B}_1)=0.4, \quad P(B_2\mid\overline{B}_1A)=0.5,$$

且显然有 B_1 与 $\overline{B}_1\overline{A}B_2$ 互不相容,所以

$$\begin{aligned}P(C)&=P(B_1+\overline{B}_1\overline{A}B_2)=P(B_1)+P(\overline{B}_1\overline{A}B_2)\\&=P(B_1)+P(\overline{B}_1)P(\overline{A}\mid\overline{B}_1)P(B_2\mid\overline{B}_1\overline{A})\\&=0.3+0.7\times0.6\times0.5=0.51.\end{aligned}$$

习 题 1.3

1. 已知 $P(A)=0.5, P(B)=0.4, P(A\cup B)=0.6$,求 $P(A\mid B)$.

2. 已知 $P(A)=\frac{1}{4}, P(B\mid A)=\frac{1}{3}, P(A\mid B)=\frac{1}{2}$,试求 $P(A\cup B)$.

3. 已知 $P(\overline{A})=0.3, P(B)=0.4, P(A\overline{B})=0.5$,求 $P(B\mid A\cup\overline{B})$.

4. 某种动物由出生算起活 20 岁以上的概率为 0.8,活到 25 岁以上的概率为 0.4,如果现在有一个 20 岁的这种动物,问它能活到 25 岁以上的概率是多少?

5. n 个人排成一排,已知甲排在乙的前面,求甲乙相邻的概率.

6. 100 件产品中有 5 件次品,不放回地取 3 次,每次取 1 件,求取得的 3 件产品中至少有 1 件次品的概率.

7. 设袋中装有 r 只红球,t 只白球. 每次自袋中任取一只球,观察其颜色然后放回,并再放入 a 只与所取出的那只球同色的球,若在袋中连续取球四次,试求第一、二次取到红球且第三、

四次取到白球的概率.

8. 为了防止意外,在矿内同时设有两种报警系统 A 与 B,每种系统单独使用时,系统 A 有效的概率为 0.92,系统 B 为 0.93,在 A 失灵的条件下,B 有效的概率为 0.85,求

(1) 发生意外时,这两个报警系统至少有一个有效的概率;

(2) B 失灵的条件下,A 有效的概率.

1.4 全概率公式与贝叶斯公式

1.4.1 全概率公式

将复杂问题适当地分解为若干个简单问题而逐一解决是人们常用的方法. 在解决较复杂的概率问题时,人们也希望把所涉及的复杂事件分解为简单事件之和. 在这方面,全概率公式起着十分重要的作用,先介绍样本空间的划分的定义.

定义 1.7 设 S 为试验 E 的样本空间,$B_1, B_2, \cdots, B_n$ 为 E 的一组事件. 若

(1) $B_1, B_2, \cdots, B_n$ 两两互斥,即 $B_i B_j = \varnothing (i \neq j, i, j = 1, 2, \cdots, n)$;

(2) $B_1 \cup B_2 \cup \cdots \cup B_n = S$,即这 n 个事件的和为必然事件,

则称 $B_1, B_2, \cdots, B_n$ 为样本空间 S 的一个划分,或称它为一个完备事件组.

例如,A 与 $\overline{A}$ 就构成一个完备事件组;在有限样本空间中,所有的基本事件也构成一个完备事件组.

定理 1.2(全概率公式) 如果事件组 $B_1, B_2, \cdots, B_n$ 为样本空间 S 的一个划分,$P(B_i) > 0 (i = 1, 2, \cdots, n)$,则对任一事件 A,有

$$P(A) = \sum_{i=1}^{n} P(B_i) P(A \mid B_i). \tag{1.9}$$

证 因为 $A = AS = A(B_1 \cup B_2 \cup \cdots \cup B_n) = AB_1 \cup AB_2 \cup \cdots \cup AB_n$,又 $B_1, B_2, \cdots, B_n$ 两两互斥,所以 $AB_1, AB_2, \cdots, AB_n$ 两两互斥. 由加法公式得

$$P(A) = P(AB_1) + P(AB_2) + \cdots + P(AB_n).$$

又由乘法公式得

$$P(AB_i) = P(B_i) P(A \mid B_i), \quad i = 1, 2, \cdots, n, \quad P(B_i) > 0,$$

所以

$$P(A) = \sum_{i=1}^{n} P(B_i) P(A \mid B_i).$$

在很多实际问题中,$P(A)$ 不容易求出,但却容易找到一个完备事件组,且 $P(B_i)$ 和 $P(A \mid B_i)$ 为已知或容易求得,因此可用它来计算事件 A 的概率. 应用公式时,关键是要找到合适的完备事件组,选取的完备事件组 $B_1, B_2, \cdots, B_n$ 应使 $P(B_i)$ 及 $P(A \mid B_i)$ 容易求.

1.4 全概率公式与贝叶斯公式

例 1.23 袋中有 50 个乒乓球,其中,20 个是黄球,30 个是白球,今有两人依次随机地从袋中各取一球,取后不放回,问第二个人取得黄球的概率是多少?

解 设 A 表示"第二个人取得黄球",B 表示"第一个人取得黄球",由全概率公式得出

$$P(A) = P(B)P(A\mid B) + P(\overline{B})P(A\mid \overline{B})$$
$$= \frac{20}{50}\times\frac{19}{49} + \frac{30}{50}\times\frac{20}{49} = \frac{2}{5}.$$

例 1.24 有一批同一型号的产品,已知其中由一厂生产的占 30%,二厂生产的占 50%,三厂生产的占 20%,又知这三个厂的产品次品率分别为 2%,1%,1%,问从这批产品中任取一件是次品的概率是多少?

解 设事件 A 为"任取一件为次品",事件 B_i 为"任取一件为 i 厂的产品",$i = 1, 2, 3$.

$$B_1 \bigcup B_2 \bigcup B_3 = S, \quad B_iB_j = \varnothing, \quad i, j = 1, 2, 3.$$

已知 $P(B_1) = 0.3, P(B_2) = 0.5, P(B_3) = 0.2$,

$$P(A\mid B_1) = 0.02, \quad P(A\mid B_2) = 0.01, \quad P(A\mid B_3) = 0.01.$$

由全概率公式得

$$P(A) = P(A\mid B_1)P(B_1) + P(A\mid B_2)P(B_2) + P(A\mid B_3)P(B_3)$$
$$= 0.02\times 0.3 + 0.01\times 0.5 + 0.01\times 0.2 = 0.013.$$

例 1.25 5 张卡片上分别标有数字 1, 2, 3, 4, 5,每次从中任取一张,连取两次.

(1) 若第 1 次取出的卡片不放回,求第 2 次取出的卡片上的数字大于第 1 次取出的卡片上的数字的概率;

(2) 若第 1 次取出的卡片放回,求第 2 次取出的卡片上的数字大于第 1 次取出的卡片上的数字的概率.

解 (1) 不放回抽样的情况.

设 B_i 表示事件"从 5 张卡片中取出 1 张标有数字 i 的卡片",A 表示事件"第 2 次取出的卡片上的数字大于第 1 次取出的卡片上的数字". 已知 $P(B_i) = 1/5$,$P(A\mid B_i) = (5-i)/4$,$i = 1, 2, 3, 4, 5$. 由全概率公式得

$$P(A) = \sum_{i=1}^{5} P(B_i)P(A\mid B_i) = \frac{1}{5}\times\frac{1}{4}(1+2+3+4) = \frac{1}{2}.$$

(2) 放回抽样的情况.

同理可得

$$P(B_i) = \frac{1}{5}, \quad i = 1, 2, 3, 4, 5,$$

$$P(A \mid B_i) = \frac{5-i}{5}, \quad i = 1,2,3,4,5,$$

$$P(A) = \sum_{i=1}^{5} P(B_i) P(A \mid B_i) = \frac{1}{5} \times \frac{1}{5}(1+2+3+4) = \frac{2}{5}.$$

1.4.2 贝叶斯公式

定理 1.3（贝叶斯公式） 设 $B_1, B_2, \cdots, B_n$ 为 S 的一个划分且 $P(B_i) > 0$，则对任一事件 $A(P(A) > 0)$，有

$$P(B_i \mid A) = \frac{P(A \mid B_i) P(B_i)}{\sum_{j=1}^{n} P(A \mid B_j) P(B_j)}, \quad i = 1,2,\cdots,n.$$

证 由全概率公式及条件概率定义得

$$P(B_i \mid A) = \frac{P(B_i A)}{P(A)} = \frac{P(A \mid B_i) P(B_i)}{\sum_{j=1}^{n} P(A \mid B_j) P(B_j)}, \quad i = 1,2,\cdots,n.$$

贝叶斯公式是英国哲学家贝叶斯于 1763 年首先提出的. 假定 $B_1, B_2, \cdots, B_n$ 是某个过程的若干可能的前提条件，则 $P(B_i)$ 是人们事先对各前提条件出现的可能性大小的估计，称之为验前概率. 如果这个过程得到了一个结果 A，那么，贝叶斯公式提供了根据 A 的出现而对各前提条件作出新评价的方法，$P(B_i \mid A)$ 为后验概率.

例 1.26 某试卷中一道选择题有 6 个答案，其中只有 1 个正确. 考生不知道正确答案的概率为 1/4，不知道正确答案的考生可以猜，设猜对的概率为 1/6，现已知某考生答对了，问他猜对此题的概率有多大？

解 设 A 表示事件"考生不知道正确答案"，B 表示"考生答对了考题"，由题设知

$$P(A) = \frac{1}{4}, \quad P(B \mid A) = \frac{1}{6}, \quad P(\overline{A}) = \frac{3}{4}, \quad P(B \mid \overline{A}) = 1.$$

由全概率公式得

$$P(B) = P(A)P(B \mid A) + P(\overline{A})P(B \mid \overline{A}) = \frac{1}{4} \times \frac{1}{6} + \frac{3}{4} \times 1 = \frac{19}{24}.$$

由贝叶斯公式得

$$P(A \mid B) = \frac{P(A)P(B \mid A)}{P(A)P(B \mid A) + P(\overline{A})P(B \mid \overline{A})} = \frac{1/4 \times 1/6}{1/4 \times 1/6 + 3/4 \times 1} = \frac{1}{19}.$$

例 1.27 对以往数据分析结果表明，当机器调整得良好时，产品的合格率为 98%，而当机器发生某种故障时，其合格率为 55%，每天早上机器开动时，机器调

1.4 全概率公式与贝叶斯公式

整良好的概率为 95%. 试求已知某日早上第一件产品是合格品时，机器调整得良好的概率是多少？

解 设 A 为事件"产品合格"，B 为事件"机器调整良好"，则有
$$P(A \mid B) = 0.98, \quad P(A \mid \overline{B}) = 0.55,$$
$$P(B) = 0.95, \quad P(\overline{B}) = 0.05,$$

由贝叶斯公式得所求概率为
$$P(B \mid A) = \frac{P(A \mid B)P(B)}{P(A \mid B)P(B) + P(A \mid \overline{B})P(\overline{B})}$$
$$= \frac{0.98 \times 0.95}{0.98 \times 0.95 + 0.55 \times 0.05} = 0.97,$$

即当生产出第一件产品是合格品时，此时机器调整良好的概率为 0.97.

例 1.28 一商店为甲、乙、丙三个厂销售同类型号的家用电器，这三个厂的产品的比例是 2∶2∶1，并且它们的次品率分别是 0.10, 0.15, 0.35，某顾客从这些产品中任意选购一件，试求：

(1) 顾客买到正品的概率；

(2) 若已知顾客买到的正品，则它是乙厂生产的概率是多少？

解 设 A_1 为事件"顾客买到甲厂的产品"，A_2 为事件"顾客买到乙厂的产品"，A_3 为事件"顾客买到丙厂的产品"，B 为事件"顾客买到正品"，则有
$$P(A_1) = \frac{2}{5}, \quad P(A_2) = \frac{2}{5}, \quad P(A_3) = \frac{1}{5},$$
$$P(\overline{B} \mid A_1) = 0.10, \quad P(\overline{B} \mid A_2) = 0.15, \quad P(\overline{B} \mid A_3) = 0.35.$$

(1) 由全概率公式
$$P(\overline{B}) = \sum_{i=1}^{3} P(A_i) P(\overline{B} \mid A_i) = \frac{2}{5} \times 0.10 + \frac{2}{5} \times 0.15 + \frac{1}{5} \times 0.35 = 0.17,$$
$$P(B) = 1 - P(\overline{B}) = 0.83.$$

(2) 由贝叶斯公式
$$P(A_2 \mid B) = \frac{P(A_2 B)}{P(B)} = \frac{P(A_2) P(B \mid A_2)}{P(B)}$$
$$= \frac{P(A_2)(1 - P(\overline{B} \mid A_2))}{P(B)} = \frac{\frac{2}{5} \times (1 - 0.15)}{0.83} = \frac{34}{83}.$$

习 题 1.4

1. 已知一批产品的次品率为 4%，今有一种简化的检验方法，检验时正品被误认为是次品的概率为 0.02，而次品被误认为是正品的概率为 0.05. 求通过这种检验认为是正品的 1 个产品

确实是正品的概率.

2. 商店销售一批收音机,共有 10 台,其中有 3 台次品,但是已经售出了 2 台,问从剩下的收音机中,任取 1 台为正品的概率是多少?

3. 有甲、乙两个盒子,甲盒中装有 2 个红球和 2 个白球,乙盒中装有 2 个红球和 6 个白球,现从甲盒中任取 2 个球放入乙盒,然后从乙盒中任取 1 球,求取到的这个球为红球的概率.

4. 在对空演习中,某高射炮的目标是正在行进中的一架战斗机. 已知该炮能击中发动机、机舱及其他部位的概率分别为 0.10,0.08,0.39. 又若击中上述各部位而使飞机坠毁的概率分别是 0.95,0.89,0.51. 试求该炮任意发射一炮弹使飞机坠毁的概率.

5. 根据以往的临床记录,某种诊断癌症的试验具有如下的效果:若以 A 表示事件"试验反应为阳性",以 C 表示事件"被诊断者患有癌症",则有 $P(A|C)=0.95, P(\overline{A}|\overline{C})=0.95$. 现在对自然人群进行普查,设被试验的人患有癌症的概率为 0.005,即 $P(C)=0.005$,试求 $P(C|A)$.

6. 设根据以往记录的数据分析,某船只运输的某种物品损坏的情况共有 3 种,损坏 2%(事件 A_1),损坏 10%(事件 A_2),损坏 90%(事件 A_3),且知 $P(A_1)=0.8, P(A_2)=0.15, P(A_3)=0.05$. 现在从已被运输的物品中,随机地取 3 件,发现这 3 件都是好的(事件 B). 试求 $P(A_1|B), P(A_2|B), P(A_3|B)$(这里设物品件数很多,取出一件后不影响取后一件是否为完整品的概率).

7. 在秋菜运输中,某汽车可能到甲、乙、丙 3 地去拉菜. 设到此 3 地拉菜的概率分别为 0.20,0.45,0.30,而在各地拉到 1 级菜(只分 1,2 级)的概率分别为 0.10,0.30,0.70. 试求

(1) 拉到 1 级菜的概率;

(2) 假定已经拉到 1 级菜,求它是由乙地拉来的概率.

1.5 事件的独立性

同一随机试验中各事件之间应当是相互有联系的. 这种联系反映在其中一个事件的发生对其他事件出现概率的影响. 就是说,一般情况下,$P(A)$ 与 $P(A|B)$ 是不相等的,即 B 事件的发生对 A 事件发生的概率有影响. 但有时也会出现 B 事件的发生对 A 事件发生的概率没有影响的情况. 为此,先看下面的例子.

例 1.29 设试验 E 为"抛甲、乙两枚硬币,观察正反面出现的情况",设事件 A 为"甲币出现 H",事件 B 为"乙币出现 H",E 的样本空间为
$$S = \{HH, HT, TH, TT\}.$$
由式(1.7)得
$$P(A) = \frac{2}{4} = \frac{1}{2}, \quad P(B) = \frac{2}{4} = \frac{1}{2},$$
$$P(B|A) = \frac{1}{2}, \quad P(AB) = \frac{1}{4}.$$

由本例可知,$P(B|A)=P(B)$. 这说明事件 A 发生与否,对事件 B 发生的概率无影响;显然,事件 B 的发生与否,对事件 A 的发生也无影响. 这时,称事件 A

1.5 事件的独立性

与事件 B 相互独立.

注意到 $P(B|A)=\dfrac{P(AB)}{P(A)}$,因此 $P(B|A)=P(B)$ 等价于 $P(AB)=P(A)P(B)$.

定义 1.8 设 A,B 是两事件,若 $P(AB)=P(A)P(B)$ 成立,则称事件 A 与事件 B 是相互独立的.

在实际应用中,对于事件的相互独立性往往不是根据定义来判断,而是由问题的实际意义来判断. 例如,甲、乙二人同时射击一目标,因为甲、乙二人的射击一般说来是互不影响的,所以"甲命中目标"与"乙命中目标"两事件应理解为相互独立的. 一般,若根据实际情况分析,A,B 两事件之间没有关联或关联很微弱,那就认为它们是相互独立的.

关于两个事件的独立性,有下面的重要结论.

定理 1.4 设 A,B 是两事件且 $P(A)>0$,若 A 与 B 相互独立,则 $P(B|A)=P(B)$,反之亦然.

定理的正确性是显然的.

定理 1.5 若事件 A 与事件 B 相互独立,则 A 与 $\bar{B}$,$\bar{A}$ 与 B,$\bar{A}$ 与 $\bar{B}$ 也是相互独立的.

证 因 $P(AB)=P(A)P(B)$,$\bar{A}B=B-AB$ 且 $AB\subset B$,所以
$$P(\bar{A}B)=P(B-AB)=P(B)-P(AB)$$
$$=P(B)-P(A)P(B)=[1-P(A)]P(B)=P(\bar{A})P(B).$$
故 $\bar{A}$ 与 B 相互独立,同理可推出 A 与 $\bar{B}$,$\bar{A}$ 与 $\bar{B}$ 也是相互独立的.

对于 3 个事件的独立性,有如下重要结论.

定义 1.9 设 A,B,C 是 3 个事件,且满足
$$P(AB)=P(A)P(B),\quad P(AC)=P(A)P(C),$$
$$P(BC)=P(B)P(C),\quad P(ABC)=P(A)P(B)P(C),$$
则称事件 A,B,C 相互独立.

若事件 A,B,C 中,任意两个事件都相互独立,则称事件 A,B,C 两两独立.

显然,如果 A,B,C 相互独立,则 A,B,C 两两独立. 反过来,由 A,B,C 两两独立,不能导出 A,B,C 相互独立.

下面,将独立性的概念推广到 n 个事件的情况.

定义 1.10 设有 n 个事件 $A_1,A_2,\cdots,A_n$,若对于其中任意两个事件 A_i,A_j ($i\neq j,i,j=1,2,\cdots,n$) 都有 $P(A_iA_j)=P(A_i)P(A_j)$,则称事件 $A_1,A_2,\cdots,A_n$ 两两独立;若对于其中任意 k 个事件($k=2,3,\cdots,n$),都有 $P(A_{i_1}A_{i_2}\cdots A_{i_k})=P(A_{i_1})\cdot P(A_{i_2})\cdots P(A_{i_k})$,则称事件 $A_1,A_2,\cdots,A_n$ 相互独立.

从定义可知,若 n 个事件相互独立,则它们中任何 $k(2 \leqslant k \leqslant n)$ 个事件也是相互独立的.

不难证明,若 $A_1, A_2, \cdots, A_n$ 相互独立,则将其中任意多个事件换成它们的对立事件而得到的 n 个事件仍相互独立.

例 1.30 一个均匀正四面体,它的 3 个面分别涂上了红色、黄色、蓝色,第 4 个面同时涂了红、黄、蓝 3 色,随机抛掷这个正四面体,观察与桌面接触的那个面所涂的颜色. 假设以 A, B, C 分别表示接触面涂有红、黄、蓝色,试求 $P(A), P(B)$, $P(C), P(AB), P(AC), P(BC)$ 和 $P(ABC)$,并问 A, B, C 是否两两独立? 是否相互独立?

解 易知
$$P(A) = P(B) = P(C) = \frac{1}{2},$$
$$P(AB) = P(BC) = P(AC) = \frac{1}{4},$$
$$P(ABC) = \frac{1}{4}.$$

由于
$$P(AB) = P(A)P(B), \quad P(AC) = P(A)P(C), \quad P(BC) = P(B)P(C),$$
所以 A, B, C 两两独立,但
$$P(ABC) \neq P(A)P(B)P(C).$$
故 A, B, C 不相互独立.

例 1.31 设每一名机枪射击手击落飞机的概率都是 0.2,若 10 名机枪射击手同时向一架飞机射击,问击落飞机的概率是多少?

解 设事件 A_i 为"第 i 名射手击落飞机",$i = 1, 2, \cdots, 10$. 事件 B 为"击落飞机",则
$$B = A_1 \bigcup A_2 \bigcup \cdots \bigcup A_{10},$$
$$P(B) = P(A_1 \bigcup A_2 \bigcup \cdots \bigcup A_{10})$$
$$= 1 - P(\overline{A_1 \bigcup A_2 \bigcup \cdots \bigcup A_{10}})$$
$$= 1 - P(\overline{A}_1 \overline{A}_2 \cdots \overline{A}_{10})$$
$$= 1 - P(\overline{A}_1) P(\overline{A}_2) \cdots P(\overline{A}_{10})$$
$$= 1 - (0.8)^{10} = 0.893.$$

例 1.32 如图 1-10 所示,1,2,3,4,5 表示继电器接点,假设每一继电器接点闭合的概率为 p,且各继电器接点闭合与否相互独立,求自左至右是通路的概率.

1.5 事件的独立性

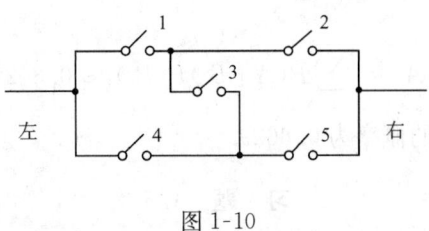

图 1-10

解 设 A_i 表示事件"第 i 个继电器闭合",B 表示事件"自左至右是通路",则

$$B = A_1A_2 \cup A_4A_5 \cup A_1A_3A_5 \cup A_2A_3A_4,$$

$$\begin{aligned}P(B) = &P(A_1A_2) + P(A_4A_5) + P(A_1A_3A_5) + P(A_2A_3A_4) - P(A_1A_2A_4A_5) \\ &- P(A_1A_2A_3A_5) - P(A_1A_2A_3A_4) - P(A_1A_3A_4A_5) - P(A_2A_3A_4A_5) \\ &- P(A_1A_2A_3A_4A_5) + P(A_1A_2A_3A_4A_5) + P(A_1A_2A_3A_4A_5) \\ &+ P(A_1A_2A_3A_4A_5) + P(A_1A_2A_3A_4A_5) \\ &- P(A_1A_2A_3A_4A_5).\end{aligned}$$

由题设 A_1,A_2,A_3,A_4,A_5 相互独立,故对任意 $k(k=2,3,4,5)$,

$$P(A_{i_1}A_{i_2}\cdots A_{i_k}) = P(A_{i_1})P(A_{i_2})\cdots P(A_{i_k}) = p^k,$$

所以

$$P(B) = 2p^2 + 2p^3 - 5p^4 + 2p^5.$$

例 1.33 验收 100 件乐器的方案如下:从中随机地取 3 件进行独立测试,如果 3 件中至少有一件在测试中被认为音色不纯,则拒绝接收此批乐器,设一件音色不纯的乐器经测试后被查出为音色不纯的概率为 0.95,一件音色纯的乐器被断定为音色纯的概率为 0.99,并已知这 100 件乐器中恰有 4 件是音色不纯的. 求此批乐器被接收的概率.

解 设 A 表示事件"此批乐器被接收",B_i 表示事件"取出的 3 件乐器中恰有 i 件是音色不纯",$i=0,1,2,3$,则

$$P(B_0) = \frac{C_{96}^3}{C_{100}^3}, \quad P(B_1) = \frac{C_4^1 C_{96}^2}{C_{100}^3},$$

$$P(B_2) = \frac{C_4^2 C_{96}^1}{C_{100}^3}, \quad P(B_4) = \frac{C_4^3}{C_{100}^3}.$$

由假设,三次测试是相互独立的,于是

$$P(A \mid B_0) = 0.99^3, \quad P(A \mid B_1) = 0.99^2 \times (1-0.95),$$

$$P(A \mid B_2) = 0.99 \times (1-0.95)^2, \quad P(A \mid B_3) = (1-0.95)^3.$$

由全概率公式,得

$$P(A) = \sum_{i=0}^{3} P(A \mid B_i) P(B_i) \approx 0.8629.$$

所以,此批乐器被接收的概率为 0.8629.

习 题 1.5

1. 甲乙两人射击,甲击中的概率为 0.8,乙击中的概率为 0.7,两人同时射击,并假定中靶与否是独立的. 求

(1) 两人都中靶的概率;

(2) 甲中乙不中的概率.

2. 加工一个产品要经过三道工序,第一、二、三道工序不出废品的概率分别为 0.9,0.95,0.8. 若假定各工序是否出废品为独立的,求经过三道工序而不出废品的概率.

3. 3 人独立地去破译一个密码,他们能译出的概率分别为 1/5,1/3,1/4,问能将此密码译出的概率是多少?

4. 现有 10 张彩票,其中有 5 张"发",3 张"财",其余都是"白",规定一个人只有同时摸到"发"和"财"才算中奖.

(1) 甲、乙二人依次不放回地连续抽取两张,求甲、乙二人都中奖的概率.

(2) 甲、乙二人有放回地连续抽取两张,求甲、乙二人至少有一人中奖的概率.

习 题 1

1. 设一批零件,有正品也有次品,从这批零件中任意抽取 7 件. 设 A 表示事件"抽到的次品数不多于 3",B 表示事件"抽到的次品数为奇数". 试问:事件 $A \cup B, AB, A-B, \bar{B}$ 各表示什么意思?

2. 甲、乙、丙三人各向靶子射击一次,设 A_i 表示"第 i 人击中靶子",$i=1,2,3$. 试用事件的运算关系表示下列事件:

(1) 仅有乙未击中靶;

(2) 甲、乙至少一人击中而丙未击中靶子;

(3) 至少两人击中靶;

(4) 靶上仅中一弹.

3. 设样本空间 $S=\{x \mid 0 \leqslant x \leqslant 2\}$,事件 $A=\{x \mid 0.5 \leqslant x \leqslant 1\}$,$B=\{x \mid 0.8 < x \leqslant 1.6\}$,具体写出下列各事件:

(1) AB; (2) $A-B$; (3) $\overline{A-B}$; (4) $\overline{A \cup B}$.

4. 计算下列各题:

(1) 设 $P(A)=0.5, P(B)=0.3, P(A \cup B)=0.6$,求 $P(A\bar{B})$;

(2) 设 $P(A)=0.8, P(A-B)=0.4$,求 $P(\overline{AB})$;

(3) 设 $P(AB)=P(\bar{A}\bar{B}), P(A)=0.3$,求 $P(B)$.

5. 设 A, B 是两事件且 $P(A)=0.6, P(B)=0.7$. 问

(1) 在什么条件下,$P(AB)$取到最大值,最大值是多少?

(2) 在什么条件下,$P(AB)$取到最小值,最小值是多少?

6. 有 50 件产品,其中,45 件正品,5 件次品. 今从中任取 3 件,求下列事件的概率:

(1) 恰取得 1 件次品;

(2) 没有取得次品.

7. 有 3 个人,每人都以相同的概率被分配到 4 间房中的一间,求某指定房间中恰有 2 人的概率.

8. 某班有 30 名同学,设每人的生日在一年 365 天的任何一天都是等可能的,试求

(1) 每个人的生日各不相同的概率;

(2) 没有人的生日在 10 月份的概率.

9. 某公司生产的 15 件产品中,有 12 件正品,3 件是次品. 现将它们随机地分装在 3 个箱中,每箱装 5 件,设 A 表示"每箱中恰有一件次品",B 表示"三件次品都在同一箱中",试求 $P(A)$ 和 $P(B)$.

10. 在(0,1)区间内任取两个随机数 x,y,求两数之积小于 1/4 的概率.

11. 一批产品中,一、二、三等品率分别为 0.8,0.16,0.04,若规定一、二等品为合格品,求产品的合格率.

12. 某城市共发行 A,B,C 三种报纸,调查表明居民家庭中订购 C 报的占 30%,同时订购 A,B 两报的占 10%,同时订购 A,C 及 B,C 两报的各占 8%,5%,三报都订的占 3%,今在该城中任找一户,问该户

(1) 只订 A,B 两报的概率为多少?

(2) 只订 C 报的概率为多少?

13. 已知事件 A,B,C,D 相互独立,且 $P(A)=P(B)=P(C)/2=P(D)/2$,$P(A\cup B\cup C\cup D)=481/625$,求 $P(A)$.

14. 某人忘记了电话号码的最后一个数字,于是他随意地拨号.

(1) 求他拨号不超过 3 次而接通所需电话的概率;

(2) 若已知最后一个数字是奇数,那么此概率是多少?

15. 已知 10 只晶体管中有 2 只次品,从中抽取 2 次,每次任取 1 只,作不放回抽样.

(1) 求抽取的 2 只均为正品的概率;

(2) 求第 2 次取出的是正品的概率.

16. 在数字通信中,由于存在随机干扰,接收到的信号可能与发出的信号不同. 若发报机以 0.8 和 0.2 的概率发出信号 0 和 1,当发出信号 0 时,接收机以 0.9 的概率收到 0 信号,以 0.1 的概率收到 1 信号;当发出信号 1 时,接收机以 0.8 的概率收到 1 信号,以 0.2 的概率收到 0 信号. 今接收机收到 0 信号,问发报机发出的是何种信号.

17. 已知男子有 5% 是色盲患者,女子有 0.25% 是色盲患者,假定男子总数与女子总数相等,现在随机地选出 1 人,发现是个色盲患者,问

(1) 此人是男性的概率是多少?

(2) 如果居民中男子总数是女子总数的 2 倍时,问此人是男性的概率是多少?

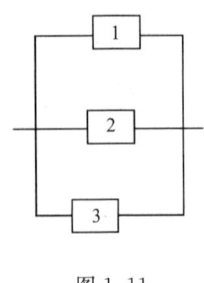

图 1-11

18. 用 3 个元件构成并联系统,如图 1-11 所示. 设每个元件的可靠性(可正常工作的概率)都为 $r(0<r<1)$,且各元件可否正常工作是相互独立的. 求系统的可靠性.

19. 设有 6 个元件,每个元件的可靠性为 0.9,且各元件能否正常工作是各自独立的. 若按图 1-12(a) 和图 1-12(b) 装配成两个系统,问哪个系统的可靠性大?

20. 把字母 M,A,Z,A,M 充分混合重新排列,求正好得到顺序 MAZAM 的概率.

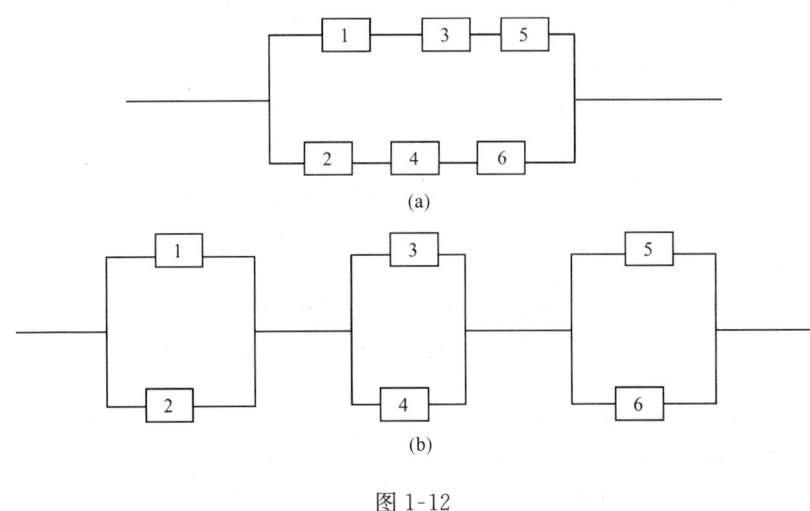

图 1-12

21. 甲、乙、丙 3 名同学各自去解答 1 道数学题,他们能答出的概率分别为 1/5,1/3,1/4. 求
(1) 恰有 1 个人答出的概率;
(2) 难题能解答出的概率.

22. 袋中装有 m 只正品硬币,n 只次品硬币(次品硬币的两面均印有国徽),在袋中任取 1 只,将它投掷 r 次,已知每次都得到国徽,问这只硬币是正品的概率是多少?

23. 假设目标出现在射程之内的概率为 0.7,这时射击命中目标的概率为 0.6,试求两次独立射击至少有一次命中目标的概率.

24. 设有来自三个地区的各 10 名,15 名和 25 名考生的报名表,其中女生的报名表分别为 3 份、7 份和 5 份. 随机地取一个地区的报名表,从中先后抽出两份.
(1) 求先抽到的一份是女生表的概率 p;
(2) 已知后抽到的一份表是男生表,求先抽到的一份是女生表的概率 q.

25. 某电厂由甲、乙两台机组并联向一城市供电,当一台机组发生故障时,另一台机组能在这段时间满足该城市全部用电需求的概率为 85%. 设每台机组发生故障的概率为 0.1,且它们是否发生故障互相独立. (1)求保证城市供电的概率;(2)求已知电厂机组发生故障时,供电能满足需求的概率.

第 2 章 随机变量及其分布

概率论是从数量上研究随机现象的规律性的科学. 为此,本章将引入随机变量及其分布的概念,利用微积分这一工具来全面地研究随机试验的结果,揭示随机现象的统计规律性.

2.1 随机变量

随机试验的结果经常是数量. 例如,掷 1 颗骰子所得点数,记录电话呼唤次数,预报明天的最高气温等,所得的可能结果都是数量,有的随机试验的结果虽不是数,但可以将其数量化.

例 2.1 考察抛硬币试验,结果是"出现正面"或"出现反面". 虽然其结果并不表示为数量,但可以把试验结果数量化. 如令

$$X = X(e) = \begin{cases} 0, & e = T, \\ 1, & e = H, \end{cases}$$

则这个有两个可能值的变量 X 代表了抛 1 枚硬币这一试验的结果.

作为随机试验的结果,这些数量与以往用来表示时间、位移等的变量有很大的不同,这就是其取值的变化情况取决于随机试验的结果,因而是不能完全预言的,这种随机取值的变量就是随机变量.

定义 2.1 设随机试验 E 的样本空间为 S,如果对于每一个 $e \in S$,有一个实数 $X(e)$ 与之对应,则将单值实值函数 $X = X(e)$ 称为样本空间 S 上的随机变量. 通常用大写字母 $X, Y, Z, \cdots$ 表示随机变量,用小写字母 $x, y, z, \cdots$ 表示它们可能取的值.

例 2.2 在某段时间内,观察某电话交换台接到呼唤次数的情况.

设 e_i 表示事件"接到 i 次呼唤", $i = 0, 1, 2, 3, \cdots$, 则样本空间 $S = \{e_0, e_1, \cdots\}$.

在样本空间 S 上定义实函数 $X(e)$,

$$X(e) = \begin{cases} 0, & e = e_0, \\ 1, & e = e_1, \\ 2, & e = e_2, \\ 3, & e = e_3, \\ \vdots \end{cases}$$

则 $X(e)$ 为定义在样本空间 S 上的随机变量.

随机变量是一个函数,但它与普通的函数有着本质的差别,普通函数是定义在实数轴上的,而随机变量是定义在样本空间上的(样本空间的元素不一定是实数).

随机变量随着试验的结果不同而取不同的值,在试验之前不能预知它取什么值,由于试验的各个结果的出现具有一定的概率,因此随机变量的取值也有一定的概率规律. 引入随机变量后,随机事件就可以通过随机变量来表示. 例如,X 表示某种元件的使用寿命,寿命为 $200 \sim 1000$h 这一事件,可表示为 $\{200 \leqslant X \leqslant 1000\}$, X 是一随机变量,它的取值是闭区间 $[200, 1000]$.

随机变量通常分为两类:如果随机变量 X 所取的可能值是有限多个或无限可列个,则 X 称为**离散型随机变量**. 如果随机变量 X 的所有可能取值不可以逐个列举出来,则 X 称为非离散型随机变量. 非离散型随机变量的范围很广,其中最重要,实际工作中也常遇到的是**连续型随机变量**. 像灯泡寿命和零件长度这样的随机变量. 它们所取的值可以连续地充满某个区间,即是连续型随机变量. 例如,n 次打靶中,中靶次数;交换台接到的呼唤次数即为离散型随机变量. 下面先讨论离散型随机变量.

2.2 离散型随机变量的概率分布

2.2.1 离散型随机变量的概念

设 X 是一离散型随机变量,它的全部可能取值是有限个或可列无限个. 为了描述 X,还必须知道它取各个值的概率,也就是说,要知道它的概率分布情况.

定义 2.2 设离散型随机变量 X 所有可能取值为 $x_k(k=1,2,3,\cdots)$

$$P\{X = x_k\} = p_k, \quad k = 1, 2, 3, \cdots, \tag{2.1}$$

则式(2.1)称为离散型随机变量 X 的概率分布或分布律(也称为分布密度). 分布律也可以用表格的形式来表示

X	x_1	x_2	$\cdots$	x_n	$\cdots$
p_k	p_1	p_2	$\cdots$	p_n	$\cdots$

由概率的定义可知

(1) $p_k \geqslant 0 (k=1,2,\cdots)$;

(2) $\sum_{k=1}^{\infty} p_k = 1$.

例 2.3 设一汽车在开往目的地的道路上需路经 4 个交叉路口,遇到红灯概率为 p.

(1) 求汽车一路上遇到红灯盏数的概率分布(分布律);

(2) 求汽车首次停下来时,它已通过的交通灯数的分布(假定通过 4 个交通灯以后停下).

解 (1) 设 X 为"汽车一路上遇到的红灯盏数",由题意知,X 的可能取值为 $0,1,2,3,4$,则 X 的分布律为

X	0	1	2	3	4
p_i	$(1-p)^4$	$4p(1-p)^3$	$6p^2(1-p)^2$	$4p^3(1-p)$	p^4

(2) Y 为"汽车首次停下来时,它已通过的交通灯数",则 Y 的分布律为

Y	0	1	2	3	4
p_i	p	$(1-p)p$	$(1-p)^2 p$	$(1-p)^3 p$	$(1-p)^4$

例 2.4 设随机变量 X 的概率函数为

$$P\{X=k\} = a\frac{\lambda^k}{k!}, \quad k=0,1,2,\cdots, \quad \lambda>0.$$

试确定常数 a.

解 依据概率函数的性质

$$\begin{cases} P\{X=k\} \geqslant 0, \\ \sum_k P\{X=k\} = 1, \end{cases}$$

要使上述函数为概率函数应有

$$a \geqslant 0, \quad \sum_{k=0}^{\infty} a\frac{\lambda^k}{k!} = a \cdot \sum_{k=0}^{\infty} \frac{\lambda^k}{k!} = a\mathrm{e}^{\lambda} = 1.$$

从中解得 $a = \mathrm{e}^{-\lambda}$.

2.2.2 常见的离散型分布

下面介绍几种常见的离散型随机变量的概率分布,简称离散型分布.

1. 0-1 分布

设随机变量 X 只可能取两个值,它的分布律是

$$P\{X=1\} = p, \quad P\{X=0\} = 1-p = q, \quad 0<p<1,$$

则称 X 服从 0-1 分布或两点分布.

0-1 分布的分布律也可写成

X	0	1
p_k	$1-p$	p

对于一个随机试验,如果它的样本空间只包含两个元素,即 $S=\{e_1,e_2\}$,总可以在 S 上定义一个服从 0-1 分布的随机变量

$$X = X(e) = \begin{cases} 0, & e = e_1, \\ 1, & e = e_2 \end{cases}$$

来描述这个随机试验的结果. 0-1 分布是经常遇到的一种分布. 例如,投篮中与不中、对新生婴儿的性别进行登记、检查产品的质量是否合格、某车间的电力消耗是否超过负荷、"抛硬币"试验等都可以用两点分布来描述.

例 2.5 设有一批产品共 100 件,其中,80 件正品,20 件次品. 现从中随机抽取一件,定义随机变量如下:

$$X = \begin{cases} 0, & \text{取到次品}, \\ 1, & \text{取到正品}, \end{cases}$$

则有 $P\{X=0\}=0.2, P\{X=1\}=0.8$,则 X 服从 0-1 分布.

2. 伯努利试验、二项分布

设试验 E 只有两个可能结果 A 及 $\bar{A}$,则称 E 为伯努利试验. 将试验 E 在相同条件下独立地重复进行 n 次,则称这 n 次重复的独立试验为 n 重伯努利试验,相应的数学模型叫伯努利概型,如抛一枚硬币观察得到正面或反面. 若将硬币抛 n 次,就是 n 重伯努利试验. 又如抛一颗骰子 n 次,观察是否"出现 1 点",也是 n 重伯努利试验.

在一次试验中,事件 A 发生的概率为 $p(0<p<1)$,用 X 表示 n 重伯努利试验中事件 A 发生的次数,则 X 是一个随机变量,它的可能取值是 $0,1,2,\cdots,n$,分布律为

$$P\{X=k\} = C_n^k p^k (1-p)^{n-k}.$$

记 $q=1-p$,即有 $P\{X=k\}=C_n^k p^k q^{n-k}, k=0,1,\cdots,n$. 称随机变量 X 服从参数为 n,p 的二项分布,记为 $X\sim B(n,p)$.

容易验证,它满足概率分布的两个性质

(1) $P\{X=k\}=C_n^k p^k (1-p)^{n-k} \geq 0, k=0,1,\cdots,n$;

(2) $\sum_{k=0}^{n} P\{X=k\} = \sum_{k=0}^{n} C_n^k p^k (1-p)^{n-k} = (p+q)^n = 1.$

注意到 $P\{X=k\}=C_n^k p^k q^{n-k}$ 恰好是二项展开式的第 $k+1$ 项,故称 X 服从二项分布,当 $n=1$ 时,二项分布即为两点分布,故 X 服从 0-1 分布,可记为 $X\sim B(1,p)$.

二项分布可以作为描述射手射击 n 次,其中,有 k 次"击中"的概率分布情况的数学模型,也可以作为从一批足够多的产品中任意抽取 n 件,其中,有 k 件"废品"的模型,这是因为产品的总数很大,而抽取的个数 n 相对于总数很小,因而可作为放回抽样处理. 抽取一件产品看作是一次试验,可认为它服从二项分布. 二项分

布是实际中用得很多的一种离散型分布.

例 2.6 某类灯泡使用时数在 1000h 以上的概率是 0.2,求 3 个灯泡在使用 1000h 以后最多只有 1 个坏了的概率.

解 设 X 为 3 个灯泡在使用 1000h 已坏的灯泡数,$X \sim B(3,0.8)$.

$$P\{X=k\} = C_3^k \cdot 0.8^k \cdot 0.2^{3-k}, \quad k=0,1,2,3,$$

$$\begin{aligned}P\{X \leqslant 1\} &= P\{X=0\} + P\{X=1\} \\ &= 0.2^3 + 3 \cdot 0.8 \cdot 0.2^2 \\ &= 0.104.\end{aligned}$$

例 2.7 抛掷一枚质地不均匀的硬币 8 次,设正面出现的概率为 0.6,求 8 次抛掷中没有出现正面,恰好出现一次正面,……以及全部出现正面的次数.

解 此例可看成 $n=8$ 的伯努利试验问题. 设 X 表示"8 次抛掷中出现正面的次数",则 $X \sim B(8,0.6)$. 于是问题即要求

$$P\{X=k\} = C_8^k \cdot 0.6^k \cdot 0.4^{8-k}, \quad k=0,1,2,\cdots,8,$$

计算结果列于下表:

X	0	1	2	3	4	5	6	7	8
P_k	0.0007	0.0079	0.0413	0.1239	0.2322	0.2787	0.2090	0.0896	0.0168

为了更直观一些,现将上述概率分布用图 2-1 表示.

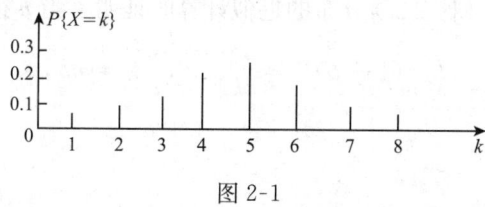

图 2-1

从图 2-1 中看到,当 k 增加时,概率 $P\{X=k\}$ 先是随之增加,直至达到最大值(本例中当 $k=5$ 时取到最大值),随后单调减少.

一般地,若 $X \sim B(n,p)$,则当 $(n+1)p$ 为整数时,二项概率 $P\{X=k\}$ 在 $k=(n+1)p$ 和 $k=(n+1)p-1$ 处达到最大值;当 $(n+1)p$ 不为整数时,二项概率 $P\{X=k\}$ 在 $k=[(n+1)p]$(即不超过 $(n+1)p$ 的最大整数)达到最大值.

例 2.8 设每台自动机床在运行过程中需要维修的概率均为 $p=0.01$,并且各机床是否维修各自独立. 如果

(1) 每名维修工人负责看管 20 台机床;

(2) 3 名维修工人共同看管 80 台机床.

求不能及时维修的概率.

解 (1) 这是 $n=20$ 重伯努利试验,参数 $p=0.01$,需维修的机床数 $X \sim B(20, 0.01)$,故不能及时维修的概率为

$$P\{X>1\} = 1 - \sum_{k=0}^{1} P\{X=k\}$$

$$= 1 - \sum_{k=0}^{1} C_{20}^{k} 0.01^k 0.99^{20-k}$$

$$= 1 - 0.99^{20} - 20 \times 0.01 \times 0.99^{19}$$

$$= 0.0169.$$

(2) 这是 $n=80$ 重伯努利试验,参数 $p=0.01$,需要维修的机床数 $X \sim B(80, 0.01)$,3 名维修工人共同看管 80 台机床时不能及时维修的概率为

$$P\{X>3\} = 1 - \sum_{k=0}^{3} C_{80}^{k} 0.01^k 0.99^{80-k} = 0.0087.$$

比较例 2.8 中的(1)与(2)可见,3 名维修工人共同看管 80 台机床比每人看管 20 台机床提高了工作效率,但是,不能及时维修的概率却下降到将近一半. 从这一点来看还是联合起来好. 像这种不太复杂的计算有时也会给经营管理者带来好的经济效益. 但是必须指出,在解例 2.8 时,未考虑维修时间这个因素,所得结果只适用于服务时间很短的服务系统.

直接计算上式是很麻烦的,而且 n 越大有关二项分布的计算量越大. 法国数学家泊松(Poisson)在研究二项分布的近似计算时证明了当 n 很大而 p 很小时,

$$C_n^k p^k (1-p)^{n-k} \approx \frac{\lambda^k}{k!} e^{-\lambda}, \quad \lambda = np,$$

并提出了泊松分布.

3. 泊松分布

如果随机变量 X 的概率分布为

$$P\{X=k\} = \frac{\lambda^k}{k!} e^{-\lambda}, \quad k=0,1,\cdots,$$

其中,$\lambda>0$ 是常数,则称 X 服从参数为 λ 的泊松分布,记为 $X \sim \pi(\lambda)$.

显然,$P\{X=k\} \geq 0 (k=0,1,\cdots)$ 且有

$$\sum_{k=0}^{\infty} P\{X=k\} = \sum_{k=0}^{\infty} \frac{\lambda^k e^{-\lambda}}{k!} = e^{-\lambda} \sum_{k=0}^{\infty} \frac{\lambda^k}{k!} = e^{-\lambda} e^{\lambda} = 1.$$

具有泊松分布的随机变量在实际应用中是很多的. 例如,在一个时间间隔内某电话交换台收到电话的呼叫次数,一本书一页中的印刷错误数,某医院在一天内的急症患者数,某一地区在一个时间间隔内发生交通事故的次数等都服从泊松分

布. 泊松分布也是概率论中一种重要的分布.

例 2.9 某一城市每天发生火灾的次数 X 服从参数 $\lambda=0.8$ 的泊松分布,求该城市一天内发生 3 次或 3 次以上火灾的概率.

解 所求概率为
$$P\{X\geqslant 3\}=1-P\{X<3\}$$
$$=1-P\{X=0\}-P\{X=1\}=P\{X=2\}$$
$$=1-e^{-0.8}\left(\frac{0.8^0}{0!}+\frac{0.8^1}{1!}+\frac{0.8^2}{2!}\right)$$
$$\approx 0.0474.$$

习 题 2.2

1. 随机变量所有可能取值为 $1,2,3,4$,且已知概率 $P\{X=k\}$ 与 k 成正比,即 $P\{X=k\}=ak$ $(k=1,2,3,4)$,求常数 a 及 X 的分布律.

2. 某人投篮,命中率为 0.7,规则是:投中后或投了 4 次后就停止投篮. 设 X 表示"此人投篮的次数",求 X 的分布律.

3. 已知出租汽车每分钟到达总站的车辆数 X 服从参数 $\lambda=3$ 的泊松分布,求在指定的一分钟内恰有 5 辆出租汽车到达总站的概率.

4. 甲、乙两人进行一场比赛,每局甲胜的概率为 $p(p\geqslant 1/2)$. 设各局胜负各自独立,问对甲而言,是采用 3 局 2 胜制有利,还是采用 5 局 3 胜制有利?

5. 某一无线寻呼台,每分钟内收到的寻呼的次数 X 服从参数 $\lambda=3$ 的泊松分布,试求:(1)一分钟内恰好收到3次寻呼的概率;(2)一分钟内收到 2 至 5 次寻呼的概率.

2.3 随机变量的分布函数

2.3.1 分布函数的概念

在实际问题中有许多随机变量,它们是非离散型的,它们的取值无法一一列举出来. 例如,加工直径为 65 ± 0.5mm 的圆轴,令 X 表示加工出来的圆轴直径,正常情况下 X 的取值范围为 $64.5\sim 65.5$. 对于像 X 取某固定值的概率是多少这样的问题就没有什么实际意义了,只有确知在任一区间上的概率 $P\{a<X<b\}$,才能掌握其概率分布情况. 但由于
$$P\{x_1<X\leqslant x_2\}=P\{X\leqslant x_2\}-P\{X\leqslant x_1\},$$
所以只需知道 $P\{X\leqslant x_2\}$ 和 $P\{X\leqslant x_1\}$ 就可以了. 由此引入随机变量的分布函数的概念.

定义 2.3 设 X 是一个随机变量,x 是任意实数,函数
$$F(x)=P\{X\leqslant x\}$$

称为 X 的分布函数.

由上式可知,分布函数 $F(x)$ 是一个普通的函数,它的定义域是 $(-\infty,+\infty)$,故确定分布函数时,要把 x 放在整个数轴上进行讨论.

对于任意实数 $x_1, x_2 (x_1 < x_2)$,有
$$P\{x_1 < X \leqslant x_2\} = P\{X \leqslant x_2\} - P\{X \leqslant x_1\}$$
$$= F(x_2) - F(x_1). \tag{2.2}$$

因此,若已知 X 的分布函数,就能知道 X 落在任一区间 $(x_1, x_2]$ 上的概率. 在这个意义上说,分布函数完整地描述了随机变量的统计规律性. 引入随机变量分布函数后,随机事件的概率就与普通的函数联系起来,这为用微积分研究随机现象打下基础.

2.3.2 分布函数的性质

(1) $0 \leqslant F(x) \leqslant 1$ 且 $\lim\limits_{x \to -\infty} F(x) = F(-\infty) = 0$, $\lim\limits_{x \to +\infty} F(x) = F(+\infty) = 1$.

这是由于 $F(x) = P\{X \leqslant x\}$,而 $0 \leqslant P\{X \leqslant x\} \leqslant 1$ 且 $\{X \leqslant -\infty\} = \varnothing$,$\{X \leqslant +\infty\} = S$.

(2) $F(x)$ 是不减函数. 即当 $x_1 < x_2$ 时,$F(x_1) \leqslant F(x_2)$.

事实上,由式(2.2),对于任意实数 $x_1, x_2 (x_1 < x_2)$,有
$$F(x_2) - F(x_1) = P\{x_1 < X \leqslant x_2\} \geqslant 0.$$

(3) $F(x)$ 是右连续的,即 $F(x+0) = F(x)$(证略).

(4) 对每个 a,$P\{X = a\} = F(a) - F(a-0)$.

例 2.10 设随机变量 X 的分布律为

X	0	1	2
p_i	$\dfrac{1}{3}$	$\dfrac{1}{6}$	$\dfrac{1}{2}$

求:(1) X 的分布函数;

(2) $P\{X \leqslant 1/2\}$;

(3) $P\{1/2 < X \leqslant 3/2\}$;

(4) $P\{1 \leqslant X \leqslant 2\}$.

解 (1) 由题意,X 只取 0,1,2 这 3 个值,且 $P\{X=0\}=1/3$,$P\{X=1\}=1/6$,$P\{X=2\}=1/2$. 因 $F(x) = P\{X \leqslant x\}(-\infty < x < +\infty)$,所以应分为 $(-\infty, 0)$,$[0,1)$,$[1,2)$,$[2,+\infty)$ 四个区间来考察函数 $F(x)$ 的情况. 由概率的有限可加性,得所求分布函数为

2.3 随机变量的分布函数

$$F(x) = \begin{cases} 0, & x < 0, \\ \dfrac{1}{3}, & 0 \leqslant x < 1, \\ \dfrac{1}{3}+\dfrac{1}{6}, & 1 \leqslant x < 2, \\ \dfrac{1}{3}+\dfrac{1}{6}+\dfrac{1}{2}, & x \geqslant 2, \end{cases}$$

即

$$F(x) = \begin{cases} 0, & x < 0, \\ \dfrac{1}{3}, & 0 \leqslant x < 1, \\ \dfrac{1}{2}, & 1 \leqslant x < 2, \\ 1, & x \geqslant 2. \end{cases}$$

$F(x)$ 的图形如图 2-2 所示.

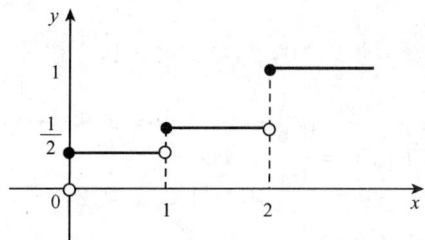

图 2-2

(2) $P\{X \leqslant 1/2\} = F(1/2) = 1/3$;

(3) $P\{1/2 < X \leqslant 3/2\} = F(3/2) - F(1/2) = 1/2 - 1/3 = 1/6$;

(4) $P\{1 \leqslant X \leqslant 2\} = F(2) - F(1) + P\{X=1\} = 1 - 1/2 + 1/6 = 2/3$.

一般地,设离散型随机变量 X 的分布律为

$$P\{X = x_k\} = p_k, \quad k = 1, 2, \cdots,$$

则其分布函数为

$$F(x) = P\{X \leqslant x\} = \sum_{x_k \leqslant x} P\{X = x_k\} = \sum_{x_k \leqslant x} p_k,$$

其中,和式是对所有满足 $x_k \leqslant x$ 的指标 k 进行的.

例 2.11 设离散型随机变量 X 的分布函数为

$$F(x) = \begin{cases} 0, & x < -1, \\ a, & -1 \leqslant x < 1, \\ \dfrac{2}{3} - a, & 1 \leqslant x < 2, \\ a+b, & x \geqslant 2, \end{cases}$$

且 $P\{X=2\}=1/2$，(1)试确定常数 a,b；(2)求 X 的分布律；(3)计算 $P\{-1<X\leqslant 2\}$.

解 (1) 利用分布函数 $F(x)$ 的性质：

$$P\{X=a\} = F(a) - F(a-0), \quad F(+\infty) = 1,$$

知

$$\frac{1}{2} = P\{X=2\} = (a+b) - \left(\frac{2}{3}-a\right) = 2a + b - \frac{2}{3},$$

且 $a+b=1$. 由此解得

$$a = \frac{1}{6}, \quad b = \frac{5}{6}.$$

(2) 由(1)得

$$F(x) = \begin{cases} 0, & x < -1, \\ \dfrac{1}{6}, & -1 \leqslant x < 1, \\ \dfrac{1}{2}, & 1 \leqslant x < 2, \\ 1, & x \geqslant 2. \end{cases}$$

再由 $P\{X=a\}=F(a)-F(a-0)$ 得 X 的分布律为

X	-1	1	2
p_i	$\dfrac{1}{6}$	$\dfrac{1}{3}$	$\dfrac{1}{2}$

(3) $P\{-1<X\leqslant 2\} = P\{X=1\} + P\{X=2\} = \dfrac{1}{3} + \dfrac{1}{2} = \dfrac{5}{6}$.

习 题 2.3

1. 设 X 服从 0-1 分布，分布律为 $P\{X=1\}=p, P\{X=0\}=1-p$. 求 X 的分布函数，并作出其图形.

2. 设 X 的分布律为

X	-1	2	3
p_i	$\frac{1}{4}$	$\frac{1}{2}$	$\frac{1}{4}$

求 X 的分布函数，并求 $P\left\{X\leqslant\frac{1}{2}\right\}$，$P\left\{\frac{3}{2}<X\leqslant\frac{5}{2}\right\}$，$P\{2\leqslant X\leqslant 3\}$.

3. 设 X 的分布函数为

$$F(x)=\begin{cases} 0, & x<0, \\ 0.2, & 0\leqslant x<2, \\ 0.5, & 2\leqslant x<4, \\ 0.6, & 4\leqslant x<5, \\ 1, & x\geqslant 5. \end{cases}$$

求：(1) X 的分布律；(2) $P\{1<X\leqslant 2\}$，$P\{2\leqslant X\leqslant 4\}$，$P\{X>3\}$.

2.4 连续型随机变量的概率密度

2.4.1 连续型随机变量的概念

定义 2.4 如果对于随机变量 X 的分布函数 $F(x)$，存在非负函数 $f(x)$，使对于任意实数 x，有

$$F(x)=\int_{-\infty}^{x}f(t)\mathrm{d}t, \tag{2.3}$$

则称 X 为连续型随机变量，其中，函数 $f(x)$ 称为 X 的概率密度函数，简称概率密度.

由定义 2.4 知，连续型随机变量的分布函数是连续函数. 在实际应用中遇到的基本上是离散型和连续型随机变量，在本书中只讨论这两种随机变量.

由定义知道，概率密度 $f(x)$ 具有以下性质：

(1) $f(x)\geqslant 0$；

(2) $\int_{-\infty}^{+\infty}f(x)\mathrm{d}x=1$；

(3) 对于任意实数 $x_1,x_2(x_1\leqslant x_2)$，

$$P\{x_1<X\leqslant x_2\}=F(x_2)-F(x_1)=\int_{x_1}^{x_2}f(x)\mathrm{d}x;$$

(4) 若 $f(x)$ 在点 x 处连续，则有 $F'(x)=f(x)$.

对于连续型随机变量 X 来说，因为其分布函数 $F(x)$ 是连续的，所以

$$P\{X=a\}=F(a)-F(a-0)=0,$$

即连续型随机变量 X 取任一值的概率均为零. 据此,在计算连续型随机变量落在某一区间的概率时,可以不必考虑这个区间是开区间还是闭区间或是半开区间,即对连续型随机变量 X 有

$$P\{x_1 < X \leqslant x_2\} = P\{x_1 < X < x_2\} = P\{x_1 \leqslant X \leqslant x_2\}$$
$$= P\{x_1 \leqslant X < x_2\} = \int_{x_1}^{x_2} f(x)\mathrm{d}x.$$

例 2.12 设随机变量 X 的概率密度为

$$f(x) = \begin{cases} A\cos x, & |x| \leqslant \dfrac{\pi}{2}, \\ 0, & |x| > \dfrac{\pi}{2}. \end{cases}$$

求:(1) 系数 A;

(2) 分布函数 $F(x)$;

(3) X 落在区间 $\left(0, \dfrac{\pi}{4}\right)$ 内的概率.

解 (1) 由

$$\int_{-\infty}^{+\infty} f(x)\mathrm{d}x = 1,$$

得

$$\int_{-\frac{\pi}{2}}^{\frac{\pi}{2}} A\cos x \mathrm{d}x = 2A = 1,$$

解得 $A = 1/2$,于是 X 的概率密度为

$$f(x) = \begin{cases} \dfrac{1}{2}\cos x, & |x| \leqslant \dfrac{\pi}{2}, \\ 0, & |x| > \dfrac{\pi}{2}. \end{cases}$$

(2) 由 $F(x) = \int_{-\infty}^{x} f(x)\mathrm{d}x$.

当 $x < -\pi/2$ 时,

$$f(x) = 0, \quad F(x) = 0;$$

当 $-\pi/2 \leqslant x < \pi/2$ 时,

$$F(x) = \int_{-\infty}^{x} f(x)\mathrm{d}x = \int_{-\frac{\pi}{2}}^{x} \frac{1}{2}\cos x \mathrm{d}x = \frac{1}{2}\sin x + \frac{1}{2};$$

当 $x \geqslant \pi/2$ 时,

$$F(x) = \int_{-\infty}^{x} f(x)\mathrm{d}x = \int_{-\frac{\pi}{2}}^{\frac{\pi}{2}} \frac{1}{2}\cos x \mathrm{d}x = 1.$$

2.4 连续型随机变量的概率密度

故得 X 的分布函数为

$$F(x) = \begin{cases} 0, & x < -\dfrac{\pi}{2}, \\ \dfrac{1}{2}\sin x + \dfrac{1}{2}, & -\dfrac{\pi}{2} \leqslant x < \dfrac{\pi}{2}, \\ 1, & x \geqslant \dfrac{\pi}{2}. \end{cases}$$

(3)
$$P\left\{0 < X < \dfrac{\pi}{4}\right\} = F\left(\dfrac{\pi}{4}\right) - F(0)$$
$$= \left(\dfrac{1}{2} + \dfrac{1}{2}\sin\dfrac{\pi}{4}\right) - \left(\dfrac{1}{2} + 0\right)$$
$$= \dfrac{\sqrt{2}}{4}.$$

例 2.13 设连续型随机变量 X 的分布函数为

$$F(x) = \begin{cases} 0, & x \leqslant -a, \\ A + B\arcsin\dfrac{x}{a}, & -a < x \leqslant a, \\ 1, & x > a. \end{cases}$$

求:(1) 系数 A, B 的值;

(2) $P\{-a < X < \dfrac{a}{2}\}$;

(3) 随机变量 X 的概率密度.

解 (1) 因为 X 是连续型随机变量,所以 $F(x)$ 连续,故有

$$F(-a) = \lim_{x \to -a} F(x), \quad F(a) = \lim_{x \to a} F(x),$$

即

$$A + B\arcsin\left(\dfrac{-a}{a}\right) = A - \dfrac{\pi}{2}B = 0,$$

$$A + B\arcsin\left(\dfrac{a}{a}\right) = A + \dfrac{\pi}{2}B = 1,$$

解得 $A = 1/2, B = 1/\pi$. 所以

$$F(x) = \begin{cases} 0, & x \leqslant -a, \\ \dfrac{1}{2} + \dfrac{1}{\pi}\arcsin\dfrac{x}{a}, & -a < x \leqslant a, \\ 1, & x > a. \end{cases}$$

(2) $P\left\{-a < X < \dfrac{a}{2}\right\} = F\left(\dfrac{a}{2}\right) - F(-a)$

$$=\frac{1}{2}+\frac{1}{\pi}\arcsin\left(\frac{a}{2a}\right)-0$$

$$=\frac{1}{2}+\frac{1}{\pi}\times\frac{\pi}{6}=\frac{2}{3}.$$

(3) 随机变量 X 的概率密度为

$$f(x)=F'(x)=\begin{cases}\dfrac{1}{\pi}\sqrt{a^2-x^2}, & -a<x<a, \\ 0, & \text{其他}.\end{cases}$$

2.4.2 常见的连续型随机变量的分布

下面介绍几种重要而又常用的连续型随机变量. 由于知道了连续型随机变量的概率密度,就可以通过积分求出它在各个区间的概率. 所以知道了 X 的概率密度,就意味着知道了 X 的分布.

1. 均匀分布

若随机变量 X 的概率密度为

$$f(x)=\begin{cases}\dfrac{1}{b-a}, & a<x<b, \\ 0, & \text{其他},\end{cases} \tag{2.4}$$

则称 X 在区间 (a,b) 上服从均匀分布,记为 $X\sim U(a,b)$.

由式(2.4)得 X 的分布函数为

$$F(x)=\begin{cases}0, & x<a, \\ \dfrac{x-a}{b-a}, & a\leqslant x<b, \\ 1, & x\geqslant b.\end{cases} \tag{2.5}$$

$f(x),F(x)$ 的图形分别如图 2-3、图 2-4 所示.

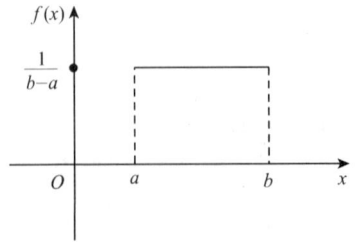

图 2-3

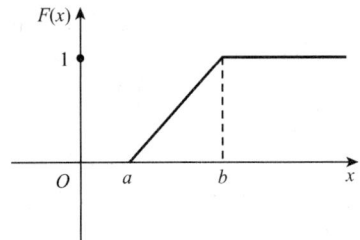

图 2-4

如果 X 在区间 (a,b) 上服从均匀分布,则对任一长度为 l 的子区间 $(c,c+l)$, $a \leqslant c < c+l \leqslant b$,有

$$P\{c < X \leqslant c+l\} = \int_c^{c+l} f(x)dx = \int_c^{c+l} \frac{1}{b-a}dx = \frac{l}{b-a}.$$

上式表明:X 落在区间 (a,b) 中任意等长度的子区间内的可能性是相同的,或者说 X 落在区间 (a,b) 的子区间内的概率只依赖于子区间的长度而与子区间的位置无关.

在应用中,舍入误差可认为是服从均匀分布的随机变量. 假定运算中的数据只保留小数点后 5 位,第 6 位四舍五入,那么每次运算的舍入误差 ε 服从 $U(-0.5 \times 10^{-5}, 0.5 \times 10^{-5})$ 分布. 假定班车每隔 a 分钟发出一辆,乘客到达车站的时间是任意的(具有等可能性),则候车时间是区间 $(0,a)$ 上的均匀分布.

例 2.14 汽车站每隔 5min 有一辆公共汽车通过,乘客到达车站的任一时刻是等可能的,求乘客候车时间不超过 3min 的概率.

解 设汽车刚开走是在 t_0 时刻,于是下辆汽车到达时刻为 t_0+5,乘客到达汽车站的时刻假定为 X,由题意知:X 服从 (t_0, t_0+5) 的均匀分布,则有

$$f(x) = \begin{cases} \dfrac{1}{5}, & t_0 < x < t_0+5, \\ 0, & 其他. \end{cases}$$

乘客在 $(t_0+2, t_0+5]$ 内到达车站,候车时间不超过 3min,所以

$$P\{t_0+2 < X \leqslant t_0+5\} = \int_{t_0+2}^{t_0+5} \frac{1}{5}dt = 0.6.$$

例 2.15 设随机变量 X 在 $[2,5]$ 上服从均匀分布,现对 X 进行三次独立观测,试求至少有两次观测值大于 3 的概率.

解 X 的分布密度函数为

$$f(x) = \begin{cases} \dfrac{1}{3}, & 2 \leqslant x \leqslant 5, \\ 0, & 其他. \end{cases}$$

设 A 表示"对 X 的观测值大于 3",即 $A=\{x>3\}$. 由于

$$P(A) = P\{X > 3\} = \int_3^5 \frac{1}{3}dx = \frac{2}{3},$$

设 Y 表示 3 次独立观测中观测值大于 3 的次数,则 $Y \sim B\left(3, \dfrac{2}{3}\right)$. 因而有

$$P(Y \geqslant 2) = C_3^2 \left(\frac{2}{3}\right)^2 \left(1 - \frac{2}{3}\right) + C_3^3 \left(\frac{2}{3}\right)^3 \left(1 - \frac{2}{3}\right)^0 = \frac{20}{27}.$$

2. 指数分布

若随机变量 X 的概率密度为

$$f(x) = \begin{cases} \dfrac{1}{\theta} e^{-\frac{x}{\theta}}, & x > 0, \\ 0, & \text{其他}, \end{cases} \tag{2.6}$$

其中,$\theta > 0$ 为常数,则称 X 服从参数为 θ 的指数分布,记为 $X \sim e(\theta)$.

$f(x) \geqslant 0 (-\infty, +\infty)$ 且 $\int_{-\infty}^{+\infty} f(x) \mathrm{d}x = 1$,由式(2.6)得到 X 的分布函数为

$$F(x) = \begin{cases} 1 - e^{-\frac{x}{\theta}}, & x > 0, \\ 0, & \text{其他}. \end{cases} \tag{2.7}$$

指数分布是一种应用广泛的连续型分布,在应用中常把它作为某些等待时间的概率分布. 例如,电子元件的寿命(即毁坏的等待时间)、排队模型中的服务时间等都可以用指数分布作为概率模型.

例 2.16 设随机变量 X 服从指数分布,且 $P\{1 \leqslant X \leqslant 2\} = 1/4$,求 θ 值及 $F(x)$.

解 因

$$P\{1 \leqslant X \leqslant 2\} = \int_1^2 f(x) \mathrm{d}x = \int_1^2 \dfrac{1}{\theta} e^{-\frac{x}{\theta}} \mathrm{d}x = \dfrac{1}{4},$$

即

$$\int_1^2 \dfrac{1}{\theta} e^{-\frac{x}{\theta}} \mathrm{d}x = -e^{-\frac{x}{\theta}} \Big|_1^2 = e^{-\frac{1}{\theta}} - e^{-\frac{2}{\theta}} = \dfrac{1}{4},$$

即

$$(e^{-\frac{1}{\theta}})^2 - e^{-\frac{1}{\theta}} = -\dfrac{1}{4},$$

解之得

$$\theta = \dfrac{1}{\ln 2}.$$

故 X 的分布函数为

$$F(x) = \begin{cases} 1 - e^{-(\ln 2)x}, & x > 0, \\ 0, & \text{其他}, \end{cases}$$

即

$$F(x) = \begin{cases} 1 - 2^{-x}, & x > 0, \\ 0, & \text{其他}. \end{cases}$$

3. 正态分布

如果连续型随机变量 X 的概率密度为

2.4 连续型随机变量的概率密度

$$f(x) = \frac{1}{\sqrt{2\pi}\sigma} e^{-\frac{(x-\mu)^2}{2\sigma^2}}, \quad -\infty < x < \infty, \tag{2.8}$$

其中,$\mu,\sigma(\sigma>0)$为常数,则称 X 服从参数为 μ,σ 的正态分布或高斯分布,记为 $X \sim N(\mu,\sigma^2)$.

显然 $f(x) \geqslant 0$,下面来证明 $\int_{-\infty}^{+\infty} f(x) \mathrm{d}x = 1$.

令 $\dfrac{x-\mu}{\sigma} = t$,则

$$I = \int_{-\infty}^{+\infty} f(x)\mathrm{d}x = \int_{-\infty}^{+\infty} \frac{1}{\sqrt{2\pi}} e^{-\frac{t^2}{2}} \mathrm{d}t,$$

$$I^2 = \int_{-\infty}^{+\infty} \frac{1}{\sqrt{2\pi}} e^{-\frac{t^2}{2}} \mathrm{d}t \int_{-\infty}^{+\infty} \frac{1}{\sqrt{2\pi}} e^{-\frac{u^2}{2}} \mathrm{d}u = \frac{1}{2\pi} \int_{-\infty}^{+\infty} \int_{-\infty}^{+\infty} e^{-\frac{t^2+u^2}{2}} \mathrm{d}t\mathrm{d}u.$$

引进极坐标,$t = r\cos\theta, u = r\sin\theta$,则

$$I^2 = \frac{1}{2\pi} \int_0^{2\pi} \int_0^{+\infty} r e^{-\frac{r^2}{2}} \mathrm{d}r \mathrm{d}\theta = 1,$$

从而 $I = \int_{-\infty}^{+\infty} f(x) \mathrm{d}x = 1$.

正态分布的概率密度 $f(x)$ 具有以下性质:

(1) $f(x)$ 的图形在 x 轴的上方,以直线 $x = \mu$ 为对称轴.

(2) 当 $x = \mu$ 时,$f(x)$ 达到最大值 $\dfrac{1}{\sqrt{2\pi}\sigma}$,并且 x 轴为图形的渐近线,图形有两个拐点. 如图 2-5 所示,正态分布曲线形状是中间高,两边低,左右对称. μ 的大小决定曲线的位置;若 σ 不变,μ 从 μ_1 变到 μ_2,则曲线形状不变,对称轴从 $x = \mu_1$ 平移到 $x = \mu_2$(图 2-6). σ 的大小决定曲线的形状,若 μ 不变,则 σ 越大,曲线越平缓; σ 越小,曲线越陡峭(图 2-7).

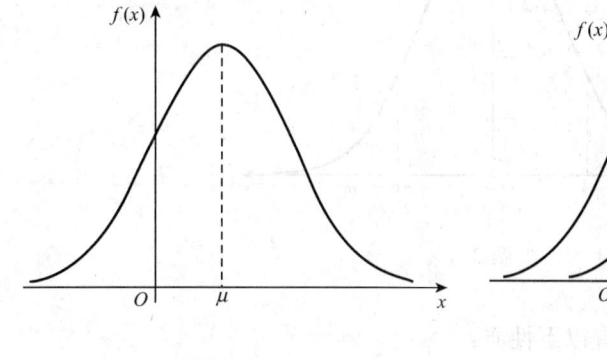

图 2-5

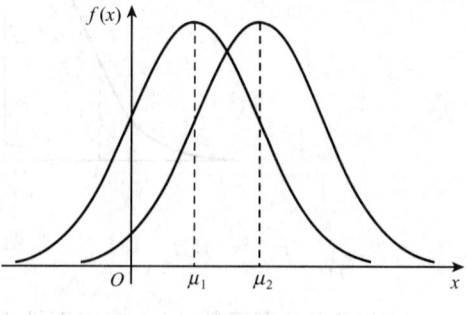

图 2-6

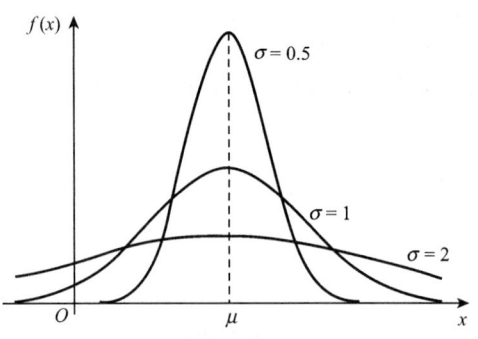

图 2-7

由式(2.8)得 X 的分布函数为

$$F(x) = \frac{1}{\sqrt{2\pi}\sigma} \int_{-\infty}^{x} e^{-\frac{(t-\mu)^2}{2\sigma^2}} dt.$$

特别当 $\mu=0,\sigma=1$ 时称 X 服从标准正态分布,记为 $X \sim N(0,1)$,其概率密度函数和分布函数分别用 $\varphi(x)$(图 2-8),$\Phi(x)$ 表示为

$$\varphi(x) = \frac{1}{\sqrt{2\pi}} e^{-\frac{x^2}{2}},$$

$$\Phi(x) = \frac{1}{\sqrt{2\pi}} \int_{-\infty}^{x} e^{-\frac{t^2}{2}} dt.$$

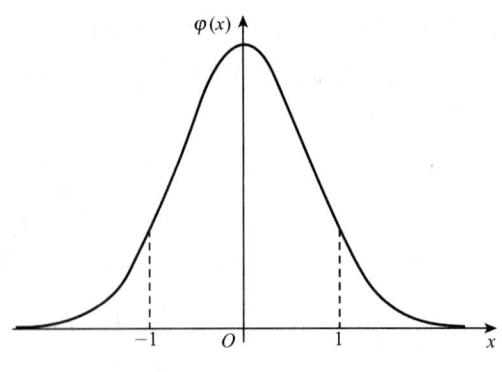

图 2-8

标准正态分布函数 $\Phi(x)$ 有以下性质:
(1) $\Phi(0)=0.5$;
(2) $\Phi(-x)=1-\Phi(x)$.

2.4 连续型随机变量的概率密度

关于 $\Phi(x)$ 的函数值,人们已编制了标准正态分布函数表,可供查用(附表3). 任何正态分布函数均可通过一个线性变换化为标准正态分布.

定理 2.1 若 $X \sim N(\mu, \sigma^2)$,则 $Z = \dfrac{X-\mu}{\sigma} \sim N(0,1)$.

证 $Z = \dfrac{X-\mu}{\sigma}$ 的分布函数为

$$P\{Z \leqslant x\} = P\left\{\frac{X-\mu}{\sigma} \leqslant x\right\} = P\{X \leqslant \mu + \sigma x\}$$

$$= \frac{1}{\sqrt{2\pi}\sigma} \int_{-\infty}^{\mu+\sigma x} e^{-\frac{(t-\mu)^2}{2\sigma^2}} dt.$$

令 $\dfrac{t-\mu}{\sigma} = u$,得

$$P\{Z \leqslant x\} = \frac{1}{\sqrt{2\pi}} \int_{-\infty}^{x} e^{-\frac{u^2}{2}} du = \Phi(x).$$

这表明

$$Z = \frac{X-\mu}{\sigma} \sim N(0,1).$$

一般地,若 $X \sim N(\mu, \sigma^2)$,则它的分布函数 $F(x)$ 可写成

$$F(x) = P\{X \leqslant x\} = P\left\{\frac{X-\mu}{\sigma} \leqslant \frac{x-\mu}{\sigma}\right\} = \Phi\left(\frac{x-\mu}{\sigma}\right).$$

由此可知

$$P\{x_1 < X \leqslant x_2\} = F(x_2) - F(x_1) = \Phi\left(\frac{x_2-\mu}{\sigma}\right) - \Phi\left(\frac{x_1-\mu}{\sigma}\right).$$

例如,设 $X \sim N(1, 2^2)$,查附表3得

$$P\{0 < X \leqslant 1.6\} = \Phi\left(\frac{1.6-1}{2}\right) - \Phi\left(\frac{0-1}{2}\right) = \Phi(0.3) - \Phi(-0.5)$$

$$= 0.6179 - (1 - 0.6915) = 0.3094.$$

例 2.17 设 $X \sim N(0,1)$,求 $P\{X \leqslant -1.4\}$ 及 $P\{|X| > 2.1\}$.

解 $P\{X \leqslant -1.4\} = \Phi(-1.4) = 1 - \Phi(1.4) = 1 - 0.9192 = 0.0808$,

$$P\{|X| > 2.1\} = 2P\{X > 2.1\} = 2[1 - \Phi(2.1)]$$

$$= 2(1 - 0.9821) = 0.0358.$$

例 2.18 已知 $X \sim N(\mu, \sigma^2)$,试求 $P\{|X-\mu| < k\sigma\}$ $(k=1,2,3)$.

解 $P\{|X-\mu| < k\sigma\} = \Phi(k) - \Phi(-k) = 2\Phi(k) - 1.$

当 $k = 1, 2, 3$ 时,有

$$P\{|X-\mu|<k\sigma\}=\begin{cases}0.6826, & k=1,\\ 0.9544, & k=2,\\ 0.9974, & k=3.\end{cases}$$

由例 2.18 可见，服从正态分布 $N(\mu,\sigma^2)$ 的随机变量 X 落在区间 $(\mu-3\sigma,\mu+3\sigma)$ 内的概率为 0.9974，落在该区间外的概率只有 0.0026. 尽管正态分布的取值范围是 $(-\infty,+\infty)$，但它的值落在区间 $(\mu-3\sigma,\mu+3\sigma)$ 内几乎是肯定的事. 这就是所谓的 "3σ 规则"，在工业生产中常用 3σ 规则来进行质量控制.

为了便于今后在数理统计中的应用，对于标准正态随机变量，引入 α 分位点的定义.

设 $X\sim N(0,1)$，若 z_α 满足条件 $P\{X>z_\alpha\}=\alpha, 0<\alpha<1$，则称 z_α 为标准正态分布的上 α 分位点，简称 α 分位点. α 分位点的几何意义如图 2-9 所示.

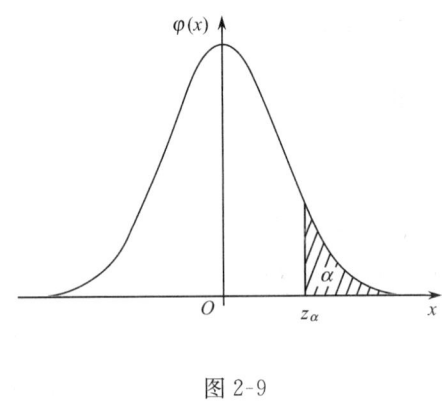

图 2-9

由标准正态分布的上 α 分位点的定义，容易得到 $\Phi(z_\alpha)=P\{X\leqslant z_\alpha\}=1-\alpha$. 在后面的数理统计中，将经常使用上述公式.

利用 $\Phi(z_\alpha)=1-\alpha$ 并查附表 3 可知

$$Z_{0.05}=1.645, \quad Z_{0.025}=1.96, \quad Z_{0.005}=2.575.$$

例 2.19 某地区 18 岁的女青年的血压（收缩压，以 mm Hg 计）服从 $N(110,12^2)$ 分布. 在该地区任选一 18 岁的女青年，测量她的血压 X. 求 (1) $P\{X\leqslant 105\}$，$P\{100<X\leqslant 120\}$；(2) 确定最小的 x，使 $P\{X>x\}\leqslant 0.05$.

解 (1) 因为 $X\sim N(110,12^2)$，故有

$$P\{X\leqslant 105\}=\Phi\left(\frac{105-110}{12}\right)=\Phi\left(-\frac{5}{12}\right)$$
$$=1-\Phi(0.417)=1-0.6617=0.3383.$$
$$P\{100<X\leqslant 120\}=\Phi\left(\frac{120-110}{12}\right)-\Phi\left(\frac{100-110}{12}\right)$$
$$=2\Phi\left(\frac{10}{12}\right)-1=2\Phi(0.833)-1$$
$$=2\times 0.7976-1=0.5952.$$

(2) 要求 $P\{X>x\}\leqslant 0.05$. 因为 $P\{X>x\}=1-P\{X\leqslant x\}=1-\Phi\left(\frac{x-110}{12}\right)$,

2.4 连续型随机变量的概率密度

即要求

$$1-\varPhi\left(\frac{x-110}{12}\right)\leqslant 0.05,$$

即需 $\varPhi\left(\frac{x-110}{12}\right)\geqslant 0.95=\varPhi(1.645).$ 由此得

$$\frac{x-110}{12}\geqslant 1.645,\quad x\geqslant 129.74.$$

故 x 的最小值为 129.74.

正态分布是概率论与数理统计中最重要的一种分布,这是因为大量随机变量都服从或近似服从正态分布. 例如,男性成年人的身高或体重,某地区居民的收入. 机械零件的尺寸,金属材料的强度等都服从正态分布.

习 题 2.4

1. 如果 X 的一切可能取值为

   (1) $\left[0,\dfrac{\pi}{2}\right]$; (2) $[0,\pi]$; (3) $\left[0,\dfrac{3\pi}{2}\right]$.

   验证函数 $f(x)=\sin x$ 是否是连续型随机变量 X 的概率密度.

2. 设 X 为 $[-a,a]$ 上的均匀分布的随机变量,其中,$a>0$,试确定满足关系 $P\{X>1\}=1/3$ 的正数 a.

3. 设连续型随机变量 X 的概率密度为

$$f(x)=\begin{cases}\dfrac{A}{\sqrt{1-x^2}}, & |x|<1,\\ 0, & |x|\geqslant 1.\end{cases}$$

   求:(1) 系数 A;(2) $P\{-1/2<X\leqslant 1/2\}$;(3) $F(x)$.

4. 设随机变量 X 的分布函数为

$$F(x)=\begin{cases}a, & x\leqslant 1,\\ bx\ln x+cx+d, & 1<x\leqslant e,\\ d, & x>e.\end{cases}$$

   (1) 试确定 $F(x)$ 中的常数 a,b,c,d 的值;

   (2) 求 $P\{|X|\leqslant \dfrac{e}{2}\}$.

5. 设顾客在某银行的窗口等待服务的时间 X(单位:min)服从指数分布,其概率密度为

$$f_X(x)=\begin{cases}\dfrac{1}{5}e^{-\frac{x}{5}}, & x>0,\\ 0, & \text{其他}.\end{cases}$$

   某顾客在窗口等待服务,若超过 10min,他就离开. 他一个月要到银行 5 次. 以 Y 表示一个月内他未等到服务而离开窗口的次数. 写出 Y 的分布律,并求 $P\{Y\geqslant 1\}$.

6. 公共汽车门的高度应按男子碰头机会≤1%来设计,设男子身高 $X \sim N(170, 6^2)$,问车门高度 h 应为多少?

7. 某仪器上装有 4 只独立工作的同类元件. 已知每只元件的寿命(单位:h) $X \sim N(5000, \sigma^2)$,当工作的元件不少于 2 只时,该仪器能正常工作. 求该仪器能正常工作 5000h 以上的概率.

2.5 随机变量函数的分布

在解决实际问题时,经常要用到由一些随机变量经过运算后而得到的另外的随机变量,称之为随机变量函数. 比如能测量圆轴截面的直径 d,而关心的却是截面面积 $A = \frac{1}{4}\pi d^2$,其中,随机变量 A 是随机变量 d 的函数. 下面讨论如何由已知的随机变量 X 的分布去求得它的函数 $Y = g(X)$ 的分布.

设 $y = f(x)$ 是定义在包含随机变量 X 的一切可能值 x 的集合上的函数. 当 X 取值 x 时,随机变量 Y 就取值 $y = g(x)$,则称 Y 为随机变量 X 的函数,记作 $Y = g(X)$.

1. 离散型随机变量函数的分布律

若已知 X 的分布律为 $P\{X = x_i\} = p_i (i = 1, 2, \cdots)$,即

X	x_1	x_2	$\cdots$	x_n	$\cdots$
p_i	p_1	p_2	$\cdots$	p_n	$\cdots$

设 $y = g(x)$ 且当 $x_i \neq x_j$ 时 $g(x_i) \neq g(x_j) (i \neq j)$,则由于 $P\{Y = g(x_i)\} = P\{X = x_i\} = p_i (i = 1, 2, \cdots)$ 可得 Y 的分布律为

Y	y_1	y_2	$\cdots$	y_n	$\cdots$
p_i	p_1	p_2	$\cdots$	p_n	$\cdots$

但要注意,若有 $g(x_i) = g(x_j) (i \neq j)$,即若 $y_1, y_2, \cdots, y_n, \cdots$ 中有相等的,则应把它们合并,并根据概率加法公式把相应的 p_i 相加,这样就可以得到函数 Y 的分布律.

例 2.20 设随机变量 X 的分布律为

X	-2	-1	0	1
p_i	$\frac{1}{6}$	$\frac{2}{6}$	$\frac{1}{6}$	$\frac{2}{6}$

求:(1) $Y = X + 1$;(2) $Y = 2X^2 + 1$ 的分布律.

2.5 随机变量函数的分布

解 由 X 的分布律可列出下表：

p_i	$\frac{1}{6}$	$\frac{2}{6}$	$\frac{1}{6}$	$\frac{2}{6}$
X	-2	-1	0	1
$X+1$	-1	0	1	2
$2X^2+1$	9	3	1	3

则(1) $Y=X+1$ 的分布律为

$X+1$	-1	0	1	2
p_i	$\frac{1}{6}$	$\frac{2}{6}$	$\frac{1}{6}$	$\frac{2}{6}$

(2) $Y=2X^2+1$ 的分布律为

$2X^2+1$	1	3	9
p_i	$\frac{1}{6}$	$\frac{2}{3}$	$\frac{1}{6}$

2. 连续型随机变量函数的分布

设 X 是一个连续型随机变量，$g(x)$ 是一个连续函数，则随机变量 $Y=g(X)$ 也是一个连续型随机变量．通过例子说明如何由 X 的分布求 $Y=g(X)$ 的分布．

例 2.21 设 $X\sim N(0,1)$，求 $Y=X^2$ 的概率密度．

解 由于 $Y=X^2\geqslant 0$，故当 $y\leqslant 0$ 时，$F_Y(y)=0$．

当 $y>0$ 时，

$$F_Y(y)=P\{Y\leqslant y\}=P\{X^2\leqslant y\}=P\{-\sqrt{y}\leqslant X\leqslant \sqrt{y}\}$$

$$=\int_{-\sqrt{y}}^{\sqrt{y}}\frac{1}{\sqrt{2\pi}}e^{-\frac{t^2}{2}}dt=\frac{2}{\sqrt{2\pi}}\int_{0}^{\sqrt{y}}e^{-\frac{t^2}{2}}dt,$$

求导得

$$f_Y(y)=\begin{cases}\dfrac{1}{\sqrt{2\pi y}}e^{-\frac{y}{2}}, & y>0,\\ 0, & y\leqslant 0.\end{cases}$$

此时称 Y 服从自由度为 1 的 χ^2 分布，记为 $Y\sim \chi^2(1)$．

从上面例子可知，要求 $Y=g(X)$ 的概率密度 $f_Y(y)$，可先求出 Y 的分布函数 $F_Y(y)$，即 $F_Y(y)=P\{Y\leqslant y\}=P\{g(X)\leqslant y\}$，然后求导即得 $f_Y(y)$．

上述解法中最关键的由"$g(X)\leqslant y$"确定 X 的取值范围,一般情况下难以给出统一的公式. 但如 $g(x)$ 是严格单调函数,则有如下定理.

定理 2.2 若随机变量 X 具有概率密度 $f_X(x)$,$-\infty<x<\infty$,又设 $g(x)$ 处处可导且有 $g'(x)>0$(或恒有 $g'(x)<0$),则 $Y=g(X)$ 是连续型随机变量,其概率密度为

$$f_Y(y) = \begin{cases} f_X(h(y))\,|h'(y)|, & \alpha<y<\beta, \\ 0, & \text{其他}, \end{cases} \tag{2.9}$$

其中,$\alpha=\min\{g(-\infty),g(\infty)\}$,$\beta=\max\{g(-\infty),g(\infty)\}$,$h(y)$ 是 $g(x)$ 的反函数.

证 (1) 设 $g'(x)>0$. 此时,$g(x)$ 在 $(-\infty,+\infty)$ 上严格单调增加,它的反函数 $h(y)$ 存在,且在 (α,β) 严格单调增加,可导. 显然,当 $y\leqslant\alpha$ 时,$F_Y(y)=P\{Y\leqslant y\}=0$;而当 $y\geqslant\beta$ 时,$F_Y(y)=P\{Y\leqslant y\}=1$. 当 $\alpha<y<\beta$ 时,

$$F_Y(y) = P\{Y\leqslant y\} = P\{g(X)\leqslant y\} = P\{X\leqslant h(y)\} = F_X(h(y)),$$

两边对 y 求导,即得 Y 的概率密度

$$f_Y(y) = \begin{cases} f_X(h(y))h'(y), & \alpha<y<\beta, \\ 0, & \text{其他}. \end{cases}$$

(2) 设 $g'(x)<0$,类似可得 Y 的概率密度

$$f_Y(y) = \begin{cases} -f_X(h(y))h'(y), & \alpha<y<\beta, \\ 0, & \text{其他}. \end{cases}$$

综合上述(1),(2)的讨论可知

$$f_Y(y) = \begin{cases} f_X(h(y))\,|h'(y)|, & \alpha<y<\beta, \\ 0, & \text{其他}. \end{cases}$$

若 $g(x)$ 在有限区间 $[a,b]$ 以外等于零,则只需假设在 $[a,b]$ 上恒有 $g'(x)>0$(或 $g'(x)<0$),此时 $\alpha=\min\{g(a),g(b)\}$,$\beta=\max\{g(a),g(b)\}$.

例 2.22 设随机变量 $X\sim N(\mu,\sigma^2)$,试证明 X 的线性函数 $Y=aX+b(a\neq 0)$ 也服从正态分布.

证 X 的概率密度为

$$f_X(x) = \frac{1}{\sqrt{2\pi}\sigma}\mathrm{e}^{-\frac{(x-\mu)^2}{2\sigma^2}}, \quad -\infty<x<+\infty.$$

设 $y=g(x)=ax+b$,得 $x=h(y)=\dfrac{y-b}{a}$,知 $h'(y)=\dfrac{1}{a}\neq 0$. 由式(2.10)得 $Y=aX+b$ 的概率密度为

$$f_Y(y) = \frac{1}{|a|}f_X\left(\frac{y-b}{a}\right)$$

$$= \frac{1}{|a|}\frac{1}{\sqrt{2\pi}\sigma}e^{-\frac{(\frac{y-b}{a}-\mu)^2}{2\sigma^2}}$$

$$= \frac{1}{|a|\sigma\sqrt{2\pi}}e^{-\frac{[y-(b+a\mu)]^2}{2(a\sigma)^2}}, \quad -\infty < y < +\infty,$$

即有 $Y = aX + b \sim N(a\mu + b, (a\sigma)^2)$.

特别，在上例中取 $a = \frac{1}{\sigma}, b = -\frac{\mu}{\sigma}$ 得

$$Y = \frac{X-\mu}{\sigma} \sim N(0,1).$$

例 2.23 设 $X \sim N(0,1)$，求：
(1) $Y = e^X$ 的概率密度；
(2) $Y = 2X^2 + 1$ 的概率密度；
(3) $Y = |X|$ 的概率密度.

解 由已知，X 的概率密度为

$$f_X(x) = \frac{1}{\sqrt{2\pi}}e^{-\frac{x^2}{2}}, \quad -\infty < x < +\infty.$$

(1) $y = e^x$ 是严格单调增函数，$y' = e^x > 0$，$x = \ln y$，故 $Y = e^X$ 的概率密度为

$$f_Y(y) = \begin{cases} f_X(\ln y)\frac{1}{y} = \frac{1}{\sqrt{2\pi}y}e^{-\frac{(\ln y)^2}{2}}, & y > 0, \\ 0, & y \leqslant 0, \end{cases}$$

其中，$\ln y$ 为 e^x 的反函数，$(\ln y)' = \frac{1}{y}$，X 取值 $(-\infty, +\infty)$ 时，Y 取值 $(0, +\infty)$.

(2) $Y = 2X^2 + 1$ 时，因为 $y = g(x) = 2x^2 + 1$ 不是单调函数，不能直接使用公式(2.9). 为此先求 Y 的分布函数

$$F_Y(y) = P\{Y \leqslant y\} = P\{2X^2 + 1 \leqslant y\} = P\left\{X^2 \leqslant \frac{y-1}{2}\right\}.$$

当 $y \leqslant 1$ 时，

$$P\left\{X^2 \leqslant \frac{y-1}{2}\right\} = 0;$$

当 $y > 1$ 时，

$$P\left\{X^2 \leqslant \frac{y-1}{2}\right\} = P\left\{-\sqrt{\frac{y-1}{2}} \leqslant X \leqslant \sqrt{\frac{y-1}{2}}\right\}$$

$$= \int_{-\sqrt{\frac{y-1}{2}}}^{\sqrt{\frac{y-1}{2}}} \frac{1}{\sqrt{2\pi}}e^{-\frac{x^2}{2}}dx = \frac{2}{\sqrt{2\pi}}\int_0^{\sqrt{\frac{y-1}{2}}} e^{-\frac{x^2}{2}}dx.$$

所以 Y 的概率密度为

$$f_Y(y) = \begin{cases} \dfrac{1}{2\sqrt{\pi(y-1)}} e^{-\frac{y-1}{4}}, & y > 1, \\ 0, & y \leqslant 1. \end{cases}$$

(3) $Y=|X|$ 时,Y 的分布函数为
$$F_Y(y) = P\{Y \leqslant y\} = P\{|X| \leqslant y\}.$$

当 $y \leqslant 0$ 时,
$$F_Y(y) = P\{Y \leqslant y\} = P\{|X| \leqslant y\} = 0;$$

当 $y > 0$ 时,
$$\begin{aligned} F_Y(y) &= P\{Y \leqslant y\} = P\{|X| \leqslant y\} = P\{-y \leqslant X \leqslant y\} \\ &= \frac{1}{\sqrt{2\pi}} \int_{-y}^{y} e^{-\frac{x^2}{2}} dx = \frac{2}{\sqrt{2\pi}} \int_{0}^{y} e^{-\frac{x^2}{2}} dx. \end{aligned}$$

所以,Y 的概率密度为

$$f_Y(y) = \begin{cases} \dfrac{2}{\sqrt{2\pi}} e^{-\frac{y^2}{2}}, & y > 0, \\ 0, & y \leqslant 0. \end{cases}$$

例 2.24 设随机变量 X 的概率密度为

$$f(x) = \begin{cases} \dfrac{1}{9} x^2, & 0 < x < 3, \\ 0, & 其他. \end{cases}$$

令随机变量

$$Y = \begin{cases} 2, & X \leqslant 1, \\ X, & 1 < X < 2, \\ 1, & X \geqslant 2. \end{cases}$$

求:(1) Y 的分布函数;(2) 概率 $P\{X \leqslant Y\}$.

解 (1) 由题设条件知,$P\{1 \leqslant Y \leqslant 2\} = 1$.

设 Y 的分布函数为 $F_Y(y)$,则

当 $y < 1$ 时,$F_Y(y) = 0$;

当 $1 \leqslant y < 2$ 时,
$$\begin{aligned} F_Y(y) &= P\{Y \leqslant y\} \\ &= P\{Y = 1\} + P\{1 < Y \leqslant y\} \\ &= \int_{2}^{3} \frac{1}{9} x^2 dx + \int_{1}^{y} \frac{1}{9} x^2 dx \\ &= \frac{y^3 + 18}{27}; \end{aligned}$$

当 $y \geqslant 2$ 时,$F_Y(y) = 1$.

所以 Y 的分布函数为

$$F_Y(y) = \begin{cases} 0, & y < 1 \\ \dfrac{y^3 + 18}{27}, & 1 \leqslant y < 2 \\ 1, & y \geqslant 2. \end{cases}$$

(2) $P\{X \leqslant Y\} = P\{X < 2\} = \int_0^2 \dfrac{1}{9} x^2 \mathrm{d}x = \dfrac{8}{27}.$

习 题 2.5

1. 设随机变量 X 的分布律为

X	-2	$-\dfrac{1}{2}$	0	2	4
p_k	$\dfrac{1}{8}$	$\dfrac{1}{4}$	$\dfrac{1}{8}$	$\dfrac{1}{6}$	$\dfrac{1}{3}$

求下列随机变量函数的分布律：(1) $Y = X + 2$；(2) $Y = -X + 1$；(3) $Y = X^2$.

2. 设 X 的概率密度为

$$f(x) = \begin{cases} 2x, & 0 < x < 1, \\ 0, & \text{其他}. \end{cases}$$

求 $Y = -X + 1$ 的概率密度.

3. 设随机变量 X 在 $(0,1)$ 上服从均匀分布，求
(1) $Y = \mathrm{e}^X$ 的概率密度；
(2) $Y = -2\ln X$ 的概率密度.

4. 设随机变量 X 的概率密度为

$$f(x) = \begin{cases} \mathrm{e}^{-x}, & x > 0, \\ 0, & \text{其他}. \end{cases}$$

求 $Y = X^2$ 的概率密度.

5. 设随机变量 $X \sim U(0,2)$，$y = g(x) = \begin{cases} x, & x < 1.5, \\ 1.5, & x \geqslant 1.5, \end{cases}$ 求 $Y = g(X)$ 的分布函数.

习 题 2

1. 一批产品，含有 10 件正品，3 件次品，现随机地逐个抽出产品. 试在下面两种情况下，分别求出直到取得正品为止所需次数 X 的分布律：
(1) 每次取出的产品都不放回到这批产品中；
(2) 每次取出一件产品后放一件正品到这批产品中.

2. 在相同条件下相互独立地进行 5 次射击，每次射击时击中目标的概率为 0.6. 求击中目标的次数 X 的分布律.

3. 设某厂生产的产品不合格率为 0.02，按某种抽样方式规定，若在这批产品中任取 100

件,经检验后发现不合格数不超过 3 件,则认为这批产品合格,可以接收. 试求这批产品被接收的概率.

4. 甲、乙两人投篮,投中的概率分别为 0.6,0.7. 今各投 3 次,求

(1) 两人投中次数相等的概率;

(2) 甲比乙投中次数多的概率.

5. 有甲、乙两种味道和颜色都极为相似的名酒各 4 杯,如果从中挑 4 杯,能将甲种酒全部挑出来,算是试验成功一次.

(1) 某人随机地去猜,问他试验成功一次的概率是多少?

(2) 某人声称他通过品尝能区分两种酒,他连续试验 10 次,成功 3 次,试推断他是猜对的,还是他确有区分的能力(设各次试验是相互独立的).

6. 设 X 服从泊松分布,且已知 $P\{X=1\}=P\{X=2\}$,求 $P\{X=4\}$.

7. 一个靶子是半径为 2m 的圆盘,设击中靶上任一同心圆盘上的点的概率与该圆盘的面积成正比,并设射击都能中靶,以 X 表示弹着点与圆心的距离,试求随机变量 X 的分布函数.

8. 某一公安局在长度为 t 的时间间隔内收到的紧急呼救的次数 X 服从参数为 $\frac{1}{2}t$ 的泊松分布,而与时间间隔的起点无关(时间以 h 计).

(1) 求某一天中午 12 时至下午 3 时未收到紧急呼救的概率;

(2) 求某一天中午 12 时至下午 5 时至少收到一次紧急呼救的概率.

9. 设随机变量 X 的概率密度为

$$f(x) = \begin{cases} kx, & 0 \leqslant x < 3, \\ 2-\frac{x}{2}, & 3 \leqslant x \leqslant 4, \\ 0, & 其他. \end{cases}$$

求(1) 系数 k;(2) X 的分布函数;(3) X 落在区间 $(1,7/2)$ 内的概率.

10. 设某种晶体管的使用寿命 X(单位:h)的概率密度为

$$f(x) = \begin{cases} \dfrac{100}{x^2}, & x > 100, \\ 0, & x \leqslant 100. \end{cases}$$

(1) 若一个晶体管在使用 150h 后仍完好,那么该晶体管使用时间少于 200h 的概率 α 是多少?

(2) 若一个电子仪器中装有 3 个独立工作的这种晶体管,在使用 150h 之后恰有一个管子损坏的概率 β 是多少?

11. 设随机变量 K 在 $(0,5)$ 上服从均匀分布. 求方程
$$4x^2+4Kx+K+2=0$$
有实根的概率.

12. 已知 $X \sim N(0,1)$,求 λ 为何值时 $P\{-\lambda<X<\lambda\}=0.90$.

13. 设 $X \sim N(3,2^2)$,

(1) 求 $P\{2<X\leqslant 5\}, P\{-4<X\leqslant 10\}, P\{|X|>2\}, P\{X>3\}$;

(2) 求 c 使得 $P\{X>c\}=P\{X\leqslant c\}$.

14. 测量到某一目标的距离时,发生的随机误差 X 具有概率密度

$$f(x) = \frac{1}{40\sqrt{2\pi}} e^{-\frac{(x-20)^2}{3200}}, \quad -\infty < x < +\infty.$$

求在三次测量中,至少有一次误差的绝对值不超过 30m 的概率.

15. 设 $X \sim N(0,1)$,求 $Y = \sqrt{|X|}$ 的概率密度.

16. 设 X 的概率密度为

$$f(x) = \begin{cases} \dfrac{2x}{\pi^2}, & 0 < x < \pi, \\ 0, & \text{其他}. \end{cases}$$

求 $Y = \sin X$ 的概率密度.

17. 在电源电压不超过 200V,为 200～240V 和超过 240V 三种情形下,某种电子元件损坏的概率分别为 0.1,0.001 和 0.2. 假设电源电压 X 服从正态分布 $N(220, 25^2)$,试求

(1) 该电子元件损坏的概率 α;

(2) 该电子元件损坏时,电源电压在 200V～240V 的概率 β.

18. 假设测量的随机误差 $X \sim N(0, 10^2)$,试求在 100 次独立重复测量中,至少有三次测量误差的绝对值大于 19.6 的概率 α,并利用泊松分布求出 α 的近似值(要求小数点后取两位有效数字).

19. 设随机变量 X 的概率密度为

$$f(x) = \begin{cases} \dfrac{1}{3\sqrt[3]{x^2}}, & 1 \leqslant x \leqslant 8, \\ 0, & \text{其他}, \end{cases}$$

$F(x)$ 是 X 的分布函数. 求随机变量 $Y = F(X)$ 的分布函数.

第3章 多维随机变量及其分布

在许多实际问题中,随机试验的结果往往需要用多个随机变量来描述. 例如,打靶时弹着点的位置需要用横坐标 X 和纵坐标 Y 来确定,它们是定义在同一个样本空间 $S=\{e\}=\{$所有的弹着点$\}$ 上的两个随机变量. 又如,正弦交流电压需用振幅、频率和初相3个实数来描述,这是3个随机变量. 这些随机变量之间,一般来说都有某种联系,因此需要把它们看成一个整体来进行研究. 这就是下面要介绍的多维随机变量. 为简便起见,只着重讨论二维随机变量的情形,$n(n>2)$ 维随机变量可以作类似讨论.

3.1 二维随机变量及其分布

3.1.1 二维随机变量的定义及分布函数

定义 3.1 设随机变量 $X=X(e)$ 和 $Y=Y(e)$ 是定义在同一样本空间 $S=\{e\}$ 上的两个随机变量,则由它们构成的一个向量 $(X(e),Y(e))$ 叫二维随机向量或二维随机变量,简记为 (X,Y).

相应地,称 (X,Y) 的取值规律为二维随机变量 (X,Y) 的分布. 与一维时相仿,也可以用分布函数来研究二维随机变量取值的规律.

定义 3.2 设 (X,Y) 是二维随机变量,对于任意的实数 x,y,称二元函数

$$F(x,y) = P\{(X \leqslant x) \cap (Y \leqslant y)\} \stackrel{记成}{=} P\{X \leqslant x, Y \leqslant y\} \quad (3.1)$$

为二维随机变量 (X,Y) 的分布函数或联合分布函数,也可以称为随机变量 X 和 Y 的联合分布函数.

必须注意,二维分布函数是在整个平面上定义的,所以在求二维分布函数时,要在全平面上考虑.

分布函数的几何解释:如果把二维随机变量看成是平面上随机点的坐标,那么,分布函数 $F(x,y)$ 在 (x,y) 处的函数值就是随机点 (X,Y) 落在如图 3-1 所示的以点 (x,y) 为顶点而位于该点左下方的区域内的概率.

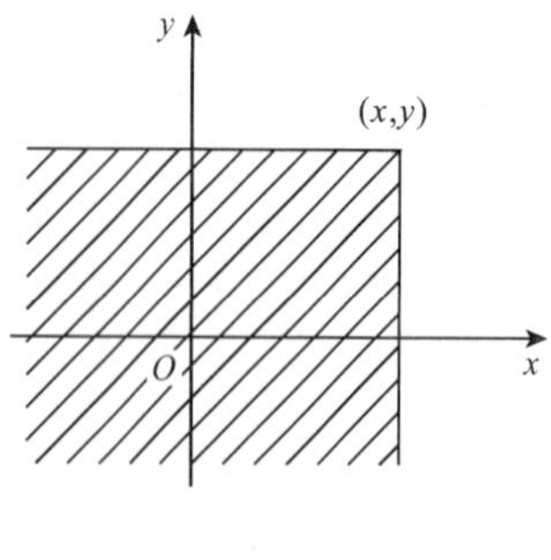

图 3-1

由图 3-2 可知 (X,Y) 落在矩形域 $\{x_1 < X \leqslant x_2, y_1 < Y \leqslant y_2\}$ 的概率为

$$P\{x_1 < X \leqslant x_2, y_1 < Y \leqslant y_2\}$$

$$= F(x_2,y_2)-F(x_2,y_1)-F(x_1,y_2)+F(x_1,y_1). \tag{3.2}$$

分布函数 $F(x,y)$ 具有以下性质：

(1) $F(x,y)$ 是变量 x 或 y 的不减函数,即对于任意固定的 y,当 $x_2>x_1$ 时,有 $F(x_1,y) \leqslant F(x_2,y)$;对于任意固定的 x,当 $y_2>y_1$ 时,有 $F(x,y_1) \leqslant F(x,y_2)$.

(2) $0 \leqslant F(x,y) \leqslant 1$ 且对于任意固定的 y, $F(-\infty,y)=0$,对于任意固定的 x, $F(x,-\infty)=0$, $F(-\infty,-\infty)=0$, $F(+\infty,+\infty)=1$.

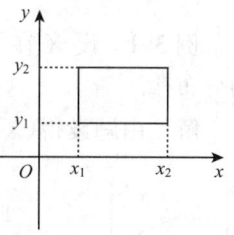

图 3-2

(3) $F(x,y)$ 关于 x 或 y 右连续,即
$$F(x+0,y)=F(x,y), \quad F(x,y+0)=F(x,y).$$

(4) 对于任意 $(x_1,y_1),(x_2,y_2),x_1<x_2,y_1<y_2$,下列不等式成立
$$F(x_2,y_2)-F(x_2,y_1)-F(x_1,y_2)+F(x_1,y_1) \geqslant 0.$$

这一性质由式(3.2)及概率的非负性即可得.

可以证明,具有上述 4 条性质的 $F(x,y)$ 一定是某二维随机变量的联合分布函数.

3.1.2 二维离散型随机变量的概率分布

定义 3.3 如果二维随机变量 (X,Y) 所有可能取的值为有限对或可列无限多对,则称 (X,Y) 是离散型的随机变量.

设二维离散型随机变量 (X,Y) 所有可能取的值为 (x_i,y_j), $i,j=1,2,\cdots$,取这些值的概率
$$P\{X=x_i,Y=y_j\}=p_{ij}, \quad i,j=1,2,\cdots, \tag{3.3}$$

则称式(3.3)为 (X,Y) 的概率分布或随机变量 X 和 Y 的联合分布律,简称为分布律. 二维离散型随机变量 (X,Y) 的联合分布律也可用下列表格的形式表示：

Y \ X	x_1	x_2	$\cdots$	x_i	$\cdots$
y_1	p_{11}	p_{21}	$\cdots$	p_{i1}	$\cdots$
y_2	p_{12}	p_{22}	$\cdots$	p_{i2}	$\cdots$
$\vdots$	$\vdots$	$\vdots$		$\vdots$	
y_j	p_{1j}	p_{2j}	$\cdots$	p_{ij}	$\cdots$
$\vdots$	$\vdots$	$\vdots$		$\vdots$	

其中, $P\{X=x_i,Y=y_j\}=p_{ij}$, $p_{ij} \geqslant 0$, $\sum_{i=1}^{\infty}\sum_{j=1}^{\infty}p_{ij}=1$.

根据联合分布函数的定义,离散型随机变量 (X,Y) 的分布函数具有形式为

$F(x,y) = \sum\limits_{x_i \leqslant x}\sum\limits_{y_j \leqslant y} p_{ij}$,其中,和式是对一切满足 $x_i \leqslant x, y_j \leqslant y$ 的 i,j 来求和.

例 3.1 设 X 在 $1,2,3,4$ 中等可能取值,Y 在 $1 \sim X$ 中等可能取值,求 (X,Y) 的分布律.

解 由题设得 (X,Y) 的分布律为

Y\X	1	2	3	4
1	$\frac{1}{4}$	$\frac{1}{8}$	$\frac{1}{12}$	$\frac{1}{16}$
2	0	$\frac{1}{8}$	$\frac{1}{12}$	$\frac{1}{16}$
3	0	0	$\frac{1}{12}$	$\frac{1}{16}$
4	0	0	0	$\frac{1}{16}$

例 3.2 设二维随机变量的联合概率分布为

Y\X	−1	1	2
−2	0.3	0.05	0.2
0	0.1	0.2	0
1	0.1	0	0.05

求 $P\{X \leqslant 1, Y \geqslant 0\}$ 及 $F(0,0)$.

解 $P\{X \leqslant 1, Y \geqslant 0\} = P\{X=-1, Y=0\} + P\{X=-1, Y=1\}$
$\qquad\qquad\qquad\quad + P\{X=1, Y=0\} + P\{X=1, Y=1\}$
$\qquad\qquad\qquad = 0.1 + 0.1 + 0.2 + 0 = 0.4,$
$\quad F(0,0) = P\{X=-1, Y=-2\} + P\{X=-1, Y=0\}$
$\qquad\qquad = 0.3 + 0.1 = 0.4.$

3.1.3 二维连续型随机变量的联合分布密度

定义 3.4 设 $F(x,y)$ 为二维随机变量 (X,Y) 的分布函数,如果存在一个非负函数 $f(x,y)$,使对任意的实数 x,y 有 $F(x,y) = \int_{-\infty}^{y}\int_{-\infty}^{x} f(u,v) \mathrm{d}u\mathrm{d}v$,则称 (X,Y) 是连续型的随机变量,函数 $f(x,y)$ 称为二维随机变量 (X,Y) 的概率密度或联合概率密度(也称分布密度),或称为随机变量 X 和 Y 的联合概率密度.

3.1 二维随机变量及其分布

按定义,概率密度 $f(x,y)$ 具有以下性质:

(1) $f(x,y) \geqslant 0$;

(2) $\int_{-\infty}^{+\infty}\int_{-\infty}^{+\infty} f(x,y)\mathrm{d}x\mathrm{d}y = F(+\infty,+\infty) = 1$;

(3) 若 $f(x,y)$ 在点 (x,y) 连续,则有 $\dfrac{\partial^2 F(x,y)}{\partial x \partial y} = f(x,y)$;

(4) 设 G 是 xOy 平面上的区域,点 (X,Y) 落在 G 内的概率为

$$P\{(X,Y) \in G\} = \iint_G f(x,y)\mathrm{d}x\mathrm{d}y.$$

在几何上 $z = f(x,y)$ 表示空间一曲面,介于它和 xOy 平面的空间区域的立体体积等于 1,$P\{(X,Y) \in G\}$ 的值等于以 G 为底,以曲面 $z = f(x,y)$ 为顶面的柱体体积.

例 3.3 设二维随机变量 (X,Y) 具有概率密度

$$f(x,y) = \begin{cases} Ce^{-(x+y)}, & x>0, y>0, \\ 0, & \text{其他}. \end{cases}$$

求(1) 常数 C; (2) 分布函数 $F(x,y)$; (3) (X,Y) 落在 G 内的概率,G 是如图 3-3 的阴影部分.

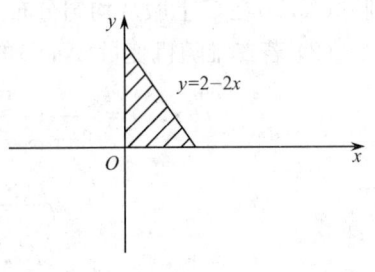

图 3-3

解 (1) 由于 $f(x,y)$ 是二维概率密度,故有

$$1 = \int_{-\infty}^{+\infty}\int_{-\infty}^{+\infty} f(x,y)\mathrm{d}x\mathrm{d}y = \int_0^{+\infty}\int_0^{+\infty} Ce^{-(x+y)}\mathrm{d}x\mathrm{d}y$$

$$= C \cdot \left[(-e^{-x})\Big|_0^{+\infty}\right] \cdot \left[(-e^{-y})\Big|_0^{+\infty}\right] = C,$$

所以 $C = 1$.

(2) $F(x,y) = \int_{-\infty}^y \int_{-\infty}^x f(x,y)\mathrm{d}x\mathrm{d}y = \begin{cases} \int_0^y \int_0^x e^{-(x+y)}\mathrm{d}x\mathrm{d}y, & x>0, y>0, \\ 0, & \text{其他} \end{cases}$

$$= \begin{cases} (1-e^{-x})(1-e^{-y}), & x>0, y>0, \\ 0, & \text{其他}. \end{cases}$$

(3) $P\{(x,y) \in G\} = \iint_G f(x,y)\mathrm{d}x\mathrm{d}y = \int_0^1 \mathrm{d}x \int_0^{2-2x} e^{-(x+y)}\mathrm{d}y = 0.3996.$

例 3.4 设连续型随机变量 (X,Y) 的分布函数

$$F(x,y) = \frac{1}{\pi^2}\left(\frac{\pi}{2} + \arctan\frac{x}{2}\right)\left(\frac{\pi}{2} + \arctan\frac{y}{3}\right),$$

求 (X,Y) 的联合概率密度 $f(x,y)$.

解 由题设知

$$f(x,y) = \frac{\partial^2 F}{\partial x \partial y} = \frac{6}{\pi^2(x^2+4)(y^2+9)}.$$

最常遇到的二维连续型分布是二维均匀分布和二维正态分布. 现介绍如下:

(1) G 是平面上的有界区域,其面积为 A,若二维随机变量 (X,Y) 的概率密度为

$$f(x,y) = \begin{cases} \dfrac{1}{A}, & (x,y) \in G, \\ 0, & \text{其他}, \end{cases}$$

则称 (X,Y) 在 G 上服从均匀分布.

(2) 若二维随机变量 (X,Y) 的概率密度为

$$f(x,y) = \frac{1}{2\pi\sigma_1\sigma_2\sqrt{1-\rho^2}} \exp\left\{\frac{-1}{2(1-\rho^2)}\left[\frac{(x-\mu_1)^2}{\sigma_1^2}\right.\right.$$
$$\left.\left. -2\rho\frac{(x-\mu_1)(y-\mu_2)}{\sigma_1\sigma_2} + \frac{(y-\mu_2)^2}{\sigma_2^2}\right]\right\},$$
$$-\infty < x < \infty, \quad -\infty < y < \infty,$$

其中,$\mu_1,\mu_2,\sigma_1,\sigma_2,\rho$ 都是常数且 $\sigma_1 > 0, \sigma_2 > 0, -1 < \rho < 1$,则称 (X,Y) 服从参数为 $\mu_1,\mu_2,\sigma_1,\sigma_2,\rho$ 的二维正态分布(这 5 个参数的意义将在后面章节说明),记为 $(X,Y) \sim N(\mu_1,\mu_2,\sigma_1^2,\sigma_2^2,\rho)$.

对于任意 n 个实数 $x_1, x_2, \cdots, x_n$,n 元函数

$$F(x_1, x_2, \cdots, x_n) = P\{X_1 \leqslant x_1, X_2 \leqslant x_2, \cdots, X_n \leqslant x_n\}$$

称为 n 维随机变量 $(X_1, X_2, \cdots, X_n)$ 的分布函数或随机变量 $X_1, X_2, \cdots, X_n$ 的联合分布函数,它具有类似于二维随机变量的分布函数的性质.

习 题 3.1

1. 一袋中装有 1 个红球,2 个白球,3 个黑球. 从中任取 4 球,以 X,Y 分别表示 4 球中红球及白球的数量. (1) 求 (X,Y) 的联合分布律;(2) 计算 $P\{|X-Y|=1\}$.

2. 设二维随机变量 (X,Y) 的概率密度为

$$f(x,y) = \begin{cases} ce^{-(3x+4y)}, & x \geqslant 0, y \geqslant 0, \\ 0, & \text{其他}. \end{cases}$$

求 (1) 系数 c;(2) $P\{0 \leqslant X < 1, 0 \leqslant Y < 2\}$;(3) (X,Y) 的分布函数.

3. 设 $F(x,y)$ 是第 1 题中 (X,Y) 的联合分布函数,求 $F(-1,0), F(0.2, 1.5)$.

4. 若(X,Y)的联合分布密度为

$$f(x,y) = \begin{cases} \dfrac{1}{2}, & 0<x<2, 0<y<1, \\ 0, & 其他. \end{cases}$$

求$P\{X+Y>1\}$, $P\{X^2<Y\}$.

3.2 边缘分布

二维随机变量(X,Y)作为一个整体,具有分布函数$F(x,y)$,而X和Y随机变量,各自有自己的概率分布,自然也都有分布函数.

定义 3.5 设(X,Y)是二维随机变量,则称X的分布函数为(X,Y)关于X的边缘分布函数,记为$F_X(x)$;称Y的分布函数为(X,Y)关于Y的边缘分布函数,记为$F_Y(y)$.

对于一个二维随机变量(X,Y),事件$\{X\leqslant x\}$就是指事件$\{X\leqslant x, Y<\infty\}$,所以$F_X(x)=P\{X\leqslant x\}=P\{X\leqslant x, Y<\infty\}=F(x,\infty)$,即$F_X(x)=F(x,\infty)$. 同理,$F_Y(y)=F(\infty,y)$.

下面分别讨论离散型随机变量与连续型随机变量的边缘分布.

3.2.1 二维离散型随机变量的边缘分布

设二维离散型随机变量(X,Y)的联合分布律为$P\{X=x_i, Y=y_j\}=p_{ij}$ ($i,j=1,2,\cdots$),因事件$\{X=x_i\}$可以看作互不相容的事件$\{X=x_i, Y=y_j\}$ ($j=1, 2,\cdots$)的和. 所以按概率的加法公式得$P\{X=x_i\}=\sum\limits_{j=1}^{\infty} p_{ij}$,记为$p_{i\cdot}$ ($i=1, 2,\cdots$),称$p_{i\cdot}$ ($i=1,2,\cdots$)为(X,Y)关于X的边缘分布律.

同理,可得(X,Y)关于Y的边缘分布律

$$p_{\cdot j} = \sum_{i=1}^{\infty} p_{ij} = P\{Y=y_j\}, \quad j=1,2,\cdots.$$

续例 3.1 由例 3.1 给出的分布律有

Y \ X	1	2	3	4	$p_{\cdot j}$
1	$\dfrac{1}{4}$	$\dfrac{1}{8}$	$\dfrac{1}{12}$	$\dfrac{1}{16}$	$\dfrac{25}{48}$
2	0	$\dfrac{1}{8}$	$\dfrac{1}{12}$	$\dfrac{1}{16}$	$\dfrac{13}{48}$
3	0	0	$\dfrac{1}{12}$	$\dfrac{1}{16}$	$\dfrac{7}{48}$
4	0	0	0	$\dfrac{1}{16}$	$\dfrac{3}{48}$
$p_{i\cdot}$	$\dfrac{1}{4}$	$\dfrac{1}{4}$	$\dfrac{1}{4}$	$\dfrac{1}{4}$	1

3.2.2 二维连续型随机变量的边缘分布

设(X,Y)是二维连续型随机变量,其概率密度为$f(x,y)$,又设(X,Y),X及Y的分布函数分别为$F(x,y)$,$F_X(x)$,$F_Y(y)$,则由$F_X(x) = F(x,\infty) = \int_{-\infty}^{x}\left[\int_{-\infty}^{\infty}f(x,y)\mathrm{d}y\right]\mathrm{d}x$知道,$X$是一个连续型随机变量且其概率密度为$f_X(x) = \frac{\mathrm{d}}{\mathrm{d}x}F_X(x) = \int_{-\infty}^{\infty}f(x,y)\mathrm{d}y$. 同样,$Y$也是一个连续型随机变量,其概率密度为$f_Y(y) = \int_{-\infty}^{\infty}f(x,y)\mathrm{d}x$. 分别称$f_X(x)$,$f_Y(y)$为$(X,Y)$关于$X$和关于$Y$的边缘概率密度.

例 3.5 设(X,Y)服从区域G(图 3-3)上的均匀分布. 试求(X,Y)关于X及关于Y的边缘概率密度.

解 因为三角形区域G的面积为$A=1$,所以

$$f(x,y)=\begin{cases}1, & (x,y)\in G,\\ 0, & 其他.\end{cases}$$

于是

$$f_X(x)=\begin{cases}\int_0^{2(1-x)}\mathrm{d}y=2(1-x), & 0<x<1,\\ 0, & 其他,\end{cases}$$

$$f_Y(y)=\begin{cases}\int_0^{1-\frac{y}{2}}\mathrm{d}x=1-\frac{y}{2}, & 0<y<2,\\ 0, & 其他.\end{cases}$$

例 3.6 设(X,Y)服从参数为$\mu_1,\mu_2,\sigma_1,\sigma_2,\rho$的二维正态分布,试求$(X,Y)$关于$X$及关于$Y$的边缘概率密度.

解 $$f_X(x)=\int_{-\infty}^{\infty}f(x,y)\mathrm{d}y,$$

由于

$$f(x,y)=\frac{1}{2\pi\sigma_1\sigma_2\sqrt{1-\rho^2}}$$
$$\cdot \exp\left\{\frac{-1}{2(1-\rho^2)}\left[\frac{(x-\mu_1)^2}{\sigma_1^2}-2\rho\frac{(x-\mu_1)(y-\mu_2)}{\sigma_1\sigma_2}+\frac{(y-\mu_2)^2}{\sigma_2^2}\right]\right\},$$
$$-\infty<x<\infty,\quad -\infty<y<\infty,$$

3.2 边缘分布

于是

$$f_X(x) = \frac{1}{2\pi\sigma_1\sigma_2\sqrt{1-\rho^2}} e^{-\frac{(x-\mu_1)^2}{2\sigma_1^2}} \int_{-\infty}^{+\infty} e^{-\frac{1}{2(1-\rho^2)}\left(\frac{y-\mu_2}{\sigma_2}-\rho\frac{x-\mu_1}{\sigma_1}\right)^2} dy.$$

令 $t = \frac{1}{\sqrt{1-\rho^2}}\left(\frac{y-\mu_2}{\sigma_2}-\rho\frac{x-\mu_1}{\sigma_1}\right)$,则有

$$f_X(x) = \frac{1}{2\pi\sigma_1} e^{-\frac{(x-\mu_1)^2}{2\sigma_1^2}} \int_{-\infty}^{+\infty} e^{-\frac{t^2}{2}} dt,$$

即

$$f_X(x) = \frac{1}{\sqrt{2\pi}\sigma_1} e^{-\frac{(x-\mu_1)^2}{2\sigma_1^2}}, \quad -\infty < x < \infty.$$

同理,

$$f_Y(y) = \frac{1}{\sqrt{2\pi}\sigma_2} e^{-\frac{(y-\mu_2)^2}{2\sigma_2^2}}, \quad -\infty < y < \infty.$$

由此可见,二维正态分布的两个边缘分布都是一维正态分布,且都不依赖于参数 ρ,即对于给定的 $\mu_1,\mu_2,\sigma_1,\sigma_2$,不同的 ρ 对应不同的二维正态分布,它们的边缘分布都是一样的. 这一事实表明,仅由关于 X 及关于 Y 的边缘分布,一般来说是不能确定二维随机变量 (X,Y) 的联合分布的.

习 题 3.2

1. 已知下列分布律求其边缘分布律.

Y \ X	0	1
0	$\frac{12}{42}$	$\frac{12}{42}$
1	$\frac{12}{42}$	$\frac{6}{42}$

2. 设随机变量 X 和 Y 具有联合概率密度

$$f(x,y) = \begin{cases} 6, & x^2 \leqslant y \leqslant x, \\ 0, & 其他. \end{cases}$$

求边缘概率密度 $f_X(x), f_Y(y)$.

3. 设二维随机变量 (X,Y) 的概率密度为

$$f(x,y) = \begin{cases} e^{-(x+y)}, & x>0, y>0, \\ 0, & 其他. \end{cases}$$

求边缘概率密度.

3.3 条件分布

由条件概率很自然地引出条件概率分布的概念.

3.3.1 二维离散型随机变量的条件分布

定义 3.6 设 (X,Y) 是二维离散型随机变量,对于固定的 j,若 $P\{Y=y_j\}>0$,则称

$$P\{X=x_i \mid Y=y_j\} = \frac{P\{X=x_i, Y=y_j\}}{P\{Y=y_j\}} = \frac{p_{ij}}{p_{\cdot j}}, \quad i=1,2,\cdots \quad (3.4)$$

为在 $Y=y_j$ 条件下随机变量 X 的条件分布律.

同样,对固定的 i,若 $P\{X=x_i\}>0$,则称

$$P\{Y=y_j \mid X=x_i\} = \frac{P\{X=x_i, Y=y_j\}}{P\{X=x_i\}} = \frac{p_{ij}}{p_{i\cdot}}, \quad j=1,2,\cdots \quad (3.5)$$

为在 $X=x_i$ 条件下随机变量 Y 的条件分布律.

易知条件分布律具有分布律的性质:

(1) $P\{X=x_i \mid Y=y_j\} = \dfrac{p_{ij}}{p_{\cdot j}} \geq 0$;

(2) $\sum\limits_{i=1}^{\infty} P\{X=x_i \mid Y=y_j\} = \sum\limits_{i=1}^{\infty} \dfrac{p_{ij}}{p_{\cdot j}} = \dfrac{1}{p_{\cdot j}} \sum\limits_{i=1}^{\infty} p_{ij} = \dfrac{p_{\cdot j}}{p_{\cdot j}} = 1.$

例 3.7 射手击中目标的概率为 $p(0<p<1)$,设 X 表示首次击中目标的射击次数,Y 表示第二次击中目标的总共射击次数. 求联合分布律及条件分布律.

解 $P\{X=m, Y=n\} = p^2 q^{n-2}, \quad m=1,2,\cdots,n-1; n=m+1, m+2,\cdots,$

$$P\{X=m\} = p_{m\cdot} = \sum_{n=m+1}^{\infty} p^2 q^{n-2} = pq^{m-1}, \quad m=1,2,\cdots,$$

$$P\{Y=n\} = p_{\cdot n} = \sum_{m=1}^{n-1} p^2 q^{n-2} = (n-1)p^2 q^{n-2}, \quad n=2,3,\cdots,$$

$$P\{X=m \mid Y=n\} = \frac{p^2 q^{n-2}}{(n-1)p^2 q^{n-2}} = \frac{1}{n-1}, \quad m=1,2,\cdots,n-1,$$

$$P\{Y=n \mid X=m\} = \frac{p^2 q^{n-2}}{pq^{m-1}} = pq^{n-m-1}, \quad n=m+1, m+2,\cdots.$$

3.3.2 二维连续型随机变量的条件分布

对于二维连续型随机变量 (X,Y),由于对任意 x,y 有 $P\{X=x\}=0, P\{Y=y\}=0$. 因此就不能直接用条件概率公式来定义条件分布. 但是对于任意的 $\varepsilon>0$,

3.3 条件分布

如果 $P\{y-\varepsilon<Y\leqslant y+\varepsilon\}>0$,则有

$$P\{X\leqslant x \mid y-\varepsilon<Y\leqslant y+\varepsilon\} = \frac{P\{X\leqslant x, y-\varepsilon<Y\leqslant y+\varepsilon\}}{P\{y-\varepsilon<Y\leqslant y+\varepsilon\}}.$$

如果上述条件概率当 $\varepsilon\to 0$ 的极限存在,自然可以将此极限值定义为在 $Y=y$ 条件下 X 的条件分布.

定义 3.7 给定 y,若对于任意固定的 $\varepsilon>0, P\{y-\varepsilon<Y\leqslant y+\varepsilon\}>0$ 且对于任意 x,

$$\lim_{\varepsilon\to 0} P\{X\leqslant x \mid y-\varepsilon<Y\leqslant y+\varepsilon\} = \lim_{\varepsilon\to 0} \frac{P\{X\leqslant x, y-\varepsilon<Y\leqslant y+\varepsilon\}}{P\{y-\varepsilon<Y\leqslant y+\varepsilon\}}$$

存在,则称此极限为在条件 $Y=y$ 下 X 的条件分布函数,记作 $P\{X\leqslant x|Y=y\}$ 或 $F_{X|Y}(x|y)$.

若概率密度 $f(x,y)$ 在点 (x,y) 处连续, $f_Y(y)>0$ 且连续,则

$$\begin{aligned}F_{X|Y}(x \mid y) &= \lim_{\varepsilon\to 0}\frac{P\{X\leqslant x, y-\varepsilon<Y\leqslant y+\varepsilon\}}{P\{y-\varepsilon<Y\leqslant y+\varepsilon\}}\\ &= \lim_{\varepsilon\to 0}\frac{[F(x,y+\varepsilon)-F(x,y-\varepsilon)]/(2\varepsilon)}{[F_Y(y+\varepsilon)-F_Y(y-\varepsilon)]/(2\varepsilon)} = F'_y(x,y)/F'_Y(y),\end{aligned}$$

即

$$F_{X|Y}(x \mid y) = \frac{\int_{-\infty}^{x} f(u,y)\mathrm{d}u}{f_Y(y)} = \int_{-\infty}^{x}\frac{f(u,y)}{f_Y(y)}\mathrm{d}u.$$

因此可得如下定义.

定义 3.8 设二维随机变量 (X,Y) 的概率密度为 $f(x,y)$, (X,Y) 关于 Y 的边缘概率密度为 $f_Y(y)$,若对于固定的 $y, f_Y(y)>0$,则称 $\dfrac{f(x,y)}{f_Y(y)}$ 为在 $Y=y$ 的条件下 X 的条件概率密度,记为

$$f_{X|Y}(x \mid y) = \frac{f(x,y)}{f_Y(y)}. \tag{3.6}$$

在 $Y=y$ 的条件下 X 的条件分布函数为

$$F_{X|Y}(x \mid y) = \int_{-\infty}^{x}\frac{f(u,y)}{f_Y(y)}\mathrm{d}u. \tag{3.7}$$

类似地,可定义 $f_{Y|X}(y|x)=\dfrac{f(x,y)}{f_X(x)}$ 和 $F_{Y|X}(y \mid x) = \int_{-\infty}^{y}\dfrac{f(x,v)}{f_X(x)}\mathrm{d}v$.

例 3.8 设 (X,Y) 的联合概率密度为

$$f(x,y) = \begin{cases} 3x, & 0<x<1, 0<y<x, \\ 0, & \text{其他}. \end{cases}$$

求 X 与 Y 的条件概率密度.

解 联合概率密度 $f(x,y)$ 仅在三角形区域 $0<x<1, 0<y<x$(图 3-4)内具有非零值. 故

$$f_X(x) = \int_{-\infty}^{+\infty} f(x,y)dy = \begin{cases} \int_0^x 3xdy = 3x^2, & 0<x<1, \\ 0, & \text{其他,} \end{cases}$$

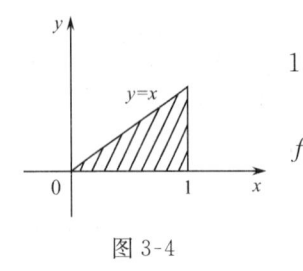

图 3-4

$$f_Y(y) = \int_{-\infty}^{+\infty} f(x,y)dx$$

$$= \begin{cases} \int_y^1 3xdx = \dfrac{3}{2}(1-y^2), & 0<y<1, \\ 0, & \text{其他.} \end{cases}$$

由式(3.6)得

$$f_{X|Y}(x\mid y) = \frac{f(x,y)}{f_Y(y)} = \begin{cases} \dfrac{2x}{1-y^2}, & 0<y<x<1, \\ 0, & \text{其他.} \end{cases}$$

同理可得

$$f_{Y|X}(y\mid x) = \frac{f(x,y)}{f_X(x)} = \begin{cases} \dfrac{1}{x}, & 0<y<x<1, \\ 0, & \text{其他.} \end{cases}$$

例 3.9 设 (X,Y) 的概率密度是

$$f(x,y) = \begin{cases} \dfrac{\mathrm{e}^{-x/y}\mathrm{e}^{-y}}{y}, & 0<x<\infty, 0<y<\infty, \\ 0, & \text{其他,} \end{cases}$$

求 $P\{X>1|Y=y\}$.

解 $$P\{X>1|Y=y\} = \int_1^\infty f_{X|Y}(x\mid y)dx.$$

为此需求出 $f_{X|Y}(x|y)$.

由于

$$f_Y(y) = \int_{-\infty}^{\infty} f(x,y)dx = \int_0^\infty \frac{\mathrm{e}^{-x/y}\mathrm{e}^{-y}}{y}dx$$

$$= \frac{\mathrm{e}^{-y}}{y}(-y\mathrm{e}^{-x/y})\Big|_0^\infty = \mathrm{e}^{-y}, \quad 0<y<\infty.$$

于是对 $y>0$,

$$f_{X|Y}(x\mid y) = \frac{f(x,y)}{f_Y(y)} = \frac{\mathrm{e}^{-x/y}}{y}, \quad x>0.$$

故对 $y>0$,

3.3 条件分布

$$P\{X>1 \mid Y=y\} = \int_1^\infty \frac{e^{-x/y}}{y}dx = -e^{-\frac{x}{y}}\Big|_1^\infty = e^{-\frac{1}{y}}.$$

例 3.10 设 (X,Y) 是二维随机变量，X 的边缘概率密度为

$$f_X(x) = \begin{cases} 3x^2, & 0<x<1, \\ 0, & \text{其他}. \end{cases}$$

在给定 $X=x(0<x<1)$ 的条件下 Y 的条件概率密度为

$$f_{Y|X}(y \mid x) = \begin{cases} \dfrac{3y^2}{x^3}, & 0<y<x, \\ 0, & \text{其他}. \end{cases}$$

(1) 求 (X,Y) 的概率密度 $f(x,y)$；
(2) 求 Y 的边缘概率密度 $f_Y(y)$；
(3) 求 $P\{X>2Y\}$.

解 (1) 由题设得 (X,Y) 的概率密度为

$$f(x,y) = f_X(x)f_{Y|X}(y \mid x) = \begin{cases} \dfrac{9y^2}{x}, & 0<y<x, 0<x<1, \\ 0, & \text{其他}. \end{cases}$$

(2) Y 的边缘概率密度为

$$f_Y(y) = \int_{-\infty}^{+\infty} f(x,y)dx$$

$$= \begin{cases} \int_y^1 \dfrac{9y^2}{x}dx, & 0<y<1, \\ 0, & \text{其他} \end{cases}$$

$$= \begin{cases} -9y^2 \ln y, & 0<y<1, \\ 0, & \text{其他}. \end{cases}$$

(3) 由于联合概率密度为 $f(x,y)$ 仅在三角形区域 $0<x<1, 0<y<x$（图 3-4）内具有非零值，故

$$P\{X>2Y\} = \iint\limits_{x>2y} f(x,y)dxdy$$

$$= \int_0^1 dx \int_0^{\frac{x}{2}} \frac{9y^2}{x}dy = \frac{1}{8}.$$

习 题 3.3

1. 在习题 3.1 第 1 题中，求条件概率 $P\{X=1|Y=2\}$，$P\{Y=1|X=0\}$，并写出当 $X=1$ 时 Y 的条件分布律.

2. 设(X,Y)在圆域$x^2+y^2\leqslant 1$上服从均匀分布,求$f_{Y|X}(y|x)$.

3. 设二维随机变量(X,Y)的概率密度为
$$f(x,y)=\begin{cases}\dfrac{21}{4}x^2y, & x^2\leqslant y\leqslant 1,\\ 0, & \text{其他}.\end{cases}$$

求条件概率密度和条件概率$P\left\{Y>\dfrac{3}{4}\,\bigg|\,x=\dfrac{1}{2}\right\}$.

3.4 随机变量的独立性

下面将利用两个事件相互独立的概念引出两个随机变量相互独立的概念.

定义 3.9 设$F(x,y)$及$F_X(x),F_Y(y)$分别是二维随机变量(X,Y)的分布函数及边缘分布函数. 若对于任意x,y,都有$P\{X\leqslant x,Y\leqslant y\}=P\{X\leqslant x\}P\{Y\leqslant y\}$,即$F(x,y)=F_X(x)F_Y(y)$,则称随机变量$X$和$Y$是相互独立的.

当(X,Y)是连续型随机变量时,关于X和Y的独立性有如下定理.

定理 3.1 设(X,Y)是二维连续型随机变量,若$(X,Y),X,Y$的边缘概率密度依次为$f(x,y),f_X(x),f_Y(y)$,则X和Y相互独立的充分必要条件是对任意实数x,y,都有
$$f(x,y)=f_X(x)f_Y(y). \tag{3.8}$$

证 先证必要性. 若X和Y相互独立,则有
$$F(x,y)=F_X(x)F_Y(y),$$
而
$$F(x,y)=\int_{-\infty}^{x}\int_{-\infty}^{y}f(x,y)\mathrm{d}x\mathrm{d}y,$$
$$F_X(x)F_Y(y)=\int_{-\infty}^{x}f_X(x)\mathrm{d}x\int_{-\infty}^{y}f_Y(y)\mathrm{d}y=\int_{-\infty}^{x}\int_{-\infty}^{y}f_X(x)f_Y(y)\mathrm{d}x\mathrm{d}y.$$
所以
$$f(x,y)=f_X(x)f_Y(y).$$

再证充分性. 如果对任意实数x,y,有
$$f(x,y)=f_X(x)f_Y(y),$$
则有
$$\int_{-\infty}^{x}\int_{-\infty}^{y}f(x,y)\mathrm{d}x\mathrm{d}y=\int_{-\infty}^{x}\int_{-\infty}^{y}f_X(x)f_Y(y)\mathrm{d}x\mathrm{d}y$$
$$=\int_{-\infty}^{x}f_X(x)\mathrm{d}x\int_{-\infty}^{y}f_Y(y)\mathrm{d}y,$$
即

3.4 随机变量的独立性

$$F(x,y) = F_X(x)F_Y(y),$$

所以 X 和 Y 相互独立.

易证:若 X 与 Y 相互独立,则 $f(X)$ 与 $g(Y)$ 也相互独立.

当 (X,Y) 是二维离散型随机变量时,有类似定理如下(证略).

定理 3.2 设 (X,Y) 是二维离散型随机变量,p_{ij}, $p_{i\cdot}$, $p_{\cdot j}$ 依次为 (X,Y), X, Y 的分布律,则 X 和 Y 相互独立的充分必要条件是对于 (X,Y) 的所有可能取的值 (x_i, y_j) 均有

$$P\{X = x_i, Y = y_j\} = P\{X = x_i\}P\{Y = y_j\}, \tag{3.9}$$

即对所有的 i, j 有 $p_{ij} = p_{i\cdot} \cdot p_{\cdot j}$.

例如,若 X, Y 具有联合分布律

Y \ X	0	1	$p_{\cdot j}$
1	$\frac{1}{6}$	$\frac{2}{6}$	$\frac{1}{2}$
2	$\frac{1}{6}$	$\frac{2}{6}$	$\frac{1}{2}$
$p_{i\cdot}$	$\frac{1}{3}$	$\frac{2}{3}$	1

则有

$$P\{X=0, Y=1\} = \frac{1}{6} = P\{X=0\}P\{Y=1\},$$

$$P\{X=0, Y=2\} = \frac{1}{6} = P\{X=0\}P\{Y=2\},$$

$$P\{X=1, Y=1\} = \frac{2}{6} = P\{X=1\}P\{Y=1\},$$

$$P\{X=1, Y=2\} = \frac{2}{6} = P\{X=1\}P\{Y=2\}.$$

因而 X, Y 是相互独立的.

又如,3.2 节例 3.5 中的 X 和 Y,由于 $f(x,y) \neq f_X(x)f_Y(y)$. 因而 X, Y 不是相互独立的.

例 3.11 设二维正态随机变量 (X,Y) 的概率密度为

$$f(x,y) = \frac{1}{2\pi\sigma_1\sigma_2\sqrt{1-\rho^2}} \cdot \exp\left\{\frac{-1}{2(1-\rho^2)}\left[\frac{(x-\mu_1)^2}{\sigma_1^2} - 2\rho\frac{(x-\mu_1)(y-\mu_2)}{\sigma_1\sigma_2}\right.\right.$$
$$\left.\left.+ \frac{(y-\mu_2)^2}{\sigma_2^2}\right]\right\}, -\infty < x < \infty, \quad -\infty < y < \infty,$$

证明 X 与 Y 相互独立的充分必要条件是参数 $\rho=0$.

证 必要性. 设 X 与 Y 相互独立,则对任意 x,y, $f(x,y)=f_X(x)f_Y(y)$,当 $x=\mu_1, y=\mu_2$ 时有

$$f(\mu_1,\mu_2) = f_X(\mu_1) \cdot f_Y(\mu_2),$$

即

$$\frac{1}{2\pi\sigma_1\sigma_2\sqrt{1-\rho^2}} = \frac{1}{\sqrt{2\pi}\sigma_1} \cdot \frac{1}{\sqrt{2\pi}\sigma_2}.$$

于是 $\sqrt{1-\rho^2}=1, \rho=0$.

充分性. 设 $\rho=0$,则

$$f(x,y) = \frac{1}{2\pi\sigma_1\sigma_2} e^{-\frac{1}{2}\left[\frac{(x-\mu_1)^2}{\sigma_1^2}+\frac{(y-\mu_2)^2}{\sigma_2^2}\right]}$$

$$= \frac{1}{\sqrt{2\pi}\sigma_1} e^{-\frac{(x-\mu_1)^2}{2\sigma_1^2}} \cdot \frac{1}{\sqrt{2\pi}\sigma_2} e^{-\frac{(y-\mu_2)^2}{2\sigma_2^2}}$$

$$= f_X(x) \cdot f_Y(y),$$

所以 X 与 Y 相互独立.

例 3.12 设随机变量 (X,Y) 在区域

$$D=\{(x,y) \mid 0 \leqslant x \leqslant 2, 0 \leqslant y \leqslant 2\}$$ 上服从均匀分布.

(1) 求 (X,Y) 的联合概率密度函数 $f(x,y)$;

(2) 求 $P\{0<X<1, 0<Y<1\}$;

(3) X 与 Y 是否相互独立?

解 (1) 按题意得 (X,Y) 的联合概率密度为

$$f(x,y) = \begin{cases} \dfrac{1}{4}, & 0 \leqslant x \leqslant 2, 0 \leqslant y \leqslant 2, \\ 0, & 其他. \end{cases}$$

(2) $P\{0<X<1, 0<Y<1\} = \int_0^1 \int_0^1 \dfrac{1}{4} dx dy = \dfrac{1}{4}$.

(3) 由于

$$f_X(x) = \int_{-\infty}^{+\infty} f(x,y) dy = \begin{cases} \int_0^2 \dfrac{1}{4} dy = \dfrac{1}{2}, & 0 \leqslant x \leqslant 2, \\ 0, & 其他, \end{cases}$$

$$f_Y(y) = \int_{-\infty}^{+\infty} f(x,y) dx = \begin{cases} \dfrac{1}{2}, & 0 \leqslant y \leqslant 2, \\ 0, & 其他, \end{cases}$$

则 $f(x,y)=f_X(x)f_Y(y)$，因此 X 与 Y 相互独立.

以上所述关于二维随机变量的一些概念，不难推广到 n 维随机变量中去.

若对于任意实数 $x_1,x_2,\cdots,x_n$ 有
$$F(x_1,x_2,\cdots,x_n)=F_{X_1}(x_1)F_{X_2}(x_2)\cdots F_{X_n}(x_n),$$
则称 $X_1,X_2,\cdots,X_n$ 是相互独立的.

对连续型随机变量，设 $X_1,X_2,\cdots,X_n$ 的概率密度分别是 $f_1(x_1),f_2(x_2),\cdots,f_n(x_n)$，则 $X_1,X_2,\cdots,X_n$ 相互独立的充要条件是：n 元函数 $f_1(x_1)f_2(x_2)\cdots f_n(x_n)$ 是 n 维随机变量 $(X_1,X_2,\cdots,X_n)$ 的概率密度.

若对于所有的 $x_1,x_2,\cdots,x_m;y_1,y_2,\cdots,y_n$ 有
$$F(x_1,x_2,\cdots,x_m,y_1,y_2,\cdots,y_n)$$
$$=F_1(x_1,x_2,\cdots,x_m)F_2(y_1,y_2,\cdots,y_n),$$
其中 F_1,F_2,F 依次为随机变量 $(X_1,X_2,\cdots,X_m),(Y_1,Y_2,\cdots,Y_n)$ 和 $(X_1,X_2,\cdots,X_m,Y_1,Y_2,\cdots,Y_n)$ 的分布函数，则称随机变量 $(X_1,X_2,\cdots,X_m)$ 和 $(Y_1,Y_2,\cdots,Y_n)$ 是相互独立的.

以下给出在数理统计中很有用的定理.

定理 3.3 设 $(X_1,X_2,\cdots,X_m)$ 和 $(Y_1,Y_2,\cdots,Y_n)$ 相互独立，则 $X_i(i=1,2,\cdots,m)$ 和 $Y_j(j=1,2,\cdots,n)$ 相互独立. 又设 h,g 是连续函数，则 $h(X_1,X_2,\cdots,X_m)$ 和 $g(Y_1,Y_2,\cdots,Y_n)$ 相互独立（证略）.

习 题 3.4

1. 已知 (X,Y) 的分布规律为

(X,Y)	$(1,1)$	$(1,2)$	$(1,3)$	$(2,1)$	$(2,2)$	$(2,3)$
P_{ij}	$\frac{1}{6}$	$\frac{1}{9}$	$\frac{1}{8}$	$\frac{1}{3}$	α	β

(1) 求 α 与 β 应满足的条件；

(2) 求 X 与 Y 相互独立，求 α 与 β 的值；

2. 设随机变量 X 与 Y 相互独立，并且 X 服从 $N(a,\sigma^2)$，Y 在 $[-b,b]$ 上服从均匀分布，求 (X,Y) 的联合概率密度.

3. 设二维随机变量 (X,Y) 的分布函数为
$$F(x,y)=\begin{cases}1-\mathrm{e}^{-2x}-\mathrm{e}^{-3y}+\mathrm{e}^{-(2x+3y)}, & x>0,y>0,\\ 0, & \text{其他}.\end{cases}$$

验证随机变量 X 与 Y 相互独立.

4. 已知二维离散型随机变量 (X,Y) 的分布律为

Y \ X	0	1
0	$\frac{3}{30}$	$\frac{2}{30}$
1	$\frac{6}{30}$	$\frac{12}{30}$
2	$\frac{1}{30}$	$\frac{6}{30}$

判定 X 与 Y 是否相互独立?

5. 设二维随机变量 (X,Y) 的概率密度为
$$f(x,y) = \begin{cases} 3xy, & 0 \leqslant y \leqslant x \leqslant 2-y, \\ 0, & 其他. \end{cases}$$

试判定 X 与 Y 是否相互独立?

3.5 两个随机变量函数的分布

在应用中,两个随机变量的函数也是经常遇到的,如果炮弹弹着点是一个二维随机变量 (X,Y),而弹着点离靶心的距离 Z 是 X 和 Y 的函数 $Z=\sqrt{X^2+Y^2}$,它也是一个随机变量,因而有它自己的分布,这就是关于两个随机变量函数的分布问题.

3.5.1 二维离散型随机变量函数的分布律

设 (X,Y) 是二维离散型随机变量,其分布律为
$$P\{X=x_i, Y=y_j\} = p_{ij}, \quad i,j=1,2,\cdots,$$
且二元函数 $z=g(x,y)$ 对于不同的 (x_i,y_j) 有不同的函数值,则随机变量 $Z=g(X,Y)$ 的分布律为
$$P\{Z=g(x_i,y_j)\} = p_{ij}, \quad i,j=1,2,\cdots.$$

注意 若对于不同的 (x_i,y_j),$g(x,y)$ 有相同的值,则 Z 取这些相同值的概率应当合并.

例 3.13 设相互独立的两个随机变量 X,Y 具有同一分布律,且 X 的分布律为

X	0	1
p_i	0.5	0.5

试求:$Z=\max(X,Y)$ 的分布律.

3.5 两个随机变量函数的分布

解 因为 X 与 Y 相互独立，所以
$$P\{X=i, Y=j\} = P\{X=i\}P\{Y=j\},$$
于是

Y \ X	0	1
0	$\frac{1}{2^2}$	$\frac{1}{2^2}$
1	$\frac{1}{2^2}$	$\frac{1}{2^2}$

$$P\{\max(X,Y)=i\} = P\{X=i, Y<i\} + P\{X\leqslant i, Y=i\}.$$

由此得
$$P\{\max(X,Y)=0\} = P\{X=0, Y=0\} = \frac{1}{2^2},$$
$$P\{\max(X,Y)=1\} = P\{X=1, Y=0\} + P\{X=0, Y=1\} + P\{X=1, Y=1\}$$
$$= \frac{1}{2^2} + \frac{1}{2^2} + \frac{1}{2^2} = \frac{3}{2^2},$$

故 $Z = \max(X, Y)$ 的分布律为

Z	0	0
p_i	$\frac{1}{4}$	$\frac{3}{4}$

3.5.2 二维连续型随机变量函数的分布

关于二维连续型随机变量函数的分布，以下面几个特例展示一般方法．

1. $Z = X + Y$ 的分布

设 (X, Y) 的概率密度为 $f(x, y)$，则
$$F_Z(z) = P\{Z \leqslant z\} = \iint\limits_{x+y \leqslant z} f(x,y) \mathrm{d}x\mathrm{d}y = \int_{-\infty}^{+\infty} \mathrm{d}y \int_{-\infty}^{z-y} f(x, y) \mathrm{d}x$$
$$\xlongequal{x=u-y} \int_{-\infty}^{+\infty} \mathrm{d}y \int_{-\infty}^{z} f(u-y, y) \mathrm{d}u = \int_{-\infty}^{z} \mathrm{d}x \int_{-\infty}^{+\infty} f(x-y, y) \mathrm{d}y,$$

其中，积分区域 G 是直线 $x+y=z$ 左边的半平面（图3-5）．

由概率密度的定义，即得 Z 的概率密度为
$$f_Z(z) = \int_{-\infty}^{+\infty} f(z-y, y) \mathrm{d}y. \tag{3.10}$$

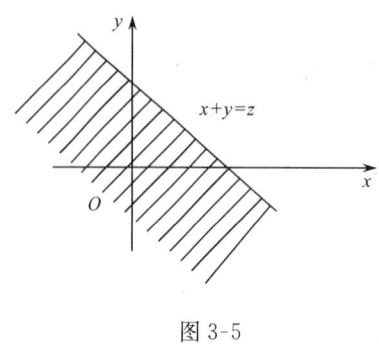

图 3-5

由 X,Y 的对称性，$f_Z(z)$ 又可写成

$$f_Z(z) = \int_{-\infty}^{+\infty} f(x, z-x)\mathrm{d}x. \quad (3.11)$$

当 X 与 Y 相互独立时，对于所有的 x, y 有 $f(x,y) = f_X(x)f_Y(y)$. 代入式(3.10)，得到

$$f_Z(z) = \int_{-\infty}^{+\infty} f_X(z-y)f_Y(y)\mathrm{d}y, \quad (3.12)$$

$$f_Z(z) = \int_{-\infty}^{+\infty} f_X(x)f_Y(z-x)\mathrm{d}x. \quad (3.13)$$

这两个公式称为卷积公式，记作 $f_X * f_Y$，即

$$f_X * f_Y = \int_{-\infty}^{+\infty} f_X(z-y)f_Y(y)\mathrm{d}y$$

$$= \int_{-\infty}^{+\infty} f_X(x)f_Y(z-x)\mathrm{d}x.$$

例 3.14 设 X 和 Y 是两个相互独立的随机变量，它们都服从 $N(0,1)$ 分布，其概率密度为

$$f_X(x) = \frac{1}{\sqrt{2\pi}}\mathrm{e}^{-\frac{x^2}{2}}, \quad -\infty < x < \infty,$$

$$f_Y(y) = \frac{1}{\sqrt{2\pi}}\mathrm{e}^{-\frac{y^2}{2}}, \quad -\infty < y < \infty.$$

求 $Z=X+Y$ 的概率密度.

解 由卷积公式(3.13)知

$$\begin{aligned}f_Z(z) &= \int_{-\infty}^{+\infty} f_X(x)f_Y(z-x)\mathrm{d}x \\ &= \frac{1}{2\pi}\int_{-\infty}^{\infty} \mathrm{e}^{-\frac{x^2}{2}}\mathrm{e}^{-\frac{(z-x)^2}{2}}\mathrm{d}x \\ &= \frac{1}{2\pi}\mathrm{e}^{-\frac{z^2}{4}}\int_{-\infty}^{\infty} \mathrm{e}^{-(x-\frac{z}{2})^2}\mathrm{d}x.\end{aligned}$$

令 $t = x - \frac{z}{2}$，得

$$f_Z(z) = \frac{1}{2\pi}\mathrm{e}^{-\frac{z^2}{4}}\int_{-\infty}^{\infty} \mathrm{e}^{-t^2}\mathrm{d}t = \frac{1}{2\pi}\mathrm{e}^{-\frac{z^2}{4}}\sqrt{\pi} = \frac{1}{2\sqrt{\pi}}\mathrm{e}^{-\frac{z^2}{4}},$$

即 Z 服从 $N(0, (\sqrt{2})^2)$.

一般地，有如下定理.

定理 3.4 设 $X_i \sim N(\mu_i, \sigma_i^2)(i=1,2,\cdots,n)$，且它们相互独立，则它们的和仍服从正态分布，

$$Z = X_1 + X_2 + \cdots + X_n \sim N(\mu_1 + \mu_2 + \cdots + \mu_n, \sigma_1^2 + \sigma_2^2 + \cdots + \sigma_n^2).$$

3.5 两个随机变量函数的分布

(证略)

更一般地,可以证明有限个相互独立正态随机变量的线性组合仍然服从正态分布,即若 $X_i \sim N(\mu_i, \sigma_i^2)(i=1,2,\cdots,n)$,且它们相互独立,$c_i(i=1,2,\cdots,n)$ 是常数,则有 $Z = \sum_{i=1}^{n} c_i X_i \sim N\left(\sum_{i=1}^{n} c_i\mu_i, \sum_{i=1}^{n}(c_i\sigma_i)^2\right)$.

例 3.15 设 X 和 Y 是两个相互独立的随机变量,其概率密度分别为

$$f_X(x) = \begin{cases} 1, & 0 \leqslant x \leqslant 1, \\ 0, & \text{其他}, \end{cases} \quad f_Y(y) = \begin{cases} e^{-y}, & y > 0, \\ 0, & \text{其他}. \end{cases}$$

(1) 求随机变量 $Z = X + Y$ 的概率密度;

(2) 求 $Z = 2X + Y$ 的概率密度.

解 (1) 根据题意,由卷积公式得 Z 的密度函数为

$$f_Z(z) = \int_{-\infty}^{+\infty} f_X(x) f_Y(z-x) \mathrm{d}x.$$

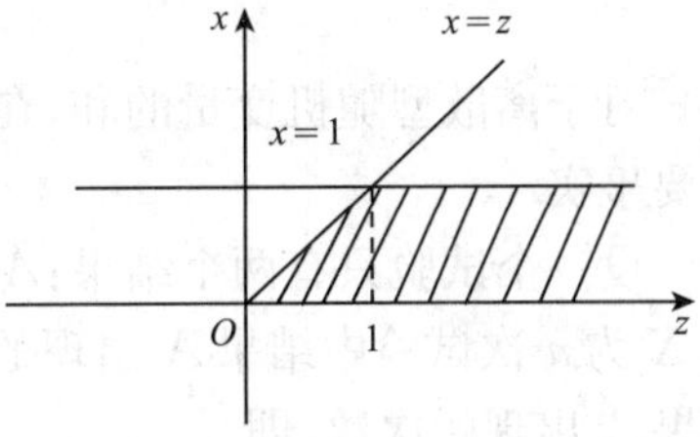

易知仅当 $\begin{cases} 0 \leqslant x \leqslant 1, \\ z-x > 0, \end{cases}$ 即 $\begin{cases} 0 \leqslant x \leqslant 1, \\ x < z \end{cases}$ 时,上述积分的被积函数不等于零. 参考图 3-6,即得

图 3-6

$$f_Z(z) = \begin{cases} 0, & z < 0, \\ \int_0^z f_X(x) f_Y(z-x) \mathrm{d}x = \int_0^z 1 \cdot e^{-(z-x)} \mathrm{d}x = 1 - e^{-z}, & 0 \leqslant z < 1, \\ \int_0^1 f_X(x) f_Y(z-x) \mathrm{d}x = \int_0^1 1 \cdot e^{-(z-x)} \mathrm{d}x = (e-1)e^{-z}, & z \geqslant 1, \end{cases}$$

即

$$f_Z(z) = \begin{cases} 0, & z < 0, \\ 1 - e^{-z}, & 0 \leqslant z < 1, \\ (e-1)e^{-z}, & z \geqslant 1. \end{cases}$$

(2) 同理由卷积公式得

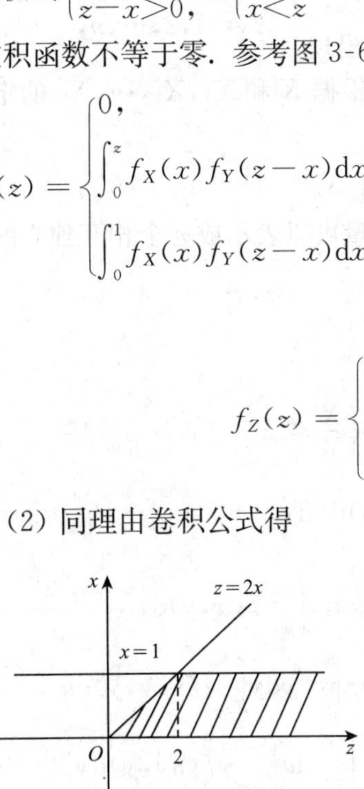

$$f_Z(z) = \int_{-\infty}^{+\infty} f_X(x) f_Y(z-2x) \mathrm{d}x$$

$$= \int_{-\infty}^{\infty} 1 \cdot e^{2x-z} \mathrm{d}x.$$

易知仅当 $\begin{cases} 0 \leqslant x \leqslant 1, \\ z-2x > 0, \end{cases}$ 即 $\begin{cases} 0 \leqslant x \leqslant 1, \\ z > 2x \end{cases}$ 时,上述积分的被积函数不等于零. 参考图 3-7,可得

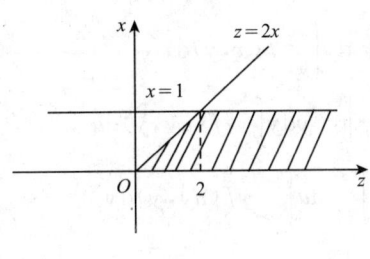

图 3-7

$$f_Z(z) = \begin{cases} 0, & z<0, \\ \int_0^{\frac{z}{2}} \mathrm{e}^{2x-z}\mathrm{d}x, & 0 \leqslant z < 2, \\ \int_0^1 \mathrm{e}^{2x-z}\mathrm{d}x, & z \geqslant 2. \end{cases}$$

所以

$$f_Z(z) = \begin{cases} 0, & z<0, \\ \dfrac{1}{2}(1-\mathrm{e}^{-z}), & 0 \leqslant z < 2, \\ \dfrac{1}{2}(\mathrm{e}^2-1)\mathrm{e}^{-z}, & z \geqslant 2. \end{cases}$$

对于离散型随机变量的和，在这里需要指出一个在以后讨论中要多次用到的重要事实.

设一个试验只有两个结果：A 和 $\overline{A}$，且 $P(A)=p$. 现将试验独立地进行 n 次，记 X 为 n 次试验中结果 A 出现的次数，则 $X \sim B(n,p)$. 若记 X_i 为第 i 次试验中结果 A 出现的次数，即

$$X_i = \begin{cases} 1, & \text{第 } i \text{ 次试验中结果 } A \text{ 出现}, \\ 0, & \text{第 } i \text{ 次试验中结果 } A \text{ 不出现}, \end{cases} \quad i=1,2,\cdots,n,$$

则 $X_i \sim B(1,p)$，并且 $X_1, X_2, \cdots, X_n$ 相互独立. 根据 X 和 $X_1, X_2, \cdots, X_n$ 的定义，自然有

$$X = X_1 + X_2 + \cdots + X_n.$$

这个式子表明，一个服从二项分布的随机变量可以表示成 n 个相互独立的，且服从两点分布的随机变量之和.

2. $Z=X/Y$ 的分布

$$\begin{aligned}
F_Z(z) &= P\{Z \leqslant z\} = P\left\{\dfrac{X}{Y} \leqslant z\right\} \\
&= \iint_{G_1} f(x,y)\mathrm{d}x\mathrm{d}y + \iint_{G_2} f(x,y)\mathrm{d}x\mathrm{d}y \\
&= \int_0^{+\infty} \mathrm{d}y \int_{-\infty}^{yz} f(x,y)\mathrm{d}x + \int_{-\infty}^0 \mathrm{d}y \int_{yz}^{+\infty} f(x,y)\mathrm{d}x \\
&\xlongequal{x=uy} \int_0^{+\infty} y\mathrm{d}y \int_{-\infty}^z f(uy,y)\mathrm{d}u + \int_{-\infty}^0 y\mathrm{d}y \int_z^{-\infty} f(uy,y)\mathrm{d}u \\
&= \int_{-\infty}^z \mathrm{d}u \int_0^{+\infty} yf(uy,y)\mathrm{d}y + \int_z^{-\infty} \mathrm{d}u \int_{-\infty}^0 yf(uy,y)\mathrm{d}y \\
&= \int_{-\infty}^z \mathrm{d}u \left[\int_0^{+\infty} yf(uy,y)\mathrm{d}y - \int_{-\infty}^0 yf(uy,y)\mathrm{d}y\right],
\end{aligned}$$

3.5 两个随机变量函数的分布

其中,积分区域 G_1, G_2 如图 3-8 所示. Z 的概率密度为

$$f_Z(z) = \int_0^{+\infty} yf(zy, y)\mathrm{d}y - \int_{-\infty}^0 yf(zy, y)\mathrm{d}y$$

$$= \int_{-\infty}^{+\infty} |y| f(yz, y)\mathrm{d}y.$$

特别地,当 X 与 Y 相互独立时,

$$f_Z(z) = \int_{-\infty}^{+\infty} |y| f_X(yz) f_Y(y)\mathrm{d}y.$$

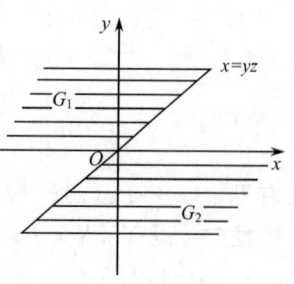

图 3-8

例 3.16 设 X, Y 分别表示两只不同型号的灯泡的寿命,X, Y 相互独立,它们的概率密度分别为

$$f(x) = \begin{cases} \mathrm{e}^{-x}, & x > 0, \\ 0, & \text{其他}, \end{cases} \quad f(y) = \begin{cases} 2\mathrm{e}^{-2y}, & y > 0, \\ 0, & \text{其他}. \end{cases}$$

试求 $Z = X/Y$ 的概率密度函数.

解 $f_Z(z) = \int_{-\infty}^{+\infty} |y| f(yz, y)\mathrm{d}y$

$$= \int_0^{+\infty} yf(yz, y)\mathrm{d}y - \int_{-\infty}^0 yf(yz, y)\mathrm{d}y.$$

$$f(x, y) = \begin{cases} 2\mathrm{e}^{-x} \cdot \mathrm{e}^{-2y}, & x > 0, y > 0 \\ 0, & \text{其他} \end{cases}$$

故得所求密度函数

当 $z > 0$ 时,

$$f_Z(z) = \int_0^{+\infty} 2y\mathrm{e}^{-yz}\mathrm{e}^{-2y}\mathrm{d}y = \int_0^{+\infty} 2y\mathrm{e}^{-y(2+z)}\mathrm{d}y = \frac{2}{(2+z)^2},$$

当 $z \leqslant 0$ 时,$f_Z(z) = 0$.

于是 $Z = X/Y$ 的概率密度函数为

$$f_Z(z) = \begin{cases} \dfrac{2}{(2+z)^2}, & z > 0, \\ 0, & z \leqslant 0. \end{cases}$$

3. $M = \max\{X, Y\}$ 及 $N = \min\{X, Y\}$ 的分布

设 X, Y 相互独立,则

$$F_{\max}(z) = P\{M \leqslant z\} = P\{X \leqslant z, Y \leqslant z\} = P\{X \leqslant z\}P\{Y \leqslant z\}$$

$$= F_X(z)F_Y(z),$$

$$F_{\min}(z) = P\{N \leqslant z\} = 1 - P\{N > z\}$$

$$= 1 - P\{X > z, Y > z\}$$
$$= 1 - P\{X > z\}P\{Y > z\}$$
$$= 1 - [1 - P\{X \leqslant z\}] \cdot [1 - P\{Y \leqslant z\}]$$
$$= 1 - [1 - F_X(z)][1 - F_Y(z)].$$

故有 $F_{\max}(z) = F_X(z)F_Y(z)$, $F_{\min}(z) = 1 - [1 - F_X(z)][1 - F_Y(z)]$.

推广 设 $X_1, X_2, \cdots, X_n$ 是 n 个相互独立的随机变量,它们的分布函数分别 $F_{X_i}(x_i)(i=1,2,\cdots,n)$,则 $M = \max\{X_1, X_2, \cdots, X_n\}$ 及 $N = \min\{X_1, X_2, \cdots, X_n\}$ 的分布函数分别为

$$F_{\max}(z) = F_{X_1}(z) \cdot F_{X_2}(z) \cdots F_{X_n}(z),$$
$$F_{\min}(z) = 1 - [1 - F_{X_1}(z)][1 - F_{X_2}(z)] \cdots [1 - F_{X_n}(z)].$$

若 $X_1, X_2, \cdots X_n$ 相互独立且具有相同的分布函数 $F(x)$,则

$$F_{\max}(z) = [F(z)]^n, \quad F_{\min}(z) = 1 - [1 - F(z)]^n.$$

例 3.17 设系统 L 由两个相互独立的子系统 L_1, L_2 联结而成,联结的方式分别为:(1)串联;(2)并联;(3)备用(当系统 L_1 损坏时,系统 L_2 开始工作),如图 3-9 所示. 设 L_1, L_2 的寿命分别为 X, Y,其概率密度分别为

$$f_X(x) = \begin{cases} \alpha e^{-\alpha x}, & x > 0, \\ 0, & x \leqslant 0, \end{cases} \quad f_Y(y) = \begin{cases} \beta e^{-\beta y}, & y > 0, \\ 0, & y \leqslant 0, \end{cases}$$

其中 $\alpha > 0, \beta > 0$ 且 $\alpha \neq \beta$. 分别对以上三种联结方式写出 L 的寿命 Z 的概率密度.

解 由已知条件易得 X, Y 的分布函数分别为

$$F_X(x) = \begin{cases} 1 - e^{-\alpha x}, & x > 0, \\ 0, & x \leqslant 0, \end{cases}$$

$$F_Y(y) = \begin{cases} 1 - e^{-\beta y}, & y > 0, \\ 0, & y \leqslant 0. \end{cases}$$

(1) 串联时,$Z = \min\{X, Y\}$,其分布函数为

$$F_{\min}(z) = 1 - [1 - F_X(z)][1 - F_Y(z)]$$
$$= \begin{cases} 1 - e^{-(\alpha+\beta)z}, & z > 0, \\ 0, & z \leqslant 0. \end{cases}$$

于是其概率密度为

$$f_{\min}(z) = \begin{cases} (\alpha + \beta)e^{-(\alpha+\beta)z}, & z > 0, \\ 0, & z \leqslant 0. \end{cases}$$

(2) 并联时,$Z = \max(X, Y)$,其分布函数为

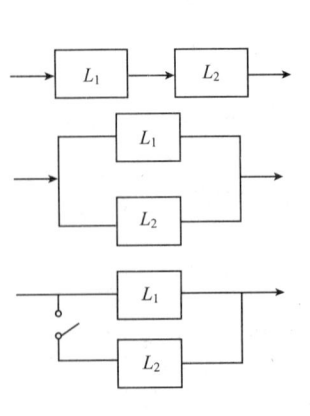

图 3-9

3.5 两个随机变量函数的分布

$$F_{\max}(z) = F_X(z)F_Y(z) = \begin{cases} (1-\mathrm{e}^{-\alpha z})(1-\mathrm{e}^{-\beta z}), & z>0, \\ 0, & z\leqslant 0. \end{cases}$$

于是其概率密度为

$$f_{\max}(z) = \begin{cases} \alpha\mathrm{e}^{-\alpha z} + \beta\mathrm{e}^{-\beta z} - (\alpha+\beta)\mathrm{e}^{-(\alpha+\beta)z}, & z>0, \\ 0, & z\leqslant 0. \end{cases}$$

(3) 备用时,$Z=X+Y$. 由式(3.12)知,当 $z\leqslant 0$ 时,$f_Z(z)=0$;当 $z>0$ 时,

$$\begin{aligned} f_Z(z) &= \int_{-\infty}^{+\infty} f_X(x)f_Y(z-x)\mathrm{d}x \\ &= \int_0^z \alpha\mathrm{e}^{-\alpha x}\beta\mathrm{e}^{-\beta(z-x)}\mathrm{d}x = \frac{\alpha\beta}{\beta-\alpha}(\mathrm{e}^{-\alpha z}-\mathrm{e}^{-\beta z}), \end{aligned}$$

从而 $Z=X+Y$ 的概率密度为

$$f_Z(z) = \begin{cases} \dfrac{\alpha\beta}{\beta-\alpha}(\mathrm{e}^{-\alpha z}-\mathrm{e}^{-\beta z}), & z>0 \\ 0, & z\leqslant 0. \end{cases}$$

例 3.18 设二维随机变量 (X,Y) 在矩形 $G=\{(x,y)\,|\,0\leqslant x\leqslant 2, 0\leqslant y\leqslant 1\}$ 上服从均匀分布,试求边长为 X 和 Y 的矩形面积 S 的概率密度 $f(s)$.

解 由题设可知二维随机变量 (X,Y) 的概率密度为

$$f(x,y) = \begin{cases} \dfrac{1}{2}, & 0\leqslant x\leqslant 2, 0\leqslant y\leqslant 1, \\ 0, & \text{其他}. \end{cases}$$

设面积 $S=XY$ 的分布函数为 $F(s)$,则

当 $s\leqslant 0$ 时,$F(s)=0$;当 $s\geqslant 2$ 时,$F(s)=1$;

当 $0<s<2$ 时,由图 3-10 知

$$\begin{aligned} F(s) &= P\{S\leqslant s\} = P\{XY\leqslant s\} \\ &= 1 - P\{XY>s\} \\ &= 1 - \iint_{\substack{xy>s \\ (x,y)\in G}} \frac{1}{2}\mathrm{d}x\mathrm{d}y \\ &= 1 - \frac{1}{2}\int_s^2 \mathrm{d}x \int_{\frac{s}{x}}^1 \mathrm{d}y = \frac{s}{2}(1+\ln 2 - \ln s), \end{aligned}$$

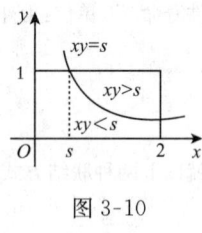

图 3-10

则

$$f(s) = \begin{cases} \dfrac{1}{2}(\ln 2 - \ln s), & 0<s<2, \\ 0, & \text{其他}. \end{cases}$$

习 题 3.5

1. 设二维随机变量(X,Y)的分布律为

X \ Y	-2	-1	0
-1	$\frac{1}{12}$	$\frac{1}{12}$	$\frac{3}{12}$
$\frac{1}{2}$	$\frac{2}{12}$	$\frac{1}{12}$	0
3	$\frac{2}{12}$	0	$\frac{2}{12}$

求(1) $X+Y$;(2) $|X-Y|$的分布律.

2. 在一简单电路中,两电阻R_1和R_2串联联结,设R_1,R_2相互独立,它们的概率密度均为

$$f(x) = \begin{cases} \dfrac{10-x}{50}, & 0 \leqslant x \leqslant 10, \\ 0, & \text{其他}. \end{cases}$$

求电阻$R=R_1+R_2$的概率密度.

3. 设随机变量(X,Y)的概率密度为

$$f(x,y) = \begin{cases} \dfrac{1}{2}(x+y)\mathrm{e}^{-(x+y)}, & x>0, y>0, \\ 0, & \text{其他}. \end{cases}$$

(1) 问X与Y是否相互独立? (2) 求$Z=X+Y$的概率密度.

4. 设$X \sim U(0,1)$,$Y \sim U(0,1)$,X与Y相互独立,$Z=X/Y$,求Z的概率密度$f_Z(z)$.

5. 设某一系统由4个相互独立的电子元件组成,其联结方式是(1)并联;(2)串联. 若每个元件寿命T_i(单位:万小时)$(i=1,2,3,4)$服从指数分布,其概率密度为

$$f(t) = \begin{cases} \dfrac{1}{2}\mathrm{e}^{-\frac{1}{2}t}, & t>0, \\ 0, & \text{其他}. \end{cases}$$

试就以上两种联结方式求系统使用寿命的密度函数以及使用寿命大于1.2万小时的概率.

习 题 3

1. 一个袋中有三个球,依次标有数字1,2,2,从中任取一个,不放回袋中,再任取一个,设每次取球时,各球被取到的可能性相等,以X,Y分别记第一次和第二次取到的球上标有的数字,求(X,Y)的分布律.

2. 将两封信随机地往编号为Ⅰ,Ⅱ,Ⅲ,Ⅳ的四个邮筒内投,设X_k表示第k个邮筒内信的数目$(k=1,2)$. 求(1) (X_1,X_2)的联合分布律;(2) (X_1,X_2)中关于X_1,X_2的边缘分布.

3. 设二维随机变量(X,Y)具有概率密度
$$f(x,y)=\begin{cases}2e^{-(2x+y)}, & x>0,y>0,\\ 0, & 其他.\end{cases}$$
(1) 求分布函数$F(x,y)$;(2) 求概率$P\{Y\leqslant X\}$.

4. 设二维随机变量(X,Y)的联合分布函数为
$$F(x,y)=\begin{cases}\sin x\sin y, & 0\leqslant x\leqslant\dfrac{\pi}{2},0\leqslant y\leqslant\dfrac{\pi}{2},\\ 0, & 其他.\end{cases}$$
求二维随机变量(X,Y)在矩形区域:$0<x\leqslant\dfrac{\pi}{4},\dfrac{\pi}{6}<y\leqslant\dfrac{\pi}{3}$内的概率.

5. 设二维随机变量(X,Y)的概率密度为
$$f(x,y)=\begin{cases}4.8y(2-x), & 0\leqslant x\leqslant 1,0\leqslant y\leqslant x,\\ 0, & 其他.\end{cases}$$
求边缘概率密度.

6. 将一枚硬币抛掷3次,以X表示在3次中出现正面的次数,以Y表示3次中出现正面次数与出现反面次数之差的绝对值.

(1) 试写出X,Y的联合分布律;

(2) 求随机变量(X,Y)的边缘分布律.

7. 已知X服从参数$p=0.6$的0-1分布,在$X=0$及$X=1$下关于Y的条件分布分别如下列二表所示:

Y	1	2	3
$P\{Y\mid X=0\}$	$\dfrac{1}{4}$	$\dfrac{1}{2}$	$\dfrac{1}{4}$

Y	1	2	3
$P\{Y\mid X=1\}$	$\dfrac{1}{2}$	$\dfrac{1}{6}$	$\dfrac{1}{3}$

求二维随机变量(X,Y)的联合概率分布,以及在$Y\neq 1$时关于X的条件分布.

8. 设(X,Y)的联合分布密度
$$f(x,y)=\begin{cases}\dfrac{1}{2x^2y}, & \dfrac{1}{x}<y<x,x>0,\\ 0, & 其他.\end{cases}$$
求条件分布密度$f_{X\mid Y}(x\mid y),f_{Y\mid X}(y\mid x)$.

9. 以X记某医院一天出生的婴儿的个数,Y记其中男婴的个数,设X和Y的联合分布律为
$$P\{X=n,Y=m\}=\dfrac{e^{-14}(7.14)^m(6.86)^{n-m}}{m!(n-m)!},$$
$$m=0,1,2,\cdots,n;n=0,1,2,\cdots$$

(1) 求边缘分布律;(2) 求条件分布律;(3) 特别,写出当$X=20$时,Y的条件分布律.

10. 设二维随机变量(X,Y)的联合分布律为

Y \ X	2	5	8
0.4	0.15	0.30	0.35
0.8	0.05	0.12	0.03

求(1) 关于 X 和关于 Y 的边缘分布律;(2) X,Y 是否相互独立?

11. 设随机变量 (X,Y) 的概率密度为

$$f(x,y)=\begin{cases}1, & |y|<x,0<x<1,\\ 0, & \text{其他}.\end{cases}$$

(1) 求条件概率密度 $f_{Y|X}(y|x),f_{X|Y}(x|y)$;

(2) 问 X 与 Y 是否相互独立?

12. 已知二维随机变量 (X,Y) 的概率密度为

$$f(x,y)=\begin{cases}6xy(2-x-y), & 0\leqslant x\leqslant 1,0\leqslant y\leqslant 1,\\ 0, & \text{其他}.\end{cases}$$

(1) 求边缘概率密度 $f_X(x)$ 与 $f_Y(y)$;

(2) 问 X 和 Y 是否相互独立?

13. 设随机变量 X 和 Y 相互独立,X 在 $(0,1)$ 上服从均匀分布,Y 的概率密度为

$$f_Y(y)=\begin{cases}\dfrac{1}{5}\mathrm{e}^{-\frac{y}{5}}, & y>0,\\ 0, & y\leqslant 0.\end{cases}$$

(1) 求 X 和 Y 的联合概率密度;

(2) 求 (X,Y) 落在无穷区域 $D:\{(x,y)\,|\,y\leqslant x\}$ 内的概率.

14. 设随机变量 (X,Y) 在圆域 $G=\{(x,y)\,|\,(x-1)^2+(y+2)^2\leqslant 9\}$ 上均匀分布.

(1) 求在 $X=x$ 条件下 Y 的条件概率密度;

(2) 计算概率 $P\{Y>0\,|\,X=2\}$.

15. 一负责人到达办公室的时间均匀分布在 8~12 时,他的秘书到达办公室的时间均匀分布在 7~9 时,设他们两人到达的时间相互独立,求他们到达办公室的时间相差不超过 5 分钟 (1/12 小时)的概率.

16. 袋中有 10 个大小相同的小球,其中 6 个红球,4 个白球. 现随机地不放回地抽取两次,每次抽取 1 个,定义两个随机变量 X,Y 如下:

$$X=\begin{cases}1, & \text{第 1 次抽取红球},\\ 0, & \text{第 1 次抽取白球},\end{cases}\qquad Y=\begin{cases}1, & \text{第 2 次抽取红球},\\ 0, & \text{第 2 次抽取白球}.\end{cases}$$

求 (X,Y) 的联合分布律,边缘分布律,并判断 X,Y 是否独立?

17. 已知随机变量 X_1 和 X_2 的概率分布

X_1	-1	0	1
p	$\dfrac{1}{4}$	$\dfrac{1}{2}$	$\dfrac{1}{4}$

X_2	0	1
p	$\dfrac{1}{2}$	$\dfrac{1}{2}$

而且 $P\{X_1X_2=0\}=1$.

(1) 求 X_1 和 X_2 的联合分布;

(2) 问 X_1 和 X_2 是否独立? 为什么?

18. 设某班车起点站上客人数 X 服从参数为 $\lambda(\lambda>0)$ 的泊松分布,每位乘客在中途下车的概率为 $p(0<p<1)$,且中途下车与否相互独立,以 Y 表示在中途下车的人数,求

(1) 在发车时有 n 个乘客的条件下,中途有 m 个人下车的概率;

(2) 二维随机变量 (X,Y) 的概率分布.

19. 设 $Y \sim U(0,1)$,而 X 的概率密度为
$$f_X(x) = \begin{cases} 6x(1-x), & 0 \leqslant x \leqslant 1, \\ 0, & \text{其他}, \end{cases}$$
且 X 与 Y 相互独立,求 $Z=X+Y$ 的概率密度.

20. 已知二维随机变量 (X,Y) 的分布律为

X \ Y	0	1	2
−1	0.1	0.2	0.1
2	0.2	0.1	0.3

试求 (1) $2X+Y$; (2) $XY+1$; (3) $\max\{X,Y\}$ 的分布律.

21. 设 X,Y 是相互独立的随机变量,它们分别服从参数为 λ_1,λ_2 的泊松分布,证明 $Z=X+Y$ 服从参数为 $\lambda_1+\lambda_2$ 的泊松分布.

22. 设 X 与 Y 相互独立且概率密度分别为
$$f_X(x) = \begin{cases} e^{-x}, & x \geqslant 0, \\ 0, & \text{其他}, \end{cases} \quad f_Y(y) = \begin{cases} \dfrac{1}{2}e^{-\frac{y}{2}}, & y \geqslant 0, \\ 0, & \text{其他}. \end{cases}$$
求随机变量 $Z=X+Y$ 的概率密度.

23. 设二维随机变量 (X,Y) 的概率密度为
$$f(x,y) = \begin{cases} \dfrac{1}{3}(x+y), & 0 \leqslant x \leqslant 2, 0 \leqslant y \leqslant 1, \\ 0, & \text{其他}. \end{cases}$$
试求 $Z=X+Y$ 的概率密度.

24. 设 X 和 Y 分别表示两个不同电子器件的寿命(单位:h),X 和 Y 相互独立且服从同一分布,其概率密度为
$$f(x) = \begin{cases} \dfrac{1000}{x^2}, & x>1000, \\ 0, & \text{其他}. \end{cases}$$
求 $Z=X/Y$ 的概率密度.

25. 设二维随机变量 (X,Y) 的概率密度为
$$f(x,y) = \begin{cases} 2e^{-(x+2y)}, & x>0, y>0, \\ 0, & \text{其他}. \end{cases}$$
求随机变量 $Z=X+2Y$ 的分布函数.

26. 设随机变量(X,Y)的概率密度为
$$f(x,y) = \begin{cases} be^{-(x+y)}, & 0<x<1, 0<y<\infty, \\ 0, & 其他. \end{cases}$$
(1) 试确定常数 b;(2) 求边缘概率密度;(3) 求函数 $U=\max\{X,Y\}$ 的分布函数.

27. 设随机变量 X,Y 相互独立,且服从同一分布,试证明:
$$P\{a<\min\{X,Y\}\leqslant b\} = [P\{X>a\}]^2 - [P\{X>b\}]^2 \quad (a\leqslant b).$$

28. 设随机变量 X 和 Y 的联合分布是正方形
$$G=\{(x,y)|1\leqslant x\leqslant 3, 1\leqslant y\leqslant 3\}$$
上的均匀分布,试求随机变量 $U=|X-Y|$ 的概率密度 $p(u)$.

29. 设 X 和 Y 是两个相互独立的随机变量,X 在区间$(0,1)$上服从均匀分布,Y 的概率密度为
$$f_Y(y) = \begin{cases} \dfrac{1}{2}e^{-\frac{y}{2}}, & y>0, \\ 0, & y\leqslant 0. \end{cases}$$

(1) 求 X 和 Y 的联合概率密度;

(2) 设含有 a 的二次方程为 $a^2+2Xa+Y=0$,试求 a 有实根的概率.

30. 随机变量 X 的概率密度为
$$f_X(x) = \begin{cases} \dfrac{1}{2}, & -1<x<0, \\ \dfrac{1}{4}, & 0\leqslant x<2, \\ 0, & 其他. \end{cases}$$
令 $Y=X^2$,$F(x,y)$ 为二维随机变量(X,Y)的分布函数.

(1) 求 Y 的概率密度 $f_Y(y)$;

(2) $F(-1/2,4)$.

31. 设随机变量 X 与 Y 相互独立,X 的概率分布 $P\{X=i\}=1/3(i=-1,0,1)$,Y 的概率密度为
$$f_Y(y) = \begin{cases} 1, & 0\leqslant y<1, \\ 0, & 其他, \end{cases}$$
记 $Z=X+Y$.

(1) 求 $P\{Z\leqslant 1/2|X=0\}$;

(2) 求 Z 的概率密度 $f_Z(z)$.

第 4 章 随机变量的数字特征

通过前面几章的学习,可以知道:随机变量的概率分布完整地描述了随机变量的统计规律.然而在实际问题中,人们并不需要全面掌握随机变量的概率分布,而只需要知道随机变量的某些数量方面的特征就够了.例如,在比较各城市居民的生活水平时,人们并不需要知道城市中每个人的年收入是多少,只要知道城市居民人均年收入就行了.又如,在考察不同灯泡的质量时,关心的是灯泡的平均寿命以及灯泡寿命的离散情况.平均寿命长,离散程度小,灯泡质量就好.概率论中,把描述随机变量的数量方面的特征的量称为数字特征.这些量反映了随机变量的重要性质,在概率论与数理统计中起着重要作用.

本章讨论一些常用的随机变量的数字特征,包括刻画取值平均位置的数学期望,刻画离散程度的方差,描述两个随机变量之间联系的协方差和相关系数等.

4.1 数学期望

4.1.1 随机变量的数学期望

随机变量的数学期望又称均值,它来自习惯上平均值的概念.

设测量某批 n 个零件的长度,结果测得长度为 x_i 的零件有 n_i 个 ($i=1, 2, \cdots, k$),则这批零件的平均长度为

$$\bar{x} = \frac{\sum_{i=1}^{k} x_i n_i}{n} = \sum_{i=1}^{k} x_i \frac{n_i}{n},$$

其中,$\frac{n_i}{n}$ 是测量结果 x_i 出现的频率.可见,$\bar{x}$ 是测量值以频率为权的加权平均.一般地,对于一个随机变量 X,若它可能取的值为 $x_1, x_2, \cdots$,相应的取值概率为 $p_1, p_2, \cdots$.对 X 做一系列试验,所得 X 的试验值的平均值是随机的.随着试验次数的增加,出现结果 x_i 的频率将接近概率 p_i.据此,引入如下定义.

定义 4.1 设离散型随机变量 X 的分布律为 $P\{X=x_k\}=p_k$ ($k=1,2,\cdots$),若级数 $\sum_{k} x_k p_k$ 绝对收敛(即 $\sum_{k} |x_k| p_k$ 收敛),则称 $\sum_{k} x_k p_k$ 为随机变量 X 的数学期望,简称期望或均值,记作 $E(X)$,即

$$E(X) = \sum_{k} x_k p_k. \tag{4.1}$$

注意 均值的计算应该与求和次序无关,因此,在数学期望的定义中要求级数 $\sum_{k} x_k p_k$ 绝对收敛. 当随机变量 X 只取有限值时,X 的数学期望 $E(X)$ 一定存在;当随机变量 X 取无限值时,X 的数学期望 $E(X)$ 可能不存在.

例 4.1 某厂生产的产品中,25% 是一等品,50% 是二等品,15% 是三等品,10% 是次品. 如果每件一、二、三等品分别获利 5,4,3 元,一件次品亏损 2 元. 试问该厂可以期望每件产品获利多少元?

解 设 X 表示每件产品的利润,显然它是一个离散型随机变量,其分布律为

X	-2	3	4	5
p_i	0.1	0.15	0.5	0.25

所以
$$E(X)=(-2)\times 0.1+3\times 0.15+4\times 0.5+5\times 0.25=3.5,$$
即每生产一件产品平均获利 3.5 元.

对于连续型随机变量 X,它的取值范围可以看成是 $(-\infty,+\infty)$,把 $(-\infty,+\infty)$ 划分成无数小区间,X 在小区间 $(x,x+\mathrm{d}x)$ 中取值的概率近似为 $f(x)\mathrm{d}x$,其中,$f(x)$ 是 X 的概率密度. 推广离散型随机变量的定义,用积分代替和式,可以给出连续型随机变量的数学期望定义如下:

定义 4.2 设 X 是连续型随机变量,其概率密度为 $f(x)$,若积分 $\int_{-\infty}^{+\infty}|x|\cdot f(x)\mathrm{d}x$ 收敛,则称积分 $\int_{-\infty}^{+\infty}xf(x)\mathrm{d}x$ 为随机变量 X 的数学期望,简称期望或均值,记作 $E(X)$,即

$$E(X)=\int_{-\infty}^{+\infty}xf(x)\mathrm{d}x. \tag{4.2}$$

例 4.2 设随机变量 X 的概率密度为

$$f(x)=\begin{cases}\dfrac{2x}{a^2}, & 0<x<a,\\ 0, & \text{其他}.\end{cases}$$

求 $E(X)$.

解 $f(x)$ 只在有限区间内为非零,因此 $\int_{-\infty}^{+\infty}|x|f(x)\mathrm{d}x$ 存在. 根据式(4.2),

$$E(X)=\int_{-\infty}^{+\infty}xf(x)\mathrm{d}x=\int_{0}^{a}\dfrac{2x^2}{a^2}\mathrm{d}x=\dfrac{2a}{3}.$$

例 4.3 设某台仪器由 3 个独立的继电器组成,各继电器的寿命 X_k ($k=1,2,$

3) 服从相同的指数分布, 其概率密度为

$$f(x) = \begin{cases} \dfrac{1}{\theta} e^{-\frac{1}{\theta}x}, & x > 0, \\ 0, & x \leqslant 0, \end{cases} \quad \theta > 0.$$

求在下列情况下, 仪器寿命 Z 的数学期望:

(1) 继电器成串联状态;

(2) 继电器成并联状态.

解 由 $X_k(k=1,2,3)$ 的概率密度 $f(x)$, 可求得其分布函数为

$$F(x) = \begin{cases} 1 - e^{-\frac{1}{\theta}x}, & x > 0, \\ 0, & x \leqslant 0. \end{cases}$$

(1) 在串联状态下, 一个继电器损坏, 仪器就不能工作. 因此 $Z=\min\{X_1, X_2, X_3\}$, 其分布函数为

$$F_Z(z) = 1 - [1 - F(z)]^3 = \begin{cases} 1 - e^{-\frac{3}{\theta}z}, & z > 0, \\ 0, & z \leqslant 0. \end{cases}$$

Z 的概率密度为

$$f_Z(z) = \begin{cases} \dfrac{3}{\theta} e^{-\frac{3}{\theta}z}, & z > 0, \\ 0, & z \leqslant 0. \end{cases}$$

于是

$$E(Z) = \int_{-\infty}^{+\infty} z f_Z(z) \mathrm{d}z = \int_{-\infty}^{+\infty} z \dfrac{3}{\theta} e^{-\frac{3}{\theta}z} \mathrm{d}z = \dfrac{\theta}{3}.$$

(2) 在并联状态下, 只有当 3 个继电器全部损坏, 仪器才不能工作. 因此 $Z = \max\{X_1, X_2, X_3\}$, 其分布函数为

$$F_Z(z) = [F(z)]^3 = \begin{cases} (1 - e^{-\frac{1}{\theta}z})^3, & z > 0, \\ 0, & z \leqslant 0. \end{cases}$$

Z 的概率密度为

$$f_Z(z) = \begin{cases} \dfrac{3}{\theta} e^{-\frac{1}{\theta}z}(1 - e^{-\frac{1}{\theta}z})^2, & z > 0, \\ 0, & z \leqslant 0. \end{cases}$$

于是

$$E(Z) = \int_{-\infty}^{+\infty} z f_Z(z) \mathrm{d}z = \int_{0}^{+\infty} z \dfrac{3}{\theta} e^{-\frac{1}{\theta}z}(1 - e^{-\frac{1}{\theta}z})^2 \mathrm{d}z = \dfrac{11\theta}{6}.$$

可见,3 个继电器并联时仪器的平均寿命是串联时仪器平均寿命的 $\dfrac{11\theta/6}{\theta/3} = 5.5$ 倍.

例 4.4 设随机变量 X 服从柯西分布,概率密度为

$$f(x) = \dfrac{1}{\pi(1+x^2)}, \quad -\infty < x < +\infty.$$

求 $E(X)$.

解 由于

$$\int_{-\infty}^{+\infty} |x| f(x) \mathrm{d}x = \int_{-\infty}^{+\infty} |x| \dfrac{1}{\pi(1+x^2)} \mathrm{d}x$$

$$= \dfrac{1}{\pi} \int_{0}^{+\infty} \dfrac{x}{1+x^2} \mathrm{d}x + \dfrac{1}{\pi} \int_{-\infty}^{0} \dfrac{-x}{1+x^2} \mathrm{d}x,$$

$$\int_{0}^{+\infty} \dfrac{x}{1+x^2} \mathrm{d}x = \dfrac{1}{2} \int_{0}^{+\infty} \dfrac{\mathrm{d}(1+x^2)}{1+x^2}$$

$$= \dfrac{1}{2} \ln(1+x^2) \Big|_{0}^{+\infty} = \dfrac{1}{2} \lim_{x \to +\infty} \ln(1+x^2) = +\infty.$$

可见此积分发散. 故 $E(X)$ 不存在.

4.1.2 随机变量函数的数学期望

经常需要求随机变量的函数的数学期望.例如,已知分子运动速率 X 的分布,求分子的平均动能,即求 $Y = \dfrac{1}{2}mX^2$(m 为分子质量)的期望.又如,已知某商品上半年度的需求量 X 和下半年度的需求量 Y,求该商品全年的平均需求量,即求函数 $Z = X + Y$ 的期望.

随机变量的函数仍是随机变量,如果能够确定随机变量函数的分布,那么就可以利用式(4.1)或式(4.2)求出相应的数学期望,正如例 4.3 所示.然而一般来说,求随机变量函数的分布并不容易.下面几个公式给出了直接由随机变量的分布求随机变量函数的数学期望的方法.

(1) 设 X 是离散型随机变量,它的分布律 $P\{X = x_k\} = p_k (k = 1, 2, \cdots)$,$Y = g(X)$($g$ 是连续实函数),若 $\sum\limits_{k} g(x_k) p_k$ 绝对收敛,则

$$E(Y) = E(g(X)) = \sum_{k} g(x_k) p_k. \tag{4.3}$$

(2) 设 X 是连续型随机变量,它的概率密度为 $f(x)$.$Y = g(X)$(g 是连续实函数),$\int_{-\infty}^{+\infty} g(x) f(x) \mathrm{d}x$ 绝对收敛,则

$$E(Y) = E(g(X)) = \int_{-\infty}^{+\infty} g(x)f(x)\mathrm{d}x. \tag{4.4}$$

(3) 设(X,Y)是二维离散型随机变量,它的分布律为$P\{X=x_i, Y=y_j\}=p_{ij}$. 若$Z=g(X,Y)$(g是连续实函数),$\sum_i \sum_j g(x_i, y_j) = p_{ij}$绝对收敛,则

$$E(Z) = E(g(X,Y)) = \sum_i \sum_j g(x_i, y_j) p_{ij}. \tag{4.5}$$

(4) 设(X,Y)是二维连续型随机变量,它的概率密度为$f(x,y)$,若$Z=g(X,Y)$(g是连续实函数),$\int_{-\infty}^{+\infty}\int_{-\infty}^{+\infty} g(x,y)f(x,y)\mathrm{d}x\mathrm{d}y$绝对收敛,则

$$E(Z) = E(g(X,Y)) = \int_{-\infty}^{+\infty}\int_{-\infty}^{+\infty} g(x,y)f(x,y)\mathrm{d}x\mathrm{d}y. \tag{4.6}$$

以上几个公式都不难证明,并且可以推广到两个以上随机变量的函数的情况.

例 4.5 一轴承零件的直径在加工时受随机因素影响产生随机误差,若直径X的分布为

X	7.8	7.9	8.0	8.1	8.2	8.3
p_k	0.08	0.12	0.25	0.3	0.15	0.1

求该零件截面积的均值.

解 设截面积为S,则$S=\pi X^2/4$.根据式(4.3),

$$E(S) = E(\pi X^2/4)$$
$$= \frac{\pi}{4}(7.8^2 \times 0.08 + 7.9^2 \times 0.12 + 8.0^2 \times 0.25$$
$$+ 8.1^2 \times 0.3 + 8.2^2 \times 0.15 + 8.3^2 \times 0.1) \approx 51.06.$$

例 4.6 设随机变量X服从几何分布

$$p_k = P\{X=k\} = (1-p)^{k-1}p, \quad 0<p<1, \quad k=1,2,\cdots,$$

求$E(X)$和$E(X^2)$.

解 记$1-p=q$,根据式(4.1)和式(4.3),

$$E(X) = \sum_{k=1}^{\infty} kq^{k-1}p = p\sum_{k=1}^{\infty} kq^{k-1},$$

$$E(X^2) = \sum_{k=1}^{\infty} k^2 q^{k-1} p = p\sum_{k=1}^{\infty}(k+1)kq^{k-1} - p\sum_{k=1}^{\infty} kq^{k-1}.$$

注意到,当$|x|<1$时,

$$\sum_{k=1}^{\infty} kx^{k-1} = \Big(\sum_{k=1}^{\infty} x^k\Big)' = \Big(\frac{x}{1-x}\Big)' = \frac{1}{(1-x)^2},$$

$$\sum_{k=1}^{\infty}(k+1)kx^{k-1} = \Big(\sum_{k=1}^{\infty} x^{k+1}\Big)'' = \Big(\frac{x^2}{1-x}\Big)'' = \frac{2}{(1-x)^3},$$

所以
$$E(X) = \frac{p}{(1-q)^2} = \frac{1}{p},$$
$$E(X^2) = \frac{2p}{(1-q)^3} - \frac{p}{(1-q)^2} = \frac{2}{p^2} - \frac{1}{p}.$$

例 4.7 汽车起点站分别于每小时的 10 分、30 分和 55 分车发. 若乘客不知发车时间,在每小时内的任一时刻随机到达车站,求乘客等候时间的数学期望值(精确到秒).

解 设乘客到达车站的时刻为 $X, X \sim U(0, 60)$,乘客等候的时间为 Y,则

$$Y = g(X) = \begin{cases} 10-X, & 0 \leqslant X < 10, \\ 30-X, & 10 \leqslant X < 30, \\ 55-X, & 30 \leqslant X < 55, \\ 70-X, & 55 \leqslant X < 60. \end{cases}$$

故
$$\begin{aligned} E(Y) &= \int_{-\infty}^{+\infty} g(x) f(x) \mathrm{d}x = \int_0^{60} g(x) \cdot \frac{1}{60} \mathrm{d}x \\ &= \frac{1}{60}\Big[\int_0^{10}(10-x)\mathrm{d}x + \int_{10}^{30}(30-x)\mathrm{d}x \\ &\quad + \int_{30}^{55}(55-x)\mathrm{d}x + \int_{55}^{60}(70-x)\mathrm{d}x\Big] \\ &= 10\frac{25}{60}. \end{aligned}$$

例 4.8 设二维随机变量 (X,Y) 的概率密度为
$$f(x,y) = \begin{cases} x+y, & 0 \leqslant x \leqslant 1, 0 \leqslant y \leqslant 1, \\ 0, & \text{其他}. \end{cases}$$
求 $E(XY)$.

解 根据式(4.6)
$$E(XY) = \int_{-\infty}^{+\infty}\int_{-\infty}^{+\infty} xy f(x,y) \mathrm{d}x\mathrm{d}y = \int_0^1\int_0^1 xy(x+y)\mathrm{d}x\mathrm{d}y = \frac{1}{3}.$$

例 4.9 某商店按季节出售某种商品,每售出 1t 可获纯利润 3000 元,如到季末尚有剩余,则每吨将亏损 1000 元. 设每年该商店该种商品的销售量 $X \sim U(2,4)$ (单位:t),问该商店应进货多少吨才能获得最大的期望利润?

解 设该商店应进货 yt,显然有 $2 \leqslant y \leqslant 4$,则利润 $Y = g(X)$ (单位:千元) 为

4.1 数学期望

$$Y = \begin{cases} 3X-(y-X), & X \leqslant y, \\ 3y, & X > y. \end{cases}$$

又因为 $X \sim U(2,4)$,所以 X 的概率密度为

$$f(x) = \begin{cases} \dfrac{1}{2}, & 2 \leqslant x \leqslant 4, \\ 0, & \text{其他}. \end{cases}$$

故

$$E(Y) = E(g(X)) = \int_{-\infty}^{y} [3x-(y-x)]f(x)\mathrm{d}x + \int_{y}^{+\infty} 3yf(x)\mathrm{d}x$$

$$= \int_{2}^{y} (4x-y) \cdot \frac{1}{2}\mathrm{d}x + \int_{y}^{4} 3y \cdot \frac{1}{2}\mathrm{d}x$$

$$= -y^2 + 7y - 4.$$

记 $h(y) = -y^2 + 7y - 4$,由 $h'(y) = -2y + 7 = 0$ 得

$$y = 3.5.$$

所以商店应进货 3.5t 时,可获得最大的期望利润.

4.1.3 数学期望的性质

下面给出数学期望的几个重要性质,其中,假定期望都存在. 本书只给出连续情形时的证明. 至于离散情形,证明是类似的,留给读者作为练习.

性质 4.1 设 C 为常数,则 $E(C) = C$.

证 对于常量 C,可以看成随机变量 X 取 C 值的概率为 1,因此

$$E(C) = E(X) = C \cdot 1 = C.$$

性质 4.2 设 X 是一个随机变量,C 为常数,则 $E(CX) = CE(X)$.

证 $E(CX) = \int_{-\infty}^{+\infty} Cxf(x)\mathrm{d}x = C\int_{-\infty}^{+\infty} xf(x)\mathrm{d}x = CE(X).$

性质 4.3 X,Y 是任意两个随机变量,则 $E(X \pm Y) = E(X) \pm E(Y)$.

证 设随机变量 (X,Y) 的联合概率密度为 $f(x,y)$,边缘概率密度分别为 $f_X(x)$ 和 $f_Y(y)$. 据式(4.6)

$$E(X \pm Y) = \int_{-\infty}^{+\infty}\int_{-\infty}^{+\infty} (x \pm y)f(x,y)\mathrm{d}x\mathrm{d}y$$

$$= \int_{-\infty}^{+\infty} x\mathrm{d}x \int_{-\infty}^{+\infty} f(x,y)\mathrm{d}y \pm \int_{-\infty}^{+\infty} y\mathrm{d}y \int_{-\infty}^{+\infty} f(x,y)\mathrm{d}x$$

$$= \int_{-\infty}^{+\infty} xf_X(x)\mathrm{d}x \pm \int_{-\infty}^{+\infty} yf_Y(y)\mathrm{d}y = E(X) \pm E(Y).$$

性质 4.2,性质 4.3 说明数学期望具有线性性质. 此性质可以推广到有限个随

机变量的和的情形,即对于任意 n 个随机变量 $X_1, X_2, \cdots, X_n$ 和 n 个常数 $C_1, C_2, \cdots, C_n$,有

$$E(C_1X_1 + C_2X_2 + \cdots + C_nX_n) = C_1E(X_1) + C_2E(X_2) + \cdots + C_nE(X_n).$$

性质 4.4 X, Y 是两个相互独立的随机变量,则 $E(XY) = E(X)E(Y)$.

证 $E(XY) = \int_{-\infty}^{+\infty}\int_{-\infty}^{+\infty} xyf(x,y)\mathrm{d}x\mathrm{d}y = \int_{-\infty}^{+\infty} xf_X(x)\mathrm{d}x \int_{-\infty}^{+\infty} yf_Y(y)\mathrm{d}y$
$= E(X)E(Y).$

此性质可以推广到有限个随机变量的情形. 即当 $n \geq 2$ 时,若 $X_1, X_2, \cdots, X_n$ 相互独立,则

$$E(X_1X_2\cdots X_n) = E(X_1)E(X_2)\cdots E(X_n).$$

性质 4.5 若 $X \geq 0$,则 $E(X) \geq 0$;若 $X_1 \geq X_2$,则 $E(X_1) \geq E(X_2)$.

证 当 $X \geq 0$ 时,由 $E(X)$ 的定义即可推知 $E(X) \geq 0$. 若 $X_1 \geq X_2$,则 $X_1 - X_2 \geq 0$,从而

$$E(X_1 - X_2) \geq 0,$$

即

$$E(X_1) \geq E(X_2).$$

性质 4.6 $|E(X)| \leq E(|X|)$.

证 由于 $-|X| \leq X \leq |X|$,由性质 4.5 即知 $-E(|X|) \leq E(X) \leq E(|X|)$. 从而 $|E(X)| \leq E(|X|)$.

例 4.10 若有 n 把看上去样子相同的钥匙,其中,只有一把能打开门上的锁,用它们去试开门上的锁. 设取到每把钥匙是等可能的,每把钥匙试开一次后除去. 试用下面两种方法求试开次数 X 的数学期望:

(1) 写出 X 的分布律;

(2) 不写出 X 的分布律.

解 (1) $P\{X=k\} = \dfrac{\mathrm{P}_{n-1}^{k-1}}{\mathrm{P}_n^k} = \dfrac{1}{n}, \quad k=1,2,\cdots,n,$

$$E(X) = \sum_{k=1}^{n} kP\{X=k\} = \frac{1}{n}\sum_{k=1}^{n} k = \frac{n+1}{2}.$$

(2) 令 $X_i = \begin{cases} i, & \text{第 } i \text{ 把钥匙打开锁}, \\ 0, & \text{其他}, \end{cases}$ 则 $X = \sum_{i=1}^{n} X_i.$

而

$$P\{X_i = i\} = \frac{1}{n}, \quad E(X_i) = \frac{i}{n}.$$

所以

$$E(X) = E\Big(\sum_{i=1}^{n} X_i\Big) = \sum_{i=1}^{n} E(X_i) = \frac{1}{n}(1+2+\cdots+n) = \frac{n+1}{2}.$$

例 4.11 r 个人在大楼底层进入电梯,楼上有 n 层,楼上各层无人进入电梯. 设每个乘客在任何一层走出电梯的概率相等,并且某一层无人走出电梯时,电梯不停. 试求当电梯中的乘客走完时,电梯停下次数的数学期望.

解 设电梯总共停下 X 次,电梯在楼上第 i 层停下的次数为 $X_i(i=1,2,\cdots,n)$,则

$$X_i = \begin{cases} 1, & \text{电梯在第 } i \text{ 层停下(有人走出),} \\ 0, & \text{电梯在第 } i \text{ 层不停(无人走出).} \end{cases}$$

显然,$X = X_1 + X_2 + \cdots + X_n$. 由题意,每位乘客在第 i 层走出电梯的概率均为 $1/n$,每个人是否走出电梯是相互独立的,因此电梯在第 i 层不停的概率为

$$P\{X_i = 0\} = \Big(1 - \frac{1}{n}\Big)^r, \quad i = 1, 2, \cdots, n.$$

电梯在第 i 层停下的概率为

$$P\{X_i = 1\} = 1 - \Big(1 - \frac{1}{n}\Big)^r, \quad i = 1, 2, \cdots, n.$$

因此,电梯停下次数的数学期望为

$$E(X) = E(X_1) + E(X_2) + \cdots + E(X_n) = n\Big[1 - \Big(1 - \frac{1}{n}\Big)^r\Big].$$

例如,当 $r=15, n=20$ 时,$E(X) = 20[1-(1-0.05)^{15}] \approx 10.7342$,即此时电梯平均停 10.7342 次.

此题如果先求 X 的分布,再按定义 4.1 求 $E(X)$ 将是十分困难的.

习 题 4.1

1. 设随机变量 X 的分布律为

X	-2	0	2
p_k	0.4	0.3	0.3

求 $E(X), E(X^2), E(3X^2+5)$.

2. 某产品次品率为 0.1,检验员每天检验 4 次,每次随机地抽 10 个产品进行检验,如发现次品数多于 1 个就要调整设备,X 表示一天中要调整设备的次数,求 $E(X)$.

3. 100 名战士举行一次射击练习,每人射击的命中率为 0.8,每人至多射击 4 次,但若中靶,则不再射击,且各次射击互不影响,问平均看来,应准备多少发子弹为宜.

4. 设随机变量 X 的概率密度

$$f(x) = \frac{1}{2\lambda} e^{-\frac{|x-\mu|}{\lambda}},$$

其中,$\lambda>0,\mu$都是常数,求$E(X)$.

5. 设随机变量X的概率密度为
$$f(x) = \begin{cases} e^{-x}, & x>0, \\ 0, & x<0. \end{cases}$$
求(1)$Y=2X$;(2)$Y=e^{-2X}$的数学期望.

6. 一工厂生产的某种产品的寿命X(单位:年)服从指数分布,其概率密度为
$$f(x) = \begin{cases} \dfrac{1}{4}e^{-\frac{x}{4}}, & x \geqslant 0, \\ 0, & x<0. \end{cases}$$

工厂规定,售出的产品若在一年之内损坏可予调换.若工厂售出的一个产品赢利 100 元,调换一个产品工厂要花费 300 元,试求工厂售出一个产品净赢利的数学期望.

4.2 方 差

4.2.1 随机变量的方差

数学期望是随机变量最重要的数字特征之一. 但在许多问题中,除了需要知道随机变量的数学期望外,还要知道随机变量与其数学期望之间的偏离情况. 如前所述,在检验灯泡质量时,既要知道灯泡的平均寿命,即均值,还要知道每个灯泡寿命与平均寿命的偏离情况. 平均寿命长,偏离程度小,说明灯泡耐用,质量稳定. 如果灯泡寿命的偏离程度大,尽管一部分灯泡寿命很长,但同时有一部分灯泡寿命很短,这种灯泡的质量并不好.

那么,怎样度量一个随机变量与其数学期望之间的偏离程度呢? 由于偏离值$X-E(X)$有正有负,相加过程中可能互相抵消. 为了使每一个偏离值(无论正负)都被考虑到,可以取$|X-E(X)|$的均值$E(|X-E(X)|)$来度量随机变量与其期望之间的偏离程度. 但因绝对值运算不便作分析处理. 所以,通常用$E([X-E(X)]^2)$来度量随机变量X与其期望$E(X)$的偏离程度.

定义 4.3 设X是一个随机变量,若$E([X-E(X)]^2)$存在,则称$E([X-E(X)]^2)$为X的方差,记作$D(X)$或$\text{var}(X)$,即
$$D(X) = E([X-E(X)]^2), \tag{4.7}$$
并称$\sqrt{D(X)}$为X的标准差或均方差,记作$\sigma(X)$或σ_X.

根据方差的定义,若X是离散型随机变量,其分布律为$P\{X=x_k\}=p_k(k=1,2,\cdots)$,则
$$D(X) = \sum_{k=1}^{\infty}[x_k - E(X)]^2 p_k. \tag{4.8}$$

若X是连续型随机变量,其概率密度为$f(x)$,则

4.2 方　差

$$D(X) = \int_{-\infty}^{+\infty}[x-E(X)]^2 f(x)\mathrm{d}x. \tag{4.9}$$

利用数学期望的性质，有

$$D(X) = E([X-E(X)]^2) = E(X^2 - 2XE(X) + [E(X)]^2)$$
$$= E(X^2) - 2E(X)E(X) + [E(X)]^2 = E(X^2) - [E(X)]^2,$$

即

$$D(X) = E(X^2) - [E(X)]^2. \tag{4.10}$$

式(4.10)体现了方差和期望之间的联系，常用来具体计算方差.

例 4.12 10 件产品有 2 件次品，任取一件，取后不放回，设 X 为取得正品之前已取出的次品数. 试求 $E(X)$ 与 $D(X)$.

解 次品数 X 可能取值为 $0,1,2$. 设 $A_i(i=1,2,3)$ 表示"第 i 次取得正品"的事件，则 X 的分布律为

$$P\{X=0\} = P(A_1) = \frac{8}{10},$$
$$P\{X=1\} = P(\overline{A}_1 A_2) = \frac{2}{10} \times \frac{8}{9} = \frac{8}{45},$$
$$P\{X=2\} = P(\overline{A}_1 \overline{A}_2 A_3) = \frac{2}{10} \times \frac{1}{9} \times \frac{8}{8} = \frac{1}{45}.$$

故

$$E(X) = 0 \times \frac{4}{5} + 1 \times \frac{8}{45} + 2 \times \frac{1}{45} = \frac{2}{9}.$$

由

$$E(X^2) = 0^2 \times \frac{4}{5} + 1^2 \times \frac{8}{45} + 2^2 \times \frac{1}{45} = \frac{4}{15},$$

得

$$D(X) = E(X^2) - [E(X)]^2 = \frac{4}{15} - \left(\frac{2}{9}\right)^2 = \frac{88}{405}.$$

例 4.13 设随机变量 X 具有概率密度

$$f(x) = \begin{cases} \dfrac{1}{\pi\sqrt{1-x^2}}, & |x|<1, \\ 0, & \text{其他}. \end{cases}$$

求 $D(X)$.

解 由对称区间上奇函数的积分性质知 $E(X) = \int_{-1}^{1} \dfrac{x}{\pi\sqrt{1-x^2}}\mathrm{d}x = 0$，于是

$$D(X) = E(X^2) = \int_{-1}^{1} \frac{x^2}{\pi\sqrt{1-x^2}} dx = \frac{1}{\pi} \int_{-\frac{\pi}{2}}^{\frac{\pi}{2}} \sin^2 t dt = \frac{1}{2}.$$

4.2.2 方差的性质

下面讨论方差的性质,假定所遇到的随机变量的方差都存在.

性质 4.7 设 C 为常数,则 $D(C)=0$.

证 此时 $E(C)=C, C-E(C) \equiv 0$,所以
$$D(C) = E([C - E(C)]^2) = E(0) = 0.$$

性质 4.8 设 X 是随机变量,C 是常数,则 $D(X \pm C) = D(X)$.

证 $D(X \pm C) = E([(X \pm C) - E(X \pm C)]^2) = E([X \pm C - E(X) \mp C]^2)$
$= E([X - E(X)]^2) = D(X).$

性质 4.9 设 X 是随机变量,C 是常数,则 $D(CX) = C^2 D(X)$.

证 $D(CX) = E([CX - E(CX)]^2) = E([CX - CE(X)]^2)$
$= E(C^2[X - E(X)]^2) = C^2 E(X - E(X))^2 = C^2 D(X).$

性质 4.10 设 X 与 Y 相互独立,则 $D(X \pm Y) = D(X) + D(Y)$.

证 若 X, Y 相互独立,则 $X - E(X)$ 与 $Y - E(Y)$ 也相互独立,从而
$$E([X - E(X)][Y - E(Y)]) = E(X - E(X))E(Y - E(Y)) = 0.$$
所以
$$\begin{aligned}
D(X \pm Y) &= E([(X \pm Y) - E(X \pm Y)]^2) \\
&= E([X - E(X)] \pm [Y - E(Y)])^2 \\
&= E([X - E(X)]^2 \pm 2[X - E(X)][Y - E(Y)] \\
&\quad + [Y - E(Y)]^2) \\
&= E([X - E(X)]^2) \pm 2E([X - E(X)][Y - E(Y)]) \\
&\quad + E([Y - E(Y)]^2) \\
&= D(X) + D(Y).
\end{aligned}$$

性质 4.10 可以推广到任意 n 个两两独立的随机变量,即若 $X_1, X_2, \cdots, X_n$ 两两独立,则
$$D(X_1 \pm X_2 \pm \cdots \pm X_n) = D(X_1) + D(X_2) + \cdots + D(X_n).$$

性质 4.11 $D(X)=0$ 的充分必要条件是随机变量 X 以概率 1 取常数,即 $P\{X=C\}=1$.

(证略)

例 4.14 设每次试验中事件 A 发生的概率为 p,现进行重复独立试验,直至事件 A 发生 r 次时终止.试求需要进行试验的次数的数学期望和方差.

4.2 方差

解 设需要进行试验的次数为 X,容易确定 X 的分布律为
$$P\{X=k\} = C_{k-1}^{r-1} p^r q^{k-r}, \quad q=1-p; k=r, r+1, r+2, \cdots.$$
直接按定义求期望和方差比较困难,利用期望和方差的性质可使计算简化.

设随机变量 X_1 表示事件 A 第一次发生时已进行的试验次数,随机变量 X_i 表示事件 A 在第 $i-1$ 次发生后到第 i 次发生所进行的试验次数($i=2,3,\cdots$). 显然,各随机变量 X_i 相互独立,且具有同样的分布(几何分布 $G(p)$: $P\{X_i=k\} = pq^{k-1}$). 事件 A 发生 r 次需要进行的试验次数为 $X = \sum_{i=1}^{r} X_i$.

例 4.6 已经求得 $E(X_i) = 1/p, E(X_i^2) = 2/p^2 - 1/p$,从而
$$D(X_i) = E(X_i^2) - [E(X_i)]^2 = \frac{1}{p^2} - \frac{1}{p} = \frac{1-p}{p^2}.$$
根据性质 4.3 和性质 4.10,有
$$E(X) = E\Big(\sum_{i=1}^{r} X_i\Big) = \sum_{i=1}^{r} E(X_i) = \frac{r}{p},$$
$$D(X) = D\Big(\sum_{i=1}^{r} X_i\Big) = \sum_{i=1}^{r} D(X_i) = \frac{r(1-p)}{p^2}.$$

例 4.15 设 X 为随机变量,$X^* = \dfrac{X - E(X)}{\sqrt{D(X)}}$. 若 $E(X), D(X)$ 都存在且 $D(X) \neq 0$, 求 $E(X^*)$ 及 $D(X^*)$.

解 $E(X^*) = E\Big(\dfrac{X-E(X)}{\sqrt{D(X)}}\Big) = \dfrac{1}{\sqrt{D(X)}} E(X - E(X)) = 0,$
$$D(X^*) = D\Big(\dfrac{X-E(X)}{\sqrt{D(X)}}\Big) = \dfrac{1}{D(X)} D(X - E(X)) = \dfrac{1}{D(X)} D(X) = 1.$$

均值为 0,方差为 1 的随机变量称为标准化随机变量. 本例说明,对随机变量 X,若它的期望和方差均存在,则 $X^* = \dfrac{X - E(X)}{\sqrt{D(X)}}$ 是一个标准化随机变量.

例 4.16 设 X 为只取非负整数值的随机变量(即取值为 $0, 1, 2, \cdots$). 试证:

(1) $E(X) = \sum_{n=1}^{\infty} P\{X \geqslant n\}.$

(2) $D(X) = 2\sum_{n=1}^{\infty} n P\{X \geqslant n\} - E(X)[E(X) + 1].$

证 (1) $E(X) = \sum_{n=0}^{\infty} n P\{X = n\}$
$= \sum_{n=1}^{\infty} n P\{X = n\}$

$$= P\{X=1\} + P\{X=2\} + P\{X=3\} + \cdots$$
$$+ P\{X=2\} + P\{X=3\} + \cdots$$
$$+ P\{X=3\} + \cdots$$
$$\cdots\cdots$$

将上式等号右边每一横行相加得
$$E(X) = P\{X \geqslant 1\} + P\{X \geqslant 2\} + \cdots$$
$$= \sum_{n=1}^{\infty} P\{X \geqslant n\}.$$

(2)
$$E(X^2) = \sum_{n=0}^{\infty} n^2 P\{X = n\}$$
$$= \sum_{n=1}^{\infty} \{n^2 + n - n\} P\{X = n\}$$
$$= 2\sum_{n=1}^{\infty} \frac{n(n+1)}{2} P\{X = n\} - \sum_{n=1}^{\infty} n P\{X = n\},$$

上式中
$$\sum_{n=1}^{\infty} n P\{X = n\} = E(X),$$

$$\sum_{n=1}^{\infty} \frac{n(n+1)}{2} P\{X = n\} = P\{X=1\} + P\{X=2\} + P\{X=3\} + \cdots$$
$$+ 2P\{X=2\} + 2P\{X=3\} + \cdots$$
$$+ 3P\{X=3\} + \cdots$$
$$\cdots\cdots$$
$$= P\{X \geqslant 1\} + 2P\{X \geqslant 2\} + 3P\{X \geqslant 3\} + \cdots$$
$$= \sum_{n=1}^{\infty} n P\{X \geqslant n\}.$$

所以
$$D(X) = E(X^2) - [E(X)]^2$$
$$= 2\sum_{n=1}^{\infty} n P\{X \geqslant n\} - E(X) - [E(X)]^2$$
$$= 2\sum_{n=1}^{\infty} n P\{X \geqslant n\} - E(X)[E(X) + 1].$$

习 题 4.2

1. 设随机变量 X 的分布律为

X	-2	0	3
p_k	0.4	0.3	0.3

求 $D(X), D(\sqrt{10}X-5)$.

2. 设甲、乙两射手一次射击的得分分别为 X,Y,其分布律为

X	1	2	3
p_i	0.4	0.1	0.5

Y	1	2	3
p_j	0.2	0.5	0.3

试比较甲、乙两人的射击技术.

3. 设随机变量 X 的概率密度为

$$f(x) = \frac{1}{4}x^2 e^{-|x|}, \quad -\infty < x < +\infty.$$

(1) 求 $D(2X-3)$;

(2) 设 X_1, X_2, X_3, X_4 相互独立且都与 X 同分布,求 $D(X_1+2X_2-3X_3-4X_4)$.

4. 设 a 为任意常数,证明

$$D(X) \leqslant E(X-a)^2$$

当且仅当 $a=E(X)$ 时等号成立.

4.3 几个重要随机变量的数学期望及方差

1. 0-1 分布

设 $X \sim$ 0-1 分布,其分布律为 $P\{X=1\}=p, P\{X=0\}=1-p$,则

$$E(X) = 1 \cdot p + 0 \cdot (1-p) = p,$$

$$D(X) = E(X^2) - [E(X)]^2 = [1^2 \cdot p + 0 \cdot (1-p)] - p^2 = p(1-p).$$

2. 二项分布

设 $X \sim B(n,p)$,其分布律为 $P\{X=k\}=C_n^k p^k q^{n-k}\ (0<p<1, q=1-p, k=0,1,2,\cdots,n)$,则

$$E(X) = \sum_{k=0}^{n} k C_n^k p^k q^{n-k} = \sum_{k=0}^{n} k \frac{n!}{k!(n-k)!} p^k q^{n-k}$$

$$= np \sum_{k=1}^{n} \frac{(n-1)!}{(k-1)!(n-k)!} p^{k-1} q^{n-k}$$

$$= np(p+q)^{n-1} = np.$$

$$E(X^2) = \sum_{k=0}^{n} k^2 C_n^k p^k q^{n-k} = \sum_{k=0}^{n} \frac{[k(k-1)+k]n!}{k!(n-k)!} p^k q^{n-k}$$

$$= n(n-1)p^2 \sum_{k=2}^{n} \frac{(n-2)!}{(k-2)!(n-k)!} p^{k-2} q^{n-k} + np \sum_{k=1}^{n} \frac{(n-1)!}{(k-1)!(n-k)!} p^{k-1} q^{n-k}$$

$$= n(n-1)p^2 (p+q)^{n-2} + np(p+q)^{n-1}$$

$$= n(n-1)p^2 + np.$$

所以

$$D(X) = E(X^2) - [E(X)]^2 = n(n-1)p^2 + np - n^2 p^2$$
$$= np(1-p) = npq.$$

另解 $X \sim B(n,p)$,则 X 表示 n 重伯努利试验中事件 A 发生的次数.
设

$$X_i = \begin{cases} 1, & \text{第 } i \text{ 次试验中事件} A \text{ 发生}, \\ 0, & \text{第 } i \text{ 次试验中事件} A \text{ 不发生}, \end{cases} \quad i=1,2,\cdots,n,$$

则 $X = X_1 + X_2 + \cdots + X_n$ 且 $X_1, X_2, \cdots, X_n$ 相互独立, $E(X_i) = p, D(X_i) = p(1-p), i=1,2,\cdots,n$;所以由期望以及方差的性质可得

$$E(X) = \sum_{i=1}^{n} E(X_i) = np,$$

$$D(X) = \sum_{i=1}^{n} D(X_i) = np(1-p) = npq.$$

3. 泊松分布

设 $X \sim \pi(\lambda)$,其分布律为 $P\{X=k\} = \frac{\lambda^k e^{-\lambda}}{k!} (\lambda > 0, k=0,1,2,\cdots)$,则

$$E(X) = \sum_{k=0}^{\infty} k \frac{\lambda^k e^{-\lambda}}{k!} = \lambda e^{-\lambda} \sum_{k=1}^{\infty} \frac{\lambda^{k-1}}{(k-1)!} = \lambda e^{-\lambda} e^{\lambda} = \lambda,$$

$$E(X^2) = \sum_{k=0}^{\infty} k^2 \frac{\lambda^k e^{-\lambda}}{k!} = \sum_{k=0}^{\infty} \frac{[k(k-1)+k] \lambda^k e^{-\lambda}}{k!}$$

$$= \lambda^2 e^{-\lambda} \sum_{k=2}^{\infty} \frac{\lambda^{k-2}}{(k-2)!} + \lambda e^{-\lambda} \sum_{k=1}^{\infty} \frac{\lambda^{k-1}}{(k-1)!} = \lambda^2 + \lambda,$$

所以

$$D(X) = E(X^2) - [E(X)]^2 = \lambda^2 + \lambda - \lambda^2 = \lambda.$$

4. 均匀分布

设 $X \sim U(a,b)$,其概率密度为

4.3 几个重要随机变量的数学期望及方差

$$f(x) = \begin{cases} \dfrac{1}{b-a}, & a < x < b, \\ 0, & \text{其他}, \end{cases}$$

则

$$E(X) = \int_a^b \frac{x}{b-a} \mathrm{d}x = \frac{a+b}{2},$$

$$D(X) = \int_a^b \left(x - \frac{a+b}{2}\right)^2 \frac{1}{b-a} \mathrm{d}x = \frac{(b-a)^2}{12}.$$

5. 指数分布

设 $X \sim e(\theta)$，其概率密度为

$$f(x) = \begin{cases} \dfrac{1}{\theta} \mathrm{e}^{-\frac{x}{\theta}}, & x > 0, \\ 0, & x \leqslant 0, \end{cases} \quad \theta > 0,$$

则

$$E(X) = \int_0^\infty x \frac{1}{\theta} \mathrm{e}^{-\frac{x}{\theta}} \mathrm{d}x = \theta \int_0^\infty t \mathrm{e}^{-t} \mathrm{d}t = \theta \Gamma(2) = \theta,$$

$$E(X^2) = \int_0^\infty x^2 \frac{1}{\theta} \mathrm{e}^{-\frac{x}{\theta}} \mathrm{d}x = \theta^2 \int_0^\infty t^2 \mathrm{e}^{-t} \mathrm{d}t = \theta^2 \Gamma(3) = 2\theta^2,$$

$$D(X) = E(X^2) - [E(X)]^2 = 2\theta^2 - \theta^2 = \theta^2.$$

6. 正态分布

设 $X \sim N(\mu, \sigma^2)$，其概率密度为

$$f(x) = \frac{1}{\sqrt{2\pi}\sigma} \mathrm{e}^{-\frac{(x-\mu)^2}{2\sigma^2}}, \quad -\infty < \mu < \infty, \sigma > 0,$$

则

$$E(X) = \int_{-\infty}^{+\infty} x \frac{1}{\sqrt{2\pi}\sigma} \mathrm{e}^{-\frac{(x-\mu)^2}{2\sigma^2}} \mathrm{d}x$$

$$= \int_{-\infty}^{+\infty} (x-\mu) \frac{1}{\sqrt{2\pi}\sigma} \mathrm{e}^{-\frac{(x-\mu)^2}{2\sigma^2}} \mathrm{d}x + \int_{-\infty}^{+\infty} \mu \frac{1}{\sqrt{2\pi}\sigma} \mathrm{e}^{-\frac{(x-\mu)^2}{2\sigma^2}} \mathrm{d}x.$$

令 $\dfrac{x-\mu}{\sigma} = t$，则

$$E(X) = \frac{\sigma}{\sqrt{2\pi}} \int_{-\infty}^{+\infty} t \mathrm{e}^{-\frac{t^2}{2}} \mathrm{d}t + \frac{\mu}{\sqrt{2\pi}} \int_{-\infty}^{+\infty} \mathrm{e}^{-\frac{t^2}{2}} \mathrm{d}t = 0 + \mu = \mu,$$

$$D(X)=\int_{-\infty}^{+\infty}(x-\mu)^2\frac{1}{\sqrt{2\pi}\sigma}e^{-\frac{(x-\mu)^2}{2\sigma^2}}dx=\frac{\sigma^2}{\sqrt{2\pi}}\int_{-\infty}^{+\infty}t^2e^{-\frac{t^2}{2}}dt$$
$$=\frac{\sigma^2}{\sqrt{2\pi}}\left(-te^{-\frac{t^2}{2}}\Big|_{-\infty}^{+\infty}+\int_{-\infty}^{+\infty}e^{-\frac{t^2}{2}}dt\right)=\frac{\sigma^2}{\sqrt{2\pi}}(0+\sqrt{2\pi})=\sigma^2.$$

可以看到,泊松分布的参数 λ 就是数学期望,正态分布的参数 μ,σ^2 就是期望和方差. 对于以上介绍的分布,知道了期望和方差也就知道或能求出分布中的参数,从而也就知道了分布.可见期望和方差的重要性.

附表 1 给出了常见分布的数学期望和方差.

例 4.17 设随机变量 X 与随机变量 Y 相互独立,都服从 $N(0,\frac{1}{2})$ 分布.求 $E|X-Y|,D|X-Y|$.

解 令 $Z=X-Y$,由于 $X\sim N(0,\frac{1}{2})$,$Y\sim N(0,\frac{1}{2})$,且相互独立,所以 $Z\sim N(0,1)$.又

$$D(|X-Y|)=D(|Z|)$$
$$=E(|Z|^2)-[E(|Z|)]^2$$
$$=E(Z^2)-[E(|Z|)]^2,$$

而 $E(Z^2)=D(Z)=1$,且

$$E(|Z|)=\int_{-\infty}^{+\infty}|z|\frac{1}{\sqrt{2\pi}}e^{-\frac{z^2}{2}}dz$$
$$=\frac{2}{\sqrt{2\pi}}\int_{0}^{+\infty}ze^{-\frac{z^2}{2}}dz=\sqrt{\frac{2}{\pi}}.$$

所以
$$D(|X-Y|)=1-\sqrt{\frac{2}{\pi}}.$$

习 题 4.3

1. 已知 10 个电子元件中有 7 个合格品及 3 个次品,每次随机抽取 1 个测试,测试后不再放回,直至把 3 个次品都找到为止,求需要测试的次数 X 的数学期望,方差及标准差.

2. 设随机变量 X,Y,Z 相互独立,且已知 $X\sim N(2,4),Y\sim e(2),Z\sim U(1,2)$.
   (1) 设 $W=2X+3XYZ-Z+5$,求 $E(W)$;
   (2) 设 $V=3X-2Y+Z-4$,求 $D(V)$.

3. 设随机变量 X 的概率密度为
$$f(x)=\begin{cases}ax^2+bx+c, & 0<x<1,\\ 0, & 其他.\end{cases}$$

已知 $E(X)=0.5, D(X)=0.15$，求参数 a,b,c 的值．

4.4 协方差与相关系数

对于二维随机变量 (X,Y)，除了研究随机变量 X 和 Y 的数学期望和方差外，还要研究反映 X 与 Y 之间相互联系的数字特征：协方差和相关系数．

4.4.1 协方差

首先，注意到
$$\begin{aligned} & E([X-E(X)][Y-E(Y)]) \\ =& E(XY-XE(Y)-YE(X)+E(X)E(Y)) \\ =& E(XY)-2E(X)E(Y)+E(X)E(Y) \\ =& E(XY)-E(X)E(Y). \end{aligned} \tag{4.11}$$

如果 X 和 Y 相互独立，则由 $E(XY)=E(X)E(Y)$ 知 $E([X-E(X)][Y-E(Y)])=0$；如果 $E([X-E(X)][Y-E(Y)])\neq 0$，则说明 X 与 Y 不相互独立，其间存在某种联系．据此引入定义．

定义 4.4 设 (X,Y) 是二维随机变量，若 $E(X), E(Y), D(X), D(Y)$ 都存在，则称 $E([X-E(X)][Y-E(Y)])$ 为随机变量 X 与 Y 的协方差，记作 $\text{cov}(X,Y)$ 或 σ_{XY}，即
$$\text{cov}(X,Y) = E([X-E(X)][Y-E(Y)]). \tag{4.12}$$

根据定义容易证明协方差有下列性质：

性质 4.12 $\text{cov}(X,Y)=\text{cov}(Y,X)$．

性质 4.13 $\text{cov}(aX,bY)=ab\text{cov}(X,Y)$，$a,b$ 是常数．

性质 4.14 $\text{cov}(X_1+X_2,Y)=\text{cov}(X_1,Y)+\text{cov}(X_2,Y)$．

性质 4.15 $\text{cov}(X,Y)=E(XY)-E(X)E(Y)$．

利用协方差，任意两个随机变量 X 与 Y 的和或差的方差可以表示为
$$D(X\pm Y) = D(X)+D(Y)\pm 2\text{cov}(X,Y). \tag{4.13}$$

当 X 与 Y 相互独立时，显然有 $D(X\pm Y)=D(X)+D(Y)$．

更一般地，设 $k_0, k_1, k_2, \cdots, k_n$ 为任意常数，$X_1, X_2, \cdots, X_n$ 为随机变量，则
$$\begin{aligned} & D(k_0+k_1X_1+k_2X_2+\cdots+k_nX_n) \\ =& \sum_{i=1}^{n} k_i^2 D(X_i) + \sum_{\substack{i=1 \\ i\neq j}}^{n}\sum_{j=1}^{n} k_i k_j \text{cov}(X_i, X_j). \end{aligned}$$

例 4.18 设二维随机变量 (X,Y) 的概率密度为
$$\begin{cases} \dfrac{1}{\pi}, & x^2+y^2 \leqslant 1, \\ 0, & x^2+y^2 > 1. \end{cases}$$

试求 cov(X,Y)，并讨论 X 与 Y 是否相互独立.

解 先求 X 与 Y 的边缘概率密度.

显然，当 $|x|>1$ 时，$f_X(x)=0$；而当 $|x|\leqslant 1$ 时，
$$f_X(x)=\int_{-\sqrt{1-x^2}}^{\sqrt{1-x^2}}\frac{1}{\pi}\mathrm{d}y=\frac{2}{\pi}\sqrt{1-x^2}.$$

类似有
$$f_Y(y)=\begin{cases}\dfrac{2}{\pi}\sqrt{1-y^2}, & |y|\leqslant 1,\\ 0, & |y|>1.\end{cases}$$

可见 $f(x,y)\neq f_X(x)f_Y(y)$，所以 X 与 Y 不相互独立.

再求 cov(X,Y). 容易求得
$$E(X)=\int_{-\infty}^{+\infty}xf_X(x)\mathrm{d}x=\int_{-1}^{1}\frac{2x}{\pi}\sqrt{1-x^2}\mathrm{d}x=0,$$
$$E(Y)=\int_{-\infty}^{+\infty}yf_Y(y)\mathrm{d}y=\int_{-1}^{1}\frac{2y}{\pi}\sqrt{1-y^2}\mathrm{d}y=0,$$
$$E(XY)=\iint\limits_{x^2+y^2\leqslant 1}xy\frac{1}{\pi}\mathrm{d}x\mathrm{d}y=0.$$

于是
$$\mathrm{cov}(X,Y)=E(XY)-E(X)E(Y)=0.$$

此例说明，cov(X,Y)=0 时，X 与 Y 不一定相互独立. 当 cov(X,Y)=0 时，称 X 与 Y 不相关. 显然，若 X 与 Y 相互独立，则它们必不相关；但若 X 与 Y 不相关，则它们未必相互独立.

例 4.19 已知随机变量 (X,Y) 的分布律如表 4-1 所示，问 X 与 Y 是否相关？是否独立？

表 4-1

X \ Y	-2	0	2	$p_{\cdot j}$
-2	0	$\dfrac{1}{4}$	0	$\dfrac{1}{4}$
0	$\dfrac{1}{4}$	0	$\dfrac{1}{4}$	$\dfrac{1}{2}$
2	0	$\dfrac{1}{4}$	0	$\dfrac{1}{4}$
$p_{i\cdot}$	$\dfrac{1}{4}$	$\dfrac{1}{2}$	$\dfrac{1}{4}$	

解 $E(X)=E(Y)=(-2)\times\dfrac{1}{4}+0\times\dfrac{1}{2}+2\times\dfrac{1}{4}=0,$

4.4 协方差与相关系数

$$D(X)=E(X^2)-[E(X)]^2=(-2)^2\times\frac{1}{4}+0\times\frac{1}{2}+2^2\times\frac{1}{4}-0=2,$$

类似有
$$D(Y)=2.$$

易知,XY 的分布为

XY	-4	0	4
p_k	0	1	0

于是
$$E(XY)=(-4)\times 0+0\times 1+4\times 0=0,$$
$$\text{cov}(X,Y)=E(XY)-E(X)E(Y)=0.$$

所以,X 与 Y 是不相关的. 但显然 $p_{ij}\neq p_i.\cdot p_{.j}$,故 X 与 Y 不相互独立.

例 4.20 设随机变量 X_1,X_2,X_3 两两不相关,试证:
$$D(X_1+X_2+X_3)=D(X_1)+D(X_2)+D(X_3),$$
但其逆不真.

证 因为
$$D(X_1+X_2+X_3)=E[(X_1+X_2+X_3)-E(X_1+X_2+X_3)]^2$$
$$=E[X_1-E(X_1)+X_2-E(X_2)+X_3-E(X_3)]^2$$
$$=E[X_1-E(X_1)]^2+E[X_2-E(X_2)]^2+E[X_3-E(X_3)]^2$$
$$+2E\{[X_1-E(X_1)][X_2-E(X_2)]\}$$
$$+2E\{[X_1-E(X_1)][X_3-E(X_3)]\}$$
$$+2E\{[X_2-E(X_2)][X_3-E(X_3)]\}$$
$$=D(X_1)+D(X_2)+D(X_3)+2\text{cov}(X_1,X_2)$$
$$+2\text{cov}(X_1,X_3)+2\text{cov}(X_2,X_3),$$

而 X_1,X_2,X_3 两两不相关,即
$$\text{cov}(X_1,X_2)=\text{cov}(X_1,X_3)=\text{cov}(X_2,X_3)=0,$$

所以
$$D(X_1+X_2+X_3)=D(X_1)+D(X_2)+D(X_3).$$

反之未必成立,如取 $X_1=X_2=X, X_3=-\dfrac{X}{2}$,则
$$D(X_1+X_2+X_3)=D\left(\frac{3}{2}X\right)=\frac{9}{4}D(X),$$

$$D(X_1)+D(X_2)+D(X_3)=D(X)+D(X)+D\left(-\frac{X}{2}\right)=\frac{9}{4}D(X),$$

即有 $D(X_1+X_2+X_3)=D(X_1)+D(X_2)+D(X_3)$. 但显然 X_1,X_2,X_3 是两两相关的.

定理 4.1(Cauchy-Schwarz 不等式) 设 U,V 是两个随机变量, $E(U^2),E(V^2)$ 存在, 则

$$[E(UV)]^2 \leqslant E(U^2)E(V^2). \tag{4.14}$$

证 考虑实变量 t 的函数

$$g(t)=E((U+tV)^2)=E(U^2)+2tE(UV)+t^2E(V^2).$$

因为 $(U+tV)^2$ 只取非负值, 所以 $E((U+tV)^2)\geqslant 0$, 也即对于一切实数 t, 二次三项式 $g(t)\geqslant 0$, 于是判别式 $4[E(UV)]^2-4E(U^2)E(V^2)\leqslant 0$, 即

$$[E(UV)]^2 \leqslant E(U^2)E(V^2),$$

其中, 取 $U=X-E(X),V=Y-E(Y)$, 则有

$$[\text{cov}(X,Y)]^2 \leqslant D(X)D(Y). \tag{4.15}$$

4.4.2 相关系数

定义 4.5 设 (X,Y) 是二维随机变量, $\text{cov}(X,Y),D(X),D(Y)$ 均存在, 且 $D(X)>0,D(Y)>0$, 则称 $\rho_{XY}=\dfrac{\text{cov}(X,Y)}{\sqrt{D(X)}\sqrt{D(Y)}}$ 为 X 与 Y 的相关系数或标准协方差.

ρ_{XY} 是一个无量纲的量, 且由式(4.15)知 $|\rho_{XY}|\leqslant 1$.

定理 4.2 $|\rho_{XY}|=1$ 的充分必要条件是 X 与 Y 以概率 1 线性相关, 即 $P\{Y=aX+b\}=1$, 其中, a,b 是常数.

(证略)

相关系数 ρ_{XY} 是随机变量 X 与 Y 之间线性相关程度的一个度量. $|\rho_{XY}|$ 接近 1 表示 X 与 Y 之间有密切的线性关系, 且 $\rho_{XY}>0$ 表示正相关(即 Y 随 X 的增大而增大); $\rho_{XY}<0$ 表示负相关(即 Y 随 X 的增大而减小). $|\rho_{XY}|$ 接近零, 则 X 与 Y 之间几乎没有线性关系, 但它们之间可能存在其他关系.

例 4.21 已知随机变量 (X,Y) 的分布律如表 4-2 所示, 求 $\text{cov}(X,Y)$ 和 ρ_{XY}.

4.4 协方差与相关系数

表 4-2

Y \ X	0	1
0	$1-p$	0
1	0	p

解 易知 X 的分布律为 $P\{X=1\}=p, P\{X=0\}=1-p$,从而
$$E(X) = p, \quad D(X) = p(1-p) > 0.$$
类似求得
$$P\{Y=1\} = p, \quad P\{Y=0\} = 1-p,$$
从而
$$E(Y) = p, \quad D(Y) = p(1-p) > 0.$$
容易看出 $XY \sim B(1,p), E(XY)=p$,所以
$$\mathrm{cov}(X,Y) = E(XY) - E(X)E(Y) = p - p \cdot p = p(1-p),$$
$$\rho_{XY} = \frac{\mathrm{cov}(X,Y)}{\sqrt{D(X)}\sqrt{D(Y)}} = \frac{p(1-p)}{\sqrt{p(1-p)}\sqrt{p(1-p)}} = 1.$$
由此可知,X 与 Y 以概率 1 线性相关。

例 4.22 设二维随机变量 (X,Y) 在三角形区域 $D=\{(x,y)|0<x<y<1\}$(图 4-1)中服从均匀分布,求协方差 $\mathrm{cov}(X,Y)$ 和相关系数 ρ_{XY}.

解 因区域 D 的面积为 $1/2$,故 (X,Y) 的联合概率密度为
$$f(x,y) = \begin{cases} 2, & 0<x<y<1, \\ 0, & \text{其他}. \end{cases}$$

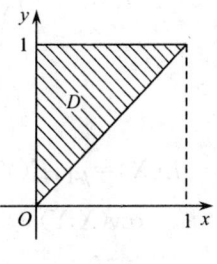

图 4-1

X,Y 的边缘概率密度为
$$f_X(x) = \int_x^1 2\mathrm{d}y = 2(1-x), \quad 0<x<1,$$
$$f_Y(y) = \int_0^y 2\mathrm{d}x = 2y, \quad 0<y<1.$$
从而
$$E(X) = \int_0^1 x \cdot 2(1-x)\mathrm{d}x = \frac{1}{3}, \quad E(Y) = \int_0^1 y \cdot 2y\mathrm{d}y = \frac{2}{3},$$
$$E(X^2) = \int_0^1 x^2 \cdot 2(1-x)\mathrm{d}x = \frac{1}{6}, \quad E(Y^2) = \int_0^1 y^2 \cdot 2y\mathrm{d}y = \frac{1}{2},$$

$$E(XY) = \iint_D xy \cdot 2\mathrm{d}x\mathrm{d}y = \int_0^1 y\mathrm{d}y \int_0^y 2x\mathrm{d}x = \frac{1}{4},$$

$$D(X) = E(X^2) - [E(X)]^2 = \frac{1}{6} - \frac{1}{9} = \frac{1}{18},$$

$$D(Y) = E(Y^2) - [E(Y)]^2 = \frac{1}{2} - \frac{4}{9} = \frac{1}{18}.$$

于是

$$\mathrm{cov}(X,Y) = E(XY) - E(X)E(Y) = \frac{1}{4} - \frac{1}{3} \times \frac{2}{3} = \frac{1}{36},$$

$$\rho_{XY} = \frac{\mathrm{cov}(X,Y)}{\sqrt{D(X)}\sqrt{D(Y)}} = \frac{1/36}{1/18} = \frac{1}{2}.$$

例 4.23 设 (X,Y) 服从二维正态分布,其联合概率密度为

$$f(x,y) = \frac{1}{2\pi\sigma_1\sigma_2\sqrt{1-\rho^2}} e^{-\frac{1}{2(1-\rho^2)}\left[\frac{(x-\mu_1)^2}{\sigma_1^2} - 2\rho\frac{(x-\mu_1)(y-\mu_2)}{\sigma_1\sigma_2} + \frac{(y-\mu_2)^2}{\sigma_2^2}\right]},$$

试求 X 与 Y 的相关系数 ρ_{XY}.

解 已经知道 (X,Y) 的边缘概率密度为

$$f_X(x) = \frac{1}{\sqrt{2\pi}\sigma_1} e^{-\frac{(x-\mu_1)^2}{2\sigma_1^2}}, \quad -\infty < x < +\infty,$$

$$f_Y(y) = \frac{1}{\sqrt{2\pi}\sigma_2} e^{-\frac{(y-\mu_2)^2}{2\sigma_2^2}}, \quad -\infty < y < +\infty.$$

$E(X) = \mu_1, E(Y) = \mu_2, D(X) = \sigma_1^2, D(Y) = \sigma_2^2$, 经计算

$$\mathrm{cov}(X,Y)$$
$$= \int_{-\infty}^{+\infty}\int_{-\infty}^{+\infty} (x-\mu_1)(y-\mu_2) f(x,y) \mathrm{d}x\mathrm{d}y$$
$$= \frac{1}{2\pi\sigma_1\sigma_2\sqrt{1-\rho^2}} \int_{-\infty}^{+\infty} (x-\mu_1) e^{-\frac{(x-\mu_1)^2}{2\sigma_1^2}} \mathrm{d}x \int_{-\infty}^{+\infty} (y-\mu_2) e^{-\frac{1}{2(1-\rho^2)}\left[\frac{(x-\mu_1)}{\sigma_1} - \frac{(y-\mu_2)}{\sigma_2}\right]^2} \mathrm{d}y.$$

令 $v = \frac{1}{\sqrt{1-\rho^2}}\left(\frac{y-\mu_2}{\sigma_2} - \rho\frac{x-\mu_1}{\sigma_1}\right), u = \frac{x-\mu_1}{\sigma_1}$, 利用二重积分换元法,有

$$\mathrm{cov}(X,Y) = \frac{\rho\sigma_1\sigma_2}{2\pi}\left(\int_{-\infty}^{+\infty} u^2 e^{-\frac{u^2}{2}} \mathrm{d}u\right)\left(\int_{-\infty}^{+\infty} e^{-\frac{v^2}{2}} \mathrm{d}v\right)$$

$$+ \frac{\sigma_1\sigma_2\sqrt{1-\rho^2}}{2\pi}\left(\int_{-\infty}^{+\infty} u e^{-\frac{u^2}{2}} \mathrm{d}u\right)\left(\int_{-\infty}^{+\infty} v e^{-\frac{v^2}{2}} \mathrm{d}v\right)$$

$$= \frac{\rho\sigma_1\sigma_2}{2\pi}\sqrt{2\pi}\sqrt{2\pi} + 0 = \rho\sigma_1\sigma_2,$$

所以

$$\rho_{XY} = \frac{\text{cov}(X,Y)}{\sqrt{D(X)}\sqrt{D(Y)}} = \frac{\rho\sigma_1\sigma_2}{\sigma_1\sigma_2} = \rho.$$

这说明,二维正态随机变量(X,Y)的相关系数ρ_{XY}就是参数ρ. 知道,对于二维正态分布,X与Y相互独立的充分必要条件是$\rho=0$,而现在$\rho=\rho_{XY}$,因此对于二维正态分布,X,Y不相关与X,Y相互独立是等价的.

4.5 矩、协方差矩阵

本节介绍随机变量的其他几个数字特征.

4.5.1 矩、偏态、峰态

定义 4.6 设X,Y是两个随机变量.
(1) 若$E(X^k)(k=1,2,\cdots)$存在,则称它为X的k阶原点矩,记为v_k;
(2) 若$E([X-E(X)]^k)(k=1,2,\cdots)$存在,则称它为$X$的$k$阶中心矩,记为$\mu_k$;
(3) 若$E([X-E(X)]^k[Y-E(Y)]^l)(k,l=1,2,\cdots)$存在,则称它为$k+l$阶混合中心矩.

由定义可知,X的数学期望$E(X)$就是X的一阶原点矩,方差$D(X)$是X的二阶中心矩,而(X,Y)的协方差$\text{cov}(X,Y)$是二阶混合中心矩. 易知随机变量的一阶中心矩恒等于零,即$E(X-E(X))\equiv 0$.

例 4.24 设随机变量X服从正态分布$N(\mu,\sigma^2)$,求它的中心矩μ_k.

解 已经知道$E(X)=\mu$,因此

$$\mu_k = \int_{-\infty}^{+\infty} (x-\mu)^k \frac{1}{\sqrt{2\pi}\sigma} e^{-\frac{(x-\mu)^2}{2\sigma^2}} dx.$$

令$\frac{x-\mu}{\sigma}=t$,则$\mu_k = \frac{\sigma^k}{\sqrt{2\pi}} \int_{-\infty}^{+\infty} t^k e^{-\frac{t^2}{2}} dt$,此广义积分绝对收敛. 当$k$为奇数时,$\mu_k=0$;当$k$为偶数时,令$u=\frac{t^2}{2}$,则

$$\mu_k = \frac{2\sigma^k}{\sqrt{2\pi}} \int_0^{+\infty} t^k e^{-\frac{t^2}{2}} dt = \frac{2^{\frac{k}{2}}\sigma^k}{\sqrt{\pi}} \int_0^{+\infty} u^{\frac{k-1}{2}} e^{-u} du = \frac{2^{\frac{k}{2}}\sigma^k}{\sqrt{\pi}} \Gamma\left(\frac{k+1}{2}\right) = (k-1)!!\sigma^k,$$

其中,符号$(k-1)!!$表示从1到$k-1$的所有奇数的乘积. 特别地,当$k=4$时,

$$\mu_4 = E([X-E(X)]^k) = 3\sigma^4.$$

不难知道,如果随机变量的概率分布关于期望值是对称的,则它的一切奇数阶

中心矩都等于零. 一般地,奇数阶中心矩可以描述随机变量分布的非对称性. 通常用一个无量纲的量 $\nu = \mu_3/\sigma^3$ 来度量随机变量分布的非对称性,称它为偏态系数,简称偏态.

四阶中心矩可以描述随机变量分布的尖峭程度,通常用 $\varepsilon = \mu_4/\sigma^4 - 3$ 这样一个无量纲的量来度量分布的尖峭程度,称它为峰态系数,简称峰态. 显然,正态分布的偏态和峰态都等于零. 与正态分布相比,较尖峭的分布具有正峰态,而较平坦的分布具有负峰态.

4.5.2 协方差矩阵

定义 4.7 设 $\boldsymbol{X} = (X_1, X_2, \cdots, X_n)^T$ 是 n 维随机变量,若 $c_{ii} = \sigma_i^2 = D(X_i)$ ($i = 1, 2, \cdots, n$)存在,记 $c_{ij} = \text{cov}(X_i, X_j)$,$\boldsymbol{\Sigma} = E([\boldsymbol{X} - E(\boldsymbol{X})][\boldsymbol{X} - E(\boldsymbol{X})]^T) = (c_{ij})_{n \times n}$,则称矩阵 $\boldsymbol{\Sigma}$ 为 n 维随机变量 $\boldsymbol{X}$ 的协方差矩阵.

对于二维随机变量 (X, Y),

$$c_{11} = E([X - E(X)]^2), \quad c_{12} = E([X - E(X)][Y - E(Y)]),$$
$$c_{21} = E([Y - E(Y)][X - E(X)]), \quad c_{22} = E([Y - E(Y)]^2),$$

(X, Y) 的协方差矩阵为 $\begin{pmatrix} c_{11} & c_{12} \\ c_{21} & c_{22} \end{pmatrix}$.

显然,协方差矩阵是一个对称矩阵. 可以证明它是半正定矩阵,而当 $\sigma_i > 0$ ($i = 1, 2, \cdots, n$)时它是正定矩阵.

例 4.25 设二维随机变量 (X, Y) 的密度函数

$$f(x, y) = \begin{cases} \dfrac{1}{8}(x+y), & 0 \leqslant x \leqslant 2, 0 \leqslant y \leqslant 2, \\ 0, & 其他, \end{cases}$$

求 $E(X), E(Y), D(X), D(Y), \text{cov}(X, Y), \rho_{XY}$ 与协方差矩阵.

解
$$E(X) = \int_0^2 \int_0^2 x f(x, y) \mathrm{d}x \mathrm{d}y$$
$$= \frac{1}{8} \int_0^2 \int_0^2 x(x+y) \mathrm{d}x \mathrm{d}y = \frac{7}{6}.$$

同理
$$E(Y) = \frac{7}{6},$$
$$D(X) = E(X^2) - [E(X)]^2$$
$$= \frac{1}{8} \int_0^2 \int_0^2 x^2 (x+y) \mathrm{d}x \mathrm{d}y - \left(\frac{7}{6}\right)^2$$
$$= \frac{5}{3} - \frac{49}{36} = \frac{11}{36},$$

4.5 矩、协方差矩阵

同理

$$D(Y) = \frac{11}{36},$$

$$\begin{aligned}\text{cov}(X,Y) &= E(XY) - E(X)E(Y) \\ &= \frac{1}{8}\int_0^2\int_0^2 xy(x+y)\mathrm{d}x\mathrm{d}y - \frac{49}{36} \\ &= \frac{4}{3} - \frac{49}{36} = -\frac{1}{36},\end{aligned}$$

$$\rho_{XY} = \frac{\text{cov}(X,Y)}{\sqrt{D(X)D(Y)}} = -\frac{1}{11}.$$

协方差矩阵

$$C = \begin{pmatrix} \frac{11}{36} & -\frac{1}{36} \\ -\frac{1}{36} & \frac{11}{36} \end{pmatrix}.$$

例 4.26 设 $(X_1, X_2) \sim N(\mu_1, \mu_2, \sigma_1^2, \sigma_2^2, \rho)$，试求其协方差矩阵.

解 已经求得 $c_{11} = \sigma_1^2, c_{22} = \sigma_2^2, c_{12} = c_{21} = \rho\sigma_1\sigma_2$，于是

$$\Sigma = \begin{pmatrix} \sigma_1^2 & \rho\sigma_1\sigma_2 \\ \rho\sigma_1\sigma_2 & \sigma_2^2 \end{pmatrix}.$$

记 $\boldsymbol{x} = (x_1, x_2)^\mathrm{T}, \boldsymbol{\mu} = (\mu_1, \mu_2)^\mathrm{T}$，则二维随机变量 $\boldsymbol{X} = (X_1, X_2)^\mathrm{T}$ 的联合概率密度可以简洁地表示为

$$f(\boldsymbol{x}) = \frac{1}{(2\pi)|\Sigma|^{1/2}} \exp\left\{-\frac{1}{2}(\boldsymbol{x}-\boldsymbol{\mu})^\mathrm{T}\Sigma^{-1}(\boldsymbol{x}-\boldsymbol{\mu})\right\}.$$

习 题 4.5

1. 袋中装有标上号码 1,2,3 的三个球，从中任取一个并不再放回，然后再从袋中任取一球，以 X, Y 分别记第一，二次取到球上的号码数，求 $\text{cov}(X,Y)$.

2. 设 (X,Y) 的联合分布律为

Y \ X	−1	0	1
−1	$\frac{1}{8}$	$\frac{1}{8}$	$\frac{1}{8}$
0	$\frac{1}{8}$	0	$\frac{1}{8}$
1	$\frac{1}{8}$	$\frac{1}{8}$	$\frac{1}{8}$

计算 X 与 Y 的相关系数 ρ_{XY}，并判断 X 与 Y 是否相互独立.

3. 设 (X,Y) 的联合概率密度为

$$f(x,y)=\begin{cases}\dfrac{1}{\pi}, & x^2+y^2\leqslant 1,\\ 0, & x^2+y^2>1.\end{cases}$$

试证明 X 与 Y 不相关，但它们不独立.

4. 已知 (X,Y) 的概率密度为

$$f(x,y)=\begin{cases}\dfrac{1}{2}\sin(x+y), & 0\leqslant x\leqslant\dfrac{\pi}{2},0\leqslant y\leqslant\dfrac{\pi}{2},\\ 0, & \text{其他}.\end{cases}$$

求协方差矩阵.

5. 已知随机变量 X 与 Y 的相关系数为 ρ，求 $X_1=aX+b, Y_1=cY+d$ 的相关系数，其中，a,b,c,d 均为常数且 $a\neq 0, c\neq 0$.

习 题 4

1. 甲乙二人进行乒乓球比赛，每局比赛甲胜的概率为 p，乙胜的概率为 $q=1-p$，比赛进行到有一人连胜两局时结束. 求需要进行的比赛局数 X 的数学期望.

2. 靶的直径为 1m，以靶的中心为圆心画 10 个同心圆，半径分别为 $5,10,15,\cdots,50$cm. 射击时，击中点落在靶心最小的圆域内得 10 环；落在其他各环形域内依次得 $9,8,\cdots,1$ 环；脱靶得 0 环. 设二维随机变量 (X,Y) 表示击中点的坐标（靶心为坐标原点），已知其概率密度

$$f(x,y)=\dfrac{1}{200\pi}\mathrm{e}^{-\frac{x^2+y^2}{200}}.$$

求一次射击得到的环数 Z 的数学期望与标准差.

3. 设随机变量 X 服从正态分布 $N(\mu,\sigma^2)$，求随机变量函数 $Y=|X-\mu|$ 的数学期望与方差.

4. 一批产品共 12 件，其中一等品 4 件，二等品 5 件，三等品 3 件. 从这批产品中每次随机抽取 1 件产品，共取 6 次. 在下述两种情况下：

(1) 不放回抽样；(2) 放回抽样，

分别求取出的 6 件产品中一等品、二等品件数的数学期望、方差、协方差及相关系数.

5. 设二维随机变量 (X,Y) 的概率密度

$$f(x,y)=\begin{cases}\dfrac{2(x+y)}{ab(a+b)}, & 0\leqslant x\leqslant a, 0\leqslant y\leqslant b,\\ 0, & \text{其他}.\end{cases}$$

求数学期望 $E(X), E(Y)$；方差 $D(X), D(Y)$；协方差 $\mathrm{cov}(X,Y)$ 及相关系数 ρ_{XY}.

6. 设二维随机变量 (X,Y) 的概率密度

$$f(x,y)=\dfrac{1}{2\pi\sigma^2}\mathrm{e}^{-\frac{1}{2\sigma^2}[(x-\mu_1)^2+(y-\mu_2)^2]},$$

其中，$\sigma>0$，求随机变量 $U=aX+bY$ 与 $V=aX-bY$ 的相关系数 ρ_{UV}，其中，a,b 都是常数.

7. 在半径为 R 的半圆周上任意取两点，求以这两点及圆心为顶点的三角形面积 S 的数学期望.

8. 设二维随机变量 (X,Y) 的概率密度

$$f(x,y) = \frac{1}{2\pi\sigma^2} e^{-\frac{x^2+y^2}{2\sigma^2}}.$$

求 X 与 Y 的最大值的数学期望 $E(\max\{X,Y\})$.

9. 设随机变量 $X_1, X_2, \cdots, X_n$ 相互独立,都在区间 $[0,a]$ 上服从均匀分布,求它们的最大值与最小值的数学期望.

10. 袋中有 N 张卡片,分别写有号码 $1, 2, \cdots, N$. 从袋中任取一张卡片,记录其号码后仍放回袋中,如此共取 n 次,求取出的 n 张卡片上号码的总和 X 的数学期望.

11. 袋中有 N 个不同颜色的球,每次从袋中任取 1 个球,记录其颜色后仍放回袋中. 为了取出 $n(n \leqslant N)$ 种不同颜色的球,平均需要取多少次? 例如,设 $N=10$,分别计算 $n=2, 3, \cdots, 10$ 时平均需要取的次数.

12. 设随机变量 X 服从瑞利分布,其概率密度为

$$f(x) = \begin{cases} \dfrac{x}{\sigma^2} e^{-\frac{x^2}{2\sigma^2}}, & x > 0, \\ 0, & x \leqslant 0. \end{cases}$$

求期望 $E(X)$ 和方差 $D(X)$,并求概率 $P\{X > E(X)\}$.

13. 已知分子运动速度 X 服从麦克斯韦分布,其概率密度为

$$f(x) = \begin{cases} \dfrac{4x^2}{\alpha^3 \sqrt{\pi}} e^{-\frac{x^2}{\alpha^2}}, & x > 0, \\ 0, & x \leqslant 0, \end{cases} \quad \alpha > 0.$$

求平均速度 $E(X)$ 和平均动能 $E\left(\dfrac{1}{2} m X^2\right)$.

14. 设某种商品每周的需求量 $X \sim U(10, 30)$,而经销商进货数量为区间 $[10, 30]$ 中的某一整数,经销商每销售 1 单位商品可获利 500 元,若供大于求则削价处理,每处理 1 单位商品亏损 100 元;若供不应求,则可以外部调剂供应,此时每 1 单位商品仅获利 300 元,为使商店所获利润的期望值不少于 9280 元,试确定最少进货量.

15. 若 X, Y 都是只能取两个值的随机变量,即 X, Y 都服从 0-1 分布,试证如果它们不相关,则必定相互独立.

16. 设 X, Y 相互独立,同时服从正态分布 $N(\mu, \sigma^2)$,又 $\xi = aX + bY, \eta = aX - bY$,试求 ξ, η 的相关系数,并指出 ξ, η 不相关的条件,相互独立的条件.

17. 设随机变量 X 具有概率密度

$$f(x,y) = \begin{cases} \dfrac{1}{8}(x+y), & 0 \leqslant x \leqslant 2, 0 \leqslant y \leqslant 2, \\ 0, & \text{其他}. \end{cases}$$

求 $E(X), E(Y), \text{cov}(X, Y), \rho_{XY}, D(X+Y)$.

18. 已知三个随机变量 $X, Y, Z, E(X) = E(Y) = 1, E(Z) = -1, D(X) = D(Y) = D(Z) = 1$, $\rho_{XY} = 0, \rho_{XZ} = \dfrac{1}{2}, \rho_{YZ} = -\dfrac{1}{3}$,求 $E(X+Y+Z), D(X+Y+Z)$.

第5章 大数定律与中心极限定理

大量试验表明,随机事件发生的频率具有稳定性,即随着试验次数 n 的增加,随机事件 A 发生的频率 $f_n(A)=n_A/n$ 在概率意义下趋向于事件 A 发生的概率 $P(A)$. 随机事件频率稳定性的理论依据是什么? 大数定律作出了解释.

在概率论中,有关阐述大量随机现象平均结果的稳定性的一系列定理称为大数定律;有关论证大量独立随机变量和的分布以正态分布为极限的一系列定理叫中心极限定理.

5.1 切比雪夫不等式

切比雪夫(Chebyshev)不等式给出了在随机变量 X 的分布未知情况下,根据 $E(X)$ 和 $D(X)$ 估计事件 $\{|X-E(X)|<C\}$ 发生概率的一种方法.

定理 5.1 设随机变量 X 具有数学期望 $E(X)=\mu$ 和方差 $D(X)=\sigma^2$,则对任意正数 ε,有

$$P\{|X-\mu|\geqslant \varepsilon\}\leqslant \frac{\sigma^2}{\varepsilon^2} \quad \text{或} \quad P\{|X-\mu|<\varepsilon\}\geqslant 1-\frac{\sigma^2}{\varepsilon^2}.$$

证 仅就连续型随机变量加以证明,对于离散型随机变量,用求和代替积分,证明是类似的.

设 X 的概率密度为 $f(x)$,当 $|x-\mu|\geqslant \varepsilon$ 时,$\frac{|x-\mu|^2}{\varepsilon^2}\geqslant 1$. 于是

$$P\{|X-\mu|\geqslant \varepsilon\}=\int_{|x-\mu|\geqslant \varepsilon}f(x)\mathrm{d}x\leqslant \int_{|x-\mu|\geqslant \varepsilon}\frac{|x-\mu|^2}{\varepsilon^2}f(x)\mathrm{d}x$$

$$\leqslant \frac{1}{\varepsilon^2}\int_{-\infty}^{+\infty}(x-\mu)^2 f(x)\mathrm{d}x=\frac{\sigma^2}{\varepsilon^2}.$$

切比雪夫不等式表明方差越小,则事件 $\{|X-E(X)|\geqslant \varepsilon\}$ 发生的概率越小. 所以方差可用来描述 X 对于 $E(X)$ 的离散程度.

取 $\varepsilon=2\sigma,3\sigma,4\sigma$,利用切比雪夫不等式可以得到如下概率估计值:

$$P\{|X-\mu|<2\sigma\}\geqslant 0.75, \quad P\{|X-\mu|<3\sigma\}\geqslant 0.8898,$$
$$P\{|X-\mu|<4\sigma\}\geqslant 0.9375.$$

但若知道 $X\sim N(\mu,\sigma^2)$,则可得到更精细的概率估计值

$$P\{|X-\mu|<\sigma\}=\Phi(1)-\Phi(-1)=2\Phi(1)-1=0.6826,$$

$$P\{|X-\mu|<2\sigma\} = \Phi(2) - \Phi(-2) = 2\Phi(2) - 1 = 0.9544,$$
$$P\{|X-\mu|<3\sigma\} = \Phi(3) - \Phi(-3) = 2\Phi(3) - 1 = 0.9974.$$

这在概率论中称为正态分布的"3σ"规则.

例 5.1 设 $g(x)>0(0<x<+\infty)$,且为非降函数,若 $E[g(|X-E(X)|)]$ 存在,试证对任意的 $\varepsilon>0$,有

$$P\{|X-E(X)|\geqslant\varepsilon\} \leqslant \frac{E[g(|X-E(X)|)]}{g(\varepsilon)}.$$

证 仅就连续型随机变量加以证明.

设随机变量 X 的概率密度为 $f(x)$,于是有

$$P\{|X-E(X)|\geqslant\varepsilon\} = \int_{|x-E(X)|\geqslant\varepsilon} f(x)\mathrm{d}x,$$

由于 $g(x)>0$,且非降,故当 $|x-E(X)|\geqslant\varepsilon$ 时,有

$$\frac{g(|x-E(X)|)}{g(\varepsilon)} \geqslant 1.$$

所以有

$$P\{|X-E(X)|\geqslant\varepsilon\} \leqslant \int_{|x-E(X)|\geqslant\varepsilon} \frac{g(|x-E(X)|)}{g(\varepsilon)} f(x)\mathrm{d}x$$
$$\leqslant \frac{1}{g(\varepsilon)} \int_{-\infty}^{+\infty} g(|x-E(X)|) f(x)\mathrm{d}x$$
$$= \frac{E[g(|X-E(X)|)]}{g(\varepsilon)}.$$

根据此题结论,取 $g(x)=x^2(0<x<+\infty)$,即得切比雪夫不等式.

5.2 大数定律

定义 5.1 若存在常数 a,对任意正数 ε,有 $\lim\limits_{n\to\infty} P\{|Y_n-a|<\varepsilon\}=1$,则称随机变量序列 $\{Y_n\}$ 依概率收敛于 a,记为 $Y_n \xrightarrow{P} a$.

性质 5.1 设 $X_n \xrightarrow{P} a, Y_n \xrightarrow{P} b$,若 $g(x,y)$ 在点 (a,b) 连续,则
$$g(X_n,Y_n) \xrightarrow{P} g(a,b).$$

(证略)

定理 5.2(切比雪夫定理的特殊情况) 设随机变量 $X_1, X_2, \cdots, X_n$ 相互独立,且具有相同的数学期望和方差 $E(X_k)=\mu, D(X_k)=\sigma^2 (k=1,2,\cdots)$. 作前 n 个随机变量的算术平均 $Y_n=\dfrac{1}{n}\sum\limits_{k=1}^{n} X_k$,则对任意正数 ε,有

$$\lim_{n\to\infty} P\{|Y_n - \mu| < \varepsilon\} = 1,$$

即序列 $Y_n = \dfrac{1}{n}\sum\limits_{k=1}^{n} X_k$ 依概率收敛于 μ.

证 因为 $E(Y_n) = \mu$, $D(Y_n) = \dfrac{\sigma^2}{n}$, 由切比雪夫不等式, 得

$$P\{|Y_n - \mu| < \varepsilon\} \geqslant 1 - \dfrac{D(Y_n)}{\varepsilon^2} = 1 - \dfrac{\sigma^2}{n\varepsilon^2},$$

所以

$$\lim_{n\to\infty} P\{|Y_n - \mu| < \varepsilon\} = 1.$$

此定理说明当 n 很大时, 随机变量序列的算术平均值 Y_n 在概率意义下接近数学期望值 μ, 即当 n 无限增加时 Y_n 几乎变成一个常数.

定理 5.3(伯努利定理) 设 n_A 是 n 次独立重复试验中事件 A 发生的次数, 事件 A 在每次试验中发生的概率 $P(A) = p$, 则当 $n \to \infty$ 时事件 A 发生的频率 n_A/n 依概率收敛于 p, 即对任意正数 ε, 有

$$\lim_{n\to\infty} P\left\{\left|\dfrac{n_A}{n} - p\right| < \varepsilon\right\} = 1 \quad \text{或} \quad \lim_{n\to\infty} P\left\{\left|\dfrac{n_A}{n} - p\right| \geqslant \varepsilon\right\} = 0.$$

证 设 X_k 表示第 k 次独立重复试验中事件 A 发生的次数, 则有

$$X_k = \begin{cases} 0, & \text{第 } k \text{ 次试验中 } A \text{ 不发生}, \\ 1, & \text{第 } k \text{ 次试验中 } A \text{ 发生}, \end{cases}$$

即 X_k 服从 0-1 分布. 显然 $Y_n = \dfrac{1}{n}\sum\limits_{k=1}^{n} X_k = \dfrac{n_A}{n}$, $E(X_k) = p$, $E(Y_n) = p$, 根据定理 5.2 知, 对任意正数 ε, 有

$$\lim_{n\to\infty} P\{|Y_n - E(Y_n)| < \varepsilon\} = \lim_{n\to\infty} P\left\{\left|\dfrac{n_A}{n} - p\right| < \varepsilon\right\} = 1.$$

注意 本推论给出了"概率是频率的稳定值"的理论依据. 实际应用中, 当试验次数很大时, 可用事件发生的频率来代替事件的概率.

定理 5.4(辛钦(Knintchine)定理) 设随机变量 $X_1, X_2, \cdots$ 独立同分布, 且 $E(X_k) = \mu$ $(k = 1, 2, \cdots)$, 则对任意正数 ε, 有

$$\lim_{n\to\infty} P\left\{\left|\dfrac{1}{n}\sum_{k=1}^{n} X_k - \mu\right| < \varepsilon\right\} = 1.$$

(证略)

说明 与切比雪夫定理相比, 本定理要求 $X_1, X_2, \cdots$ 同分布, 但不要求 $D(X_k)$ 存在, 所以说伯努利定理是辛钦定理的特殊情况.

例 5.2 利用某种仪器测量物体的温度 a(真值)时, 所产生的随机误差的分布

在独立试验过程中保持不变. 设 $X_1, X_2, \cdots, X_n, \cdots$ 表示各次测量的结果, 则可否取 $\frac{1}{n}\sum_{i=1}^{n}(X_i-a)^2$ 作为仪器误差的方差的近似值?

解 由题意可知, 各次测量的结果 $X_1, X_2, \cdots, X_n, \cdots$ 是服从同一分布的相互独立的随机变量序列, 设 $E(X_i)=\mu, D(X_i)=\sigma^2, i=1,2,\cdots,n,\cdots$ 则仪器误差的数学期望及方差分别为

$$E(X_i-a) = E(X_i)-a = \mu-a, \quad i=1,2,\cdots,n,\cdots,$$
$$D(X_i-a) = D(X_i) = \sigma^2, \quad i=1,2,\cdots,n,\cdots,$$

令随机变量 $Y_i=(X_i-a)^2, i=1,2,\cdots,n,\cdots$, 显然, $Y_1, Y_2, \cdots, Y_n, \cdots$ 也是相互独立的, 并且服从同一分布, 因此

$$E(Y_i) = E(X_i-a)^2 = D(X_i-a) + [E(X_i-a)]^2$$
$$= \sigma^2 + (\mu-a)^2, \quad i=1,2,\cdots,n,\cdots.$$

若仪器没有系统误差, 即

$$E(X_i-a) = \mu-a = 0,$$

即

$$E(X_i) = a, \quad E(Y_i) = \sigma^2, \quad i=1,2,\cdots,n,\cdots,$$

则由切比雪夫定理(或辛钦定理)可得

$$\lim_{n\to\infty} P\left\{\left|\frac{1}{n}\sum_{i=1}^{n}Y_i - \sigma^2\right| < \varepsilon\right\} = 1,$$

即

$$\lim_{n\to\infty} P\left\{\left|\frac{1}{n}\sum_{i=1}^{n}(X_i-a)^2 - \sigma^2\right| < \varepsilon\right\} = 1.$$

这表明, 当 $n\to\infty$ 时, $\frac{1}{n}\sum_{i=1}^{n}(X_i-a)^2$ 依概率收敛于 σ^2, 由此可知, 当 n 充分大时, $\frac{1}{n}\sum_{i=1}^{n}(X_i-a)^2$ 可以作为 σ^2 的近似值.

5.3 中心极限定理

定理 5.5(李雅普诺夫(Lyapunov)定理) 设随机变量 $X_1, X_2, \cdots$ 相互独立, 且 $E(X_k)=\mu_k, D(X_k)=\sigma_k^2\neq 0 (k=1,2,\cdots)$. 令 $B_n^2=\sum_{k=1}^{n}\sigma_k^2$, 则当 $n\to\infty$ 时, 随机变量 $Z_n = \dfrac{\sum_{k=1}^{n}X_k - \sum_{k=1}^{n}\mu_k}{B_n}$ 的分布函数为

$$\lim_{n\to\infty}F_n(x) = \lim_{n\to\infty}P\{Z_n \leqslant x\} = \int_{-\infty}^{x}\frac{1}{\sqrt{2\pi}}e^{-\frac{t^2}{2}}dt = \Phi(x).$$

(证略)

意义 如果一个随机现象由众多随机因素引起,每一个因素在总的变化里起着不显著的作用,则可推断:描述这个随机现象的随机变量近似服从正态分布.

定理 5.6(独立同分布的中心极限定理) 设随机变量 $X_1, X_2, \cdots, X_n, \cdots$ 相互独立,服从同一分布,且具有数学期望和方差,$E(X_k)=\mu, D(X_k)=\sigma^2 \neq 0 (k=1, 2, \cdots)$,则随机变量 $Z_n = \dfrac{\sum_{k=1}^{n}X_k - n\mu}{\sqrt{n}\sigma}$ 的分布函数 $F_n(x)$ 满足

$$\lim_{n\to\infty}F_n(x) = \lim_{n\to\infty}P\{Z_n \leqslant x\} = \Phi(x).$$

(证略)

意义 很多问题中,所考虑的随机变量,可以表示成众多独立同分布的随机变量之和. 例如,物理量的测量误差是由众多观察不到的可加的微小误差所合成,它们往往近似服从正态分布.

定理 5.7(棣莫弗-拉普拉斯(De Moivre-Laplace)定理) 设 $X \sim B(n,p)$,则对任意实数 x,有

$$\lim_{n\to\infty}P\left\{\frac{X-np}{\sqrt{np(1-p)}} \leqslant x\right\} = \int_{-\infty}^{x}\frac{1}{\sqrt{2\pi}}e^{-\frac{t^2}{2}}dt = \Phi(x).$$

证 因为 $X \sim B(n,p)$,所以可以把 X 看成 n 个独立的,服从 0-1 分布的随机变量之和,即 $X = X_1 + X_2 + \cdots + X_n$. 于是 $E(X_i) = p, D(X_i) = p(1-p)$,而

$$E(X) = \sum_{i=1}^{n}E(X_i) = np, \quad D(X) = \sum_{i=1}^{n}D(X_i) = np(1-p).$$

由独立同分布中心极限定理知,对于 $Z_n = \dfrac{X-np}{\sqrt{np(1-p)}} = \dfrac{\sum X_i - E(\sum X_i)}{\sqrt{D(\sum X_i)}}$,有

$$\lim_{n\to\infty}P\{Z_n \leqslant x\} = \lim_{n\to\infty}P\left\{\frac{X-np}{\sqrt{np(1-p)}} \leqslant x\right\} = \Phi(x).$$

容易得到此定理的一个实用形式

$$P\{a \leqslant X < b\} = P\left\{\frac{a-np}{\sqrt{npq}} \leqslant \frac{X-np}{\sqrt{npq}} < \frac{b-np}{\sqrt{npq}}\right\}$$

$$\approx \Phi\left(\frac{b-np}{\sqrt{npq}}\right) - \Phi\left(\frac{a-np}{\sqrt{npq}}\right).$$

例 5.3 设有一批种子良种率为 1/6,从中任选 600 粒,求其中良种所占比例在

$1/6 \pm 0.02$ 的概率.

(1) 用切比雪夫不等式估计；

(2) 用中心极限定理计算近似值.

解 设 X 表示任选的 600 粒种子中良种的粒数,每一粒种子为良种的概率为 $1/6$,因此 X 服从参数为 $n=600, p=1/6$ 的二项分布,即 $X \sim B(600, 1/6)$.

$$E(X) = np = 100, \quad D(X) = np(1-p) = \frac{250}{3}.$$

问题归结为求 $P\{|X/600 - 1/6| < 0.02\}$.

(1) 用切比雪夫不等式估计

$$P\left\{\left|\frac{X}{600} - \frac{1}{6}\right| < 0.02\right\} = P\{|X - 100| < 12\} \geq 1 - \frac{250/3}{12^2} \approx 0.4213.$$

(2) 用中心极限定理近似计算

$$P\left\{\left|\frac{X}{600} - \frac{1}{6}\right| < 0.02\right\} = P\left\{\left|\frac{X - 100}{\sqrt{250/3}}\right| < \frac{12}{\sqrt{250/3}}\right\} = P\{|X^*| \leq 1.3145\}$$

$$= \Phi(1.3145) - \Phi(-1.3145)$$

$$= 2\Phi(1.3145) - 1 \approx 0.8114.$$

比较两个结果可见,用切比雪夫不等式估计比较粗糙.

例 5.4 多次测量一个物理量,每次都产生一个随机误差 $\varepsilon_i (i=1,2,\cdots,n)$. 假定 ε_i 服从 $(-1,1)$ 内的均匀分布.问 n 次测量的算术平均值与真值的差小于正数 δ 的概率是多少? 若 $n=100, \delta=0.1$,上述概率的近似值是多少? 对 $\delta=0.1$,欲使上述概率值不小于 0.95,至少应进行多少次测量?

解 设以 μ 表示物理量的真值,$X_i (i=1,2,\cdots,n)$ 表示测量值. 据题意

$$X_i = \mu + \varepsilon_i, \quad \varepsilon_i \sim U(-1,1),$$

$$E(\varepsilon_i) = 0, \quad D(\varepsilon_i) = \frac{2^2}{12} = \frac{1}{3},$$

$$E(X_i) = \mu, \quad D(X_i) = D(\varepsilon_i) = \frac{1}{3}.$$

显然 $X = \sum_{i=1}^{n} X_i, X_i$ 之间相互独立,$E(X) = n\mu, D(X) = nD(\varepsilon_i) = n/3$. 于是所求概率为

$$P\left\{\left|\frac{1}{n}\sum_{i=1}^{n} X_i - \mu\right| < \delta\right\} = P\left\{\left|\frac{X - n\mu}{\sqrt{n/3}}\right| < \frac{n\delta}{\sqrt{n/3}}\right\} = P\{|X^*| < \sqrt{3n}\delta\}.$$

根据中心极限定理,X^* 近似服从标准正态分布 $N(0,1)$,所以

$$P\{|X^*| < \sqrt{3n}\delta\} \approx \Phi(\sqrt{3n}\delta) - \Phi(-\sqrt{3n}\delta) = 2\Phi(\sqrt{3n}\delta) - 1.$$

若 $n=100, \delta=0.1$,则

$$P\left\{\left|\frac{1}{100}\sum_{i=1}^{100}X_i-\mu\right|<0.1\right\}=2\Phi(0.1\times\sqrt{3\times 100})-1$$
$$\approx 2\Phi(1.732)-1$$
$$=2\times 0.9584-1=0.9168.$$

欲使

$$P\left\{\left|\frac{1}{n}\sum_{i=1}^{n}X_i-\mu\right|<0.1\right\}\geqslant 0.95,$$

只要

$$P\{|X^*|<\sqrt{3n}\delta\}=2\Phi(0.1\times\sqrt{3n})-1\geqslant 0.95,$$

即

$$\Phi(0.1\times\sqrt{3n})\geqslant 0.975.$$

反查附表 3 得

$$0.1\times\sqrt{3n}\geqslant 1.96,$$

所以 $n\geqslant 128.05$,取 $n=129$ 即可。

例 5.5 某单位一门电话总机共有 200 门分机,每门分机有 5% 的时间使用外线通话,且是否使用外线是相互独立的。要保证每个用户能以 90% 的概率正常使用外线通话,问总机至少要设置多少条外线?

解 设 X 表示某时刻同时使用外线的分机数,由题意知,$X\sim B(200,0.05)$。又设总机配置 k 条外线,则 k 应满足 $P\{X\leqslant k\}\geqslant 0.90$。根据中心极限定理,

$$P\{X\leqslant k\}=P\left\{\frac{X-np}{\sqrt{np(1-p)}}\leqslant\frac{k-np}{\sqrt{np(1-p)}}\right\}\approx\Phi\left(\frac{k-np}{\sqrt{np(1-p)}}\right)=\Phi\left(\frac{k-10}{\sqrt{9.5}}\right).$$

反查附表 3,只要 $\frac{k-10}{\sqrt{9.5}}\geqslant 1.28$,能使 $P\{X\leqslant k\}\geqslant 0.90$,由此解得 $k\geqslant 13.945$,即总机要设置 14 条外线,才能保证以 90% 的概率满足用户需求。

习 题 5

1. 为了确定事件 A 的概率,进行了 100 次独立试验,若用事件 A 在这 100 次试验中发生的频率 $f_n(A)$ 作为事件 A 的概率 $P(A)$ 的近似值。

(1) 利用切比雪夫不等式估计误差 $|f_n(A)-P(A)|<0.1$ 的概率;

(2) 利用棣莫弗-拉普拉斯中心极限定理估计上述概率。

2. 设甲、乙两商场销售某商品竞争 2000 位顾客,若每位顾客完全随意地选择一个商场,且其选择具有独立性,问每个商场应组织多少件货源才能保证因脱销而使顾客离去的概率小于 1%(设每位顾客只购买该商品一件)?

3. 已知一批同型号的电子元件,次品率为 1/6,试以 99% 的把握断定:从这批电子元件中任

取 6000 只,其中,次品所占的比例与 1/6 之差的绝对值不超过多少? 这时 6000 只元件中,次品数落在一个什么范围内?

4. 设有某天文学家试图观测某星球与他所在天文台的距离 D,他计划作出 n 次独立的观测 $X_1, X_2, \cdots, X_n$(单位:光年),设这 n 次独立的观测数学期望 $E(X_i) = D$,方差 $D(X_i) = 4$, $i = 1, \cdots, n$. 现天文学家用 $\overline{X}_n = \frac{1}{n} \sum_{i=1}^{n} X_i$ 作为 D 的估计,为使 $\overline{X}_n$ 对 D 的估计精度在 ± 0.25 光年之间的概率大于 0.98,问这位天文学家至少要作出多少次独立的观测?

5. 一册 400 页的书中,每一页的印刷错误的个数服从泊松分布 $\pi(0.2)$ 各页有多少个错误是相互独立的. 求这册书的错误不多于 90 个的概率.

6. 设随机变量 $X_1, X_2, \cdots, X_n, \cdots$ 相互独立,且 X_i 的概率分布为

X_i	0	i
$P\{X_i = x\}$	$1 - \frac{1}{2^i}$	$\frac{1}{2^i}$

$i = 1, 2, \cdots$,证明随机变量序列 $\{X_i\}$ 服从大数定律,即对于任何正数 ε,有

$$\lim_{n \to \infty} P\left\{ \left| \frac{1}{n} \sum_{i=1}^{n} X_i - \frac{1}{n} \sum_{i=1}^{n} E(X_i) \right| < \varepsilon \right\} = 1.$$

7. 设一批产品的次品率为 8%,放回抽样检查 50 件样品.

(1) 如果样品中的次品数不超过 5 件,则接受这批产品,否则拒绝接受. 求这批产品被接受的概率;

(2) 为了使这批产品被接受的概率达到 0.92 左右,应规定样品中的次品数不得超过多少件为宜?

8. 为了估计一大批产品的次品率,需要抽查多少件样品,才能使样品中次品出现的频率与这批产品的次品率之差小于 0.05 的概率达到 0.95?

9. 设某工厂生产的零件的合格品率为 90%.

(1) 如果每箱装 100 个零件,求其中合格品数不少于 95 个的概率;

(2) 为了以 0.99 的概率保证每箱中的合格品数不少于 95 个,每箱应装多少个零件?

10. 某车间有 100 台同类型的机床,彼此独立工作,每台机床实际工作时间占全部工作时间的 80%.

(1) 求任一时刻有 70~85 台机床在工作的概率;

(2) 如果每台机床需要的电功率是 Q(单位:kW),则应当供应的电功率是多少,才能以 95% 的概率保证各台机床能够正常工作?

11. 进行加法计算时,根据"四舍五入"原则把每个加数取为最近整数来计算.

(1) 求 500 个数相加时误差总和的绝对值不超过 10 的概率;

(2) 多少个数相加时,可使误差总和的绝对值不超过 10 的概率大于 0.95?

第6章 样本及其分布

前几章介绍了概率论的基本内容. 可以知道, 在概率论中用随机变量的概率分布或数字特征等参数来描述随机现象的统计规律. 但是对一个实际问题, 随机变量的概率分布或数字特征往往是不知道的. 如何确定随机变量的概率分布或数字特征是数理统计要解决的问题. 从理论上讲, 只要对随机现象进行大量试验或观测, 其统计规律性就能显现出来. 但是在实际问题中, 要进行大量试验或观测是不现实的. 这是因为有些试验成本很高(如核磁共振检查)或具有破坏性(如导弹命中率测试), 不宜做过多试验; 有些研究对象(如铆钉)数量太多, 限于人力、物力、时间等不能作大量测试. 实际做法是, 从研究对象总体中随机抽取一部分, 通过试验或观察得到一批数据, 再通过对这些部分数据的分析, 对所研究对象的客观规律作出合理的估计或推断.

数理统计是有广泛应用的一门数学分支, 它以概率论的理论为基础, 研究①怎样用有效的方法(通过试验或观察)收集数据(称为试验设计和抽样调查); ②如何对这些数据进行统计分析, 从而对所研究的问题作出合理的估计与推断(称为统计推断). 数理统计的内容很丰富, 本书主要介绍统计推断方面的基本知识, 包括参数估计和假设检验. 也将介绍试验设计的内容, 主要是正交试验设计.

本章介绍数理统计的几个主要概念, 并介绍几个常用的统计量及其分布.

6.1 简单随机样本

6.1.1 总体与个体

数理统计中, 把研究对象的全体称为总体(又称母体), 将组成总体的每个单元(或元素)称为个体. 例如, 有某种型号灯泡10000个, 为了解其寿命, 需要从中抽若干个做试验. 这10000个灯泡就是一个总体, 每个灯泡是一个个体.

需要指出的是, 数理统计中, 人们关心的是研究对象的某项数量指标, 如产品的使用寿命、学生的身高等. 这些数量指标在测试前虽然能预料其可能结果, 但确切值是未知的, 它们是一个随机变量. 因此, 总体可以看成是一个随机变量. 总体依其包含的个体总数分为有限总体和无限总体. 对总体的研究, 主要归结为对总体(即某个随机变量)的分布函数及其数字特征的研究.

6.1.2 简单随机样本

为了了解总体 X 的分布,需要从中随机抽取一定数量的个体进行观测.这些被抽取的部分个体,称为总体的一个样本(又称子样),样本中个体的数量称为样本容量.

需要指出的是,样本是从总体中抽取的,当抽样还未进行时,容量为 n 的样本是一个 n 维随机变量 $(X_1, X_2, \cdots, X_n)$. 若抽样已经实现,则称容量为 n 的样本值 $(x_1, x_2, \cdots, x_n)$ 为样本观察值,并称 x_i 为 X_i 的一个观察值. 在不致误解的情况下,样本以及样本观察值都记作 $x_1, x_2, \cdots, x_n$.

为了保证抽取的样本能较好地反映总体的特征,要求①样本具有代表性,即样本中的每个个体 X_i 都与总体 X 有相同的分布;②样本中的各个体 $X_1, X_2, \cdots, X_n$ 相互独立,就是说每个观测结果不影响其他观测结果,也不受其他观测结果的影响. 称满足以上两个条件的样本为简单随机样本,称获得简单随机样本的抽样方法为简单随机抽样.

通常的抽样方法有随机放回抽样和不放回抽样两种. 对于随机放回抽样,每次都是从完整的总体中随机抽取一个个体,如 X_i, X_i 的取值情况与总体 X 是完全相同的,因此它是一个与总体 X 有同样分布的随机变量. $X_1, X_2, \cdots, X_n$ 的抽取互不影响,即 $X_1, X_2, \cdots, X_n$ 相互独立. 因此随机放回抽样是简单随机抽样. 对于不放回抽样,各次抽样是有影响的,后面抽取的个体已不能代表完整的总体,因此不是简单随机抽样. 但是在实际问题中,样本容量往往很小(一般在总体数量的 1/10 以下),每取出一个个体,总体成分变化很小,又因为是随机抽样,取出的个体对总体仍具有"代表性". 因此,在样本容量很小时,随机不放回抽样也可看成简单随机抽样. 今后,如未加说明,凡是提到样本都是指简单随机样本.

样本是一个随机变量,样本的分布可以由总体的分布确定. 设总体的分布函数为 $F(x)$,则样本 $(X_1, X_2, \cdots, X_n)$ 的联合分布函数

$$\begin{aligned}F(x_1, x_2, \cdots, x_n) &= P\{X_1 \leqslant x_1, X_2 \leqslant x_2, \cdots, X_n \leqslant x_n\} \\ &= P\{X_1 \leqslant x_1\} P\{X_2 \leqslant x_2\} \cdots P\{X_n \leqslant x_n\} \\ &= F(x_1) F(x_2) \cdots F(x_n).\end{aligned} \tag{6.1}$$

6.1.3 统计量

样本是进行统计推断的基础,但它并未直接给出总体的信息. 要用样本来推断总体,需要把样本中所关心的信息以某种方式集中起来. 在数理统计中就需要根据不同的问题构造样本的适当的函数,利用样本的函数进行统计分析与推断. 这种样本的函数称为统计量. 精确定义如下.

定义 6.1 设 $(X_1,X_2,\cdots,X_n)$ 是来自总体 X 的一个样本，$g(X_1,X_2,\cdots,X_n)$ 是 $X_1,X_2,\cdots,X_n$ 的函数，若 g 是连续函数，且 g 中不含任何未知参数，则称 $g(X_1,X_2,\cdots,X_n)$ 为一个统计量.

若 $(x_1,x_2,\cdots,x_n)$ 是样本 $(X_1,X_2,\cdots,X_n)$ 的一个观察值，则 $g(x_1,x_2,\cdots,x_n)$ 是统计量 $g(X_1,X_2,\cdots,X_n)$ 的一个观察值.

定义 6.2 设 $(X_1,X_2,\cdots,X_n)$ 是总体 X 的一个样本，记

$$\overline{X}=\frac{1}{n}\sum_{i=1}^{n}X_i,\quad S^2=\frac{1}{n-1}\sum_{i=1}^{n}(X_i-\overline{X})^2,\quad S=\sqrt{\frac{1}{n-1}\sum_{i=1}^{n}(X_i-\overline{X})^2},$$

称 $\overline{X}$ 为样本均值，S^2 为样本方差，S 为样本标准差.

记

$$A_k=\frac{1}{n}\sum_{i=1}^{n}X_i^k,\quad S_n^k=\frac{1}{n}\sum_{i=1}^{n}(X_i-\overline{X})^k,\quad k=1,2,\cdots,$$

称 A_k 为样本 k 阶原点矩，称 S_n^k 为样本 k 阶中心矩. 显然 $\overline{X}=A_1$，$S^2=\frac{n}{n-1}S_n^2$.

若 $(x_1,x_2,\cdots,x_n)$ 是样本 $(X_1,X_2,\cdots,X_n)$ 的观察值，则 $\overline{X},S^2,A_k,S_n^k$ 的观察值分别为

$$\overline{x}=\frac{1}{n}\sum_{i=1}^{n}x_i,\quad s^2=\frac{1}{n-1}\sum_{i=1}^{n}(x_i-\overline{x})^2,$$

$$a_k=\frac{1}{n}\sum_{i=1}^{n}x_i^k,\quad s_n^k=\frac{1}{n}\sum_{i=1}^{n}(x_i-\overline{x})^k.$$

有时也把 $\overline{x},s^2,a_k,s_n^k$ 分别称为样本均值，样本方差，样本 k 阶原点矩，样本 k 阶中心矩. 样本均值反映样本观察值的集中情况，样本方差反映样本观察值的离散程度. 当 n 充分大时，它们大致反映了总体 X 的集中情况和离散程度，即数学期望和方差.

定义 6.3 设 $(x_1,x_2,\cdots,x_n)$ 是样本 $(X_1,X_2,\cdots,X_n)$ 的一组观测值，将它们从小到大按递增次序重新排列为 $x_1^*\leqslant x_2^*\leqslant\cdots\leqslant x_n^*$，记 X_k^* 是这样的随机变量，当 $(X_1,X_2,\cdots,X_n)$ 取值 $(x_1,x_2,\cdots,x_n)$ 时，X_k^* 取值 x_k^*，$k=1,2,\cdots,n$. 这样得到的 n 个新的随机变量 $X_1^*,X_2^*,\cdots,X_n^*$ 称为总体 X 的一组顺序统计量，$X_k^*(k=1,2,\cdots,n)$ 称为第 k 位顺序统计量.

由定义知，$X_1^*\leqslant X_2^*\leqslant\cdots\leqslant X_n^*$，且 $X_1^*=\min(X_1,X_2,\cdots,X_n)$，$X_n^*=\max(X_1,X_2,\cdots,X_n)$，即 X_1^* 的观测值是样本观测 $x_1,x_2,\cdots,x_n$ 中最小的那一个，而 X_n^* 的观测值是样本观测值 $x_1,x_2,\cdots,x_n$ 中最大的那一个.

习 题 6.1

1. 测量 100 个机械零件的质量(单位:g)，统计如下表：

零件质量/g	频数	零件质量/g	频数
236.5~239.5	1	251.5~254.5	22
239.5~242.5	5	254.5~257.5	11
242.5~245.5	9	257.5~260.5	6
245.5~248.5	19	260.5~263.5	1
248.5~251.5	24	263.5~266.5	2

计算零件质量的样本均值、样本标准差及样本方差.

2. 从总体中抽取容量为 n 的样本 $X_1, X_2, \cdots, X_n$. 设 c 为任意常数, k 为任意正数, 作变换
$$Y_i = k(X_i - c), \quad i = 1, 2, \cdots, n.$$
证明(1)$\overline{X} = \overline{Y}/k + c$; (2) $s_x^2 = s_y^2/k^2$, 其中, $\overline{X}$ 及 s_X^2 分别表示 $X_1, X_2, \cdots, X_n$ 的样本均值及样本方差; $\overline{Y}$ 及 s_Y^2 分别表示 $Y_1, Y_2, \cdots, Y_n$ 的样本均值及样本方差.

3. 从总体中抽取两组样本, 其容量分别为 n_1 及 n_2, 设两组的样本均值分别为 $\overline{X}_1$ 及 $\overline{X}_2$, 样本方差分别为 S_1^2 及 S_2^2. 把这两组样本合并为一组容量为 $n_1 + n_2$ 的联合样本, 证明联合样本的样本均值
$$\overline{X} = \frac{n_1 \overline{X}_1 + n_2 \overline{X}_2}{n_1 + n_2},$$
联合样本的样本方差
$$S^2 = \frac{(n_1 - 1)S_1^2 + (n_2 - 1)S_2^2}{n_1 + n_2 - 1} + \frac{n_1 n_2 (\overline{X}_1 - \overline{X}_2)^2}{(n_1 + n_2)(n_1 + n_2 - 1)}.$$

6.2 抽样分布

统计量作为样本的函数是一个随机变量, 统计量的分布称为抽样分布. 在使用统计量进行统计推断时常需要知道它的分布. 当总体的分布函数已知时, 抽样分布是确定的. 然而要求出统计量的精确分布, 一般来说并不容易. 下面介绍几个来自正态总体的常用统计量的分布, 它们也是在数理统计中应用最广的抽样分布.

6.2.1 统计学的三大分布

1. χ^2 分布

设 $X_1, X_2, \cdots, X_n$ 独立同分布, $X_i \sim N(0, 1^2)$ $(i = 1, 2, \cdots, n)$, 则称随机变量 $\chi^2 = X_1^2 + X_2^2 + \cdots + X_n^2$ 的分布为自由度为 n 的 χ^2 分布, 记为 $\chi^2 \sim \chi^2(n)$. 此处, 自由度是指上式右端和式中包含的独立变量的个数.

由例 2.21 知 $X_i^2 \sim \chi^2(1)$, 再利用求随机变量之和的概率密度的方法可以求得

$\chi^2(n)$ 分布的概率密度为

$$f(x) = \begin{cases} \dfrac{1}{2^{n/2}\Gamma(n/2)} x^{\frac{n}{2}-1} e^{-\frac{x}{2}}, & x > 0, \\ 0, & \text{其他}. \end{cases}$$

$\chi^2(n)$ 分布的概率密度函数图形如图 6-1 所示.

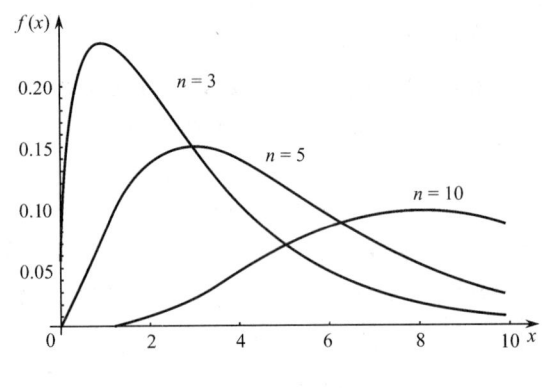

图 6-1

χ^2 分布有如下性质:

(1) 若 $Y \sim \chi^2(n)$,则 $E(Y) = n$, $D(Y) = 2n$.

证 由 χ^2 分布的定义,存在 n 个相互独立的标准正态随机变量 $X_1, X_2, \cdots, X_n$,使

$$Y = X_1^2 + X_2^2 + \cdots + X_n^2.$$

易知 $E(X_i) = 0$, $E(X_i^2) = 1$,从而 $D(X_i) = 1$,根据期望和方差的性质即得结论.

(2) 设 $Y_1 \sim \chi^2(m)$, $Y_2 \sim \chi^2(n)$,且 Y_1, Y_2 相互独立,则 $Y_1 + Y_2 \sim \chi^2(m+n)$,即 χ^2 分布具有可加性.

证 由 χ^2 分布的定义,$Y_1 + Y_2$ 是 $m+n$ 个标准正态随机变量的平方和,因此

$$Y_1 + Y_2 \sim \chi^2(m+n).$$

例 6.1 设 $X_1, X_2, \cdots, X_{10}$ 是来自正态总体 $N(0, 2^2)$ 的一个简单随机样本,求常数 a, b, c, d,使 $Q = aX_1^2 + b(X_2 + X_3)^2 + c(X_4 + X_5 + X_6)^2 + d(X_7 + X_8 + X_9 + X_{10})^2$ 服从 χ^2 分布,并求自由度 m.

解 由于 $X_i \sim N(0, 2^2)$,且 X_i 之间相互独立,因此

$$X_1 \sim N(0, 2^2), \quad \frac{1}{2} X_1 \sim N(0, 1),$$

故 $\frac{1}{4}X_1^2 \sim \chi^2(1)$,同理

$$X_2+X_3 \sim N(0,8), \quad X_4+X_5+X_6 \sim N(0,12),$$
$$X_7+X_8+X_9+X_{10} \sim N(0,16),$$

故

$$\frac{1}{8}(X_2+X_3)^2 \sim \chi^2(1), \quad \frac{1}{12}(X_4+X_5+X_6)^2 \sim \chi^2(1),$$
$$\frac{1}{16}(X_7+X_8+X_9+X_{10})^2 \sim \chi^2(1).$$

由 χ^2 分布的可加性可知

$$\frac{1}{4}X^2+\frac{1}{8}(X_2+X_3)^2+\frac{1}{12}(X_4+X_5+X_6)^2+\frac{1}{16}(X_7+X_8+X_9+X_{10})^2 \sim \chi^2(4).$$

因此当 $a=\frac{1}{4},b=\frac{1}{8},c=\frac{1}{12},d=\frac{1}{16}$ 时,Q 服从自由度为 $m=4$ 的 χ^2 分布.

2. t 分布

设 $X \sim N(0,1),Y \sim \chi^2(n)$,并且 X 与 Y 相互独立,则称随机变量 $T=\dfrac{X}{\sqrt{Y/n}}$ 的分布为自由度为 n 的 t 分布,又称学生氏(Student)分布,记为 $T \sim t(n)$.

$t(n)$ 分布的概率密度为

$$f(t)=\frac{\Gamma((n+1)/2)}{\sqrt{\pi n}\Gamma(n/2)}\left(1+\frac{t^2}{n}\right)^{-\frac{n+1}{2}}, \quad -\infty<t<+\infty.$$

$t(n)$ 分布的概率密度函数图形如图 6-2 所示.

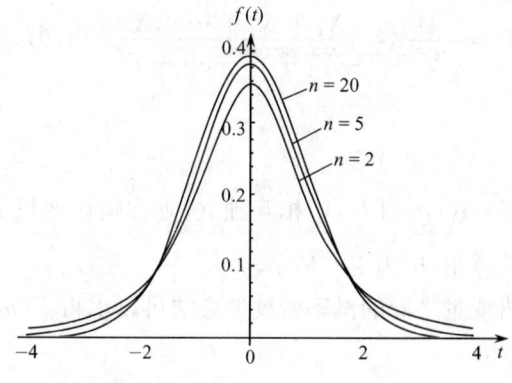

图 6-2

当 $n\to\infty$ 时, t 分布的极限分布是正态分布.

例 6.2 设随机变量 X 和 Y 相互独立且均服从正态分布 $N(0,3^2)$, 而随机样本 $X_1,X_2,\cdots,X_9$ 和 $Y_1,Y_2,\cdots,Y_9$ 分别来自正态总体 X 和 Y, 试证明统计量 $T=\dfrac{X_1+X_2+\cdots+X_9}{\sqrt{Y_1^2+Y_2^2+\cdots+Y_9^2}}$ 服从自由度为 9 的 t 分布.

证 因为 X_i 和 $Y_i(i=1,2,\cdots,9)$ 独立同分布, 所以
$$\frac{1}{3}X_i \sim N(0,1), \quad \frac{1}{3}Y_i \sim N(0,1), \quad \frac{1}{9}Y_i^2 \sim \chi^2(1)$$

而
$$\sum_{i=1}^{9} X_i \sim N(0,9^2),$$

故
$$\frac{\sum_{i=1}^{9} X_i}{9} \sim N(0,1), \quad \frac{\sum_{i=1}^{9} Y_i^2}{9} \sim \chi^2(9).$$

令
$$U = \frac{\sum_{i=1}^{9} X_i}{9} \sim N(0,1), \quad V = \frac{\sum_{i=1}^{9} Y_i^2}{9} \sim \chi^2(9),$$

则 U 与 V 相互独立, 且由 t 分的定义可知
$$T = \frac{U}{\sqrt{V/9}} \sim t(9).$$

于是
$$T = \frac{U}{\sqrt{V/9}} = \frac{X_1+X_2+\cdots+X_9}{\sqrt{Y_1^2+Y_2^2+\cdots+Y_9^2}} \sim t(9).$$

3. F 分布

设 $U\sim\chi^2(m), V\sim\chi^2(n)$ 且 U,V 相互独立, 则称随机变量 $F=\dfrac{U/m}{V/n}$ 的分布为自由度是 (m,n) 的 F 分布, 记为 $F\sim F(m,n)$.

利用求两个随机变量之商的概率密度的方法可以求得 $F(m,n)$ 分布的概率密度为
$$f(x) = \begin{cases} m^{\frac{m}{2}} n^{\frac{n}{2}} \dfrac{\Gamma((m+n)/2)}{\Gamma(m/2)\Gamma(n/2)} x^{\frac{m}{2}-1}(mx+n)^{-\frac{m+n}{2}}, & x>0, \\ 0, & \text{其他}. \end{cases}$$

$F(m,n)$ 分布的概率密度函数图形如图 6-3 所示.

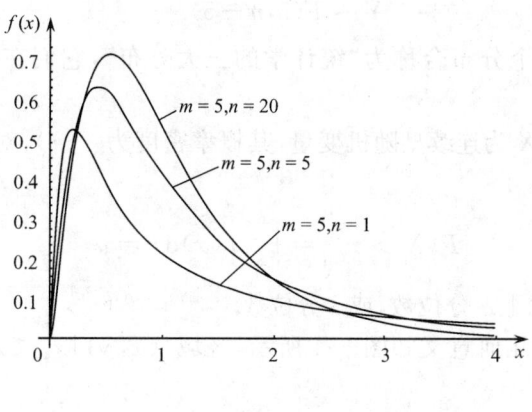

图 6-3

由 F 分布的定义可知，F 分布具有性质：若 $X\sim F(m,n)$，则 $1/X\sim F(n,m)$.

例 6.3 设总体 X 服从标准正态分布，$X_1,X_2,\cdots,X_n$ 是来自总体 X 的一个简单随机样本，试问统计量

$$Y=\left(\frac{n}{5}-1\right)\frac{\sum\limits_{i=1}^{5}X_i^2}{\sum\limits_{i=6}^{n}X_i^2},\quad n>5$$

服从何种分布？

解 因为

$$X_i\sim N(0,1),\quad \sum_{i=1}^{5}X_i^2\sim\chi^2(5),\quad \sum_{i=6}^{n}X_i^2\sim\chi^2(n-5),$$

且 $\sum\limits_{i=1}^{5}X_i^2$ 与 $\sum\limits_{i=6}^{n}X_i^2$ 相互独立，所以

$$\frac{\sum\limits_{i=1}^{5}X_i^2/5}{\sum\limits_{i=6}^{n}X_i^2/(n-5)}\sim F(5,n-5).$$

由于

$$Y=\left(\frac{n}{5}-1\right)\frac{\sum\limits_{i=1}^{5}X_i^2}{\sum\limits_{i=6}^{n}X_i^2}=\frac{\sum\limits_{i=1}^{5}X_i^2/5}{\sum\limits_{i=6}^{n}X_i^2/(n-5)}.$$

故
$$Y \sim F(5, n-5).$$

通常把以上 3 个分布合称为"统计学的三大分布",它们在统计学中有广泛应用.

定义 6.4 设 X 为连续型随机变量,其概率密度为 $f(x)$,对于给定的 $\alpha(0<\alpha<1)$,称满足
$$P\{X > x_\alpha\} = \int_{x_\alpha}^{+\infty} f(x)\mathrm{d}x = \alpha$$
的数 x_α 为此分布的上 α 分位数,或 α 分位数.

α 分位数 x_α 的几何意义如图 6-4 所示,区域 $\{(x,y) \mid x_\alpha < x < +\infty, 0 < y < f(x)\}$ 的面积为 α.

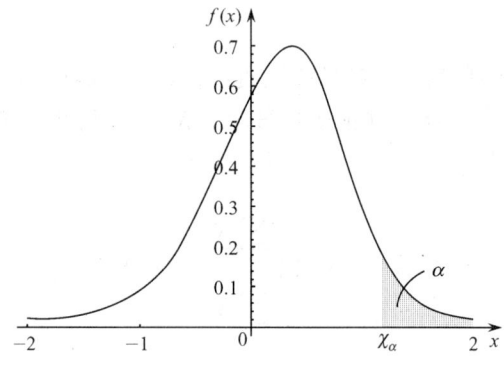

图 6-4

$N(0,1)$ 分布,$\chi^2(n)$ 分布,$t(n)$ 分布,$F(m,n)$ 分布的 α 分位数分别记为 z_α,$\chi_\alpha^2(n)$,$t_\alpha(n)$ 和 $F_\alpha(m,n)$,它们的值可以在附表中查到. 由分布函数的特性容易得到分位数的如下性质:

(1) $z_{1-\alpha} = -z_\alpha$,$t_{1-\alpha}(n) = -t_\alpha(n)$;

(2) 当 n 充分大时(一般 $n>45$),$\chi_\alpha^2(n) \approx n + \sqrt{2n}z_\alpha$,$t_\alpha(n) \approx z_\alpha$;

(3) $F_{1-\alpha}(n,m) = 1/F_\alpha(m,n)$.

证 (1) 由标准正态分布和 t 分布关于 y 轴的对称性即知;

(2) 只证 $\chi_\alpha^2(n) \approx n + \sqrt{2n}z_\alpha$. 设 $Y = \chi^2(n)$,则 $E(Y) = n$,$D(Y) = 2n$,由 α 分位数的定义及中心极限定理知
$$\alpha = P\{Y > \chi_\alpha^2(n)\} = P\left\{\frac{Y-n}{\sqrt{2n}} > \frac{\chi_\alpha^2(n)-n}{\sqrt{2n}}\right\} \approx \frac{1}{\sqrt{2\pi}} \int_{\frac{\chi_\alpha^2(n)-n}{\sqrt{2n}}}^{+\infty} \mathrm{e}^{-\frac{t^2}{2}} \mathrm{d}t,$$

所以 $z_\alpha \approx \dfrac{\chi_\alpha^2(n)-n}{\sqrt{2n}}$,即 $\chi_\alpha^2(n) \approx n+\sqrt{2n}z_\alpha$.

(3) 设 $X \sim F(m,n)$,则 $1/X \sim F(n,m)$. 由

$$1-\alpha = P\left\{\dfrac{1}{X} > F_{1-\alpha}(n,m)\right\} = P\left\{X < \dfrac{1}{F_{1-\alpha}(n,m)}\right\}$$

得

$$P\left\{X > \dfrac{1}{F_{1-\alpha}(n,m)}\right\} = \alpha,$$

即

$$F_\alpha(m,n) = \dfrac{1}{F_{1-\alpha}(n,m)} \quad \text{或} \quad F_{1-\alpha}(n,m) = \dfrac{1}{F_\alpha(m,n)}.$$

例 6.4 查表求下列分位数的值:

$z_{0.05}, z_{0.90}, \chi_{0.05}^2(20), \chi_{0.975}^2(20), \chi_{0.01}^2(200), t_{0.05}(10), t_{0.975}(10), t_{0.01}(100), F_{0.05}(8,10), F_{0.99}(30,10).$

解 查附表 3~附表 6 得 $z_{0.05}=1.645, z_{0.90}=-z_{0.10}=-1.28, \chi_{0.05}^2(20)=31.41, \chi_{0.975}^2(20)=9.591, \chi_{0.01}^2(200) \approx 200+\sqrt{2 \times 200}z_{0.01}=200+20 \times 2.33=246.6, t_{0.05}(10)=1.8125, t_{0.975}(10)=-t_{0.025}(10)=-2.2281, t_{0.01}(100)=z_{0.01}=2.33, F_{0.05}(8,10)=3.07, F_{0.99}(30,10)=1/F_{0.01}(10,30)=1/2.98=0.336$.

6.2.2 几个常见的抽样分布

定理 6.1 设总体 $X \sim N(\mu, \sigma^2), (X_1, X_2, \cdots, X_n)$ 是来自总体 X 的一个简单随机样本,$\overline{X}$ 和 S^2 分别为样本均值和样本方差,则

(1)
$$\dfrac{\overline{X}-\mu}{\sigma/\sqrt{n}} \sim N(0,1); \tag{6.2}$$

(2)
$$\overline{X} \text{ 和 } S^2 \text{ 相互独立};$$

(3)
$$\dfrac{(n-1)S^2}{\sigma^2} \sim \chi^2(n-1); \tag{6.3}$$

(4)
$$\dfrac{\overline{X}-\mu}{S/\sqrt{n}} \sim t(n-1). \tag{6.4}$$

证 (1),(4) 由正态分布的性质和 t 分布的定义立即可得;(2),(3)证明略.

定理 6.2 设总体 $X \sim N(\mu_1, \sigma_1^2)$,总体 $Y \sim N(\mu_2, \sigma_2^2)$,$(X_1, X_2, \cdots, X_m)$ 和 $(Y_1, Y_2, \cdots, Y_n)$ 是从两个总体中独立抽取的两个子样,$\overline{X}, S_X^2, \overline{Y}, S_Y^2$ 分别为这两个子样的样本均值与样本方差,则

(1)
$$\frac{(\overline{X}-\overline{Y})-(\mu_1-\mu_2)}{\sqrt{\sigma_1^2/m+\sigma_2^2/n}} \sim N(0,1); \tag{6.5}$$

(2) 若 $\sigma_1 = \sigma_2$(即两总体 X 与 Y 有方差齐性),则

$$\frac{(\overline{X}-\overline{Y})-(\mu_1-\mu_2)}{S_w\sqrt{1/m+1/n}} \sim t(m+n-2), \tag{6.6}$$

其中,$S_w^2 = \dfrac{(m-1)S_X^2+(n-1)S_Y^2}{m+n-2}$.

证 (1) 因

$$\overline{X} \sim N\left(\mu_1, \frac{\sigma_1^2}{m}\right), \quad \overline{Y} \sim N\left(\mu_2, \frac{\sigma_2^2}{n}\right).$$

又 $\overline{X}$ 与 $\overline{Y}$ 相互独立,故

$$\overline{X}-\overline{Y} \sim N\left(\mu_1-\mu_2, \frac{\sigma_1^2}{m}+\frac{\sigma_2^2}{n}\right).$$

经标准化处理后即得结论.

(2) 若 $\sigma_1 = \sigma_2 (=\sigma)$,由(1)知

$$U = \frac{(\overline{X}-\overline{Y})-(\mu_1-\mu_2)}{\sigma\sqrt{1/m+1/n}} \sim N(0,1).$$

又由定理 6.1(3)

$$\frac{(m-1)S_X^2}{\sigma^2} \sim \chi^2(m-1), \quad \frac{(n-1)S_Y^2}{\sigma^2} \sim \chi^2(n-1),$$

且 S_X^2 与 S_Y^2 相互独立,根据 χ^2 分布的可加性,有

$$V = \frac{(m-1)S_X^2+(n-1)S_Y^2}{\sigma^2} \sim \chi^2(m+n-2),$$

且 U 与 V 相互独立,再由 t 分布的定义得

$$\frac{U}{\sqrt{V/(m+n-2)}} \sim t(m+n-2).$$

化简即得要证结果.

定理 6.3 在定理 6.2 的条件下,有

$$\frac{S_X^2/S_Y^2}{\sigma_1^2/\sigma_2^2} \sim F(m-1, n-1). \tag{6.7}$$

6.2 抽样分布

例 6.5 随机样本 $X_1, X_2, \cdots, X_9$ 来自正态总体 X,设

$$Y_1 = \frac{1}{6}(X_1 + X_2 + \cdots + X_6),$$

$$Y_2 = \frac{1}{3}(X_7 + X_8 + X_9),$$

$$S^2 = \frac{1}{2}\sum_{i=7}^{9}(X_i - Y_2)^2,$$

$$Z = \frac{\sqrt{2}(Y_1 - Y_2)}{S}.$$

试证明:统计量 Z 服从自由度为 2 的 t 分布.

证 设 $X \sim N(\mu, \sigma^2)$,则易知

$$E(Y_1) = E(Y_2), \quad D(Y_1) = \frac{1}{6}\sigma^2, \quad D(Y_2) = \frac{1}{3}\sigma^2,$$

且 Y_1 与 Y_2 相互独立,

$$E(Y_1 - Y_2) = 0,$$

$$D(Y_1 - Y_2) = \frac{1}{6}\sigma^2 + \frac{1}{3}\sigma^2 = \frac{1}{2}\sigma^2,$$

从而随机变量

$$U = \frac{Y_1 - Y_2}{\sigma}\sqrt{2} \sim N(0, 1),$$

$$V = \frac{2S^2}{\sigma^2} \sim \chi^2(2).$$

由于 Y_1 与 Y_2 相互独立,Y_1 与 S^2,Y_2 与 S^2 都相互独立,可见 $Y_1 - Y_2$ 与 S^2 也相互独立,因此

$$Z = \frac{\sqrt{2}(Y_1 - Y_2)}{S} = \frac{U}{\sqrt{\dfrac{V}{2}}} \sim t(2),$$

即 Z 服从自由度为 2 的 t 分布.

例 6.6 从正态总体 $N(\mu, 0.5^2)$ 中抽取样本 $X_1, X_2, \cdots, X_{10}$.

(1) 已知 $\mu = 0$,求概率 $P\left\{\sum_{i=1}^{10} X_i^2 \geqslant 4\right\}$;

(2) 未知 μ,求概率 $P\left\{\sum_{i=1}^{10} (X_i - \overline{X})^2 \geqslant 2.85\right\}$.

解 (1) 由 χ^2 分布定义

$$\chi_1^2 = \frac{1}{\sigma^2}\sum_{i=1}^{10}(X_i - \mu)^2 = \frac{1}{0.5^2}\sum_{i=1}^{10} X_i^2 \sim \chi^2(10),$$

而
$$P\left\{\sum_{i=1}^{10} X_i^2 \geqslant 4\right\} = P\left\{\frac{1}{0.5^2}\sum_{i=1}^{10} X_i^2 \geqslant \frac{4}{0.5^2}\right\} = P\{\chi_1^2 \geqslant 16\}.$$

查附表 5 得 $\chi_{0.10}^2(10)=16.0$，由此得所求概率为 $P\left\{\sum_{i=1}^{10} X_i^2 \geqslant 4\right\} = 0.10$.

(2) 由定理 6.1(3) 知 $\chi_2^2 = \frac{1}{\sigma^2}\sum_{i=1}^{10}(X_i-\overline{X})^2 = \frac{1}{0.5^2}\sum_{i=1}^{10}(X_i-\overline{X})^2 \sim \chi^2(9)$，而

$$P\left\{\sum_{i=1}^{10}(X_i-\overline{X})^2 \geqslant 2.85\right\} = P\left\{\frac{1}{0.5^2}\sum_{i=1}^{10}(X_i-\overline{X})^2 \geqslant \frac{2.85}{0.5^2}\right\} = P\{\chi_2^2 \geqslant 11.4\}.$$

查附表 5 得 $\chi_{0.25}^2(9)=11.4$，由此得所求概率为

$$P\left\{\sum_{i=1}^{10}(X_i-\overline{X})^2 \geqslant 2.85\right\} = 0.25.$$

例 6.7 设总体 $X \sim N(\mu_1,\sigma^2)$，$Y \sim N(\mu_2,\sigma^2)$，从两个总体中分别抽样，得到下列数据：$n_1=7$，$\overline{x}=54$，$s_1^2=116.7$；$n_2=8$，$\overline{y}=42$，$s_2^2=85.7$. 求概率 $P\{0.8<\mu_1-\mu_2<7.5\}$.

解 按题意，两总体具有方差齐性，由定理 6.2(2) 知

$$T = \frac{(\overline{X}-\overline{Y})-(\mu_1-\mu_2)}{S_w\sqrt{1/m+1/n}} \sim t(m+n-2),$$

其中，

$$\overline{x}-\overline{y} = 54-42 = 12, \quad \sqrt{\frac{1}{m}+\frac{1}{n}} = \sqrt{\frac{1}{7}+\frac{1}{8}} \approx 0.518,$$

$$s_w = \sqrt{\frac{6\times 116.7+7\times 85.7}{7+8-2}} \approx 10.0.$$

于是

$$P\{0.8<\mu_1-\mu_2<7.5\}$$
$$= P\left\{\frac{12-7.5}{10\times 0.518} < \frac{(\overline{X}-\overline{Y})-(\mu_1-\mu_2)}{S_w\sqrt{1/m+1/n}} < \frac{12-0.8}{10\times 0.518}\right\}$$
$$= P\{0.869<T<2.16\} = P\{T>0.869\}-P\{T\geqslant 2.16\}.$$

查自由度为 13 的 t 分布表得 $t_{0.20}(13)=0.870$，$t_{0.025}(13)=2.16$，故所求概率

$$P\{0.8<\mu_1-\mu_2<7.5\} \approx 0.20-0.025 = 0.175.$$

6.2.3 直方图

设 X 是一个随机变量，如何根据样本值 $x_1,x_2,\cdots,x_n$ 近似求出它的概率密度（或分布函数）呢？现在介绍一种近似求概率密度的图解法——直方图法.

6.2 抽样分布

(1) 先把样本值 $x_1, x_2, \cdots, x_n$ 进行分组：

(i) 找出 $x_1, x_2, \cdots, x_n$ 的最小值与最大值，分别记为 x_1^*, x_n^*；

(ii) 选 a（它略小于 x_1^*），b（它略大于 x_n^*），并等分区间 $(a, b]$，得

$$a = t_0 < t_1 < t_2 < \cdots < t_m < t_{m+1} = b,$$

其中

$$t_{i+1} - t_i = \frac{b-a}{m+1}, \quad i = 0, 1, \cdots, m.$$

(m 的大小没有硬性规定，当样本容量 n 小时，m 也应小些，n 大时，m 则大些。比如，$n=100$ 时，m 可取 12，另外，为方便起见，一般使 t_i 比样本值多一位小数.)

(iii) 数出样本值落在区间 $(t_i, t_{i+1}]$ 中的个数，记为 $n_i (i = 0, 1, 2, \cdots, m)$。

为了掌握分组的 3 个步骤 (i)～(iii)，先举一个例子。

例 6.8 某炼钢厂生产了一种钢种叫 25MnSi，由于各种偶然因素的影响，各炉钢的含 Si 量是有些差异的，因而应该把含 Si 量 X 看成一个随机变量，现在看看它的概率分布是怎样的？

为了确定概率密度，记录了 120 炉正常生产的 25MnSi 钢的含 Si 量的数据（百分数）．

0.86	0.83	0.77	0.81	0.81	0.80
0.79	0.82	0.82	0.81	0.81	0.87
0.82	0.78	0.80	0.81	0.87	0.81
0.77	0.78	0.77	0.78	0.77	0.77
0.77	0.71	0.95	0.78	0.81	0.79
0.80	0.77	0.76	0.82	0.80	0.82
0.84	0.79	0.90	0.82	0.79	0.82
0.79	0.86	0.76	0.78	0.83	0.75
0.82	0.78	0.73	0.83	0.81	0.81
0.83	0.89	0.81	0.86	0.82	0.82
0.78	0.84	0.84	0.84	0.81	0.81
0.74	0.78	0.78	0.80	0.74	0.78
0.75	0.79	0.85	0.75	0.74	0.71
0.88	0.82	0.76	0.85	0.73	0.78
0.81	0.79	0.77	0.78	0.81	0.87
0.83	0.65	0.64	0.78	0.75	0.82
0.80	0.80	0.77	0.81	0.75	0.83
0.90	0.80	0.85	0.81	0.77	0.78
0.82	0.84	0.85	0.84	0.82	0.85
0.84	0.82	0.85	0.84	0.78	0.78

下面对这 120 个数据进行分组：
(i) 找出它们的最小值为 0.64，最大值为 0.95，其差为 0.31；
(ii) 取起点 $a=0.635$，终点 $b=0.955$. 共分 $m+1=16$ 组，组距 $=0.02$；
(iii) 分组及频数如表 6-1 所示.

表 6-1

分组	频数 n_i
0.635~0.655	2
0.655~0.675	0
0.675~0.695	0
0.695~0.715	2
0.715~0.735	2
0.735~0.755	8
0.755~0.775	13
0.775~0.795	23
0.795~0.815	14
0.815~0.835	21
0.835~0.855	14
0.855~0.875	6
0.875~0.895	2
0.895~0.915	2
0.915~0.935	0
0.935~0.955	1

以上用实例介绍了如何分组，下面根据分组情况及其频数来作直方图.

(2) 记

$$f_i = \frac{n_i}{n}, \quad i=0,1,\cdots,m,$$

则 f_i 是样本值落入区间 $(t_i, t_{i+1}]$ 的频率.

由于 n 个样本的抽取是独立的，由概率的统计定义可知，f_i 近似等于随机变量 X 落入区间 $(t_i, t_{i+1}]$ 的概率，即

$$f_i \approx P\{t_i < X \leqslant t_{i+1}\}, \quad i=0,1,\cdots,m.$$

现假设 X 的概率密度为 $f(t)$，则有

$$f_i \approx P\{t_i < X \leqslant t_{i+1}\} = \int_{t_i}^{t_{i+1}} f(x)\mathrm{d}x, \quad i=0,1,\cdots,m. \tag{6.8}$$

式(6.8)中,$f_i(i=0,1,\cdots,m)$是已知的,而$f(x)$未知,但它们之间有近似关系式(6.8).怎样由f_i去近似得出$f(x)$呢？为直观起见,借助于图形.

(3) 在xOy平面上,画一排竖着的长方形:对每个$i(0\leqslant i\leqslant m)$,以$t_it_{i+1}$为底,以$y_i=\dfrac{f_i}{t_{i+1}-t_i}$为高,如图6-5所示.

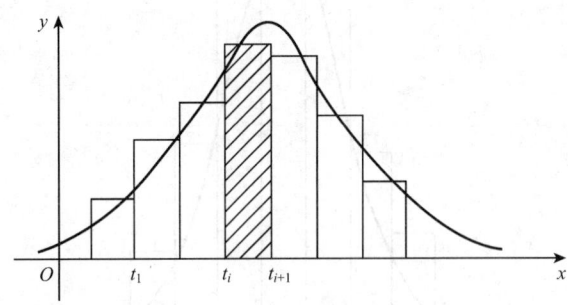

图 6-5

注意,图中$(t_i,t_{i+1}]$上的长方形(阴影部分)的面积为

$$\frac{f_i}{t_{i+1}-t_i}(t_{i+1}-t_i)=f_i\approx P\{t_i<X\leqslant t_{i+1}\}.$$

这样的图(一排竖着的长方形)就叫直方图.

这个图的好处就在于,它大致地描述了X的概率分布情况,因为每个竖着的长方形的面积,刚好近似地代表了X取值落入"底边"的概率.

再回忆随机变量X的概率密度曲线的直观意义("曲边梯形"的面积代表X取值落入底边的概率),可以说,上面竖着的长方形面积近似地等于有同样底边的"曲边梯形"的面积.

这样,只要有了直方图,就可大致画出概率密度曲线:让曲线大致经过每个竖着的长方形的"上边". 换句话说,直方图提供了概率密度的大致样子. 容易看出,如果样本容量越大(即n越大),分组越细(即m越大),则直方图就越接近概率密度曲线下的"曲边梯形",因而提供了概率密度更加准确的样子.

回到上面的例6.8,横轴x表示含Si量,其中,$a=t_0=0.635,t_1=0.655,\cdots,t_{15}=0.935,b=t_{16}=0.955,t_{i+1}-t_i=0.02$,在区间$(t_i,t_{i+1}](0\leqslant i\leqslant 15)$上作高度为$\dfrac{f_i}{t_{i+1}-t_i}$的长方形,这16个并立的长方形是本例的直方图6-5. 注意到,第i个长方形的高度是

$$\frac{f_i}{t_{i+1}-t_i}=\frac{n_i}{n}\times\frac{1}{t_{i+1}-t_i}=n_i\times\frac{1}{120}\times\frac{1}{0.02}=\frac{n_i}{2.4}.$$

为了方便起见,取纵坐标的单位长是 $\frac{1}{n(t_{i+1}-t_i)}=\frac{1}{2.4}$,则直方图中第 i 个长方形的高度正好是 n_i 个单位,见图 6-6.

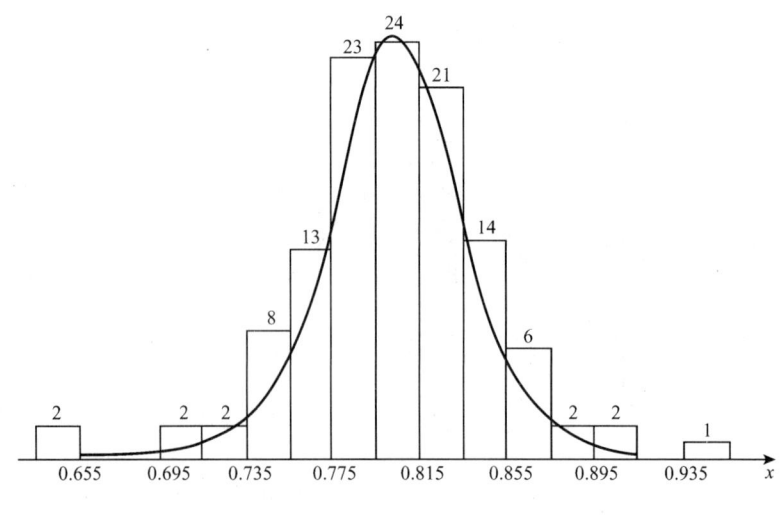

图 6-6

有了直方图,可以看出,X 的概率密度大体是图中曲线的位置. 从图上看,这条曲线很像是正态分布概率密度的曲线,怎样根据数据判断 X 是否服从正态分布呢? 这个问题将在 8.3 节介绍.

上面介绍的直方图法对于连续型的随机变量才用得上. 现在介绍一种方法,无论对连续型的或离散型的随机变量都可以用. 这就是根据 X 的样本作出 X 的"经验分布函数",它是 X 的分布函数的良好近似.

设 $x_1,x_2,\cdots,x_n$ 是 X 的样本,将它们按大小次序排列,得 $x_1^* \leqslant x_2^* \leqslant \cdots \leqslant x_n^*$. 令

$$F_n(x)=\begin{cases}0, & x<x_1^*,\\ \dfrac{k}{n}, & x_k^* \leqslant x<x_{k+1}^*, \quad k=1,\cdots,n-1.\\ 1, & x\geqslant x_n^*.\end{cases}$$

换句话说,对任何实数 x,$F_n(x)$ 等于诸 x_i 中不超过 x 的个数再除以 n. 从频率与概率的关系知道,$F_n(x)$ 可以作为未知分布函数的一个近似. n 越大,近似得越好.

习 题 6.2

1. 设总体 $X\sim N(0,0.3^2)$,$(X_1,X_2,\cdots,X_{10})$ 是 X 的容量为 10 的样本,求 $P\left\{\sum\limits_{i=1}^{10}X_i^2>\right.$

1.44).

2. 设 $\overline{X}_1$ 和 $\overline{X}_2$ 分别是取自正态总体 $N(\mu,\sigma^2)$ 的容量为 n 的两个样本 $(X_{11},X_{12},\cdots,X_{1n})$ 和 $(X_{21},X_{22},\cdots,X_{2n})$ 的样本均值,试确定 n 使两个样本均值之差超过 σ 的概率等于 0.01.

3. 已知 $X \sim t(n)$,证明 $X^2 \sim F(1,n)$.

4. 设总体 $X \sim N(0,1)$,$X_1,X_2,\cdots,X_n$ 为简单随机样本,试问下列统计量各服从什么分布?

(1) $\dfrac{X_1-X_2}{(X_3^2+X_4^2)^{\frac{1}{2}}}$; (2) $\dfrac{\sqrt{n-1}X_1}{\sqrt{\sum_{i=1}^{n-1}X_i^2}}$; (3) $(n/3-1)\dfrac{\sum_{i=1}^{3}X_i^2}{\sum_{i=4}^{n}X_i^2}$.

5. 设总体 $X \sim N(\mu,\sigma^2)$,抽取样本 $X_1,X_2,\cdots,X_n$,记样本均值为 $\overline{X}_n=\dfrac{1}{n}\sum_{i=1}^{n}X_i$,样本方差为 $S_n^2=\dfrac{1}{n-1}\sum_{i=1}^{n}(X_i-\overline{X})^2$,如果再取一个样本 X_{n+1},证明统计量

$$\sqrt{\dfrac{n}{n+1}}\dfrac{X_{n+1}-\overline{X}_n}{S_n} \sim t(n-1).$$

习 题 6

1. 设总体 $X \sim B(1,p)$,其中,p 是未知参数,$(X_1,X_2,\cdots,X_5)$ 是总体 X 的样本.
(1) 写出样本空间和样本的联合概率分布;
(2) 指出 X_1+X_3,$\min\{X_1,X_2,\cdots,X_5\}$,$\dfrac{X_1}{p}$,$(X_5-X_1)^2$ 中哪些是统计量,哪些不是统计量;
(3) 若样本观测值为 $0,1,0,1,1$,求样本均值与样本方差.

2. 设总体 $X \sim N(\mu,\sigma^2)$,其中,μ 已知,σ^2 未知,(X_1,X_2,X_3) 是总体 X 的样本.
(1) 写出样本的联合概率密度;
(2) 指出 $X_1+X_2+X_3$,$X_1-\mu$,$\max\{X_1,X_2,X_3\}$,$\sum_{i=1}^{3}\dfrac{X_i}{\sigma}$,$\dfrac{X_3-X_1}{2}$ 中哪些是统计量,哪些不是统计量.

3. 设 $X_1,X_2,\cdots,X_n$ 是总体 $N(0,1)$ 的简单随机样本,记

$$\overline{X}=\dfrac{1}{n}\sum_{i=1}^{n}X_i, \quad S^2=\dfrac{1}{n-1}\sum_{i=1}^{n}(X_i-\overline{X})^2, \quad T=\overline{X}^2-\dfrac{1}{n}S^2.$$

求 $D(T)$.

4. 设总体 X 服从泊松分布 $\pi(\lambda)$,抽取样本 $X_1,X_2,\cdots,X_n$,求样本均值 $\overline{X}$ 的数学期望与方差,以及样本方差 S^2 的数学期望.

5. 设总体 X 服从指数分布 $e(\theta)$,抽取样本 $X_1,X_2,\cdots,X_n$,求样本均值 $\overline{X}$ 的数学期望与方差,以及样本方差 S^2 的数学期望.

6. 设总体 X 服从正态分布 $N(12,\sigma^2)$,抽取容量为 25 的样本,求样本均值 $\overline{X}$ 小于 12.5 的概率,如果(1)已知 $\sigma=2$;(2)未知 σ,但已知样本方差 $s^2=5.57$.

7. 设总体 X 服从正态分布 $N(\mu,\sigma^2)$,抽取容量为 20 的样本 $X_1,X_2,\cdots,X_n$,求概率:

(1) $P\left\{12.4\sigma^2 \leqslant \sum\limits_{i=1}^{20}(X_i-\mu)^2 \leqslant 34.2\sigma^2\right\}$;

(2) $P\left\{10.1\sigma^2 \leqslant \sum\limits_{i=1}^{20}(X_i-\overline{X})^2 \leqslant 30.1\sigma^2\right\}$.

8. 设总体 X 服从正态分布 $N(15,2^2)$,抽取容量为 20 与 30 的两组样本,求两组样本均值之差的绝对值小于 0.3 的概率.

9. 设总体 $X \sim N(\mu_1,\sigma_1^2), Y \sim N(\mu_2,\sigma_2^2)$,从二总体中分别抽取样本,得到数据如下:

$$n_1=8,\quad \overline{x}=10.5,\quad s_1^2=42.25;\quad n_2=10,\quad \overline{y}=13.4,\quad s_2^2=56.25.$$

求概率:(1)$P\{\sigma_2^2/\sigma_1^2<4.40\}$;(2)$P\{\mu_1<\mu_2\}$,假定 $\sigma_1^2=\sigma_2^2$.

10. 设$(X_1,X_2,\cdots,X_{2n})$是来自正态总体 $N(0,\sigma^2)$ 的样本.试求下列统计量的分布:

(1) $Y_1=\dfrac{X_1^2+X_3^2+\cdots+X_{2n-1}^2}{X_2^2+X_4^2+\cdots+X_{2n}^2}$;

(2) $Y_2=\dfrac{X_1+X_3+\cdots+X_{2n-1}}{\sqrt{X_2^2+X_4^2+\cdots+X_{2n}^2}}$.

11. 设 $X_1,X_2,\cdots,X_n$ 是来自正态总体 $N(\mu,\sigma^2)$ 的简单随机样本,$\overline{X}$ 是样本均值,并记

$$S_1^2=\frac{1}{n-1}\sum_{i=1}^n(X_i-\overline{X})^2,\quad S_2^2=\frac{1}{n}\sum_{i=1}^n(X_i-\overline{X})^2,$$

$$S_3^2=\frac{1}{n-1}\sum_{i=1}^n(X_i-\mu)^2,\quad S_4^2=\frac{1}{n}\sum_{i=1}^n(X_i-\mu)^2.$$

现有以下 4 个统计量(μ 作为已知参数):

(A) $T_1=\dfrac{\overline{X}-\mu}{S_1/\sqrt{n-1}}$,   (B) $T_2=\dfrac{\overline{X}-\mu}{S_2/\sqrt{n-1}}$,

(C) $T_3=\dfrac{\overline{X}-\mu}{S_3/\sqrt{n}}$,   (D) $T_4=\dfrac{\overline{X}-\mu}{S_4/\sqrt{n}}$.

试问哪一个统计量服从自由度为 $n-1$ 的 t 分布?

12. 某食品厂为加强质量管理,对某天生产的罐头抽查了 100 个.试画直方图,从图形看它是否近似服从正态分布?

100 个罐头样品的净重数据(单位:g)如下表:

342	340	348	346	343	342	346	341	344	348
346	346	340	344	342	344	345	340	344	344
343	344	342	343	345	339	350	337	345	349
336	348	344	345	332	342	342	340	350	343
347	340	344	353	340	340	356	346	345	346
340	339	342	352	342	350	348	344	350	335
340	338	345	345	349	336	342	338	343	343
341	347	341	347	344	339	347	348	343	347
346	344	345	350	341	338	343	339	343	346
342	339	343	350	341	346	341	345	344	342

第7章 参数估计

数理统计的基本问题是根据样本所提供的信息,对总体的分布以及分布的数字特征作出统计推断.统计推断的主要内容分为两大类:一是参数估计问题,另一类是假设检验问题.两者都是根据样本资料,运用科学的统计理论和方法对总体的参数进行推断.参数估计是对所要研究的总体的参数进行合乎数理逻辑的推断.假设检验是对关于总体或总体参数提出的某个陈述进行检验,判断真伪.

2015 年中国消费者协会的主题是"携手共治畅享消费".消费者协会的工作人员,负责治理短斤少两的不法行为.假如某某公司生产的一种瓶装饮料,包装上标明其净含量是 500ml,消费者协会的工作人员在市场上随机抽取了 25 瓶,测得到其平均含量为 499.5ml,标准差为 2.63ml.根据这些数据消协的工作人员可以做以下两件事:一是做一个估计:该种包装的饮料平均含量在 498.03~500.97ml 之间,然后向消协写份报告;二是做一个裁决:说"某某公司产品的含量与标量不符"的证据不足.前者是参数估计,后者是假设检验.

如果总体的分布类型已知,而其参数未知,由样本统计量对总体的未知参数作出推断,这就是参数估计(parameter estimation).例如,服从泊松分布的随机变量,其概率分布是由参数 λ 确定;服从正态分布的随机变量,其概率分布是由两个参数 μ 和 σ^2 确定.由于随机变量的数字特征及参数的重要特征,因而在许多实际问题中,只需找到这些数字特征及参数,或对这些数字特征及参数有比较恰当的数值估计就可以了.那么如何去估计这些参数,同时得到的估计值效果怎样,是参数估计的主要研究问题.参数估计是统计推断的一种基本形式,是数理统计学的一个重要分支,分为点估计和区间估计两部分.

假设总体 X 包含未知参数 θ, $X_1, X_2, \cdots, X_n$ 是从该总体抽取的一个样本,依据合理的原理构造统计量 $T = T(X_1, X_2, \cdots, X_n)$,以此作为参数 θ 的估计,那么这个统计量 $T = T(X_1, X_2, \cdots, X_n)$ 就是 θ 的一个估计量或点估计量,常常用 $\hat{\theta}$ 表示 θ 的点估计;若 $x_1, x_2, \cdots, x_n$ 是样本 $X_1, X_2, \cdots, X_n$ 的一组观测值,代入估计量公式,计算出 $t = T(x_1, x_2, \cdots, x_n)$ 就是 θ 的一个点估计值,即用 $t = T(x_1, x_2, \cdots, x_n)$ 这一具体数值近似(代替)未知参数 θ 的真实值,这也是点估计这一名称由来的原因.需要说明的是估计量是随机变量,估计值是具体数值,估计量常用于理论研究,估计值多用于实际应用和计算.

估计值 $\hat{\theta}$ 虽然给人一个明确的数量概念,但还是不够的,因为它只是参数 θ 的一种近似值,而点估计本身既没有反映这种近似的精确度,又没有体现误差范围以及在该误差范围内的可能性(即概率).解决点估计的这一问题的一种方法是区间估计.在点估计的基础上,根据样本统计量构造出一个随机区间,该随机区间包含未知参数的概率为某一事先指定的值(可以事先指定),这样的区间称为参数的置信区间或区间估计,置信区间的一个或两个端点是随机的.当置信区间的端点由实际样本数据计算出来之后,它就成为一个固定的区间,和前面类似,这个具体的区间就是置信区间观测值或区间估计值.置信区间可以分为双侧置信区间和单侧置信区间.双边置信区间的两个端点都是随机的,而单边置信区间只有一个端点是随机的.对于未知参数的区间估计问题,我们这里仅仅考虑参数是一维的情况,而对于多维参数(即参数是向量)的置信域,比一维的情况要复杂,本章并未涉及,如果对此内容感兴趣的话,可以在多元统计方面的书籍中找到相关内容.

7.1 参数的点估计

假设总体 X 的概率密度函数 $f(x;\theta)$(或分布函数 $F(x;\theta)$)形式是已知的,但是该函数依赖于未知参数 θ,只知道它可能的取值范围是某集合 Θ,称为 θ 的参数空间.这样就有一族函数 $\{f(x;\theta):\theta\in\Theta\}$.设 $X_1,X_2,\cdots,X_n$ 是从总体 X 抽取的一个样本,根据某种原理构造统计量 $T=T(X_1,X_2,\cdots,X_n)$ 作为参数 θ 的估计,称统计量 $T=T(X_1,X_2,\cdots,X_n)$ 就是 θ 的一个点估计量或简称估计量,常用 $\hat{\theta}$ 表示 θ 的点估计;若 $x_1,x_2,\cdots,x_n$ 是样本 $X_1,X_2,\cdots,X_n$ 的一组观测值,带入估计量公式,计算出 $t=T(x_1,x_2,\cdots,x_n)$ 就是 θ 的一个点估计值或简称点估计,要注意区分估计量和估计值这两个概念的不同.如果总体分布依赖的参数有 k 个,即参数向量 $\theta=(\theta_1,\theta_2,\cdots,\theta_k)$,$f(x;\theta)=f(x;\theta_1,\theta_2,\cdots,\theta_k)$,$\theta\in\Theta$,则需要构造 k 个统计量 $u_1=u_1(X_1,X_2,\cdots,X_n)$,$u_2=u_2(X_1,X_2,\cdots,X_n)$,$\cdots$,$u_k=u_k(X_1,X_2,\cdots,X_n)$ 分别作为 $\theta_1,\theta_2,\cdots,\theta_n$ 的点估计量.构造参数 θ 的估计量是寻求其估计值的前提.在研究未知参数的估计值时,不是根据一组样本的具体观测值来确定一个估计值,因为对一组数据所决定的估计值是不可能知道这个估计的好坏的,必须从总体出发,在大量重复抽样下才能评价估计的好坏.自然的想法是研究参数 θ 一个估计量与参数 θ 的真值之间的偏差在统计意义下是大还是小,在统计意义下偏差小的估计量通常被认为是好的.点估计的优点在于它能够提供总体参数的具体估计值,可以作为行动决策的数量依据.例如,推销部门对某种产品估计出全年销售额数值,并分出每月销售额,便可传递给生产部门作为制定生产计划的依据,而生产部门又可将每月产量计划传递给采购部门作为制定原材料采购计划的依据等.点估计也有不足之处,它不能提供误差情况如何、误差程度有多大的这类重要信息.在构造统计量时,利用不同的原理和思想就可以得到不同的统计量,常用的有矩(法)估计和极(或最)大似然估计.

7.1.1 矩估计

矩估计法,也可以称为"矩法估计"是基于一种简单的替换思想建立起来的一种估计方法. 它是英国统计学家皮尔逊(K. Pearson)于 1900 年提出的. 其基本思想是:总体分布所含的参数一般都是总体矩的函数,如二项分布 $X \sim B(n,p)$ 中的参数 p 是总体随机变量 X 的一阶原点矩(即数学期望)的 n 分之一,即 $p = \frac{1}{n}E(X)$(因为 $E(X)=np$),正态分布 $N(\mu,\sigma^2)$ 中的参数 μ 和 σ^2 分别是该分布的一阶原点矩和二阶中心矩. 由于样本来源于总体,样本矩在一定程度上反映了总体矩,又由大数定律知道样本矩依概率收敛到总体矩,因此就用样本矩来估计相应的总体矩,从而得到总体分布的参数的估计,这种估计方法称为矩估计. 只要总体的 k 阶矩存在,就可以用矩估计来估计总体参数.

定义 7.1 用样本矩作为总体相应的原点矩的估计,从而得到参数 θ 的估计的方法叫做矩估计法,这样的估计量称为矩估计量.

矩估计的具体做法如下:

设总体 X 的概率函数 $f(x;\theta_1,\theta_2,\cdots,\theta_m)$ 已知,其中 $(\theta_1,\theta_2,\cdots,\theta_m) \in \Theta$ 是 s 个未知参数. $X_1,X_2,\cdots,X_n$ 是取自总体 X 的一个样本,假设总体 X 的 k 阶矩 EX^k 存在,且是 $\theta_1,\theta_2,\cdots,\theta_s$ 的函数 $h(\theta_1,\theta_2,\cdots,\theta_s)$. 样本的 i 阶矩为 $\overline{X^i} = \frac{1}{n}\sum_{j=1}^{n}X_j^i$.

(1) 计算总体分布的原点矩 $E(X^k) = \mu_k(\theta_1,\theta_2,\cdots,\theta_s), k=1,2,\cdots,m$,计算到 m 阶为止(m 是总体分布中未知参数的个数).

(2) 列方程(组)
$$\begin{cases} \mu_1(\hat{\theta}_1,\hat{\theta}_2,\cdots,\hat{\theta}_m) = \widehat{E(X)} = \overline{X}, \\ \mu_2(\hat{\theta}_1,\hat{\theta}_2,\cdots,\hat{\theta}_m) = \widehat{E(X^2)} = \overline{X^2}, \\ \cdots\cdots\cdots\cdots \\ \mu_m(\hat{\theta}_1,\hat{\theta}_2,\cdots,\hat{\theta}_m) = \widehat{E(X^m)} = \overline{X^m}. \end{cases} \tag{7.1}$$

(3) 从方程(组)中解出 $\hat{\theta}_1,\hat{\theta}_2,\cdots,\hat{\theta}_m$,它们就是未知参数 $\theta_1,\theta_2,\cdots,\theta_m$ 的矩估计量.

下面通过一个简单的例子说明这一过程.

例 7.1 设总体 X 的均值 μ 及方差 σ^2 都存在,且有 $\sigma^2 > 0$,但均 μ 和 σ^2 未知,$X_1,X_2,\cdots,X_n$ 是来自总体的样本,试求 μ 和 σ^2 的矩估计量.

解 先计算总体的一阶原点矩 EX 和二阶原点矩 EX^2 可得,

$$EX = \int_{-\infty}^{+\infty} x \cdot \frac{1}{\sqrt{2\pi}} e^{-\frac{(x-\mu)^2}{2\sigma^2}} dx = \mu,$$

$$EX^2 = \int_{-\infty}^{+\infty} x^2 \cdot \frac{1}{\sqrt{2\pi}} e^{-\frac{(x-\mu)^2}{2\sigma^2}} dx = \sigma^2 + \mu^2,$$

根据矩估计原理有
$$\begin{cases} \hat{\mu} = \overline{X}, \\ \hat{\sigma}^2 + \hat{\mu}^2 = \overline{X^2}, \end{cases}$$
解得总体参数 μ 和 σ^2 的矩估计为
$$\begin{cases} \hat{\mu} = \overline{X}, \\ \hat{\sigma}^2 = \overline{X^2} - \overline{X}^2 = S_n^2. \end{cases}$$

结果表明，总体均值与方差的矩估计量的表达式不因不同的总体分布而异. 例如服从总体是正态总体 $N(\mu,\sigma^2)$，μ 和 σ^2 未知，即得 μ 和 σ^2 的矩估计量为
$$\hat{\mu} = \overline{X}, \quad \hat{\sigma}^2 = S_n^2$$

例 7.2　设总体 $X \sim U[0,\theta]$，$\theta > 0$ 未知. $X_1, X_2, \cdots, X_n$ 是来自总体 X 的样本，试求参数 θ 的矩估计量.

解　由于总体 X 服从 $[0,\theta]$ 上的均匀分布，则其概率密度为
$$f(x) = \begin{cases} \dfrac{1}{\theta}, & 0 \leqslant x \leqslant \theta, \\ 0, & 其他. \end{cases}$$

先求总体分布的矩，得 $E(X) = \int_{-\infty}^{+\infty} x f(x) \mathrm{d}x = \int_0^\theta \dfrac{x}{\theta} \mathrm{d}x = \dfrac{\theta}{2}$.

再列方程 $\hat{\theta}/2 = \widehat{E(X)} = \overline{X}$. 解此方程，得 θ 的矩估计量
$$\hat{\theta} = 2\overline{X}.$$

例 7.3　设总体 X 服从参数为 np 的二项分布，$X_1, X_2, \cdots, X_m$ 为来自总体的样本.（1）当 n 为已知时，求未知参数 p 的矩估计量；（2）当 n, p 均为未知时，求 n, p 的矩估计量.

解　（1）先求总体的一阶原点矩，得
$$E(X) = np,$$
即得 $p = \dfrac{E(X)}{n}$，由矩估计法，有
$$p = \dfrac{\overline{X}}{n} = \dfrac{1}{nm} \sum_{i=1}^m X_i,$$
所以，$\hat{p} = \dfrac{1}{nm} \sum_{i=1}^m X_i$ 为参数 p 的矩估计量.

（2）求总体的一阶、二阶原点矩，得
$$\begin{cases} E(X) = np, \\ E(X^2) = D(X) + [E(X)]^2 = np(1-p) + [E(X)]^2. \end{cases}$$

由矩估计法,有

$$\begin{cases} np = \overline{X}, \\ np(1-p) = \overline{X^2} - \overline{X}^2 = S_m^2, \end{cases}$$

解之,得 n,p 的矩估计量为

$$\begin{cases} \hat{p} = \dfrac{\overline{X} - S_m^2}{\overline{X}}, \\ \hat{n} = \dfrac{\overline{X}^2}{\overline{X} - S_m^2}, \end{cases}$$

显然,在参数 n 已知、未知的条件下,p 的矩估计量是不同的.

例 7.4 设灯泡寿命 X 服从参数为 θ 的指数分布,其中 $\theta > 0$ 未知,抽取 10 只测得寿命(单位:h)$\bar{x} = 990$,求参数 θ 的矩估计值.

解 由于总体的一阶原点矩为

$$E(X) = \theta,$$

由矩估计法,得 θ 的矩估计量为

$$\hat{\theta} = \overline{X},$$

进一步得 θ 的矩估计值为 $\hat{\theta} = \bar{x} = 990$.

矩法估计的优点是简单易行,意义明确,不需要知道事先知道总体是什么分布. 但是,它也有一些缺点:

(1) 矩估计法有时会得到不合理的解.

例如,在前面的例 7.2 中,设有样本 $(X_1, X_2, \cdots, X_5) = (1,2,3,5,9)$,按上面的计算可得矩估计值 $\hat{\theta} = 2\overline{X} = 2 \times \dfrac{1}{5}(1+2+3+5+9) = 8$,也就是说,估计总体服从的是 $[0,8]$ 上的均匀分布. 可是,实际上已知有一样本观测值 $X_5 = 9$,所以,总体分布的上界不应小于 9,显然 $\hat{\theta} = 8$ 是不合理的.

(2) 求矩估计量时,不同的做法会得到不同的解.

一般地,求矩估计量时,要尽量使用低阶矩,但是,如果有人一定要使用高阶矩,也没有什么充分的理由可以禁止使用,而这样做,就会得到不同的解. 例如,在前面的例 7.2 中,如果有人不是求总体的一阶矩,而是求总体的二阶矩

$$E(X^2) = \int_{-\infty}^{+\infty} x^2 f(x) \mathrm{d}x = \int_0^\theta \dfrac{x^2}{\theta} \mathrm{d}x = \dfrac{1}{3}\theta^2.$$

解方程 $\hat{\theta}^2/3 = \widehat{E(X^2)} = \overline{X^2}$,可得 $\hat{\theta} = \sqrt{3\,\overline{X^2}}$,显然,它与 $\hat{\theta} = 2\overline{X}$ 是完全不同的解.

(3) 总体分布的矩不一定存在,所以矩估计法不一定有解.

例如,设总体的概率密度为

$$f(x) = \begin{cases} \dfrac{\theta}{x^2}, & x > \theta, \\ 0, & x \leqslant \theta, \end{cases}$$

其中,$\theta > 0$ 是未知参数. 因为总体的一阶矩为

$$E(X) = \int_{-\infty}^{+\infty} x f(x) \mathrm{d}x = \int_{\theta}^{+\infty} \frac{\theta}{x} \mathrm{d}x = \theta (\lim_{x \to +\infty} \ln x - \ln \theta).$$

这个积分发散,所以一阶矩不存在,矩估计法失效.

针对当矩估计不唯一时,我们可以根据下面的两个基本原则来选择是否用矩估计:

(1) 涉及到矩的阶数尽量小,对总体 X 的要求也尽量少,比较常用到的矩估计的阶数一般是一、二阶数;

(2) 用的估计最好是最小充分统计量的函数,因为在各种统计问题中充分性原则都应是适合的.

由于矩估计是基于经验分布函数,而经验分布函数逼近真实分布函数的前提条件是样本容量较大,所以理论上,矩估计是以大样本为应用对象的,所以尽量在大样本下使用矩估计.

正因为矩估计法有一些缺点,所以,有人提出了另一种点估计法——极大似然估计法.

7.1.2 极大似然估计

极大似然估计方法(maximum likelihood estimate,简称为 M. L. E)也称为最大概似估计或最大似然估计,是求总体分布参数估计的另一常用方法. 它最早是由高斯(Gauss)提出,费希尔(Fisher)在其 1912 年的文章中重新提出,并证明了该方法的一些重要性质,给出了现在所用的这个名字. 这是一种目前仍然得到广泛应用的方法.

先看一个简单的例子,某位同学与一位猎人一起外出打猎,一只野兔从前方窜过. 只听一声枪响,野兔应声到下,如果要你推测,这一发命中的子弹是谁打的? 你就会想,只发一枪便打中,由于猎人命中的概率一般大于这位同学命中的概率,看来这一枪是猎人射中的. 这个例子所作的推断就体现了极大似然法的基本思想.

极大似然估计原理的直观想法是:一个随机试验如有若干个可能的结果——A, B, C,在一次试验中,结果 A 出现,则一般认为试验条件对 A 出现有利,也即 A 出现的概率很大.

极大似然原理的基本思想是:设总体分布的函数形式已知,但有未知参数 θ,$\theta \in \Theta$ 可以取很多值,在一次抽样中,获得了样本 $X_1, X_2, \cdots, X_n$ 的一组观测值 x_1,

7.1 参数的点估计

$x_2,\cdots,x_n$,说明该组观测值出现的概率最大,θ 的真实值应是 θ 的全部可能取值中使样本观察值出现概率最大的那个值,以此作为 θ 的估计,记作 $\hat{\theta}$,称为 θ 的极大似然估计,这种求估计的方法称为极大似然估计法.极大似然估计建立在极大似然原理的基础上,目前它的应用比矩估计要广泛的多.下面我们分总体为连续型和离散型随机变量两种情形分别介绍极大似然估计法.

定义 7.2 设总体 X 属连续型,其概率密度函数为 $f(x;\theta_1,\theta_2,\cdots,\theta_k)$,其中 $\theta_1,\theta_2,\cdots,\theta_k$ 是未知参数,$X_1,X_2,\cdots,X_n$ 是来自总体 X 的一个样本,样本 $X_1,X_2,\cdots,X_n$ 的联合概率函数为

$$f(x_1;\theta_1,\theta_2,\cdots,\theta_k)f(x_2;\theta_1,\theta_2,\cdots,\theta_k)\cdots f(x_n;\theta_1,\theta_2,\cdots,\theta_k)$$
$$=\prod_{i=1}^{n}f(x_i;\theta_1,\theta_2,\cdots,\theta_k).$$

在一次抽样中,样本 $X_1,X_2,\cdots,X_n$ 的一组观测值为 $x_1,x_2,\cdots,x_n$,它们是已知的数值,此时上述函数就只是关于未知参数 θ 的函数了,称其为样本的似然函数,记作

$$L(x_1,x_2,\cdots,x_n;\theta_1,\theta_2,\cdots,\theta_k)=\prod_{i=1}^{n}f(x_i;\theta_1,\theta_2,\cdots,\theta_k). \tag{7.2}$$

似然函数实际上就是样本的联合概率函数,只是我们把其中的 θ 看作是未知量,而把 $x_1,x_2,\cdots,x_n$ 看作是已知数而已.根据极大似然原理:θ 的极大似然估计应是 θ 的全部可能取值中使样本观察值出现概率最大的那个值,就是要寻找使得似然函数 $L(x_1,x_2,\cdots,x_n;\theta_1,\theta_2,\cdots,\theta_k)$ 达到最大的 $\theta_1,\theta_2,\cdots,\theta_k$ 值,即 $L(x_1,x_2,\cdots,x_n;\hat{\theta}_1,\hat{\theta}_2,\cdots,\hat{\theta}_k)=\max\limits_{\theta_1,\theta_2,\cdots,\theta_k\in\Theta}L(x_1,x_2,\cdots,x_n;\theta_1,\theta_2,\cdots,\theta_k)$.满足上式的 $\hat{\theta}_i$($i=1,2,\cdots,k$)就是最可能使得 $x_1,x_2,\cdots,x_n$ 出现的 θ 的值,其中 $\hat{\theta}_i(i=1,2,\cdots,k)$ 是 $x_1,x_2,\cdots,x_n$ 的函数.$\hat{\theta}_i(x_1,x_2,\cdots,x_n)(i=1,2,\cdots,k)$ 称为参数 θ_i 的极大似然估计值,相应的统计量 $\hat{\theta}_i(X_1,X_2,\cdots,X_n)(i=1,2,\cdots,k)$ 称作它的极大似然估计量.

由定义 7.2 可知,求极大似然估计量的问题,就是求似然函数 $L(x_1,x_2,\cdots,x_n;\theta_1,\theta_2,\cdots,\theta_k)$ 的极大值问题.利用高等数学中求多元函数的极值的方法,有以下极大似然估计法的具体做法:

(1)根据总体的分布,建立似然函数 $L(x_1,x_2,\cdots,x_n;\theta_1,\theta_2,\cdots,\theta_k)$;

(2)当 L 关于 $\theta_1,\theta_2,\cdots,\theta_k$ 可微时,(由微积分求极值的原理)可由方程组

$$\frac{\partial L}{\partial \theta_i}=0, \quad i=1,2,\cdots,k$$

定出 $\hat{\theta}_i(i=1,2,\cdots,k)$. 称以上方程组为似然方程.

因为 L 与 $\ln L$ 有相同的极大值点,所以 $\hat{\theta}_i(i=1,2,\cdots,k)$ 也可由方程组

$$\frac{\partial \ln L}{\partial \theta_i} = 0, \quad i=1,2,\cdots,k$$

定出 $\hat{\theta}_i(i=1,2,\cdots,k)$. 称以上方程组为对数似然方程; $\hat{\theta}_i(i=1,2,\cdots,k)$ 就是所求参数 $\theta_i(i=1,2,\cdots,k)$ 的极大似然估计量.

当总体是离散型的,将上面的概率密度函数 $f(x;\theta_1,\theta_2,\cdots,\theta_k)$ 换成它的分布律 $P(X=x;\theta_1,\theta_2,\cdots,\theta_k)$,类似地有以下定义.

定义 7.3 设总体 X 属离散型,其分布律为 $P(X=x;\theta_1,\theta_2,\cdots,\theta_k)$,其中 θ_1, $\theta_2,\cdots,\theta_k$ 是未知参数,$X_1,X_2,\cdots,X_n$ 是来自总体 X 的一个样本,样本 $X_1,X_2,\cdots,X_n$ 的联合分布律为

$$P(X_1=x_1;\theta_1,\theta_2,\cdots,\theta_k)P(X_2=x_2;\theta_1,\theta_2,\cdots,\theta_k)\cdots P(X_n=x_n;\theta_1,\theta_2,\cdots,\theta_k)$$
$$=\prod_{i=1}^{n} P(X_i=x_i;\theta_1,\theta_2,\cdots,\theta_k).$$

在一次抽样中,样本 $X_1,X_2,\cdots,X_n$ 的一组观测值为 $x_1,x_2,\cdots,x_n$,它们是已知的数值,此时上述函数就只是关于未知参数 θ 的函数了,称其为样本的似然函数,记作

$$L(x_1,x_2,\cdots,x_n;\theta_1,\theta_2,\cdots,\theta_k)=\prod_{i=1}^{n} P(X_i=x_i;\theta_1,\theta_2,\cdots,\theta_k). \quad (7.3)$$

令

$$\frac{\partial \ln L}{\partial \theta_i}=0, \quad i=1,2,\cdots,k, \quad (7.4)$$

称为对数似然方程,解方程(7.4)可得未知参数 $\theta_i(i=1,2,\cdots,k)$ 的极大似然估计量.

例 7.5 某种产品的质量 X 服从两点分布 $B(1,p)$,这里 $0<p<1$ 是产品质量的合格率.以"$X=1$"表示产品质量合格,"$X=0$"表示产品的质量不合格.现从总体中抽取了一个样本 $X_1,X_2,\cdots,X_n$,试求产品质量合格率 p 的极大似然估计.

解 因为总体 X 的分布律为

$$P(X=k)=p^k(1-p)^{1-k}, \quad k=0,1.$$

可得样本 X_i 的分布律为 $P(X_i=x_i)=f(x_i;p)=p^{x_i}(1-p)^{1-x_i}, x_i=0,1$,则样本的似然函数为

$$L(p)=P(X_1=x_1,X_2=x_2,\cdots,X_n=x_n)=\prod_{i=1}^{n} P(X_i=x_i,p)$$
$$=p^{x_1}(1-p)^{1-x_1}p^{x_2}(1-p)^{1-x_2}\cdots p^{x_n}(1-p)^{1-x_n}=p^{\sum_{i=1}^{n}x_i}(1-p)^{n-\sum_{i=1}^{n}x_i}.$$

7.1 参数的点估计

为了求使得 $L(p)$ 达到最大值的 p 的值,注意到对数函数 $g(x)=\ln(x)$ 是 x 的单调递增函数,只需求使得 $\ln(L(p))$ 的极大值点即得 p 的极大似然估计. 所以,

$$\ln(L(p)) = \sum_{i=1}^{n} x_i \ln p + (n - \sum_{i=1}^{n} x_i)\ln(1-p),$$

两边对 p 求导数,并令其等于 0 得

$$\frac{\mathrm{d}\ln(L(p))}{\mathrm{d}p} = \frac{\sum_{i=1}^{n} x_i}{p} - \frac{(n - \sum_{i=1}^{n} x_i)}{1-p} = 0.$$

解得 $\hat{p} = \frac{1}{n}\sum_{i=1}^{n} x_i = \bar{x}$,容易判断它使得 $L(p)$ 达到最大,所以 p 的极大似然估计值为 $\hat{p} = \bar{x}$,相应的统计量 $\hat{p} = \frac{1}{n}\sum_{i=1}^{n} X_i = \bar{X}$ 就是 p 的极大似然估计量.

如果总体分布含有多个未知参数 $\theta_1,\theta_2,\cdots,\theta_s$,则只需将上述过程中似然函数或对数似然函数对 θ 求导改为对 $\theta_1,\theta_2,\cdots,\theta_s$ 分别求偏导,并令其等于 0,得到 s 个方程,解这个方程组即可.

例 7.6 设 $X \sim N(\mu,\sigma^2)$,求 μ,σ^2 的极大似然估计量.

解 总体 X 的概率密度为:

$$f(x) = \frac{1}{\sqrt{2\pi}\sigma} \mathrm{e}^{-\frac{(x-\mu)^2}{2\sigma^2}},$$

可得样本的似然函数为

$$L(\mu,\sigma^2) = \prod_{i=1}^{n} \frac{1}{\sqrt{2\pi}\sigma} \mathrm{e}^{-\frac{(x_i-\mu)^2}{2\sigma^2}} = \left(\frac{1}{\sqrt{2\pi}\sigma}\right)^n \mathrm{e}^{-\frac{1}{2\sigma^2}\sum_{i=1}^{n}(x_i-\mu)^2}.$$

进一步可得样本的对数似然函数为

$$\ln L(\mu,\sigma^2) = -\frac{n}{2}\ln(2\pi) - \frac{n}{2}\ln\sigma^2 - \frac{1}{2\sigma^2}\sum_{i=1}^{n}(x_i-\mu)^2,$$

求解

$$\begin{cases} \dfrac{\partial \ln L}{\partial \mu} = \dfrac{1}{\sigma^2}\sum(x_i-\mu) = 0, \\ \dfrac{\partial \ln L}{\partial \sigma^2} = -\dfrac{n}{2\sigma^2} + \dfrac{1}{2\sigma^4}\sum(x_i-\mu)^2 = 0, \end{cases}$$

可得

$$\begin{cases} \hat{\mu} = \dfrac{1}{n}\sum x_i = \bar{x}, \\ \hat{\sigma}^2 = \dfrac{1}{n}\sum(x_i-\mu)^2, \end{cases}$$

即 μ, σ^2 的极大似然估计量分别为 $\hat{\mu} = \overline{X}$, $\hat{\sigma^2} = \dfrac{1}{n}\sum_{i=1}^{n}(x_i - \mu)^2 = \dfrac{n-1}{n}S^2$. 它们与相应的矩估计量相同(例 7.1).

例 7.7 设总体 X 服从在 $[a,b]$ 上均匀分布，求 a,b 的极大似然估计量.

解 总体 X 的概率密度函数为

$$f(x) = \begin{cases} \dfrac{1}{b-a}, & a \leqslant x \leqslant b, \\ 0, & 其他, \end{cases}$$

则样本的似然函数为

$$L(a,b) = \begin{cases} \dfrac{1}{(b-a)^n}, & a \leqslant x_i \leqslant b, \\ 0, & 其他, \end{cases}$$

求解对数似然方程

$$\begin{cases} \dfrac{\partial \ln L}{a} = \dfrac{n}{b-a} = 0, \\ \dfrac{\partial \ln L}{b} = -\dfrac{n}{b-a} = 0, \end{cases}$$

无解. 这说明当 $L \neq 0$ 时，不存在偏导数为零的点.

但是，不存在偏导数为零的点，并不等于说 L 没有最大值. 从 $L(a,b) = \dfrac{1}{(b-a)^n}$, $a \leqslant x_i \leqslant b$ 可以看出，欲使 $L(a,b)$ 最大则应使 $b-a$ 尽可能地小. 而相对于给定的样本值 $(x_1, x_2, \cdots, x_n)$ 来说，$\forall i \in n$, 必有 $a \leqslant x_i \leqslant b$, 若将 $(x_1, x_2, \cdots, x_n)$ 按从小到大重新排序，记为 $x_1^* \leqslant x_2^* \leqslant \cdots \leqslant x_n^*$, 则 a,b 必须满足的是 $a \leqslant x_1^* \leqslant x_2^* \leqslant \cdots \leqslant x_n^* \leqslant b$, 故 a,b 的极大似然估计值应取为

$$\begin{cases} \hat{a} = x_1^* = \min\limits_{1 \leqslant i \leqslant n}\{x_i\}, \\ \hat{b} = x_n^* = \max\limits_{1 \leqslant i \leqslant n}\{x_i\}, \end{cases}$$

a, b 的极大似然估计量应取为

$$\begin{cases} \hat{a} = X_1^* = \min\limits_{1 \leqslant i \leqslant n}\{X_i\}, \\ \hat{b} = X_n^* = \max\limits_{1 \leqslant i \leqslant n}\{X_i\}. \end{cases}$$

还可以求得以下一些常见分布的参数的极大似然估计量：

7.1 参数的点估计

(1) 泊松分布 $\pi(\lambda)$

$$P\{X=x\}=\frac{\lambda^x e^{-\lambda}}{x!}, \quad L(\lambda)=\frac{\lambda^{\sum_{i=1}^{n}x_i} e^{-n\lambda}}{\prod_{i=1}^{n}x_i!},$$

$$\ln L(\lambda)=\sum_{i=1}^{n}x_i \cdot \ln\lambda - n\lambda - \ln\prod_{i=1}^{n}x_i!$$

可得泊松分布的参数 λ 的极大似然估计量为 $\hat{\lambda}=\overline{X}$.

(2) 指数分布

$$X \sim f(x;\theta)=\begin{cases}\dfrac{1}{\theta}e^{-\frac{x}{\theta}}, & x\geqslant 0,\\ 0, & x\leqslant 0,\end{cases}$$

$$\ln L(\theta)=\frac{1}{\theta^n}e^{-\frac{1}{\theta}\sum x_i},$$

可得指数分布的参数 θ 的极大似然估计量为 $\hat{\theta}=\dfrac{1}{n}\sum_{i=1}^{n}X_i=\overline{X}$.

例 7.8 设某型号电池的寿命服从参数为 θ 的指数分布 ($\theta>0$ 且未知). 随机抽取 50 只该型号电池投入寿命试验,规定试验进行到其中有 15 只失效时结束试验,测得失效时间(小时)为

115 119 131 138 142 147 148 155 158 159 163 166 167 170 172

试求该型号电池平均寿命 θ 的极大似然估计值.

解 设 $X_1, X_2, \cdots, X_n$ 为来自总体 $X \sim e(\theta)$ 的一个样本,$x_1, x_2, \cdots, x_n$ 是相应于 $X_1, X_2, \cdots, X_n$ 的一个样本值. X 的概率密度为

$$f(x;\theta)=\begin{cases}\dfrac{1}{\theta}e^{-\frac{x}{\theta}}, & x>0,\\ 0, & \text{其他}.\end{cases}$$

由前面可知,指数分布的参数 θ 的极大似然估计值为 $\overline{x}$.

由于该试验属于定时截尾寿命试验,对于定时截尾样本

$$0 \leqslant x_1 \leqslant x_2 \leqslant \cdots \leqslant x_m \leqslant x_o \quad (x_o \text{ 为截尾时间})$$

可得似然函数为

$$L(x_i;\theta)=\left(\frac{1}{\theta}\right)^m e^{-\frac{1}{\theta}[x_1+x_2+\cdots+x_m+(n-m)x_o]},$$

与上面的讨论类似,可得 θ 的极大似然估计为

$$\hat{\theta}=\frac{1}{m}(x_1+x_2+\cdots+x_m+(n-m)x_o)=\frac{1}{m}S(x_o).$$

当 $n=50, m=15, S(x_o)=115+119+\cdots+170+172+(50-15)\times 172=8270$,可知 θ 的极大似然估计值为

$$\hat{\theta}=\frac{8270}{15}=551.33(\text{小时}).$$

设 $X_1, X_2, \cdots, X_n$ 是从服从参数为 θ 的指数分布总体 X 中抽出的样本($\theta>0$ 且未知). 由前例可知, 指数分布总体 X 的参数 θ 的极大似然估计量为 $\hat{\theta}=\bar{X}$. 它们仍与相应的矩估计量一样. 但是在这里, 极大似然估计量只有一个, 而 θ 的矩估计量使用不同阶的矩, 可以有几个.

极大似然估计还有以下性质:

设参数 θ 的函数 $u=u(\theta)$ 具有单值反函数, 若 $\hat{\theta}$ 是参数 θ 的极大似然估计量, 则 $\hat{u}=u(\hat{\theta})$ 是 $u(\theta)$ 的极大似然估计, 称这一性质为极大似然估计的不变性.

极大似然估计的不变性可以为参数函数的极大似然估计提供很大的方便, 例如, 总体的标准差 σ 的极大似然估计是 $\hat{\sigma}=\sqrt{\hat{\sigma^2}}=\sqrt{\frac{1}{n}\sum(x_i-\bar{x})^2}$.

例 7.9 设 $X_1, X_2, \cdots, X_n$ 是来自总体参数未知的正态总体 X 的一个样本, 试求: (1) $P\{X\leqslant t\}$ 的极大似然估计量; (2) 当 $\bar{x}=997.1, s_n=124.797$ 时, 求 $P\{X\geqslant 1300\}$ 极大似然估计值.

解 (1) $$P\{X\leqslant t\}=\int_{-\infty}^{t}\frac{1}{\sqrt{2\pi}\sigma}e^{-\frac{(x-\mu)^2}{2\sigma^2}}dx=F(t;\mu,\sigma^2)$$

是 μ, σ^2 的函数.

由 $N(\mu, \sigma^2)$ 的参数 μ, σ^2 的极大似然估计(见例 7.6)

$$\hat{\mu}=\bar{X}, \quad \hat{\sigma}^2=\frac{1}{n}\sum_{i=1}^{n}(x_i-\mu)^2=S_n^2$$

以及极大似然估计的不变性, 可得 $P\{X\leqslant t\}$ 的极大似然估计量为

$$\widehat{P\{X\leqslant t\}}=\hat{F}(t;\mu,\sigma^2)=\Phi_0\left(\frac{t-\hat{\mu}}{\hat{\sigma}}\right).$$

(2) 当 $\bar{x}=997.1, s_n=124.797$ 时, $P\{X\geqslant 1300\}$ 极大似然估计值为

$$P\{X\geqslant 1300\}=1-P\{X<1300\}=1-\Phi_0\left(\frac{1300-997.1}{124.797}\right)$$

$$=1-\Phi_0(2.427)\approx 0.0076.$$

矩估计法简单、直观, 而且不必知道总体的分布类型, 所以矩估计法得到了较多的应用, 但目前它的应用不如极大似然估计广泛. 矩估计法也有自身的局限性, 如它要求总体的 k 阶原点矩存在, 否则无法应用. 它不考虑总体分布类型, 这既有有利的一面, 也有不利的一面, 如果研究者并不清楚所研究现象的分布, 应用矩估

计可以得到比较可靠的结果,但是如果总体的分布类型已知,由于它没有充分利用总体分布函数提供的信息,所以得到的结果并不比极大似然估计来的准确.

习 题 7.1

1. 随机抽取 8 只活塞环,测得它们的直径(单位:mm)为

   74.001,74.005,74.003,74.001,74.000,73.998,74.006,74.002,

试求总体均值 μ 及方差 σ^2 的矩估计值.

2. 设 $X_1,X_2,\cdots,X_n$ 为总体的一个样本,$x_1,x_2,\cdots,x_n$ 为一相应的样本值.求下述各总体密度函数或分布律中未知参数的矩估计和极大似然估计:

(1) $f(x)=\begin{cases}\theta c^{\theta}x^{-(\theta+1)}, & x>c,\\ 0, & \text{其他,}\end{cases}$ 其中,$c>0$ 为已知,$\theta>1$ 为未知参数;

(2) $f(x)=\begin{cases}\sqrt{\theta}x^{\sqrt{\theta}-1}, & 0\leqslant x\leqslant 1,\\ 0, & \text{其他,}\end{cases}$ 其中,$\theta>0$ 为未知参数;

(3) $P\{X=x\}=C_m^x p^x(1-p)^{m-x},x=0,1,2,\cdots,m,0<p<1,p$ 为未知参数.

3. 设某种电子元件的寿命(单位:h)T 服从双参数的指数分布,其概率密度为

$$f(t)=\begin{cases}\dfrac{1}{\theta}e^{-(t-c)/\theta}, & t\geqslant c,\\ 0, & \text{其他,}\end{cases}$$

其中,$c,\theta(c,\theta>0)$ 为未知参数,从一批这种元件中随机地抽取 n 件进行寿命试验.设它们的失效时间依次为 $x_1\leqslant x_2\leqslant\cdots\leqslant x_n$.求(1)$\theta$ 与 c 的矩估计量;(2)θ 与 c 的极大似然估计量.

4. 设随机变量 X 的概率密度为 $f(x)=\begin{cases}\dfrac{2x}{\theta}, & 0<x<\theta,\\ 0, & \text{其他,}\end{cases}$ $\theta>0$ 为未知参数.$X_1,X_2,\cdots,X_n$ 是样本,求 θ 的矩估计和极大似然估计.

7.2 估计量的优良准则

由前面 7.1 节可以看到,对总体的同一个参数,用不同的估计方法求出的估计量可能不相同;即便同同一种方法,使用的矩阶数不同,也可能得到不同的估计量.我们总希望选择"较好"的估计量来对未知参数作出推断,如何判断一个估计量"好"还是"不好"呢? "好"的标准是什么? 一般来说有三个基本准则,可以从这三个方面进行考虑,满足这些准则的估计量通常被认为是"好"的估计量.

7.2.1 无偏性

设 $\hat{\theta}$ 是总体参数 θ 的一个估计量,它是一个随机变量,因抽样的不同,会有不

同的估计值,但是希望它的值在未知参数的真值附近,即在平均意义上来讲,$\hat{\theta}$ 与 θ 越接近越好,即希望它的均值等于未知参数 θ 的真值.由此便产生了如下无偏估计的概念.

定义 7.4 设 $\hat{\theta}$ 是总体 X 的未知参数 θ 的一个估计量,如果
$$E(\hat{\theta}) = \theta, \tag{7.5}$$
则称 $\hat{\theta}$ 是 θ 的无偏估计,或称估计量 $\hat{\theta}$ 具有无偏性.如果 $\lim_{n\to\infty} E(\hat{\theta}) = \theta$,则称 $\hat{\theta}$ 是 θ 的渐近无偏估计.

在科学计算中,$E(\hat{\theta}) - \theta$ 称为以 $\hat{\theta}$ 作为 θ 的估计的系统误差.无偏估计的实际意义就是无系统误差.无偏性的直观意义是指用 $\hat{\theta}$ 作为 θ 的估计没有系统性误差,只有随机性误差,即估计 $\hat{\theta}$ 只是在 θ 的两边随机的波动.在一次抽样中,无从知道 $\hat{\theta}$ 和 θ 之间的偏差有多大,但如果大量抽样,由这些样本计算得到的 $\hat{\theta}$ 值的平均值等于总体参数,这是估计量所应具有的一种良好性质,称为估计的无偏性.这一准则在任意样本容量的情况下评价估计量都适用.

例 7.10 设总体 X 的 k 阶矩 $\mu_k = E(X^k) (k \geq 1)$ 存在,则 k 阶样本矩 $A_k = \frac{1}{n}\sum_{i=2}^{n} E(X_i^k) = \frac{1}{n}\sum_{i=1}^{n}\mu_k = \mu_k$ 是 μ_k 的无偏估计.

证 $$E(A_k) = \frac{1}{n}\sum_{i=1}^{n} E(X_i^k) = \frac{1}{n}\sum_{i=1}^{n}\mu_k = \mu_k.$$

特别:$\overline{X}$ 总是总体期望 $\mu = E(X)$(只要存在)的无偏估计.

例 7.11 设总体 X 的均值 μ 和方差 $\sigma^2 > 0$ 均存,证明 $S_n^2 = \frac{1}{n}\sum_{i=1}^{n}(X_i - \overline{X})^2$ 不是 σ^2 的无偏估计量,而 $S^2 = \frac{1}{n}\sum_{i=1}^{n}(X_i - \overline{X})^2$ 是 σ^2 的无偏估计量.

证 $$S_n^2 = \frac{1}{n}\sum_{i=1}^{n}(X_i - \overline{X})^2 = \frac{1}{n}\sum X_i^2 - \overline{X}^2 = A_2 - \overline{X}^2,$$
故
$$E(S_n^2) = \frac{1}{n}\sum E(X_i^2) - E(\overline{X}^2)$$
$$= \frac{1}{n} \cdot n(D(X_i) + (E(X_i))^2) - (D(\overline{X}) - (E(\overline{X}))^2)$$
$$= \sigma^2 + \mu^2 - \frac{1}{n}\sigma^2 + \mu^2$$
$$= \frac{n-1}{n}\sigma^2 \neq \sigma^2.$$

所以, S_n^2 不是总体 σ^2 的无偏估计量, 而 $S^2 = \dfrac{1}{n} \sum\limits_{i=1}^{n}(X_i - \overline{X})^2$ 是 σ^2 的无偏估计量.

而 $\lim\limits_{n\to\infty} E(S_n^2) = \lim\limits_{n\to\infty} \dfrac{n-1}{n}\sigma^2 = \sigma^2$, 所以, S_n^2 是总体 σ^2 的渐进无偏估计量. 这就是在实际应用中, 常用 S^2 作为总体方差估计量的原因. 显然, 当 n 较大时, S_n^2 与 S^2 没有多大区别, 但当 n 较小时, 二者之间的差别是不可忽视的.

例 7.12 设总体 X 服从指数分布, 其概率密度为

$$f(x;\theta) = \begin{cases} \dfrac{1}{\theta} \mathrm{e}^{-\frac{x}{\theta}}, & x > 0, \\ 0, & x \leqslant 0, \end{cases}$$

其中, 参数 $\theta > 0$ 为未知, 又设 $X_1, X_2, \cdots, X_n$ 是来自总体 X 的样本, 试证 $\overline{X}$ 和 $nZ = n(\min\{X_1, X_2, \cdots, X_n\})$ 都是 θ 的无偏估计.

证 因为 $E(\overline{X}) = E\left(\dfrac{1}{n}\sum\limits_{i=1}^{n} X_i\right) = \dfrac{1}{n}\sum\limits_{i=1}^{n} E(X_i) = \dfrac{1}{n} \cdot n E(X) = E(X) = \theta$,

所以 $\overline{X}$ 是 θ 的无偏估计.

$X_1, X_2, \cdots, X_n$ 具有与总体 X 相同的概率密度 $f(x;\theta)$ 和分布函数 $F(x;\theta)$

$$f(x;\theta) = \begin{cases} \dfrac{1}{\theta} \mathrm{e}^{-\frac{x}{\theta}}, & x > 0, \\ 0, & x \leqslant 0, \end{cases} \qquad F(x;\theta) = \begin{cases} 1 - \mathrm{e}^{-\frac{x}{\theta}}, & x > 0, \\ 0, & x \leqslant 0. \end{cases}$$

$Z = \min\{X_1, X_2, \cdots, X_n\}$ 的分布函数为 $1 - [1 - F(x;\theta)]^n$, 求导得 Z 的概率密度为

$$f_{\min}(x;\theta) = \begin{cases} \dfrac{n}{\theta} \mathrm{e}^{-\frac{nx}{\theta}}, & x > 0, \\ 0, & x \leqslant 0. \end{cases}$$

可见 Z 是具有参数 θ/n 的指数分布, 故知

$$E(Z) = \dfrac{\theta}{n},$$

所以

$$E(nZ) = nE(Z) = n \cdot \dfrac{\theta}{n} = \theta,$$

即 nZ 也是参数 θ 的无偏估计量.

由此可见, 一个未知参数可以有不同的无偏估计量. 例 7.11 中 $X_1, X_2, \cdots, X_n$ 中的每一个都可以作为 θ 的无偏估计量.

7.2.2 有效性

同一个总体参数, 可能有多个无偏估计量(用不同的估计方法得到), 在这些估

计中取哪个估计为好呢？直观的想法是希望找到的估计量围绕其真值的波动越小越好，即要求估计量的方差小，从而使 $\hat{\theta}$ 和 θ 有较大偏差的可能性小，为此有评判估计量优劣的第二个准则.

定义 7.5 假设 $\hat{\theta}_1$ 和 $\hat{\theta}_2$ 是总体参数 θ 的两个无偏估计量，如果

$$D(\hat{\theta}_1) \leqslant D(\hat{\theta}_2), \tag{7.6}$$

则称 $\hat{\theta}_1$ 比 $\hat{\theta}_2$ 更有效；如果一个无偏估计量 $\hat{\theta}_1$ 在所有总体参数 θ 的无偏估计量中方差最小，即 $D(\hat{\theta}_1) \leqslant D(\hat{\theta}_i), i=1,2,\cdots,k$，则称 $\hat{\theta}_1$ 是 θ 的有效估计，这里 $\hat{\theta}_i$ 为任意一个无偏估计量.

显然，如果某总体参数具有两个不同的无偏估计量，希望确定哪一个是更有效的估计量，自然应该选择方差小的那个. 估计量的方差越小，根据它推断出接近于总体参数估计的值的机会越大. 值得注意的是，在无偏估计族中才谈估计的有效性，有偏估计不涉及这一性质.

例 7.13 设 $X_1, X_2, \cdots, X_n$ 是取自总体 X 的样本且 $E(X)=\mu$，证明估计量 $\hat{\mu}_1 = \overline{X}$ 和 $\hat{\mu}_2 = X_i (i=1,2,\cdots,n)$ 是总体均值的无偏估计量，并讨论二者哪个更有效.

证 由于

$$E(\hat{\mu}_1) = E(\overline{X}) = \frac{1}{n} \sum_{i=1}^{n} E(X_i) = \frac{1}{n} \cdot n\mu = \mu,$$

$$E(\hat{\mu}_2) = E(X_i) = E(X) = \mu \quad (i=1,2,\cdots,n),$$

所以，$\hat{\mu}_1$ 和 $\hat{\mu}_2$ 均是 μ 的无偏估计量，但

$$D(\hat{\mu}_1) = D(\overline{X}) = \frac{\sigma^2}{n},$$

$$D(\hat{\mu}_2) = D(X_i) = \sigma^2 \quad (i=1,2,\cdots,n)$$

故当 $n \geqslant 2$ 时，$D(\mu_1) < D(\mu_2)$，因而 $\hat{\mu}_1$ 比 $\hat{\mu}_2$ 有效，即作为总体均值的无偏估计量，样本均值 $\overline{X}$ 较个别样本 X_i 有效.

例 7.14 证明 $\widetilde{X} = \lambda_1 X_1 + \lambda_2 X_2 + \cdots + \lambda_n X_n$（其中 $\lambda_i > 0, \sum_{i=1}^{n} \lambda_i = 1, \lambda_i \neq \frac{1}{n}$）是总体期望 μ 的无偏估计，而当 $\lambda_1 = \lambda_2 = \cdots = \lambda_n$ 时估计量 $\overline{X}$ 比 $\widetilde{X}$ 更有效.

证 $E(\widetilde{X}) = \lambda_1 E(X_1) + \lambda_2 E(X_2) + \cdots + \lambda_n E(X_n) = (\lambda_1 + \lambda_2 + \cdots + \lambda_n)\mu = \mu,$

利用
$$|(\lambda_1,\lambda_2,\cdots,\lambda_n)\cdot(1,1,\cdots,1)|\leqslant|(\lambda_1,\lambda_2,\cdots,\lambda_n)||(1,1,\cdots,1)|,$$
可得
$$D(\widetilde{X})=(\lambda_1^2+\lambda_2^2+\cdots+\lambda_n^2)D(X)>\frac{D(X)}{n}=D(\overline{X}).$$

所以,样本均值 $\overline{X}$ 是所有形如 $\sum_{i=1}^{n}\lambda_i X_i (\lambda_i>0, \sum_{i=1}^{n}\lambda_i=1)$ 的对总体均值 μ 的最有效的估计量.

还应指出,估计量 $\hat{\theta}(X_1,X_2,\cdots,X_n)$ 是与样本容量 n 有关的. 为了简便起见,记作 $\hat{\theta}_n$,当 n 充分大时,我们希望 $\hat{\theta}_n$ 的值稳定在 θ 的附近,于是就有以下评判估计量优劣的第三个准则.

7.2.3 一致性

当样本容量 n 充分大时,参数的估计量与总体参数的真实值的差的绝对值小于任意正数 ε 的概率趋于 1,即随着 n 的无限增大,参数的估计量与未知的总体参数很接近的可能性非常大. 这种性质的准确表述为

定义 7.6 设 $\hat{\theta}_n$ 为 θ 的估计量,若对于任意小的正数的 ε,都有
$$\lim_{n\to\infty}P\{|\hat{\theta}_n-\theta|<\varepsilon\}=1, \tag{7.7}$$
则称 $\hat{\theta}_n$ 为 θ 的一致估计量,也称为相合估计量.

对于同一个待估参数 θ 可以构造许多估计量,但并不是每一个估计量都具有上述性质.

例 7.15 设总体 X 的数学期望 $E(X)=\mu$,$X_1,X_2,\cdots,X_n$ 是来自总体 X 的样本,证明 $\overline{X}=\frac{1}{n}\sum_{i=1}^{n}X_i$ 为 μ 的相合估计量.

证 因为 $X_1,X_2,\cdots,X_n$ 是来自总体 X 的样本,则 $E(X_i)=\mu (i=1,2,\cdots,n)$. 由辛钦大数定律知,对任意 $\varepsilon>0$,有
$$\lim_{n\to\infty}P\left\{\left|\frac{1}{n}\sum_{i=1}^{n}X_i-\mu\right|<\varepsilon\right\}=1.$$
所以 $\overline{X}$ 是 μ 的相合估计量.

上式表明,当样本容量比较大时,样本均值 $\overline{X}$ 是总体均值 μ 的一致估计量. 此外,还可以证明:样本方差 S^2 是总体方差 σ^2 的一致估计量.

相合性是对一个估计量的基本要求,若估计量不具有相合性,那么不论将样本

容量 n 取得多么大,都不能将参数 θ 估计得足够准确,这样的估计量是不可取的.

习 题 7.2

1. 设 $X_1, X_2, \cdots, X_n$ 是来自总体 X 的一个样本,设 $E(X)=\mu, D(X)=\sigma^2$.
  (1) 确定常数 c,使 $c\sum_{i=1}^{n-1}(X_{i+1}-X_i)^2$ 为 σ^2 的无偏估计;
  (2) 确定常数 c,使 $(\overline{X})^2 - cS^2$ 是 μ^2 的无偏估计 ($\overline{X}, S^2$ 是样本均值和样本方差).
2. 设 X_1, X_2, X_3, X_4 是来自均值为 θ 的指数分布总体的样本,其中, θ 未知. 设有估计量

$$T_1 = \frac{1}{6}(X_1+X_2) + \frac{1}{3}(X_3+X_4),$$

$$T_2 = (X_1+2X_2+3X_3+4X_4)/5,$$

$$T_3 = (X_1+X_2+X_3+X_4)/4.$$

  (1) 指出 T_1, T_2, T_3 中哪几个是 θ 的无偏估计量;
  (2) 在上述 θ 的无偏估计中,指出哪一个较为有效.
3. 设 $\hat{\theta}$ 是参数 θ 的无偏估计且有 $D(\hat{\theta})>0$,试证: $\hat{\theta}^2 = (\hat{\theta})^2$ 不是 θ^2 的无偏估计.
4. 设 X 的概率密度为

$$f(x) = \begin{cases} e^{-(x-\theta)}, & x \geq \theta, \\ 0, & x < \theta, \end{cases}$$

$\theta > 0$ 是未知参数, $X_1, X_2, \cdots, X_n$ 是样本,求 θ 的矩估计和极大似然估计,并证明它们是 θ 的相合估计.

7.3 参数的区间估计

利用点估计的方法来估计总体的未知参数,是一种简单而有效的方法,但不免存在一些不足,即使是一个好的估计量,与其待估计的参数之间也存在一些偏差,那么,这个偏差究竟是多少? 于是,提出这样一个问题:对于未知参数 θ,除了求出它的点估计外,还希望估计出 θ 所在的范围,并知道这个范围包含 θ 真值的可靠程度,当然这个范围是越小越好,而可靠程度是越大越好,这种范围一般是用区间的形式给出,所以,这种形式的估计称为区间估计.

定义 7.7 设 θ 为总体 X 的一个未知参数, $X_1, X_2, \cdots, X_n$ 是来自总体 X 的一个样本. 若由样本 $X_1, X_2, \cdots, X_n$ 确定的两个统计量 $\hat{\theta}_1 = \hat{\theta}_1(X_1, X_2, \cdots, X_n)$ 和 $\hat{\theta}_2 = \hat{\theta}_2(X_1, X_2, \cdots, X_n)$,对于给定值 $\alpha (0<\alpha<1)$ 满足

$$P\{\hat{\theta}_1 < \theta < \hat{\theta}_2\} = 1-\alpha, \tag{7.8}$$

则称随机区间 $(\hat{\theta}_1, \hat{\theta}_2)$ 为 θ 的置信度为 $1-\alpha$ 的置信区间(confidence interval), $\hat{\theta}_1$ 和 $\hat{\theta}_2$ 分别称为置信水平(或置信度)为 $1-\alpha$ 的双侧置信区间的置信下限和置信上

限，$1-\alpha$ 称为置信水平(confidence level)或置信系数(confidence coefficient).

由上述定义 7.7 知道，对于样本，置信区间 $(\hat{\theta}_1, \hat{\theta}_2)$ 是一个随机区间，它的两个端点都是不依赖未知参数 θ 的随机变量，该随机区间可能包含参数 θ，也可能不包含参数 θ. 定义中式(7.8)表示随机区间 $(\hat{\theta}_1, \hat{\theta}_2)$ 包含未知参数 θ 的概率为 $1-\alpha$. 它的另一直观含意是在大量多次抽样下，由于每次抽到的样本一般不会完全相同，用同样的方法构造置信水平为 $1-\alpha$ 的置信区间，将得到许多不同区间 $(\hat{\theta}_1(x_1, x_2, \cdots, x_n), \hat{\theta}_2(x_1, x_2, \cdots, x_n))$，这些区间中大约有 $100(1-\alpha)\%$ 的区间包含未知参数 θ 的真值，大约有 $100\alpha\%$ 的区间不包含参数 θ 的真值. 但是在实际问题中，往往只有一个具体的样本，即样本的一次观测值，根据这个实际样本数据做区间估计，代入置信区间公式得到一个具体的、固定的区间 $(\hat{\theta}_1(x_1, x_2, \cdots, x_n), \hat{\theta}_2(x_1, x_2, \cdots, x_n))$，比如 $(495, 506)$，不再是随机区间，其两个端点是两个具体的数，这个区间要么包含参数 θ 的真值，要么不包含 θ 的真值，根本不存在这个具体区间"可能包含 θ 的真值""可能不包含 θ 的真值"问题，因此不能说"某具体区间 $(\theta_L(x_1, x_2, \cdots, x_n), \theta_U(x_1, x_2, \cdots, x_n))$ 包含参数 θ 的概率是 $1-\alpha$". 但这个具体区间到底包含还是不包含参数 θ，我们无法知道. 然而根据大数定律，我们宁愿相信这个区间是包含未知参数 θ 的那 $100(1-\alpha)\%$ 区间中的一个. 所以区间 $(\hat{\theta}_1(x_1, x_2, \cdots, x_n), \hat{\theta}_2(x_1, x_2, \cdots, x_n))$ 属于包含未知参数的区间类的置信度(水平)是 $1-\alpha$，之所以用置信度主要是突出它与概率概念的不同. 以上是频率学派的观点. 在现代贝叶斯学派的研究者看来，既然参数 θ 是未知的，当然也可以看作随机变量，说"参数 θ 落入某具体区间 $(\hat{\theta}_1(x_1, x_2, \cdots, x_n), \hat{\theta}_2(x_1, x_2, \cdots, x_n))$ 的概率是 $1-\alpha$"或"某具体区间 $(\hat{\theta}_1(x_1, x_2, \cdots, x_n), \hat{\theta}_2(x_1, x_2, \cdots, x_n))$ 包含参数 θ 的概率是 $1-\alpha$"也是有意义的，但频率学派不认同这种说法.

置信区间越小，说明估计的精度越高，即我们对未知参数的了解越多、越具体；置信水平越大，估计可靠性就越大. 一般说来，在样本容量一定的前提下，精度与置信水平往往是相互矛盾的. 若置信水平增加，则置信区间必然增大，降低了精度；若精度提高，则区间缩小，置信水平必然减小. 要同时提高估计的置信水平和精度，就要增加样本容量.

置信区间的构造或区间估计和第 8 章的假设检验关系密切，两者有着对偶的关系，只要有一种假设检验就可以根据该假设检验构造相应的置信区间，反之亦然. 另外置信区间的构建往往要借助于未知参数点估计或其函数的抽样分布来进行.

构造位置参数 θ 的置信区间的一般步骤：

(1) 寻找样本 $X_1, X_2, \cdots, X_n$ 的一个函数 $u(X_1, X_2, \cdots, X_n; \theta)$，通常称为枢轴量 (pivotal)，它只含待估的未知参数 θ，不含其他任何未知参数，并且 $u(X_1, X_2, \cdots, X_n; \theta)$ 的分布要已知但不含任何未知参数（当然也不包含待估参数 θ），在很多情况下，$u(X_1, X_2, \cdots, X_n; \theta)$ 可以从 θ 的点估计经过变换获得；

(2) 对给定的置信水平 $1-\alpha$，由 $u(X_1, X_2, \cdots, X_n; \theta)$ 的抽样分布确定分位点 c, d，有

$$P\{c \leqslant u(X_1, X_2, \cdots, X_n; \theta) \leqslant d\} = 1-\alpha,$$

由于枢轴量 $u(X_1, X_2, \cdots, X_n; \theta)$ 的分布已知（多数情况下都是常见分布）且不含任何未知参数，因此它的分位点 a, b 可以计算出来（通过查表或利用统计分析软件）；

(3) 通过对不等式 $c \leqslant u(X_1, X_2, \cdots, X_n; \theta) \leqslant d$ 变形，即可

$$P\{\hat{\theta}_1 \leqslant \theta \leqslant \hat{\theta}_2\} = 1-\alpha,$$

从而求出未知参数 θ 的置信水平为 $1-\alpha$ 的置信区间 $(\hat{\theta}_1, \hat{\theta}_2)$.

式 $P\{c \leqslant u(X_1, X_2, \cdots, X_n; \theta) \leqslant d\} = 1-\alpha$ 中 c, d 的选择应使置信区间 $(\hat{\theta}_1, \hat{\theta}_2)$ 的长度尽可能短. 一般来说，常常选择满足以下条件的 c, d 使得

$$P\{u < c\} = P\{u > d\} = \frac{\alpha}{2},$$

称这样得到的置信区间为等尾置信区间. 而在实际问题中所采用的置信区间大都是等尾置信区间.

上述过程中，比较困难的是第一步，如何选择满足条件的枢轴量，并且确定出其分布. 下面仅就一维未知参数介绍常见的置信区间.

7.3.1 单个正态总体的均值与方差的区间估计

(1) 设总体 $N(\mu, \sigma^2)$，这里 σ^2 已知，总体均值 μ 未知，求总体均值 μ 的置信水平为 $1-\alpha$ 的置信区间.

设 $X_1, X_2, \cdots, X_n$ 是来自正态总体的样本，由前面 7.1 节我们知道 $\overline{X}$ 是总体均值 μ 的无偏点估计量，现对这个估计量，找出置信水平为 $1-\alpha$ 的置信区间. 有前面第 6 章介绍的抽样分布定理，可知

$$\overline{X} \sim N\left(\mu, \frac{\sigma^2}{n}\right),$$

即

$$Z = \frac{\overline{X} - \mu}{\sigma/\sqrt{n}} \sim N(0, 1), \tag{7.9}$$

且分布 $N(0,1)$ 不依赖任何未知参数. 这个分布只要给定概率 $1-\alpha$(置信水平) 很容易就可以通过查标准正态分布表得出其分位点. 考虑到置信区间的长度表示估计的精确程度,置信区间越短,估计越精确. 因为标准正态分布的概率密度曲线对称于纵坐标轴,所以对称于原点的置信区间(即等尾置信区间)是最短的. 于是我们应当选取区间 $(-z_{\frac{\alpha}{2}}, z_{\frac{\alpha}{2}})$(图 7-1),使得

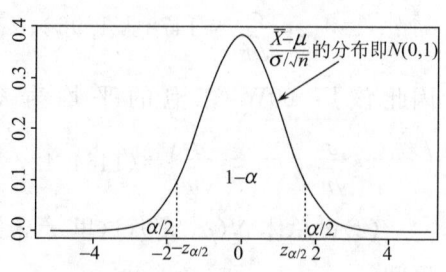

图 7-1　总体均值的置信区间的 $\frac{\alpha}{2}$ 分位数(临界值),σ^2 已知

$$P(|Z| < z_{\frac{\alpha}{2}}) = 1-\alpha,$$

即

$$P\left(\left|\frac{\overline{X}-\mu}{\sigma/\sqrt{n}}\right| < z_{\frac{\alpha}{2}}\right) = 1-\alpha,$$

通过变形得

$$P\left(\overline{X} - z_{\frac{\alpha}{2}}\frac{\sigma}{\sqrt{n}} < \mu < \overline{X} + z_{\frac{\alpha}{2}}\frac{\sigma}{\sqrt{n}}\right) = 1-\alpha.$$

这样就得到了总体均值 μ 的置信水平为 $1-\alpha$ 的(双侧)置信区间

$$\left(\overline{X} - z_{\frac{\alpha}{2}}\frac{\sigma}{\sqrt{n}}, \ \overline{X} + z_{\frac{\alpha}{2}}\frac{\sigma}{\sqrt{n}}\right). \tag{7.10}$$

一旦一个样本被抽取,得到了样本观测值,那么对于该样本观测值,总体均值 μ 的置信水平为 $1-\alpha$ 的(双侧)置信区间为 $\left(\overline{x} - z_{\frac{\alpha}{2}}\frac{\sigma}{\sqrt{n}}, \ \overline{x} + z_{\frac{\alpha}{2}}\frac{\sigma}{\sqrt{n}}\right)$,它就是一个已知的具体的区间了.

例 7.16　某灯具生产厂家生产一种 60W 的灯泡,假设其寿命为随机变量 X,服从正态分布 $N(\mu, 1296)$. 现在从该厂生产的 60W 的灯泡中随机地抽取了 27 个产品进行测试,直到灯泡烧坏,测得它们的平均寿命为 1478 小时. 请计算该厂 60W 灯泡的平均寿命的置信水平为 95% 的置信区间.

解　问题实际上就是求总体均值(60W 灯泡的平均寿命)的置信区间,由已知条件可得,总体方差 $\sigma^2 = 1296$,样本容量为 $n=27$,样本均值 $\overline{x} = 1478$.

因为置信水平为 $1-\alpha = 0.95$,所以查标准正态分布表可得 $z_{\frac{\alpha}{2}} = z_{0.025} = 1.96$,可得

$$\overline{x} - z_{\frac{\alpha}{2}}\frac{\sigma}{\sqrt{n}} = 1478 - 1.96 \times \sqrt{1296/27} = 1478 - 13.58 = 1464.42,$$

$$\bar{x} + z_{\frac{\alpha}{2}} \frac{\sigma}{\sqrt{n}} = 1478 + 1.96 \times \sqrt{1296/27} = 1478 + 13.58 = 1491.58,$$

因此该厂 60W 灯泡的平均寿命的置信水平为 95% 的置信区间为 $\left(\bar{x} - z_{\frac{\alpha}{2}} \frac{\sigma}{\sqrt{n}}, \bar{x} + z_{\frac{\alpha}{2}} \frac{\sigma}{\sqrt{n}}\right) = (1464.42, 1491.58)$.

(2) 设总体 $N(\mu, \sigma^2)$,这里 σ^2 未知,求总体均值 μ 的置信水平为 $1-\alpha$ 的置信区间.

在实际中,经常会遇到总体的方差 σ^2 未知的情况,前面构造的枢轴量 $Z = \dfrac{\bar{X} - \mu}{\sigma / \sqrt{n}}$ 就无法再用来求置信区间了,主要是因为它除了包含待估参数 μ 以外,还含有未知变量 σ^2,在获得样本观测值后,无法计算出置信区间. 此时考虑用样本方差

$$S^2 = \frac{1}{n-1} \sum_{i=1}^{n} (X_i - \bar{X})^2$$

来代替 σ^2,即采用枢轴量 $t = \dfrac{\bar{X} - \mu}{S / \sqrt{n}}$,而样本方差可以通过样本计算出来,需要注意的是此时枢轴量的分布发生了变化.

设 $X_1, X_2, \cdots, X_n$ 是来自正态总体的样本,由第 6 章的抽样分布定理,可知枢轴量

$$t = \frac{\bar{X} - \mu}{S / \sqrt{n}} \sim t(n-1), \tag{7.11}$$

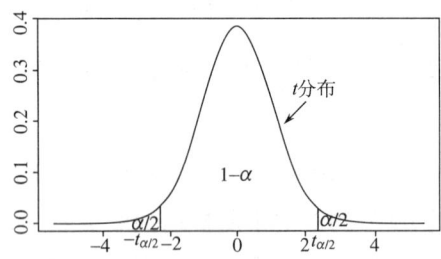

图 7-2 总体均值的置信区间的 $\dfrac{\alpha}{2}$ 分位数(临界值),σ^2 未知

这个分布不含有任何未知参数,且这一结论对任意的 n 都成立,也就是说不论样本容量 n 是大还是小,枢轴量 $t = \dfrac{\bar{X} - \mu}{S / \sqrt{n}}$ 的精确分布都是自由度为 $n-1$ 的 t 分布 $t(n-1)$. 因为 t 分布的概率密度曲线对称于纵坐标轴,所以对称于原点的置信区间(即等尾置信区间)是最短的. 于是我们应当选取区间 $(-t_{\frac{\alpha}{2}}(n-1), t_{\frac{\alpha}{2}}(n-1))$(图 7-2). 查自由度为 $n-1$ 的 t 分布表,可得满足下式的 $t_{\frac{\alpha}{2}}(n-1)$,

$$P(|t| < t_{\frac{\alpha}{2}}(n-1)) = P\left(\left|\frac{\bar{X} - \mu}{S / \sqrt{n}}\right| < t_{\frac{\alpha}{2}}(n-1)\right) = 1 - \alpha. \tag{7.12}$$

上式经整理变形可得

$$P\left(\overline{X}-t_{\frac{\alpha}{2}}(n-1)\times\frac{S}{\sqrt{n}}<\mu<\overline{X}+t_{\frac{\alpha}{2}}(n-1)\times\frac{S}{\sqrt{n}}\right)=1-\alpha.$$

正态总体方差 σ^2 未知时总体均值 μ 的置信水平为 $1-\alpha$ 的(双侧)置信区间为

$$\left(\overline{X}-t_{\frac{\alpha}{2}}(n-1)\times\frac{S}{\sqrt{n}},\quad \overline{X}+t_{\frac{\alpha}{2}}(n-1)\times\frac{S}{\sqrt{n}}\right), \tag{7.13}$$

抽取一个样本,得到其观测值后,即可得到总体均值 μ 的置信水平为 $1-\alpha$ 的(双侧)置信区间的观测值为 $\left(\bar{x}-t_{\frac{\alpha}{2}}(n-1)\times\frac{s}{\sqrt{n}},\quad \bar{x}+t_{\frac{\alpha}{2}}(n-1)\times\frac{s}{\sqrt{n}}\right)$. 下面来看本章开头的饮料问题的例子.

例7.17 某某公司生产的饮料,瓶上标明净容量是 500ml,在市场上随机抽取了 25 瓶,测得到其平均容量为 499.5ml,标准差为 2.63ml. 试求该公司生产的这种瓶装饮料的平均容量的置信水平为 99% 的置信区间(假定饮料的容量服从正态分布 $N(\mu,\sigma^2)$).

解 以 μ 表示瓶装饮料的平均容量,由已知可得,样本容量为 $n=25$,样本均值 $\bar{x}=499.5$,样本标准差为 $s=2.63$,因为置信水平 $1-\alpha=0.99$,查自由度为 $n-1=24$ 的 t 分布表得分位数

$$t_{\frac{\alpha}{2}}(n-1)=t_{0.005}(24)=2.797,$$

所以

$$\bar{x}-t_{\frac{\alpha}{2}}(n-1)\times\frac{s}{\sqrt{n}}=499.5-2.797\times 2.63/\sqrt{25}=499.5-1.4712\approx 498.03,$$

$$\bar{x}+t_{\frac{\alpha}{2}}(n-1)\times\frac{s}{\sqrt{n}}=499.5+1.4712\approx 500.97,$$

因此该公司生产的这种瓶装饮料的平均容量的置信水平为 99% 的置信区间为 (498.03, 500.97). 由于该区间包含了 500,故该公司的这种瓶装饮料的容量符合其包装上的标准,不存在容量不足欺骗消费者的行为.

不论样本容量 n 是大还是小,只要总体为正态分布,总体方差未知,总体均值 μ 的置信水平为 $1-\alpha$ 的(双侧)置信区间都可以用(7.13)式进行计算. 但是由于在自由度较大时(比如大于或等于 30 或 50),t 分布和标准正态分布极为接近,所以也可以用标准正态分布的分位数 $z_{\frac{\alpha}{2}}$ 来近似 t 分布的分位数 $t_{\frac{\alpha}{2}}(n-1)$. 实际上,也可以证明当样本容量 n 充分大时,枢轴量 $t=\dfrac{\overline{X}-\mu}{S/\sqrt{n}}$ 近似服从标准正态分布,这也可以解释当 n 较大时,用标准正态分布的分位数 $z_{\frac{\alpha}{2}}$ 来近似 t 分布的分位数 $t_{\frac{\alpha}{2}}(n-1)$ 的合理性.

例 7.18 为研究某内陆湖的湖水的含盐量,随机地从该湖的 32 个取样点采了 32 个湖水样本,测得它们的含钠量(单位:ppm)分别为

13.0 18.5 16.4 14.8 19.4 17.3 23.2 24.9 20.8 19.3 18.8 23.1
15.2 19.9 19.1 18.1 25.1 16.8 20.4 17.4 25.2 23.1 15.3 19.4
16.0 21.7 15.2 21.3 21.5 16.8 15.6 17.6

假设湖水中钠的含量为随机变量 X,服从正态分布 $N(\mu,\sigma^2)$,试求湖水钠的平均含量 μ 的 95% 置信区间.

解 由已知可得,样本容量为 $n=32$,样本均值 $\bar{x}=19.0688$,样本标准差为 $s=3.2555$,因为置信水平 $1-\alpha=0.95$,查自由度为 $n-1=31$ 的 t 分布表得分位数 $t_{\frac{\alpha}{2}}(n-1)=t_{0.025}(31)=2.04$,所以

$$\bar{x}-t_{\frac{\alpha}{2}}(n-1)\times\frac{s}{\sqrt{n}}=19.0688-2.04\times 3.2555/\sqrt{32}=19.0688-1.1737\approx 17.90,$$

$$\bar{x}+t_{\frac{\alpha}{2}}(n-1)\times\frac{s}{\sqrt{n}}=19.0688+1.1737\approx 20.24,$$

因此湖水钠的平均含量 μ 的 95% 置信区间为 $(17.90,20.24)$. 如果用正态分布近似,$z_{0.05}(31)=1.96$,则湖水钠的平均含量 μ 的 95% 近似置信区间为 $(17.94,20.20)$.

(3) 设总体 $N(\mu,\sigma^2)$,求总体方差 σ^2 的置信水平为 $1-\alpha$ 的置信区间.

设 $X_1,\cdots,X_n$ 是来自正态总体 $N(\mu,\sigma^2)$ 的一个随机样本,这里 σ^2 未知. 由 7.1 节知 S^2 是 σ^2 的无偏估计量,由第 6 章抽样分布定理知,

$$\frac{(n-1)S^2}{\sigma^2}\sim\chi^2(n-1), \tag{7.14}$$

则可以取 $\dfrac{(n-1)S^2}{\sigma^2}$ 为枢轴量,它的分布不依赖于任何未知参数. 考虑到 χ^2 分布的概率密度曲线是不对称的,对于已给的置信水平 $1-\alpha$,要想找到最短的置信区间是困难的. 为简便起见,选取等尾置信区间 $(\chi^2_{1-\frac{\alpha}{2}}(n-1),\chi^2_{\frac{\alpha}{2}}(n-1))$(图 7-3),使得

$$P\left(\chi^2_{1-\frac{\alpha}{2}}(n-1)<\frac{(n-1)S^2}{\sigma^2}<\chi^2_{\frac{\alpha}{2}}(n-1)\right)=1-\alpha,$$

即

$$P\left(\chi^2_{1-\frac{\alpha}{2}}(n-1)<\frac{(n-1)S^2}{\sigma^2}<\chi^2_{\frac{\alpha}{2}}(n-1)\right)=1-\alpha,$$

得

$$P\left(\frac{(n-1)S^2}{\chi^2_{\frac{\alpha}{2}}(n-1)} < \sigma^2 < \frac{(n-1)S^2}{\chi^2_{1-\frac{\alpha}{2}}(n-1)}\right) = 1-\alpha,$$

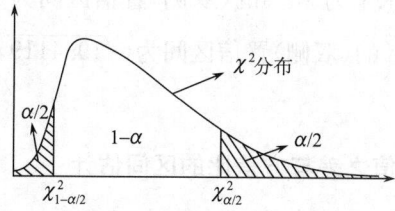

图 7-3 总体方差的置信区间的 $\frac{\alpha}{2}$ 分位数（临界值）

所以单个正态总体方差 σ^2 的置信水平为 $1-\alpha$ 的（双侧）置信区间为

$$\left(\frac{(n-1)S^2}{\chi^2_{\frac{\alpha}{2}}(n-1)}, \frac{(n-1)S^2}{\chi^2_{1-\frac{\alpha}{2}}(n-1)}\right), \tag{7.15}$$

这里 $\chi^2_{\frac{\alpha}{2}}(n-1)$ 和 $\chi^2_{1-\frac{\alpha}{2}}(n-1)$ 查自由度为 $n-1$ 的卡方分布表得到.

总体标准差 σ 的置信水平为 $1-\alpha$ 的（双侧）置信区间为

$$\left(\sqrt{\frac{(n-1)S^2}{\chi^2_{\frac{\alpha}{2}}(n-1)}}, \sqrt{\frac{(n-1)S^2}{\chi^2_{1-\frac{\alpha}{2}}(n-1)}}\right).$$

例 7.19 令随机变量 X 表示春季捕捉到的某种鱼的体长，单位是 cm，假定这种鱼的体长服从正态分布 $N(\mu, \sigma^2)$，现在随机抽取了 13 条鱼，测量它们的体长分别为

13.1　5.1　18.0　8.7　16.5　9.8　6.8　12.0　17.8　25.4　19.2　15.8　23.0

求总体方差 σ^2 和总体标准差 σ 的置信水平为 95% 的（双侧）置信区间.

解 由于总体均值也未知，所以要用 (7.14) 式计算置信区间. $n=13$，计算得样本均值

$$\overline{X} = 14.7077,$$

样本方差

$$S^2 = \frac{1}{n-1}\sum_{i=1}^n (X_i - \overline{X})^2 = 37.7508,$$

因为 $1-\alpha = 0.95$，所以 $\frac{\alpha}{2} = 0.025$，$1-\frac{\alpha}{2} = 0.975$，查自由度为 12 的卡方分布表得，

$$\chi^2_{\frac{\alpha}{2}}(n-1) = \chi^2_{0.025}(12) = 23.3367,$$
$$\chi^2_{1-\frac{\alpha}{2}}(n-1) = \chi^2_{0.975}(12) = 4.4038,$$

$$\frac{(n-1)S^2}{\chi^2_{\frac{\alpha}{2}}(n-1)} = 19.4119, \quad \frac{(n-1)S^2}{\chi^2_{1-\frac{\alpha}{2}}(n-1)} = 102.8681,$$

所以总体方差 σ^2 的置信水平为 95% 的(双侧)置信区间为 (19.41, 102.87). 总体标准差 σ 置信水平为 95% 的(双侧)置信区间为 $(\sqrt{19.4119}, \sqrt{102.8681}) = (4.41, 10.14)$.

7.3.2 两个正态总体均值之差与方差比的区间估计

在实际中常遇到如下问题:已知产品的某一质量指标服从正态总体,但由于原材料、设备条件、操作人员不同,或工艺过程的改变等因素,引起了总体均值、方差的改变,需要了解这些变化的大小,即需考虑两个正态总体均值差与方差比的估计问题.

以下假设两个相互独立的总体为 $X \sim N(\mu_1, \sigma_1^2), Y \sim N(\mu_2, \sigma_2^2)$,分别从总体 X, Y 中抽取样本 $(X_1, X_2, \cdots, X_{n_1}), (Y_1, Y_2, \cdots, Y_{n_2})$,它们的样本均值与方差分别为 $\overline{X}, S_X^2, \overline{Y}, S_Y^2$.

(1) σ_1^2, σ_2^2 已知,求 $\mu_1 - \mu_2$ 的置信区间.

因为 $\overline{X}, \overline{Y}$ 分别为 μ_1, μ_2 的无偏估计,则 $\overline{X} - \overline{Y}$ 是 $\mu_1 - \mu_2$ 的无偏估计. 由 $\overline{X}, \overline{Y}$ 的独立性及 $\overline{X} \sim N\left(\mu_1, \frac{\sigma_1^2}{n_1}\right), \overline{Y} \sim N\left(\mu_2, \frac{\sigma_2^2}{n_2}\right)$,得

$$\overline{X} - \overline{Y} \sim N\left(\mu_1 - \mu_2, \frac{\sigma_1^2}{n_1} + \frac{\sigma_2^2}{n_2}\right).$$

根据点估计法,可用 $\overline{X} - \overline{Y}$ 去估计 $\mu_1 - \mu_2$,由(6.5),有

$$\frac{(\overline{X} - \overline{Y}) - (\mu_1 - \mu_2)}{\sqrt{\sigma_1^2/n_1 + \sigma_2^2/n_2}} \sim N(0,1), \tag{7.16}$$

即得 $\mu_1 - \mu_2$ 的一个置信水平为 $1-\alpha$ 的置信区间

$$\left(\overline{X} - \overline{Y} - z_{\frac{\alpha}{2}}\sqrt{\frac{\sigma_1^2}{n_1} + \frac{\sigma_2^2}{n_2}}, \overline{X} - \overline{Y} + z_{\frac{\alpha}{2}}\sqrt{\frac{\sigma_1^2}{n_1} + \frac{\sigma_2^2}{n_2}}\right). \tag{7.17}$$

(2) $\sigma_1^2 = \sigma_2^2 = \sigma^2$,但 σ^2 为未知,求 $\mu_1 - \mu_2$ 的置信区间.

由(6.6),知

$$\frac{(\overline{X} - \overline{Y}) - (\mu_1 - \mu_2)}{S_w \sqrt{1/n_1 + 1/n_2}} \sim t(n_1 + n_2 - 2), \tag{7.18}$$

从而得到 $\mu_1 - \mu_2$ 的一个置信水平为 $1-\alpha$ 的置信区间为

$$\left(\overline{X} - \overline{Y} - t_{\frac{\alpha}{2}}(n_1 + n_2 - 2) S_w \sqrt{\frac{1}{n_1} + \frac{1}{n_2}}, \right.$$

$$\overline{X} - \overline{Y} + t_{\frac{\alpha}{2}}(n_1+n_2-2)S_w\sqrt{\frac{1}{n_1}+\frac{1}{n_2}}\Bigg), \tag{7.19}$$

其中

$$S_w^2 = \frac{(n_1-1)S_X^2+(n_2-1)S_Y^2}{n_1+n_2-2}, \quad S_w=\sqrt{S_w^2}. \tag{7.20}$$

(3) 求方差比 σ_1^2/σ_2^2 的置信区间.

根据点估计,可采用 S_X^2/S_Y^2 去估计 σ_1^2/σ_2^2,由定理 6.3 知

$$\frac{S_X^2/S_Y^2}{\sigma_1^2/\sigma_2^2} \sim F(n_1-1,n_2-1), \tag{7.21}$$

并且分布 $F(n_1-1,n_2-1)$ 不依赖于任何未知参数,由此得

$$P\left\{F_{1-\frac{\alpha}{2}}(n_1-1,n_2-1) < \frac{S_X^2/S_Y^2}{\sigma_1^2/\sigma_2^2} < F_{\frac{\alpha}{2}}(n_1-1,n_2-1)\right\} = 1-\alpha,$$

即

$$P\left\{\frac{S_X^2}{S_Y^2}\frac{1}{F_{\frac{\alpha}{2}}(n_1-1,n_2-1)} < \frac{\sigma_1^2}{\sigma_2^2} < \frac{S_X^2}{S_Y^2}\frac{1}{F_{1-\frac{\alpha}{2}}(n_1-1,n_2-1)}\right\} = 1-\alpha.$$

于是得到 σ_1^2/σ_2^2 的一个置信水平为 $1-\alpha$ 的置信区间

$$\left(\frac{S_X^2}{S_Y^2}\frac{1}{F_{\frac{\alpha}{2}}(n_1-1,n_2-1)}, \frac{S_X^2}{S_Y^2}\frac{1}{F_{1-\frac{\alpha}{2}}(n_1-1,n_2-1)}\right). \tag{7.22}$$

例 7.20 设总体 $X \sim N(\mu_1,5^2)$,从中任取一个容量为 10 的样本,其平均值为 $\overline{x}=19.8$;总体 $Y \sim N(\mu_2,6^2)$,$\overline{y}=24.0$ 是其容量为 12 的样本均值;如果所取两个样本相互独立,试求 90% 为置信度的 $\mu_1-\mu_2$ 的置信区间.

解 由于 $1-\alpha=0.90, \alpha=0.1$,查附表 3,得 $z_{\frac{\alpha}{2}}=1.645$,又 $n_1=10, n_2=12$,于是

$$\overline{X}-\overline{Y} \pm z_{\frac{\alpha}{2}}\sqrt{\frac{\sigma_1^2}{n_1}+\frac{\sigma_2^2}{n_2}} = 19.8-24.0 \pm 1.65\sqrt{\frac{25}{10}+\frac{36}{12}}.$$

故所求均值差 $\mu_1-\mu_2$ 的置信区间为 $(-8.07,-0.33)$.

例 7.21 为提高某一化学生产过程的得率,试图采用一种新的催化剂,为慎重起见,首先在试验工厂进行试验. 设采用原来的催化剂进行了 $n_1=8$ 次试验,得到得率的平均值 $\overline{x}_1=91.73$,样本方差 $s_1^2=3.89$.又采用新的催化剂进行 $n_2=8$ 次试验,得到得率的平均值 $\overline{x}_2=93.75$,样本方差 $s_2^2=4.02$. 假设两总体都服从正态分布且方差相等,两样本独立. 试求两总体均值差 $\mu_1-\mu_2$ 的置信水平为 0.95 的置信区间.

解 由题设,由 $S_w^2=\dfrac{(n_1-1)S_1^2+(n_2-1)S_2^2}{n_1+n_2-2}$,有 $s_w=\sqrt{3.96}$.

对于 $\alpha=0.05$,查附表 4,得 $t_{\frac{\alpha}{2}}(n_1+n_2-2)=t_{0.025}(14)=2.1448$. 于是

$$\bar{x}_1-\bar{x}_2\pm t_{0.025}(14)\cdot s_w\cdot\sqrt{\frac{1}{8}+\frac{1}{8}}=-2.02\pm2.13.$$

故所求均值差 $\mu_1-\mu_2$ 的置信区间为 $(-4.15, 0.11)$.

例 7.22 某大学从甲、乙两市招收的新生中分别抽取 5 名男生和 6 名男生,测得其身高(单位:cm)为

甲市:172, 178, 180.5, 174, 175;

乙市:174, 171, 176.5, 168, 172.5, 170.

假设两市学生身高都服从正态分布 $N(\mu_1,\sigma_1^2),N(\mu_2,\sigma_2^2)$,求 σ_1^2/σ_2^2 的置信水平为 0.95 的置信区间.

解 由观测数据计算得 $s_X^2=11.3, s_Y^2=9.1$. 对 $\alpha=0.05$,查附表 6,得

$$F_{0.025}(4,5)=7.39, \quad F_{0.975}(4,5)=\frac{1}{F_{0.025}(5,4)}=\frac{1}{9.36}.$$

故由式(7.21)得 σ_1^2/σ_2^2 的置信水平为 0.95 的置信区间为

$$\left(\frac{11.3}{9.1}\times\frac{1}{7.39},\frac{11.3}{9.1}\times9.36\right),$$

即为 $(0.168, 11.629)$.

习 题 7.3

1. 设某种清漆的 9 个样品,其干燥时间(单位:h)分别为

6.0, 5.7, 5.8, 6.5, 7.0, 6.3, 5.6, 6.1, 5.0,

设干燥时间总体服从正态分布 $N(\mu,\sigma^2)$. 求 μ 的置信水平为 0.95 的置信区间.

(1) 若由以往经验知 $\sigma=0.6h$;

(2) 若 σ 为未知.

2. 分别使用金球和铂球测定引力常数(单位:$10^{-11}\mathrm{m}^3\cdot\mathrm{kg}^{-1}\cdot\mathrm{s}^{-2}$).

(1) 用金球测定的观测值为

6.683, 6.681, 6.676, 6.678, 6.679, 6.672.

(2) 用铂球测定的观测值为

6.661, 6.661, 6.667, 6.667, 6.664.

设测定值总体为 $N(\mu,\sigma^2)$, μ,σ^2 均为未知. 试分(1),(2)两种情况求 μ 的置信水平为 0.9 的置信区间,并求 σ^2 的置信水平为 0.9 的置信区间.

3. 随机从一批钉子中抽取 6 枚,测得其长度(单位:cm)的样本均值为 $\bar{x}=2.213$,样本标准差 $s=0.021$,设该种钉子的长度 X 服从正态分布 $N(\mu,\sigma^2)$,求

(1) μ 的置信水平为 0.90 的置信区间;

(2) σ^2 的置信水平为 0.95 的置信区间.

4. 随机地从甲批导线中抽取 4 根,又从乙批导线中抽取 5 根,测得电阻(单位:Ω)为

甲批导线：0.143, 0.142, 0.143, 0.137；

乙批导线：0.140, 0.142, 0.136, 0.138, 0.140.

设测定数据分别来自 $N(\mu_1,\sigma^2)$, $N(\mu_2,\sigma^2)$，且两样本相互独立. 又 μ_1,μ_2,σ^2 均为未知, 试求 $\mu_1-\mu_2$ 的置信水平为 0.95 的置信区间.

5. 设两位化验员甲、乙独立地对某种聚合物含氯量用相同的方法各作 10 次测定, 其测定值的样本方差依次为 $s_X^2=0.541$, $s_Y^2=0.606$. 设 σ_1^2,σ_2^2 分别为甲、乙所测定的测定值的方差, 设总体均为正态总体, 且两样本相互独立. 求方差 σ_1^2/σ_2^2 的置信水平为 0.95 的置信区间.

7.4 0-1 分布参数的区间估计

前一节讨论的总体均值和均值之差的置信区间对总体有着很高的要求和限制条件, 要求总体必须是正态总体, 这个要求在实际中是很难满足的. 实际工作中往往不知道总体的分布, 更谈不上是正态分布了. 总体的分布多种多样, 有的是连续型, 有的是离散型, 很多情形下都不是正态分布, 如果我们硬性假定总体服从正态分布也有失研究的科学性. 那么当我们不知道总体服从什么分布的时候, 如何对总体的均值或均值之差作区间估计？当我们经初步分析得知了总体的分布, 但这个分布却不是正态分布, 甚至连连续分布都不是, 又怎么办？当样本容量 n 很大时, 根据中心极限定理可近似地解决这个问题. 我们称这一方法为大样本法.

大样本法是在样本容量 n 比较大时（一般要求 $n\geqslant 50$）, 利用中心极限定理, 可构造统计量且其分布与任何未知参数无关, 再根据其分布的分位点的定义, 可以找到总体未知参数的置信区间.

设总体 X 服从某一分布, 分布律 $p(x;\theta)$ 或概率密度 $f(x;\theta)$ 中含有未知参数 θ, 则总体均值 $E(X)=\mu(\theta)$ 和总体方差 $D(X)=\sigma^2(\theta)$ 显然都依赖于参数 θ, 抽取样本 $X_1,X_2,\cdots,X_n$, 则有中心极限定理, 当 n 充分大时（$n\geqslant 50$）,

$$\frac{\sum_{i=1}^{n}X_i-n\mu(\theta)}{\sqrt{n}\sigma(\theta)}=\frac{\overline{X}-\mu(\theta)}{\sigma(\theta)/\sqrt{n}}$$

近似服从 $N(0,1)$. 于是, 对于给定的置信水平 $1-\alpha$, 有

$$P\left\{-z_{\frac{\alpha}{2}}\leqslant\frac{\overline{X}-\mu(\theta)}{\sigma(\theta)/\sqrt{n}}\leqslant z_{\frac{\alpha}{2}}\right\}\approx 1-\alpha,$$

若能由不等式

$$-z_{\frac{\alpha}{2}}\leqslant\frac{\overline{X}-\mu(\theta)}{\sigma(\theta)/\sqrt{n}}\leqslant z_{\frac{\alpha}{2}}$$

解出参数 θ 应满足的不等式, 即可近似求得参数 θ 的置信区间.

下面我们讨论服从"0-1"分布的总体参数 p 的置信区间的求法.

假设有一容量 $n>50$ 的大样本,它来自 0-1 分布的总体 X,X 的分布律为
$$f(x;p) = p^x(1-p)^{1-x}, \quad x=0,1,$$
其中,p 为未知参数,求 p 的置信水平为 $1-\alpha$ 的置信区间.

已知 0-1 分布的均值和方差分别为 $\mu=p$,$\sigma^2=p(1-p)$. 设 $X_1,X_2,\cdots,X_n$ 是来自总体 X 的一个样本,由中心极限定理,知

$$\frac{\sum_{i=1}^{n} X_i - np}{\sqrt{np(1-p)}} = \frac{n\overline{X} - np}{\sqrt{np(1-p)}} \tag{7.23}$$

近似地服从 $N(0,1)$ 分布,于是有

$$P\left\{-z_{\frac{\alpha}{2}} < \frac{n\overline{X} - np}{\sqrt{np(1-p)}} < z_{\frac{\alpha}{2}}\right\} \approx 1-\alpha,$$

而不等式

$$-z_{\frac{\alpha}{2}} < \frac{n\overline{X} - np}{\sqrt{np(1-p)}} < z_{\frac{\alpha}{2}} \tag{7.24}$$

等价于

$$(n+z_{\frac{\alpha}{2}}^2)p^2 - (2n\overline{X}+z_{\frac{\alpha}{2}}^2)p + n\overline{X}^2 < 0. \tag{7.25}$$

记

$$\hat{p}_1 = \frac{1}{2a}(-b-\sqrt{b^2-4ac}), \quad \hat{p}_2 = \frac{1}{2a}(-b+\sqrt{b^2-4ac}), \tag{7.26}$$

其中,$a=n+z_{\frac{\alpha}{2}}^2$,$b=-(2n\overline{X}+z_{\frac{\alpha}{2}}^2)$,$c=n\overline{X}^2$. 于是由式(7.26)得 p 的一个近似的置信水平为 $1-\alpha$ 的置信区间为 $(\hat{p}_1,\hat{p}_2)$.

例 7.23 设某批产品的 100 个样品中,得一级品 60 个,求这批产品的一级品率 p 的置信水平为 0.95 的置信区间.

解 一级品率 p 是 0-1 分布的参数,此处 $n=100$,$\overline{x}=0.6$,$1-\alpha=0.95$,$z_{\frac{\alpha}{2}}=z_{0.025}=1.96$,按式(7.25),求 p 的置信区间,其中,

$$a=n+z_{\frac{\alpha}{2}}^2=103.84, \quad b=-(2n\overline{x}+z_{\frac{\alpha}{2}}^2)=-123.84, \quad c=n\overline{x}^2=36.$$

于是 $\hat{p}_1=0.5$,$\hat{p}_2=0.69$.

故得 p 的一个置信水平为 0.95 的近似置信区间为 $(0.50, 0.69)$.

习 题 7.4

1. 在一批货物的容量为 100 的样本中,经检验发现有 16 只次品,试求这批货物次品率的置信水平为 0.95 的置信区间.

2. 某饮料厂的市场调查中,在 1000 名被调查者中有 650 人喜欢含有酸味的饮料,试作出喜欢含酸味饮料的人的比率的置信水平为 0.95 的置信区间.

3. 某公司对本公司生产的型号为 A,B 的产品销售情况进行市场调查,随机选取 400 人询问他们对 A、B 的选择,其中有 224 人喜欢 A. 试求顾客中喜欢 A 的人数的比例 p 的置信水平为 0.99 的置信区间.

4. 某项工程使用了同一规格的零件 2000 个,其中有 214 个零件不超过一年就损坏了,求这种零件的寿命不超过一年的概率 p 的置信水平为 95% 的置信区间.

7.5 单侧置信区间

在实际问题中,有时只对参数 θ 的一端的界限感兴趣. 例如,对于设备、元件的使用寿命来说,平均寿命长是所希望的,因此关心的是平均寿命 θ 的"下限",即要求找到一个统计量 $\underline{\theta}$,使 $\{\theta > \underline{\theta}\}$ 的概率很大;与之相反,在考虑一种物质中某种杂质含量的平均值 θ 时,可能只关心 θ 的"上限",即要求找到一个统计量 $\bar{\theta}$ 使 $\{\theta < \bar{\theta}\}$ 的概率很大. 这就引出了 θ 的单侧置信区间的概念.

定义 7.8 对于给定值 $\alpha(0<\alpha<1)$,由样本 $X_1, X_2, \cdots, X_n$ 确定的统计量 $\underline{\theta}$ 与 $\bar{\theta}$,若对 θ 的一切可取的值,有

$$P\{\theta > \underline{\theta}\} \geqslant 1-\alpha, \tag{7.27}$$

则称随机区间 $(\underline{\theta}, +\infty)$ 是 θ 的置信水平为 $1-\alpha$ 的单侧置信区间,$\underline{\theta}$ 称为 θ 的置信水平为 $1-\alpha$ 的单侧置信下限.

若对 θ 的一切可取的值,有

$$P\{\theta < \bar{\theta}\} \geqslant 1-\alpha, \tag{7.28}$$

则称随机区间 $(-\infty, \bar{\theta})$ 是 θ 的置信水平为 $1-\alpha$ 的单侧置信区间,$\bar{\theta}$ 称为 θ 的置信水平为 $1-\alpha$ 的单侧置信上限.

例如,对于单个正态总体 $X \sim N(\mu, \sigma^2)$.

(1) 设已知 σ^2,求 μ 的单侧置信区间.

若 $X_1, X_2, \cdots, X_n$ 是来自总体 X 的一个样本,由

$$\frac{\bar{X}-\mu}{\sigma/\sqrt{n}} \sim N(0,1)$$

有(图 7-4)

$$P\left\{\frac{\bar{X}-\mu}{\sigma/\sqrt{n}} < z_\alpha\right\} = 1-\alpha,$$

即

$$P\left\{\mu > \bar{X} - \frac{\sigma}{\sqrt{n}} z_\alpha\right\} = 1-\alpha.$$

于是得到 μ 的一个置信水平为 $1-\alpha$ 的单侧置信区间为

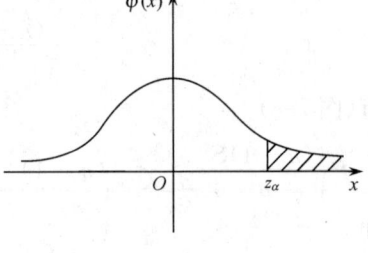

图 7-4

$$\left(\overline{X}-\frac{\sigma}{\sqrt{n}}z_\alpha,+\infty\right).\tag{7.29}$$

μ 的置信水平为 $1-\alpha$ 的单侧置信下限为 $\underline{\mu}=\overline{X}-\frac{\sigma}{\sqrt{n}}z_\alpha$;类似地,只要

$$P\left\{\frac{\overline{X}-\mu}{\sigma/\sqrt{n}}>-z_\alpha\right\}=1-\alpha,$$

便可得到 μ 的一个置信水平为 $1-\alpha$ 的单侧置信上限 $\overline{\mu}=\overline{X}+\frac{\sigma}{\sqrt{n}}z_\alpha$.

(2) 设未知 σ^2,求 μ 的单侧置信区间.

若 $X_1,X_2,\cdots,X_n$ 是来自总体 X 的一个样本,由

$$\frac{\overline{X}-\mu}{S/\sqrt{n}}\sim t(n-1)$$

有(图 7-5)

$$P\left\{\frac{\overline{X}-\mu}{S/\sqrt{n}}<t_\alpha(n-1)\right\}=1-\alpha,$$

即

$$P\left\{\mu>\overline{X}-\frac{S}{\sqrt{n}}t_\alpha(n-1)\right\}=1-\alpha.$$

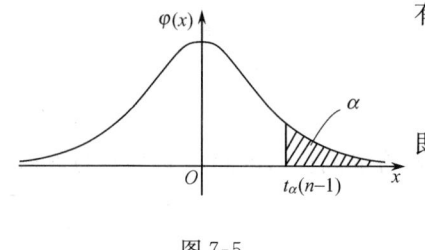

图 7-5

于是得到 μ 的一个置信水平为 $1-\alpha$ 的单侧置信区间为

$$\left(\overline{X}-\frac{S}{\sqrt{n}}t_\alpha(n-1),+\infty\right).\tag{7.30}$$

(3) 设均值 μ,方差 σ^2 均为未知,求 σ^2 的单侧置信区间.

若 $X_1,X_2,\cdots,X_n$ 是来自总体 X 的一个样本,由

$$\frac{(n-1)S^2}{\sigma^2}\sim\chi^2(n-1)$$

有(图 7-6)

$$P\left\{\frac{(n-1)S^2}{\sigma^2}>\chi^2_{1-\alpha}(n-1)\right\}=1-\alpha,$$

即

$$P\left\{\sigma^2<\frac{(n-1)S^2}{\chi^2_{1-\alpha}(n-1)}\right\}=1-\alpha.$$

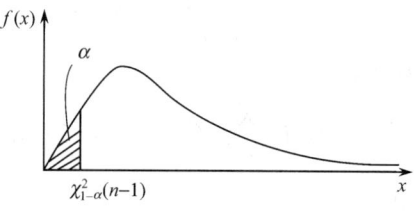

图 7-6

于是得到 σ^2 的一个置信水平为 $1-\alpha$ 的单侧置信区间为

7.5 单侧置信区间

$$\left(0, \frac{(n-1)S^2}{\chi^2_{1-\alpha}(n-1)}\right). \tag{7.31}$$

σ^2 的置信水平为 $1-\alpha$ 的单侧置信上限为 $\bar{\sigma}^2 = \dfrac{(n-1)S^2}{\chi^2_{1-\alpha}(n-1)}$.

例 7.24 为了研究某种汽车轮胎的磨损特性,随机选择该种轮胎 16 只,每只轮胎行驶到磨损坏为止. 记录所行驶的路程(单位:km)如下:

41250 40187 43175 41010 39625 41872 42654 41287

38970 40200 42550 41095 40680 43500 39775 40400

假设这些数据来自正态总体 $N(\mu, \sigma^2)$,其中 μ, σ^2 求知. 试求 μ 的置信水平为 0.95 的单侧置信下限.

解 σ^2 未知,由式(7.29)得 μ 的单侧置信下限为 $\underline{\mu} = \bar{X} - \dfrac{S}{\sqrt{n}}t_\alpha(n-1)$,

$1-\alpha = 0.95, n=16$,查附表 4,得 $t_\alpha(n-1) = t_{0.05}(15) = 1.7531$,

经计算,$\bar{x} = 41116.88, s = 1346.84$,所以 $\underline{\mu} = 40526.59$,即以 95% 的置信度断定轮胎的寿命在 40526.59km 以上.

例 7.25 一批电子元件的寿命 X 服从期望值等于 $\theta(\theta$ 未知)的指数分布,随机抽取 50 件,测得平均寿命为 200(h),求 θ 的置信水平为 95% 的单侧置信下限.

解 由于 $n=50$,则 $\bar{X} \sim N\left(\theta, \dfrac{\theta^2}{n}\right), P\left\{\dfrac{\bar{X}-\theta}{\theta/\sqrt{n}} < z_\alpha\right\} = 1-\alpha$,解得

$$P\left\{\theta > \dfrac{\bar{X}}{1+z_\alpha/\sqrt{n}}\right\} = 1-\alpha.$$

所以 $\underline{\theta} = \dfrac{\bar{X}}{1+z_\alpha/\sqrt{n}}$.

$1-\alpha = 0.95, z_\alpha = z_{0.05} = 1.645, \bar{x} = 200, n=50$ 代上式,得 $\underline{\theta} = 162.2536(h)$,即以 95% 的置信度断定这批电子元件的平均寿命在 162.2536(h) 以上.

注意到一点:在置信区间中的 $\alpha/2$ 都被 α 取代,这是由于区间估计为双侧时,共为 α 的概率由两边均分,各占 $\alpha/2$. 而置信上、下限则是单侧的.

将这个方法用于以前讨论过的参数的区间估计的各种情形,可以得到相应问题的参数置信上、下限的结果,见表 7-1.

表 7-1 正态总体均值、方差的置信区间与单侧置信限(置信度为 $1-\alpha$)

	待估参数	其他参数	概率分布	置信区间	单侧置信限
一个正态总体	μ	σ^2 已知	$Z=\dfrac{\overline{X}-\mu}{\sigma/\sqrt{n}}\sim N(0,1)$	$\left(\overline{X}\pm\dfrac{\sigma}{\sqrt{n}}z_{\alpha/2}\right)$	$\overline{\mu}=\overline{X}+\dfrac{\sigma}{\sqrt{n}}z_\alpha$ $\underline{\mu}=\overline{X}-\dfrac{\sigma}{\sqrt{n}}z_\alpha$
	μ	σ^2 未知	$t=\dfrac{\overline{X}-\mu}{S/\sqrt{n}}\sim t(n-1)$	$\left(\overline{X}\pm\dfrac{S}{\sqrt{n}}t_{\alpha/2}(n-1)\right)$	$\overline{\mu}=\overline{X}+\dfrac{S}{\sqrt{n}}t_\alpha(n-1)$ $\underline{\mu}=\overline{X}-\dfrac{S}{\sqrt{n}}t_\alpha(n-1)$
	σ^2	μ 未知	$\chi^2=\dfrac{(n-1)S^2}{\sigma^2}\sim\chi^2(n-1)$	$\left(\dfrac{(n-1)S^2}{\chi^2_{\alpha/2}(n-1)},\dfrac{(n-1)S^2}{\chi^2_{1-\alpha/2}(n-1)}\right)$	$\overline{\sigma^2}=\dfrac{(n-1)S^2}{\chi^2_{1-\alpha}(n-1)}$ $\underline{\sigma^2}=\dfrac{(n-1)S^2}{\chi^2_\alpha(n-1)}$
两个正态总体	$\mu_1-\mu_2$	σ_1^2,σ_2^2 已知	$Z=\dfrac{\overline{X}-\overline{Y}-(\mu_1-\mu_2)}{\sqrt{\dfrac{\sigma_1^2}{n_1}+\dfrac{\sigma_2^2}{n_2}}}\sim N(0,1)$	$\left(\overline{X}-\overline{Y}\pm z_{\alpha/2}\sqrt{\dfrac{\sigma_1^2}{n_1}+\dfrac{\sigma_2^2}{n_2}}\right)$	$\overline{\mu_1-\mu_2}=\overline{X}-\overline{Y}+z_\alpha\sqrt{\dfrac{\sigma_1^2}{n_1}+\dfrac{\sigma_2^2}{n_2}}$ $\underline{\mu_1-\mu_2}=\overline{X}-\overline{Y}-z_\alpha\sqrt{\dfrac{\sigma_1^2}{n_1}+\dfrac{\sigma_2^2}{n_2}}$
	$\mu_1-\mu_2$	$\sigma_1^2=\sigma_2^2=\sigma^2$ 未知	$t=\dfrac{(\overline{X}-\overline{Y})-(\mu_1-\mu_2)}{S_w\sqrt{\dfrac{1}{n_1}+\dfrac{1}{n_2}}}\sim t(n_1+n_2-2)$	$\left(\overline{X}-\overline{Y}\pm t_{\alpha/2}(n_1+n_2-2)S_w\sqrt{\dfrac{1}{n_1}+\dfrac{1}{n_2}}\right)$	$\overline{\mu_1-\mu_2}=\overline{X}-\overline{Y}+t_\alpha(n_1+n_2-2)S_w\sqrt{\dfrac{1}{n_1}+\dfrac{1}{n_2}}$ $\underline{\mu_1-\mu_2}=\overline{X}-\overline{Y}-t_\alpha(n_1+n_2-2)S_w\sqrt{\dfrac{1}{n_1}+\dfrac{1}{n_2}}$
	$\dfrac{\sigma_1^2}{\sigma_2^2}$	μ_1,μ_2 未知	$F=\dfrac{S_1^2/S_2^2}{\sigma_1^2/\sigma_2^2}\sim F(n_1-1,n_2-1)$	$\left(\dfrac{S_1^2}{S_2^2}\dfrac{1}{F_{\alpha/2}(n_1-1,n_2-1)},\dfrac{S_1^2}{S_2^2}\dfrac{1}{F_{1-\alpha/2}(n_1-1,n_2-1)}\right)$	$\overline{\left(\dfrac{\sigma_1^2}{\sigma_2^2}\right)}=\dfrac{S_1^2}{S_2^2}\dfrac{1}{F_{1-\alpha}(n_1-1,n_2-1)}$ $\underline{\left(\dfrac{\sigma_1^2}{\sigma_2^2}\right)}=\dfrac{S_1^2}{S_2^2}\dfrac{1}{F_\alpha(n_1-1,n_2-1)}$

习 题 7.5

1. 从一批电子元件中随机抽取 6 只做寿命试验,测得寿命 $\bar{x}=31200(h)$, $s^2=9950(h)$,假定电子元件寿命服从正态分布.求该元件寿命平均值的置信水平为 0.95 的单侧置信下限.

2. 设某清漆的 9 个样品,其干燥时间(单位:h)分别为

6.0, 5.7, 5.8, 6.5, 7.0, 6.3, 5.6, 6.1, 5.0,

假定干燥时间总体服从正态分布 $N(\mu,\sigma^2)$,求 μ 的置信水平为 0.95 的单侧置信上限.

(1) 若由以往经验知 $\sigma=0.6h$;(2) 若 σ 为未知.

3. 随机从甲批导线中抽取 4 根,乙批导线中抽取 5 根,测得电阻(单位:Ω)为

甲批导线:0.143, 0.142, 0.143, 0.137,

乙批导线:0.140, 0.142, 0.136, 0.138, 0.140.

假设测定数据分别来自 $N(\mu_1,\sigma^2)$,$N(\mu_2,\sigma^2)$,且两样本相互独立,又 μ_1,μ_2,σ^2 均为未知,试求 $\mu_1-\mu_2$ 的置信水平为 0.95 的单侧置信下限.

4. 设两位化验员甲、乙独立地对某种聚合物含氯量用相同的方法各作 10 次测定,其测定值的样本方差依次为 $s_x^2=0.541, s_y^2=0.606$. 设 σ_1^2, σ_2^2 分别为甲、乙所测定的测定值的方差,假设总体均为正态总体,且两样本相互独立. 求方差比 σ_1^2/σ_2^2 的置信水平为 0.95 的单侧置信上限.

习 题 7

1. 设总体 X 的分布律为

X	0	1	2	3
p_k	θ^2	$2\theta(1-\theta)$	θ^2	$1-2\theta$

其中,θ 是未知参数$(0<\theta<0.5)$,利用总体的样本值 3,1,2,3,0,3,1,3,求

(1) θ 的矩估计值;

(2) θ 的极大似然估计值.

2. 1L 自来水中含有大肠杆菌的个数服从参数为 λ 的泊松分布. 为了检验自来水的消毒效果,从消毒后的水中随机抽取了 50 个水样,分别化验其中的大肠杆菌的个数,得到数据如下:

大肠杆菌个数/(个/L)	0	1	2	3	4
水样个数	17	20	10	2	1

求平均每个水样中含几个大肠杆菌,才能使上述情况出现的概率最大?

3. 设随机变量 X 的概率密度为

$$f(x) = \begin{cases} (\theta+1)x^\theta, & 0<x<1, \\ 0, & \text{其他}, \end{cases}$$

其中,$\theta>-1$ 是未知参数,$X_1, X_2, \cdots, X_n$ 是来自总体 X 的样本,求 θ 的矩估计和极大似然估计.

4. 设总体 X 服从区间 $[-\alpha, \alpha]$ 上的均匀分布,其中,$\alpha>0$ 是未知参数,$X_1, X_2, \cdots, X_n$ 是样本,求:

(1) α 的矩估计;

(2) α 的极大似然估计.

5. 已知某产品的寿命服从正态分布,从一个星期生产的该产品中随机抽取了 10 只,测得其寿命(单位:h)分别为 1051,1023,925,845,958,1084,1166,1048,789,1021,试求该产品的寿命在 1000h 以上的概率的极大似然估计.

6. 设总体 X 的概率密度为

$$f(x;\theta) = \begin{cases} \theta, & 0<x<1, \\ 1-\theta, & 1\leqslant x<2, \\ 0, & \text{其他}, \end{cases}$$

其中,θ 是未知参数$(0<\theta<1)$,$X_1, X_2, \cdots, X_n$ 为来自总体 X 的简单随机样本,记 N 为样本值 $x_1, x_2, \cdots, x_n$ 中小于 1 的个数,求 θ 的极大似然估计.

7. 设总体 X 的概率密度为
$$f(x;\theta)=\begin{cases}\dfrac{1}{2\theta}, & 0<x<\theta,\\ \dfrac{1}{2(1-\theta)}, & \theta\leqslant x<1,\\ 0, & 其他,\end{cases}$$

其中,参数 $\theta(0<\theta<1)$ 未知,$X_1,X_2,\cdots,X_n$ 是来自总体 X 的简单随机样本,$\overline{X}$ 是样本均值.

(1) 求参数 θ 的矩估计;

(2) 判断 $4\overline{X}^2$ 是否为 θ^2 的无偏估计量,并说明理由.

8. 设 X 的概率密度为
$$f(x)=\begin{cases}\dfrac{6x}{\theta^3}(\theta-x), & 0<x<\theta,\\ 0, & 其他,\end{cases}$$

$\theta>0$ 是未知参数,$X_1,X_2,\cdots,X_n$ 是样本,求 θ 的矩估计,并证明其优良性.

9. 设 X 服从区间 $[0,\theta]$ 上的均匀分布,$X_1,X_2,\cdots,X_n$ 是样本,$\overline{X}$ 是样本均值,证明 $\dfrac{12}{n-1}\sum_{i=1}^{n}(X_i-\overline{X})^2$ 是 θ^2 的无偏估计和相合估计.

10. 设 $X_1,X_2,\cdots,X_n$ 是来自总体 X 的简单随机样本,证明估计量
$$\overline{X}=\frac{1}{n}\sum_{i=1}^{n}X_i \quad 和 \quad Y=\sum_{i=1}^{n}c_iX_i\left(c_i\geqslant 0,\sum_{i=1}^{n}c_i=1\right)$$

都是总体数学期望 $E(X)$ 的无偏估计,但 $\overline{X}$ 比 Y 有效.

11. 某食品的含锡量(单位:mg/kg)服从标准差为 4 的正态分布,在对产品的质量检验中,为了以 95% 的置信度使得检验的绝对误差不超过 5mg/kg,至少要抽取几个样品?

12. 设总体 $X\sim N(\mu,2^2)$,$x_1,x_2,\cdots,x_{100}$ 是样本观察值,已知 μ 的置信区间为 $(1.171,1.829)$,求置信水平.

13. 某商场为了了解居民对某种商品的需求,对 100 户居民进行调查,结果每户每月平均需求量为 10kg,方差为 9kg^2.如果这种商品供应 1 万户,试就居民对这种商品的平均需求量进行区间估计($\alpha=0.01$).

14. 假设 $0.50,1.25,0.80,2.00$ 是来自总体 X 的简单随机样本值,已知 $Y=\ln X$ 服从正态分布 $N(\mu,1)$.

(1) 求 X 的数学期望 $E(X)$;

(2) 求 μ 的置信度为 0.95 的置信区间;

(3) 利用上述结果求 $E(X)$ 的置信度为 0.95 的置信区间.

15. 某人自测每分钟脉搏次数,得到数据:$80,76,70,60,67,60,65,70,72,71,64,66,68,76,74,78$.设每分钟脉搏次数服从正态分布.

(1) 求平均脉搏次数的置信区间;

(2) 求脉搏标准差的置信区间($\alpha=0.05$).

16. 设总体 $X\sim N(0,\sigma^2)$,$x_1,x_2,\cdots,x_{10}$ 是样本观察值,样本方差 $S^2=2$,求 $D(X^2/\sigma^3)$ 的置信水平为 0.95 的置信区间.

17. 某工厂添置了一台污水处理器,新旧两台污水处理器同时独立地工作.工厂阶段性地分别从新污水处理器处理过的水中抽取了 10 个水样,从旧污水处理器处理过的水中抽取了 8 个水样,测得悬浮物的均值分别为 $\bar{x}=408, \bar{y}=410$,假设经处理的水中悬浮物含量都服从方差为 2 的正态分布,求两台污水处理器处理过的水中悬浮物的期望值之差的置信区间($\alpha=0.05$).

18. 用两个秤分装一种添加剂,两个秤独立工作.今从两个秤装的添加剂中分别抽取了 25 袋和 15 袋,得到质量的方差分别为 $4.292g^2$ 和 $3.429g^2$,假设每袋质量服从正态分布,试求方差比的置信区间($\alpha=0.10$).

19. 某工程使用了同一规格的零件 2000 个,其中,有 214 个零件不超过一年就损坏了,求这种零件的寿命不超过一年的概率 p 的置信水平为 95% 的置信区间.

20. 某城市对一项提案进行民意调查,随机选取 1000 名居民,其中,有 80% 的人赞同该提案,5% 的人反对,15% 的人弃权,试求居民对该项提案赞同的比率 p 的置信区间($\alpha=0.10$).

21. 某加工厂生产的水果罐头含锡量(单位:mg/kg)服从正态分布.随机抽取了 16 只,测得平均含锡量为 180mg/kg,标准差为 10mg/kg.试求这种罐头平均含锡量的置信水平为 90% 的单侧置信上限.

22. 为了考察某厂生产的水泥构件的抗压强度(单位:kg/cm^2),抽取了 25 件样品进行测试,得到平均抗压强度为 415kg/cm^2,根据以往资料,该厂生产的水泥构件的抗压强度 $X \sim N(\mu, 20^2)$,试求 μ 的置信水平为 90% 的单侧置信上限和单侧置信下限.

23. 用甲乙两台仪器独立重复地测量 A, B 两地间距离(单位:m),用甲仪器测量 10 次得到平均值为 45479.431,标准差为 0.0440;用乙仪器测量 15 次得到平均值为 45479.398,标准差为 0.0308.假设这两台仪器的测量值都服从正态分布.

(1) 如果这两台仪器的测量值方差相同,试求均值差的单侧置信下限和单侧置信上限;

(2) 求两台仪器测量值的方差比的单侧置信下限($\alpha=0.05$).

24. 设 $X_1, X_2, \cdots, X_n$ 是取自总体 X 的样本,X 具有密度函数为
$$f(x) = \begin{cases} e^{-(x-\theta)}, & x \geq \theta, \\ 0, & 其他. \end{cases}$$
证明可取 $X_{(1)} - \theta$ 作为求 θ 区间估计的统计量,其中,$X_{(1)}$ 为样本的最小次序统计量;并求 θ 的置信水平为 $1-\alpha$ 的置信下限.

25. 设 $X \sim N(\mu, 3^2), X_1, X_2, \cdots, X_{100}$ 是样本,$\bar{x}=4.5065$,若
$$Y = \begin{cases} X, & X \geq \mu, \\ 0, & X < \mu. \end{cases}$$
求 $E(Y)$ 的置信水平为 0.90 的置信区间.

第8章 假设检验

与参数估计一样,假设检验也是人们在科学研究、生产和生活实践中提出的一类重要的统计推断问题,它的思想方法贯穿数理统计的始终,在数理统计理论和实际应用中都占有重要的地位,几乎所有的统计方法都要直接或间接使用到它.

在许多实际问题中,通常需要对总体的分布函数类型或分布的某些未知参数作出某些可能的假设,然后根据所得的样本数据,运用数理统计的分析方法,对假设的正确性作出判断. 这就是所谓的假设检验问题.

假设检验与区间估计的差别主要在于:区间估计是用给定的大概率推断出总体参数的范围,而假设检验是以小概率为标准,对总体的状况所做出的假设进行判断. 假设检验与区间估计结合起来,构成统计推断的主要内容. 假设检验分为两类:一类是总体分布中未知参数的检验,称为参数假设检验;另一类是对整个总体分布的假设检验,称为非参数假设检验. 本章介绍假设检验的基本概念以及一些常用的参数假设检验和非参数假设检验方法.

8.1 假设检验的一般理论

8.1.1 假设检验的引入

进行假设检验,首先要对总体的分布函数形式或分布的某些参数做出假设,然后再根据样本数据和"小概率原理",对假设的正确性做出判断. 这种思维方法与数学里的"反证法"很相似,"反证法"先将要证明的结论假设为不正确的,作为进一步推论的条件之一使用,最后推出矛盾的结果,以此否定事先所作的假设. 反证法所认为矛盾的结论,也就是不可能发生的事件,这种事件发生的概率为零,该事件是不能接受的现实. 其实,我们在日常生活中,不仅不肯接受概率为 0 的事件,而且对小概率事件,也持否定态度. 比如,虽然偶尔也有媒体报导陨石降落的消息,但人们不必担心天空降落的陨石会砸伤自己.

所谓小概率原理,即指概率很小的事件在一次试验中实际上不可能出现. 这种事件称为"实际不可能事件".

小概率的标准是多大?这并没有绝对的标准,一般我们以一个所谓显著性水平 $\alpha(0<\alpha<1)$ 作为小概率的界限,α 的取值与实际问题的性质有关. 所以,统计检验又称显著性检验.

先看几个例子.

例 8.1 某食品厂生产的罐头规定每听的标准重量为 500g,它们由一条生产线自动包装,在正常情况下,生产出的罐头重量(单位:g)由经验知道服从正态分布 $N(500, 2^2)$,质量管理中规定每隔一定时间要抽测 5 听罐头,用以检查生产线的工作是否正常,如果在某次抽样中,测得 5 听罐头的重量为

$$501, \quad 507, \quad 498, \quad 502, \quad 504.$$

这时是否可以作出生产线工作正常(即 $\mu=500$)的判断呢?

例 8.1 中,生产厂家实际要进行的是一项统计检验工作,检验总体平均重量是否等于规定的 500g. 即,检验总体均值 $\mu=500$ 是否成立. 这就是一个原假设(null hypothesis),通常用 H_0 表示,即: $H_0: \mu=500$.

与原假设对立的是备择假设(alternative hypothesis) H_1,备择假设是在原假设被否定时另一种可能成立的结论. 备择假设比原假设还重要,这要由实际问题来确定,一般把期望出现的结论作为备择假设. 上例中可能的备择假设有三种:

第一种:如果厂家希望知道的是,该品牌罐头的平均重量是否为规定的 500g,则 $H_1: \mu \neq 500$;

第二种:如果厂家希望知道该品牌罐头的平均重量是否少于规定的 500g,则 $H_1: \mu < 500$;

第三种:如果厂家希望知道该品牌罐头的平均重量是否大于规定的 500g,则 $H_1: \mu > 500$.

由于备择假设不同,可将假设检验分为双侧(边、尾)检验(two tailed test),和单侧(边、尾)检验(one tailed test). 对此,我们在后面将进一步说明.

例 8.2 某工厂有批产品 10000 件,按规定标准,出厂时次品率不得超过 3%,质量检验员从这批产品中任意抽取 100 件,发现其中有 5 件次品,问这批产品能否出厂?

上述例子中,我们关心产品能否出厂,即产品的次品率 $p \leq 3\%$ 时能出厂,$p > 3\%$ 时则不能出厂. 在正常生产的情况下,我们认为产品的次品率不会超过 3%,因此,选择 $p \leq 3\%$ 作为原假设,$p > 3\%$ 作为备择假设,即,$H_0: p \leq 3\%, H_1: p > 3\%$.

例 8.3 治疗牛皮癣的旧药的治愈率为 0.3,现研制出一种新药,对 10 名患者临床使用,有 7 人治愈,问此种新药的治疗效果是否提高了?

上述例子中,我们关心的是新药的治疗效果能否提高疾病的治愈率,一般情况下,在没有充分的临床证据情况下,我们不会认为新药能提高治愈率 p. 因此,选择 $p=0.3$ 作为原假设,$p>0.3$ 作为备择假设,即 $H_0: p=0.3, H_1: p>0.3$.

例 8.4 繁忙路段上一定时间间隔内通过汽车辆数通常服从泊松分布. 现在某段公路上观测每 15 秒内通过的汽车数(单位:辆),得到的数据如表 8-1 所示.

表 8-1

每 15 秒通过的汽车数 x_i	0	1	2	3	4	5	6	$\geqslant 7$
频 数	24	67	58	35	10	4	2	0

问该段公路上每 15 秒通过的汽车数是否服从泊松分布?

记该段公路上每 15 秒通过的汽车数为 X,则本题的任务就是要根据所得数据检验统计假设,$H_0:X$ 服从泊松分布,$H_1:X$ 不服从泊松分布.

上述 4 个例题均为假设检验问题. 其中通常将需要保护、不能轻易否定的命题作为原假设或零假设(之所以称零假设,可以理解为由于该假设的内容与正常情况或希望得到保护的结论没有差异);当零假设不成立时,必然选择的假设就是备择假设或对立假设.

如果假设是针对参数的,则称为参数假设,如例 8.1~8.3;如果假设是针对分布类型的, 则称为非参数假设(如例 8.4).

建立统计假设,并依据样本、采用相应的统计方法、经过一定的程序,对原假设和备择假设作出取舍的过程就称为假设检验.

由第 7 章我们知道,参数估计的主要任务是回答"总体分布中的参数等于何值?"的问题;而参数的假设检验的主要任务则是判定"总体分布中的参数是否等于某个或某些特定值?"的问题. 从逻辑上看,这两类问题的实质似乎是一样的,但是,从数理统计的角度来看,它们之间虽然有联系,但却是不同的统计推断问题.

8.1.2 判断"假设"的依据

在假设检验问题中要作出某种判断,先从样本 $X_1,X_2,\cdots,X_n$ 出发,制订某个检验法则,当样本观测值 $x_1,x_2,\cdots,x_n$ 确定后,利用这个法则对原假设 H_0 成立与否作出判断. 我们称这一法则为检验法.

如何制定这种检验法? 下面通过对例 8.1 的假设检验问题进行分析,从而找出假设检验法和假设检验的一般步骤.

在例 8.1 中,把问题归结为统计假设

$$H_0:\mu=500,\quad H_1:\mu\neq 500.$$

要检验的假设涉及总体均值 μ,因为样本均值 $\bar{X}$ 是 μ 的无偏估计量,因此,$\bar{X}$ 的观测值的大小在一定程度上反映了 μ 的大小. 所以,在原假设 H_0 成立的情况下,即 $\mu=500$,则 $\bar{X}$ 有较大概率在 500 附近取值,即其观测值 $\bar{x}$ 与 μ 的偏差 $|\bar{x}-500|$ 很小,若 $|\bar{x}-500|$ 很大,就可以怀疑 H_0 的正确性而拒绝 H_0.

在原假设 H_0 成立的情况下,利用正态总体 $X\sim N(500,2^2)$ 的关于 $\bar{X}$ 的抽样分布定理,可得

8.1 假设检验的一般理论

$$\overline{X} \sim N\left(500, \frac{2^2}{n}\right),$$

即

$$\frac{\overline{X}-500}{2/\sqrt{5}} \sim N(0,1).$$

于是,

$$P\{|\overline{X}-500| \geqslant |502.4-500|\} = P\{|\overline{X}-500| \geqslant 2.4\}$$
$$= P\left\{\left|\frac{\overline{X}-500}{2/\sqrt{5}}\right| \geqslant 2.68\right\} = 1 - P\left\{\left|\frac{\overline{X}-500}{2/\sqrt{5}}\right| < 2.68\right\}$$
$$= 2(1-\Phi(2.68)) = 2(1-0.9963) = 0.0074.$$

这个结果表明:若 H_0 成立,则事件 $\{|\overline{X}-500| \geqslant 2.4\}$ 发生的概率只有 0.0074,即在 1000 次观察中平均只有 7.4 次,使所观察到的 $\overline{X}$ 与 500 的偏差大于等于 2.4,即事件 $\{|\overline{X}-500| \geqslant 2.4\}$ 是一小概率事件. 现在仅作一次观察,就出现 "$\overline{X}$ 与 500 的偏差达到 2.4" 这一小概率事件,这让对 H_0 成立表示怀疑,因此,根据这一样本观测值,作出拒绝原假设 H_0 的判断是比较合理的. 这里我们利用了"小概率事件在一次试验中几乎不可能发生"的小概率事件原理. 但是,多么小的概率就可以认为是足够小的?英国统计学家费希尔将二十分之一,即 0.05 作为标准. 通常取 $\alpha=0.05$ 或 0.01,比 0.05 小的概率都被认为是小概率(称为 α 显著性水平). 事实上,在 H_0 成立的条件下,有 $\frac{\overline{X}-500}{2/\sqrt{5}} \sim N(0,1)$,对于事先给定的很小的正数 $\alpha(0<\alpha<1)$,不妨取 $\alpha=0.05$,利用标准正态分布表可以查出对应于 $P\left\{\left|\frac{\overline{X}-500}{2/\sqrt{5}}\right| \geqslant k\right\} = \alpha$ 的分位点 $k = z_{\frac{\alpha}{2}}$,即

$$P\left\{\left|\frac{\overline{X}-500}{2/\sqrt{5}}\right| \geqslant z_{\frac{\alpha}{2}}\right\} = \alpha,$$

故事件 $\left|\frac{\overline{X}-500}{2/\sqrt{5}}\right| \geqslant z_{\frac{\alpha}{2}}$ 是一个小概率事件. 因为,样本观测值 $\overline{x}=502.4$, $z_{0.025}=1.96$,而

$$\left|\frac{\overline{x}-500}{2/\sqrt{5}}\right| = \left|\frac{502.4-500}{2/\sqrt{5}}\right| = 2.68 \geqslant 1.96.$$

所以,小概率事件居然发生了,根源是 H_0 不正确,即应拒绝 H_0,可以认为此时生产线工作不正常.

8.1.3 假设检验的步骤

在例 8.1 中,选用了统计量

$$z = \frac{\overline{X}-\mu}{\sigma/\sqrt{n}} = \frac{\overline{X}-500}{2/\sqrt{5}} \sim N(0,1).$$

判断是否接受或拒绝 H_0 时,是用看样本观测值 $\frac{\overline{x}-500}{2/\sqrt{5}}$ 是否落在不等式 $|z| \geqslant z_{\frac{\alpha}{2}}$ 构成的区域里,如果落在这个区域里,则拒绝 H_0,所以我们称这个区域为拒绝域,拒绝域的边界点 $z_{\frac{\alpha}{2}}$ 也称为临界点或临界值,称 α 为检验水平或显著性水平. 利用正态变量 $z = \frac{\overline{X}-\mu}{\sigma/\sqrt{n}}$ 来检验 H_0 的方法称为 z 检验(或 u 检验). 根据以上分析,可以概括出一般情况下的检验法则,将它的检验步骤归纳如下:

(1) 充分考虑和利用已知的背景知识提出原假设 H_0 以及对立假设 H_1;

(2) 给定样本,确定合适的检验统计量,并在 H_0 为真下导出统计量的分布(要求此分布不依赖于任何未知参数);

(3) 确定拒绝域:即依直观分析先确定拒绝域的形式,然后根据给定的显著性水平 α 和以上统计量的分布由条件概率 $P\{拒绝\ H_0 | H_0\ 为真\} = \alpha$ 确定拒绝域的临界值,从而确定拒绝域;

(4) 作出判断:由一次具体抽样的样本值计算统计量的值,若统计量的值落入以上拒绝域,则拒绝 H_0;否则接受 H_0.

8.1.4 单侧检验与双侧检验

在前面介绍的假设检验步骤中,我们看到,通过确定的检验统计量、事先给出的显著性水平,可以找出一个临界值,将统计量的取值范围划分成接受区域与拒绝区域两部分. 拒绝区域是检验统计量取值的小概率区域,我们可以将这个小概率区域安排在检验统计量分布的两端,也可以安排在分布的一侧,分别称作双侧检验与单侧检验. 单侧检验又按拒绝域在左侧还是在右侧而分为左侧检验与右侧检验两种. 我们通过服从正态分布的检验统计量如图 8-1 所示.

一个统计检验究竟是使用双侧检验还是使用单侧检验,单侧检验时,是使用左侧检验还是使用右侧检验,这取决于备选假设的性质. 比如,当总体标准差已知时,我们对正态总体的均值进行检验,即检验 $H_0: \mu = \mu_0$,使用的检验统计量是

$$z = \frac{\overline{X}-\mu_0}{\sigma/\sqrt{n}}.$$

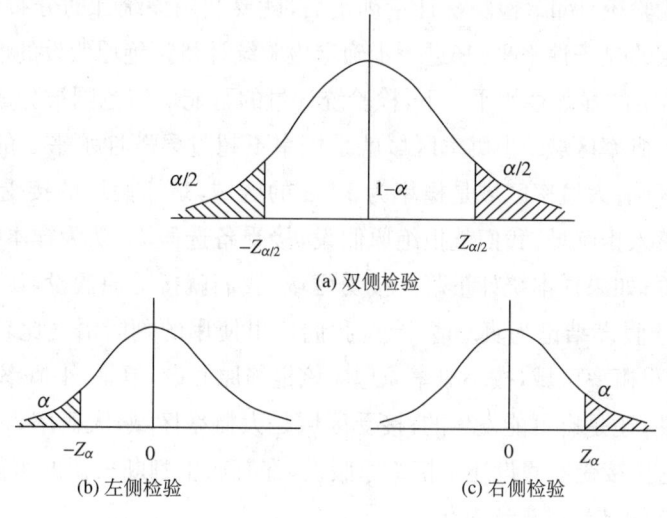

图 8-1

按备选假设的不同,存在三种情形:

(1) $H_0: \mu=\mu_0$, $H_1: \mu\neq\mu_0$;

(2) $H_0: \mu=\mu_0$, $H_1: \mu<\mu_0$;

(3) $H_0: \mu=\mu_0$, $H_1: \mu>\mu_0$.

对于第一种情形,备选假设是总体均值不等于一个给定的 μ_0,检验统计量取临界值,不论是在临界大的右侧取值,还是在临界小的左侧取值,都有利于拒绝原假设,接受备选假设. 因此拒绝原假设的拒绝域被安排在左右两侧,使用的是双侧检验. 对于第二种情形,备选假设是总体均值小于一个确定的 μ_0,检验统计量越在临界大的右侧取值,越有利于说明总体的均值较大,这对备选假设是不利的. 因此,拒绝域不宜安排在右侧,安排到左侧去比较合适,使用左侧检验,也称情形 2 的检验为左侧检验. 对于第三种情形,备选假设是总体均值大于一个确定的 μ_0,检验统计量在临界小的左侧取值时,对备选假设是不利的. 因此拒绝原假设的拒绝域被安排在左侧,而使用单侧检验中的右侧检验,也称情形 3 的检验为右侧检验. 左侧检验和右侧检验统称为单侧检验.

由以上分析,可知使用单侧检验还是双侧检验,使用左侧检验还是右侧检验,决定于备选假设中的不等式形式与方向. 与"不相等"对应的是双侧检验,与"小于"相对应的是左侧检验,与"大于"相对应的是右侧检验.

综上所述,原假设与备选假设确定之后,我们要构造一个统计量来决定是"接受原假设,拒绝备选假设",还是"拒绝原假设,接受备选假设". 对不同的问题,要选择不同的检验统计量. 检验统计量确定后,就要利用该统计的分布以及由实际问题中所确定的显著性水平,来进一步确定检验统计量拒绝原假设的取值范围,即拒绝域. 在给定的显著性水平 α 下,检验统计量的可能取值范围被分成两部分:小概率区域与大概率区域. 小概率区域就是概率不超过显著性水平 α 的区域,是原假设的拒绝区域;大概率区域是概率为 $1-\alpha$ 的区域,是原假设的接受区域. 如果样本统计量落入拒绝域,我们就拒绝原假设,接受备选假设,认为样本数据支持备选假设的结论;如果样本统计量落入接受区域,我们就接受原假设,认为没有充分证据证明备选假设结论为真. 请注意,我们这里使用的判断语气比较委婉,原因是:拒绝域是小概率区域,按小概率原理应该拒绝原假设,但是,小概率事件不是完全不可能事件,还是有可能发生的;接受区域是大概率区域,大概率事件也不是必然事件. 无论是接受原假设还是拒绝原假设,都有产生判断失误的可能. 因此,不宜将统计检验的结论过于绝对化.

8.1.5 如何确定原假设 H_0 和备择假设 H_1

我们知道,假设检验分为双侧假设检验和单侧假设检验.

对双侧假设检验,所针对的问题是指一些总体的某一指标过大和过小都不符合要求,或证明总体某个参数是否等于某个特定值. 双侧假设检验的基本设定方法是认为参数取等号的情形放在原假设 $H_0:\mu=\mu_0$,相应的备择假设为 $H_1:\mu\neq\mu_0$. 一般这类问题我们称之为"决策中的假设检验"问题,当我们通过统计分析作出接受原假设的判断时,需要表明一种决策结果. 如例 8.1,通过假设检验分析,判断接受 $H_0:\mu=500$ 时,即当天的生产线工作正常,生产厂家相应要作出继续生产的决策;否则若拒绝 H_0 而接受 H_1,即当天的生产线工作不正常,生产厂家就要作出停产检查的决策.

对单侧检验的问题,原假设和备择假设的选择可以依据信息原则. 所谓信息原则,就是将一个不以本次检验为改变的一个先验的信息作为选择方向的基础. 一般而言,我们都认为先验信息是正确的,普遍成立的,因此将其所代表的情况放入原假设. 这就是说,我们认为先验信息一般是成立的,只有样本表现出足够的说服力来推翻先验信息时,我们才认为原假设被拒绝,新的结论成立.

例如,某灯泡制造商声称,该企业所生产的灯泡的平均使用寿命在 1000 小时以上. 如果准备进一批货,怎样进行检验.

根据信息原则,我们可以收集这个制造厂产品更多的先验信息来辅助. 如果这个制造商的信誉优良并且合作的历史上从来没有发生质量低劣的记录,于是作为销售商我们可以从先验信息中认为,这批灯泡的质量应该是在 1000 小时以上. 一般这类问题我们称之为"有效性声明的假设检验"问题,即将厂商的有效性声明先设为原假设 $H_0: \mu \geqslant 1000$,相应地备择假设为 $H_1: \mu < 100$.

又例,一项研究表明,采用新技术生产后,将会使产品的使用寿命明显延长到 1500 小时以上. 检验这一结论是否成立.

利用先验信息原则,采用新技术或新工艺后,因为还没有充分的证据能证明改新方法或新工艺有明显的效果,因此我们习惯于把既成的、稳定的、公认的情况放入原假设中,把新研究的的情况放入备择假设中. 因为前者一般也是先验信息所支持的,由此也可以认为先验信息原则是保守原则. 一般这类问题我们称之为"研究中的假设检验"问题,即将采用新工艺的参数情况先设为备择假设 $H_1: \mu \geqslant 1500$,相应地原假设为 $H_0: \mu < 1500$.

如何确定原假设 H_0 和备择假设 H_1 与个人的着眼点有关. 有时交换原假设 H_0 和备择假设 H_1 会得到截然相反的检验结论(参见例 8.9).

8.1.6 两类错误及检验水平

在假设检验中,当提出了原假设 H_0 和备择假设 H_1 之后,便要从总体中抽取简单随机样本,根据样本中所含信息作出拒绝 H_0 还是接受 H_0 的判断,由于样本的随机性,而且作出判断时依据的是小概率原理,然而小概率原理并非不可能事件,因此假设检验的结果有可能出现错误.

例如,若一批产品的次品率实际上只有 $p=0.01$,我们要检验统计假设

$$H_0: p \leqslant 0.03, \quad H_1: p > 0.03.$$

就这批产品的真实情况而言,H_0 是正确的,但由于样本是随机抽取的,可能这个样本中包含了较多的次品,从而导致拒绝 H_0 的错误,反之,如果这批产品的真实次品率为 $p=0.05$,但随机抽出的样本中有可能包含较少的次品,依据此样本作检验,有可能导致接受 H_0 的错误.

我们将这种错误分为两类:

第 I 类错误(弃真错误):H_0 正确,但检验后被拒绝了. 犯这种错误的概率为

$$\alpha = P\{拒绝 H_0 \mid H_0 为真\}. \tag{8.1}$$

第 II 类错误(取伪错误):H_0 不正确,但检验后被接受了. 犯这种错误的概率为

$$\beta = P\{接受 H_0 \mid H_0 不真\}. \tag{8.2}$$

α 与 β 之间一般没有明确的解析关系. 一个优良的假设检验准则应该使犯这两类

错误的概率尽可能小,即 α 与 β 都很小是所希望的.但对于确定的样本容量 n,这是很难办到的.通常这两类错误是对立的,即 α 小 β 就大,β 小 α 就大,如果要同时减少犯两类错误的概率,则需增加样本容量,即要做更大规模的试验.

8.1.7 检验功效

检验效果好与坏,与犯两类错误的概率都有关.一个有效的检验首先是犯第一类错误的概率 α 不能太大,否则的话,就经常产生弃真现象;另外,β 错误就是取伪的错误,在犯第一类错误概率得到控制的条件下,犯取伪错误的概率也要尽可能地小,或者说,不取伪的概率 $1-\beta$ 应尽可能增大.$1-\beta$ 越大,意味着当原假设不真实时,检验判断出原假设不真实的概率越大,检验的判别能力就越好;$1-\beta$ 越小,意味着当原假设不真实时,检验结论判断出原假设不真实的概率越小,检验的判别能力就越差.可见 $1-\beta$ 是反映统计检验判别能力大小的重要标志,我们称之为检验功效或检验力.

例 8.5 设总体 $X \sim N(\mu,\sigma^2)$,其中 $\sigma^2 = \sigma_0^2$ 已知,而未知参数 μ 两个可能取值 μ_0 或 μ_1,其中 $\mu_0 < \mu_1$.抽取容量为 n 的样本,在检验显著水平 α 下,检验假设
$$H_0: \mu = \mu_0, \quad H_1: \mu = \mu_1 > \mu_0.$$

(1) 求检验结果犯第二类错误的概率 β;

(2) 设 $\sigma_0 = 0.8, \mu_0 = 5.0, \mu_1 = 5.5, n = 16$,求检验显著水平分别为 $\alpha = 0.05$ 和 $\alpha = 0.01$,分别计算相应的概率 β;

(3) 设 $\sigma_0 = 0.8, \mu_0 = 5.0, \mu_1 = 5.5$,对于显著水平为 $\alpha = 0.05$,为了使 β 不大于 0.05,样本容量至少应去多大?

分析 本题的关键是要量化表示"检验结果犯第二类错误",从而找出计算 β 的具体表达式.由抽样分布定理,当 H_0 成立时,统计量
$$z = \frac{\overline{X} - \mu_0}{\sigma_0/\sqrt{n}} \sim N(0,1)$$
取之为检验统计量,对于显著水平为 $\alpha = 0.05$,由于
$$P\{z > z_\alpha\} = P\left\{\frac{\overline{X} - \mu_0}{\sigma_0/\sqrt{n}} > z_\alpha\right\} = \alpha,$$
又由于 $H_1: \mu = \mu_1 > \mu_0$,则该检验为右侧检验,即 H_0 的拒绝域为
$$z = \frac{\overline{X} - \mu_0}{\sigma_0/\sqrt{n}} > z_\alpha.$$

犯第二类错误,就是在 H_0 不成立时,错误地接受了 H_0,即在 $\mu = \mu_1$ 时,误以为 $\mu = \mu_0$,其原因是 z 的观测值落入接受域 $z = \frac{\overline{X} - \mu_0}{\sigma_0/\sqrt{n}} \leqslant z_\alpha$ 中,即 $\overline{x} \leqslant \mu_0 + z_\alpha \cdot \frac{\sigma_0}{\sqrt{n}}$.因此,

8.1 假设检验的一般理论

犯第二类错误的概率 $\beta = P\left\{\overline{X} \leqslant \mu_0 + z_\alpha \cdot \dfrac{\sigma_0}{\sqrt{n}} \middle| \mu = \mu_1 \right\}$，由此，可以解答本题如下．

解 (1) 由题设假设可知，当 H_0 不成立时，必有 $\mu = \mu_1$，即总体 $X \sim N(\mu_1, \sigma_0^2)$，则知 $\dfrac{\overline{X} - \mu_1}{\sigma_0/\sqrt{n}} \sim N(0,1)$．

$$\beta = P\{\text{接受 } H_0 \mid H_0 \text{ 不真}\} = P\{\text{接受 } H_0 \mid H_1 \text{ 真}\}$$

$$= P\left\{\overline{X} \leqslant \mu_0 + z_\alpha \cdot \dfrac{\sigma_0}{\sqrt{n}} \middle| \mu = \mu_1 \right\}$$

$$= P\left\{\overline{X} \leqslant \mu_0 + z_\alpha \cdot \dfrac{\sigma_0}{\sqrt{n}} \middle| \dfrac{\overline{X} - \mu_1}{\sigma_0/\sqrt{n}} \sim N(0,1)\right\}$$

$$= P\left\{\dfrac{\overline{X} - \mu_1}{\sigma_0/\sqrt{n}} \leqslant \dfrac{\mu_0 + z_\alpha \cdot \dfrac{\sigma_0}{\sqrt{n}} - \mu_1}{\sigma_0/\sqrt{n}}\right\} = \Phi\left(z_\alpha + \dfrac{\mu_0 - \mu_1}{\sigma_0/\sqrt{n}}\right).$$

(2) 已知 $\sigma_0 = 0.8, \mu_0 = 5.0, \mu_1 = 5.5, n = 16$，显著性水平 $\alpha = 0.05$ 和 $\alpha = 0.01$，分别对应的分位点为 $z_\alpha = z_{0.05} = 1.645, z_\alpha = z_{0.01} = 2.33$，于是，利用(1)的结论，可得犯第二类错误的概率分别为

$$\beta = \Phi\left(1.645 + \dfrac{5.0 - 5.5}{0.8/\sqrt{16}}\right) = \Phi(-0.855)$$

$$= 1 - \Phi(0.855) = 1 - 0.8037 = 0.1963,$$

$$\beta = \Phi\left(2.33 + \dfrac{5.0 - 5.5}{0.8/\sqrt{16}}\right) = \Phi(-0.17)$$

$$= 1 - \Phi(0.17) = 1 - 0.5675 = 0.4325.$$

由此可见，当样本确定时，若显著水平减少(犯第一类错误的概率减小)，则犯第二类错误的概率将变大．可见，当样本容量固定时，要同时减小 α 和 β 是不可能的．

(3) 由第(1)题的分析，可知 $\beta = \Phi\left(z_\alpha + \dfrac{\mu_0 - \mu_1}{\sigma_0/\sqrt{n}}\right)$，即

$$\Phi\left(z_\alpha + \dfrac{\mu_0 - \mu_1}{\sigma_0/\sqrt{n}}\right) = P\left\{\dfrac{\overline{X} - \mu_1}{\sigma_0/\sqrt{n}} \leqslant z_\alpha + \dfrac{\mu_0 - \mu_1}{\sigma_0/\sqrt{n}}\right\} = \beta.$$

利用标准正态分布的对称性及分位点的定义，可知 $z_\alpha + \dfrac{\mu_0 - \mu_1}{\sigma_0/\sqrt{n}} = -z_\beta$，即有 $z_\alpha + \dfrac{\mu_0 - \mu_1}{\sigma_0/\sqrt{n}} = -z_\beta$，可得以下关系式

$$z_\alpha + z_\beta = \dfrac{\mu_1 - \mu_0}{\sigma_0/\sqrt{n}}.$$

已知 $\sigma_0=0.8, \mu_0=5.0, \mu_1=5.5$，对于显著水平为 $\alpha=0.05, z_\alpha=z_{0.05}=1.645$，注意到

$$\Phi(-1.645)=1-\Phi(1.645)=1-0.95=0.05,$$

$z_\alpha=z_{0.05}=1.645$，为了使 β 不大于 0.05，即使 $\beta=\Phi\left(z_\alpha+\dfrac{\mu_0-\mu_1}{\sigma_0/\sqrt{n}}\right)=\Phi(-z_\beta)\leqslant 0.05$，应有

$$-z_\beta\leqslant -1.645.$$

将 $z_\alpha=1.645, z_\beta\geqslant 1.645$ 代入 $z_\alpha+z_\beta=\dfrac{\mu_1-\mu_0}{\sigma_0/\sqrt{n}}$，可得 $\dfrac{\mu_1-\mu_0}{\sigma_0/\sqrt{n}}\geqslant 3.29$，得 $\sqrt{n}\geqslant \dfrac{3.29\cdot 0.8}{5.5-5.0}$，即 $n\geqslant 27.709\approx 28$.

由关系式

$$z_\alpha+z_\beta=\dfrac{\mu_1-\mu_0}{\sigma_0/\sqrt{n}}$$

可知，当 α 给定时，为了使 β 减小，需要增大样本容量. 也就是说，在犯第一类错误的概率给定时，要减小犯第二类错误的概率，必须增大样本容量. 另外，也可以这样说，在犯第二类错误的概率给定时，要减小犯第一类错误的概率，必须增大样本容量.

前面分析说明，第一类错误和第二类错误是一对矛盾体，在其他条件不变时，减小犯第一类错误的可能性，势必增加犯第二类错误的可能性；增大第一类错误的可能性，又能减小犯第二类错误的可能性. 可见 α 的大小，影响到 β 的大小，进而影响到 $1-\beta$ 的大小. 犯第一类错误的概率或检验的显著性水平 α 是影响检验力的一个重要因素. 在其他条件不变下，显著性水平 α 增大，β 随之减小，检验功效就增强. 可见取 $\alpha=0.1$ 时比取 $\alpha=0.01$ 时，检验的功效强，检验力大.

我们在统计检验中，一般都是首先控制犯第一类错误的概率，也就是显著性水平 α 都尽量取较小的值，尽量避免犯弃真的错误，在其他条件不变时，β 就增大，检验的功效就减弱. 该如何来调和这一对相互对抗的矛盾呢？惟一的办法就是增大样本容量，因为增加样本容量能够既保证满足较小的 α 需要，同时又能减小犯第二类错误的概率 β，抵消检验功效的衰减. 可见样本容量大小是影响检验功效大小的一个重要因素，可通过增大样本容量方法提高检验功效. 然而，实际上样本容量 n 的增加也是有限制的，兼顾 α 与 β 很困难，这时，鉴于 α 风险一般比 β 风险重要，首先考虑的还是控制 α 风险.

影响检验功效大小的另一因素是原假设与备择假设间的差异程度. 如果这两个假设间的差异是非常明显的, 这时原假设不真而取伪的可能性就减小, 即 β 就减小, 检验功效就大. 否则的话, 就较难通过检验把原假设与备择假设区分开来, 影响检验功效的提高.

例 8.6 设总体 $X \sim N(\mu, 1)$, 样本容量为 9, 检验假设 $H_0: \mu=1, H_1: \mu=2>1$ 的拒绝域为 $\overline{X} \geqslant 1.5$, 求犯第一类错误的概率 α 和犯第二类错误的概率 β.

解 (1) 已知总体 $X \sim N(\mu, 1)$, 利用统计量 $z = \dfrac{\overline{X} - \mu}{\sigma/\sqrt{n}}$ 进行检验.

检验结果犯第一类错误, 是指 H_0 为真, 拒绝 H_0, 即统计量 z 落入拒绝域内. 而题设已知拒绝域 $\overline{X} \geqslant 1.5$, 即

$$\alpha = P\{\overline{X} \geqslant 1.5 \mid H_0 \text{ 真}\} = 1 - P\{\overline{X} < 1.5 \mid \mu=1\} = 1 - P\left\{\dfrac{\overline{X}-1}{1/3} < \dfrac{1.5-1}{1/3}\right\}$$

$$= 1 - \Phi(1.5) = 0.0668.$$

(2) 犯第二类错误, 即 H_0 不真 (H_1 为真), 接受 H_0, 即检验 $H_0: \mu=1, H_1: \mu=2>1$ 时, 统计量 z 落入接受域中 $\overline{X} < 1.5$, 所以

$$\beta = P\{\overline{X} < 1.5 \mid H_1 \text{ 真}\} = P\{\overline{X} < 1.5 \mid \mu=2\}$$

$$= P\left\{\overline{X} < 1.5 \,\Big|\, \dfrac{\overline{X}-2}{1/\sqrt{9}} \sim N(0,1)\right\}$$

$$= P\left\{\dfrac{\overline{X}-2}{1/\sqrt{9}} < \dfrac{1.5-2}{1/3}\right\}$$

$$= \Phi(-1.5) = 0.0668.$$

8.2 正态总体参数的假设检验

8.2.1 单个正态总体均值与方差的假设检验

以下均假定总体 $X \sim N(\mu, \sigma^2)$, $X_1, X_2, \cdots, X_n$ 为来自 X 的样本, $\overline{X}, S^2$ 分别为样本均值与方差, 并且以双侧检验为例, 单侧检验见表 8-2.

1. z 检验 (σ^2 已知, 关于 μ 的检验)

提出假设 $H_0: \mu = \mu_0, H_1: \mu \neq \mu_0$.

表 8-2 正态总体均值、方差的检验法（显著性水平为 α）

	原假设 H_0	检验统计量	备择假设 H_1	拒绝域
1	$\mu \leqslant \mu_0$ $\mu \geqslant \mu_0$ $\mu = \mu_0$ （σ^2 已知）	$z = \dfrac{\overline{X} - \mu_0}{\sigma/\sqrt{n}}$	$\mu > \mu_0$ $\mu < \mu_0$ $\mu \neq \mu_0$	$z \geqslant z_\alpha$ $z \leqslant -z_\alpha$ $\lvert z \rvert \geqslant z_{\alpha/2}$
2	$\mu \leqslant \mu_0$ $\mu \geqslant \mu_0$ $\mu = \mu_0$ （σ^2 未知）	$t = \dfrac{\overline{X} - \mu_0}{S/\sqrt{n}}$	$\mu > \mu_0$ $\mu < \mu_0$ $\mu \neq \mu_0$	$t \geqslant t_\alpha(n-1)$ $t \leqslant -t_\alpha(n-1)$ $\lvert t \rvert \geqslant t_{\alpha/2}(n-1)$
3	$\mu_1 - \mu_2 \leqslant \delta$ $\mu_1 - \mu_2 \geqslant \delta$ $\mu_1 - \mu_2 = \delta$ （σ_1^2, σ_2^2 已知）	$z = \dfrac{\overline{X} - \overline{Y} - \delta}{\sqrt{\sigma_1^2/n_1 + \sigma_2^2/n_2}}$	$\mu_1 - \mu_2 > \delta$ $\mu_1 - \mu_2 < \delta$ $\mu_1 - \mu_2 \neq \delta$	$z \geqslant z_\alpha$ $z \leqslant -z_\alpha$ $\lvert z \rvert \geqslant z_{\alpha/2}$
4	$\mu_1 - \mu_2 \leqslant \delta$ $\mu_1 - \mu_2 \geqslant \delta$ $\mu_1 - \mu_2 = \delta$ （$\sigma_1^2 = \sigma_2^2 = \sigma^2$ 未知）	$t = \dfrac{\overline{X} - \overline{Y} - \delta}{S_w \sqrt{1/n_1 + 1/n_2}}$ $S_w^2 = \dfrac{(n_1-1)S_1^2 + (n_2-1)S_2^2}{n_1 + n_2 - 2}$	$\mu_1 - \mu_2 > \delta$ $\mu_1 - \mu_2 < \delta$ $\mu_1 - \mu_2 \neq \delta$	$t \geqslant t_\alpha(n_1+n_2-2)$ $t \leqslant -t_\alpha(n_1+n_2-2)$ $\lvert t \rvert \geqslant t_{\alpha/2}(n_1+n_2-2)$
5	$\sigma^2 \leqslant \sigma_0^2$ $\sigma^2 \geqslant \sigma_0^2$ $\sigma^2 = \sigma_0^2$ （μ 未知）	$\chi^2 = \dfrac{(n-1)S^2}{\sigma_0^2}$	$\sigma^2 > \sigma_0^2$ $\sigma^2 < \sigma_0^2$ $\sigma^2 \neq \sigma_0^2$	$\chi^2 \geqslant \chi_\alpha^2(n-1)$ $\chi^2 \leqslant \chi_{1-\alpha}^2(n-1)$ $\chi^2 \geqslant \chi_{\alpha/2}^2(n-1)$ 或 $\chi^2 \leqslant \chi_{1-\alpha/2}^2(n-1)$
6	$\sigma_1^2 \leqslant \sigma_2^2$ $\sigma_1^2 \geqslant \sigma_2^2$ $\sigma_1^2 = \sigma_2^2$ （μ_1, μ_2 未知）	$F = \dfrac{S_1^2}{S_2^2}$	$\sigma_1^2 > \sigma_2^2$ $\sigma_1^2 < \sigma_2^2$ $\sigma_1^2 \neq \sigma_2^2$	$F \geqslant F_\alpha(n_1-1, n_2-1)$ $F \leqslant F_{1-\alpha}(n_1-1, n_2-1)$ $F \geqslant F_{\alpha/2}(n_1-1, n_2-1)$ 或 $F \leqslant F_{1-\alpha/2}(n_1-1, n_2-1)$
7	$\mu_D \leqslant 0$ $\mu_D \geqslant 0$ $\mu_D = 0$ （成对数据）	$t = \dfrac{\overline{D} - 0}{S_D/\sqrt{n}}$	$\mu_D > 0$ $\mu_D < 0$ $\mu_D \neq 0$	$t \geqslant t_\alpha(n-1)$ $t \leqslant -t_\alpha(n-1)$ $\lvert t \rvert \geqslant t_{\alpha/2}(n-1)$

选取统计量 $z = \dfrac{\overline{X} - \mu_0}{\sigma_0/\sqrt{n}}$，当 H_0 成立时，有 $z \sim N(0, 1)$.

对给定的显著性水平 α，有 $P\{\lvert z \rvert \geqslant z_{\frac{\alpha}{2}}\} = \alpha$. 从而得到检验 H_0 的拒绝域为

$$\left| \frac{\overline{X} - \mu_0}{\sigma_0/\sqrt{n}} \right| \geqslant z_{\frac{\alpha}{2}}. \tag{8.3}$$

根据样本观测值,计算 $z=\dfrac{\bar{x}-\mu_0}{\sigma_0/\sqrt{n}}$ 的值后,判断其是否落入拒绝域内,若是,则拒绝 H_0;若不是,则接受 H_0.

例 8.7 近年来,有些公司在长话业务上与中国电信竞争. 这些公司在广告中宣传的费率明显低于中国电信,从而有人认为账单上的花费也要少. 中国电信对这种说法提出质疑,认为客户的花费没有显著的区别. 假设中国电信的一个统计工作人员已知每月客户长话账单额的均值和标准差分别为 17.09 元和 3.87 元. 然后他抽取了 100 个客户的随机样本,用竞争对手在广告中引用的费率重新计算了这些客户的话费账单,其平均数是 17.55 元. 假定总体的标准差与中国电信的一样,在 5% 的显著性水平下,我们能否认为中国电信与其竞争者的账单有区别?

解 由题意需检验假设 $H_0:\mu=17.09, H_1:\mu\neq 17.09$.
$n=100, \bar{x}=17.55, \sigma=3.87, \alpha=0.05, z_{\frac{\alpha}{2}}=z_{0.025}=1.96$,由式(8.3)知拒绝域为 $|z|\geqslant 1.96$,经计算,有

$$|z|=\left|\frac{\bar{x}-\mu_0}{\sigma_0/\sqrt{n}}\right|=\left|\frac{17.55-17.09}{3.87/\sqrt{100}}\right|=1.19<1.96,$$

由于 z 没有落在拒绝域内,故接受 H_0. 即没有足够的证据可以推断其他公司每月长话账单的均值不同于中国电信的均值 17.09 元.

2. t 检验(σ^2 未知,关于 μ 的检验)

提出假设 $H_0:\mu=\mu_0, H_1:\mu\neq\mu_0$.

选取统计量 $t=\dfrac{\bar{X}-\mu_0}{S/\sqrt{n}}$,当 H_0 成立时,有 $t\sim t(n-1)$.

对给定的显著性水平 α,有 $P\{|t|\geqslant t_{\frac{\alpha}{2}}(n-1)\}=\alpha$. 从而得到检验 H_0 的拒绝域为

$$\left|\frac{\bar{X}-\mu_0}{S/\sqrt{n}}\right|\geqslant t_{\frac{\alpha}{2}}(n-1). \tag{8.4}$$

根据样本观测值,计算 t 的值,作出判断.

例 8.8 某种元件的寿命 X(单位:h)服从正态分布 $N(\mu,\sigma^2)$,μ,σ^2 未知,现测得其中 16 只元件的寿命如下:

159, 280, 101, 212, 224, 379, 179, 264,

222, 362, 168, 250, 149, 260, 485, 170.

问是否有理由认为元件的寿命均值等于 225h($\alpha=0.05$)?

解 按题意需检验

$$H_0:\mu=225, \quad H_1:\mu\neq 225.$$

选用 t 检验,$n=16$,$\alpha=0.05$,查附表 4,得 $t_{\frac{\alpha}{2}}(n-1)=t_{0.025}(15)=2.1315$,由式 (8.4) 知拒绝域为

$$\left|\frac{\bar{x}-\mu_0}{s/\sqrt{n}}\right| \geqslant t_{\frac{\alpha}{2}}(n-1)=2.1315,$$

其中,$\mu_0=225$,经计算 $\bar{x}=241.5$,$s=98.7259$,即有

$$|t|=\left|\frac{\bar{x}-\mu_0}{s/\sqrt{n}}\right|=\left|\frac{241.5-225}{98.7259/\sqrt{16}}\right|=0.6685<2.1315.$$

由于 t 没有落在拒绝域中,故接受 H_0,即可以认为元件的寿命均值为 225 小时.

对于元件的寿命问题,更多考虑该元件的寿命是否大于 225 小时?因此常采用单侧检验.作假设如下:

$$H_0:\mu \leqslant \mu_0=225, \quad H_1:\mu>225.$$

取 $\alpha=0.05$,由表 8-2 知此检验问题的拒绝域为

$$t=\frac{\bar{X}-\mu_0}{S/\sqrt{n}} \geqslant t_\alpha(n-1).$$

现在 $n=16$,查附表 4,得 $t_\alpha(n-1)=t_{0.05}(15)=1.7531$,$\bar{x}=241.5$,$s=98.7259$,即有

$$t=\frac{\bar{x}-\mu_0}{s/\sqrt{n}}=0.6685<1.7531.$$

t 没有落在拒绝域中,故接受 H_0,可以认为元件的平均寿命不大于 225 小时.

例 8.9 某厂家断言它所生产的小型电动机在正常负载条件下平均电流不会超过 0.8 安培,现随机抽取该型号电动机 16 台,发现其平均电流为 0.92 安培,而由该样本标准差 $S=0.32$ 安培,假定这种电动机工作电流 $X \sim N(\mu,\sigma^2)$,并取显著性水平为 $\alpha=0.05$,问根据这一抽样结果,能否否定厂家断言?

解 $X \sim N(\mu,\sigma^2)$,σ^2 未知,厂家断言是 $\mu \leqslant 0.8$.

如果将厂家断言作为原假设 H_0,则提出假设

$$H_0:\mu \leqslant 0.8, \quad H_1:\mu>0.8.$$

由 t 检验法(表 8-2)知,此检验问题的拒绝域为

$$t=\frac{\bar{X}-\mu_0}{S/\sqrt{n}} \geqslant t_\alpha(n-1),$$

此时,$n=16$,$\bar{x}=0.92$,$s=0.32$,$\alpha=0.05$,查附表 4,有 $t_\alpha(n-1)=t_{0.05}(15)=1.7531$,计算得

$$t=\frac{\bar{x}-\mu_0}{s/\sqrt{n}}=\frac{0.92-0.8}{0.32/\sqrt{16}}=1.5<1.7531.$$

8.2 正态总体参数的假设检验

由于 t 没有落入拒绝域,则接受 H_0,即没有充分理由否定厂家的断言.

如果将厂家断言的对立面(即 $\mu>0.8$)作为原假设,则提出假设

$$H_0:\mu>0.8, \quad H_1:\mu\leqslant 0.8.$$

由 t 检验法(表 8-2)知,此检验问题的拒绝域为

$$t=\frac{\overline{X}-\mu_0}{S/\sqrt{n}}<t_\alpha(n-1),$$

而 $t=\dfrac{\overline{x}-\mu_0}{s/\sqrt{n}}=1.5>-1.7531$,所以 t 没有落在拒绝域中,则接受 H_0,即接受厂方断言的对立面.

此例说明:随着问题提法的不同(即将哪一个断言作为原假设 H_0 的不同),得出了截然相反的结论.这是因为看问题的着眼点不同.若将"厂家断言正确"作为原假设 H_0 时,根据该厂以往的表现和信誉,对其断言已有了很大的信任.只有很不利于该厂的观察结果才能改变我们的看法,因而一般难以拒绝这个断言.反之,若将"厂家断言不正确"作为原假设 H_0 时,即一开始就对该厂的产品抱有怀疑态度,只有很有利于该厂的结果才能改变我们的看法,因此在所得到的观察数据并非决定性偏向于一方时,我们的着眼点决定了所得的结果.

我们不难发现,t 检验与 z 正态检验十分相似,不同之处只是在确定临界值时,查的分布表不同,而且,在大样本场合两者检验过程可完全相同.

3. χ^2 检验(μ 未知,关于 σ^2 的检验)

提出假设 $H_0:\sigma^2=\sigma_0^2, H_1:\sigma^2\neq\sigma_0^2$.

选取统计量 $\chi^2=\dfrac{(n-1)S^2}{\sigma_0^2}$,当 H_0 成立时,有 $\chi^2\sim\chi^2(n-1)$.

对给定的显著性水平 α,有 $P\{\chi^2\geqslant\chi^2_{\frac{\alpha}{2}}(n-1)$ 或 $\chi^2\leqslant\chi^2_{1-\frac{\alpha}{2}}(n-1)\}=\alpha$.从而得到检验 H_0 的拒绝域为

$$\chi^2\geqslant\chi^2_{\frac{\alpha}{2}}(n-1) \quad \text{或} \quad \chi^2\leqslant\chi^2_{1-\frac{\alpha}{2}}(n-1). \tag{8.5}$$

根据样本观测值,计算 χ^2 的值,作出判断.

例 8.10 某厂生产铜丝的折断力已知服从正态分布,生产一直比较稳定,今从该厂产品中随机抽取 9 根检查折断力,测得数据(单位:kg)如下:

289, 268, 285, 284, 286, 285, 286, 298, 292.

问是否可以相信该厂生产的铜丝折断力的方差为 $20\mathrm{kg}^2$($\alpha=0.05$)?

解 设 X 表示铜丝的折断力且 $X\sim N(\mu,\sigma^2)$.

作假设 $H_0:\sigma^2=20, H_1:\sigma^2\neq 20$.

选择 χ^2 检验,$n=9$,经计算,有 $\overline{x}=285.89, s^2=64.8588$,有

$$\chi^2 = \frac{(n-1)s^2}{\sigma_0^2} = \frac{8 \times 64.8588}{20} = 25.94.$$

而 $\alpha=0.05$,查附表 5,得 $\chi_{\frac{\alpha}{2}}^2(n-1) = \chi_{0.025}^2(8) = 17.535$, $\chi_{1-\frac{\alpha}{2}}^2(n-1) = \chi_{0.975}^2(8) = 2.180$,从而得到此时检验 H_0 的拒绝域为 $\chi^2 \leqslant 2.180$ 或 $\chi^2 \geqslant 17.535$,由于 $\chi^2 = 25.94 \in (17.535, +\infty)$,即 χ^2 的观测值落入拒绝域,故拒绝 H_0,即可以不相信该厂生产的铜丝折断力的方差为 20kg^2.

8.2.2 两个正态总体的均值与方差的假设检验

设两个总体 $X \sim N(\mu_1, \sigma_1^2), Y \sim N(\mu_2, \sigma_2^2), X_1, X_2, \cdots, X_{n_1}$ 是来自 X 的样本,$Y_1, Y_2, \cdots, Y_{n_2}$ 是来自 Y 的样本,X 与 Y 相互独立,记它们的均值与方差分别为 $\overline{X}$,$S_X^2, \overline{Y}, S_Y^2$.并以双侧检验为例,单侧检验如表 8-2 所示.

1. z 检验(σ_1^2, σ_2^2 已知,关于 $\mu_1 - \mu_2$ 的检验)

提出假设 $H_0: \mu_1 - \mu_2 = \delta, H_1: \mu_1 - \mu_2 \neq \delta$($\delta$ 为已知常数).

选用统计量 $z = \dfrac{\overline{X} - \overline{Y} - \delta}{\sqrt{\sigma_1^2/n_1 + \sigma_2^2/n_2}}$,当 H_0 成立时,$z \sim N(0,1)$.

对给定的显著性水平 α,有 $P\{|z| \geqslant z_{\frac{\alpha}{2}}\} = \alpha$.从而得到此时检验 H_0 的拒绝域为

$$|z| = \left| \frac{\overline{X} - \overline{Y} - \delta}{\sqrt{\sigma_1^2/n_1 + \sigma_2^2/n_2}} \right| \geqslant z_{\frac{\alpha}{2}}. \tag{8.6}$$

根据样本观测值,计算 z 的值后,作出判断.

特别地,当 $\delta = 0$ 时,可检验 $\mu_1 = \mu_2$.

2. t 检验($\sigma_1^2 = \sigma_2^2 = \sigma^2$ 未知,关于 $\mu_1 - \mu_2$ 的检验)

提出假设 $H_0: \mu_1 - \mu_2 = \delta, H_1: \mu_1 - \mu_2 \neq \delta$.

选用统计量 $t = \dfrac{\overline{X} - \overline{Y} - \delta}{S_w\sqrt{1/n_1 + 1/n_2}}$,当 H_0 成立时,$t \sim t(n_1 + n_2 - 2)$.

对给定的显著性水平 α,有 $P\{|t| \geqslant t_{\frac{\alpha}{2}}(n_1 + n_2 - 2)\} = \alpha$.从而得到此时检验 H_0 的拒绝域为

$$|t| = \left| \frac{\overline{X} - \overline{Y} - \delta}{S_w\sqrt{1/n_1 + 1/n_2}} \right| \geqslant t_{\frac{\alpha}{2}}(n_1 + n_2 - 2), \tag{8.7}$$

其中,$S_w^2 = \dfrac{(n_1-1)S_X^2 + (n_2-1)S_Y^2}{n_1 + n_2 - 2}$,由样本观测值计算 t 的值,作出判断.

3. F 检验(μ_1, μ_2 未知,关于 $\sigma_1^2 = \sigma_2^2$ 的检验)

提出假设 $H_0: \sigma_1^2 = \sigma_2^2, H_1: \sigma_1^2 \neq \sigma_2^2$.

选用统计量 $F=S_X^2/S_Y^2$,当 H_0 成立时,$F\sim F(n_1-1,n_2-1)$,对给定的显著性水平 α,有

$$P\{F\geqslant F_{\frac{\alpha}{2}}(n_1-1,n_2-1) \text{ 或 } F\leqslant F_{1-\frac{\alpha}{2}}(n_1-1,n_2-1)\}=\alpha,$$

从而得到此时检验 H_0 的拒绝域为

$$F=\frac{S_X^2}{S_Y^2}\geqslant F_{\frac{\alpha}{2}}(n_1-1,n_2-1) \text{ 或 } F=\frac{S_X^2}{S_Y^2}\leqslant F_{1-\frac{\alpha}{2}}(n_1-1,n_2-1). \tag{8.8}$$

由样本观测值,计算 F 的值后,作出判断.

注意 $F_{\frac{\alpha}{2}}(n_1-1,n_2-1)$ 可以直接查 F 分布表求得,而 $F_{1-\frac{\alpha}{2}}(n_1-1,n_2-1)$ 不能直接查表求得,应利用 $F_{1-\frac{\alpha}{2}}(n_1-1,n_2-1)=\dfrac{1}{F_{\frac{\alpha}{2}}(n_2-1,n_1-1)}$. 查 $F_{\frac{\alpha}{2}}(n_2-1,n_1-1)$ 后算出.

例 8.11 某卷烟厂向化验室送去 A,B 两种烟草,化验尼古丁的含量是否相同,从 A,B 中各随机抽取重量相同的 5 例进行化验,测得尼古丁的含量(单位:mg)为

$$A: 24, 27, 26, 21, 24;$$
$$B: 27, 28, 23, 31, 26.$$

据经验知,尼古丁含量服从正态分布,且 A 种烟草的方差为 5,B 种烟草的方差为 8. 取 $\alpha=0.05$,问两种烟草的尼古丁平均含量是否有差异?

解 设两种烟草的尼古丁平均含量分别为 μ_1,μ_2. 由题意取 $\delta=0$.

作出假设 $H_0:\mu_1=\mu_2,H_1:\mu_1\neq\mu_2$.

选用 z 检验. 对给定的 $\alpha=0.05,z_{\frac{\alpha}{2}}=z_{0.025}=1.96$,则拒绝域为 $|z|\geqslant 1.96$.

计算:$n_1=5,n_2=5,\bar{x}=24.4,\bar{y}=27$,

$$|z|=\left|\frac{\bar{x}-\bar{y}}{\sqrt{\sigma_1^2/n_1+\sigma_2^2/n_2}}\right|=\left|\frac{24.4-27}{\sqrt{5/5+8/5}}\right|=|-1.612|=1.612.$$

由于 $|z|<1.96$,故接受 H_0,即认为两种烟草的尼古丁平均含量无显著性差异.

例 8.12 在针织品的漂白工艺过程中,要考察温度对针织品断裂强力(主要质量指标)的影响. 为了比较 70℃ 与 80℃ 的影响有无差别,在这两个温度下,分别重复做了 8 次试验,得到数据(单位:kg)如下:

70℃时的强力:20.5, 18.8, 19.8, 20.9, 21.5, 19.5, 21.0, 21.2;
80℃时的强力:17.7, 20.3, 20.0, 18.8, 19.0, 20.1, 20.2, 19.1.

据经验知,断裂强力服从正态分布. 取 $\alpha=0.05$,问两种温度下的强力是否有差异?

解 设两种温度下断裂强力分别服从 $N(\mu_1,\sigma_1^2),N(\mu_2,\sigma_2^2)$,由题意取 $\delta=0$.

作出假设 $H_0:\mu_1=\mu_2,H_1:\mu_1\neq\mu_2$.

选用 t 检验. 对 $\alpha=0.05$,取统计量 $t=\dfrac{\overline{X}-\overline{Y}}{S_w\sqrt{1/n_1+1/n_2}}$,查附表 4,得

$$t_{\frac{\alpha}{2}}(n_1+n_2-2)=t_{0.025}(14)=2.1448,$$

故拒绝域为 $|t|\geqslant 2.1448$.

计算得

$$\bar{x}=20.4,\quad (n_1-1)s_X^2=6.20,\quad \bar{y}=19.4,\quad (n_2-1)s_Y^2=5.80,\quad n_1=n_2=8,$$

$$|t|=\left|\frac{20.4-19.4}{\sqrt{6.20+5.80}}\cdot\sqrt{\frac{8\times 8\times(8+8-2)}{8+8}}\right|=2.160.$$

由于 $|t|=2.160>2.1448$,故拒绝 H_0,即可以认为在温度 70℃下的强力与 80℃下的强力是有显著性差异的.

例 8.13 有两台车床生产同一种型号的滚珠,据经验可以认为这两台车床生产的滚珠的直径均服从正态分布,现从这两台车床生产的产品中分别抽出 8 个和 9 个,测得滚珠的直径(单位:cm)如下:

甲车床:15.0, 14.5, 15.2, 15.5, 14.8, 15.1, 15.2, 14.8;

乙车床:15.2, 15.0, 14.8, 15.2, 15.0, 15.0, 14.8, 15.1, 14.8.

问:(1)两台车床产品直径的方差是否有显著性差异?

(2)若有显著性差异,乙车床产品直径的方差是否比甲车床的小(取 $\alpha=0.10$)?

解 设甲、乙车床产品的直径分别为 X,Y;且 $X\sim N(\mu_1,\sigma_1^2),Y\sim N(\mu_2,\sigma_2^2)$.

(1) 作假设 $H_0:\sigma_1^2=\sigma_2^2,H_1:\sigma_1^2\neq\sigma_2^2$.

选用 F 检验.在显著性水平 $\alpha=0.10$ 下,查附表 6,得

$$F_{\frac{\alpha}{2}}(n_1-1,n_2-1)=F_{0.05}(7,8)=3.50,$$

$$F_{1-\frac{\alpha}{2}}(n_1-1,n_2-1)=F_{0.95}(7,8)=\frac{1}{F_{0.05}(8,7)}=\frac{1}{3.73}=0.2680,$$

则拒绝域为 $F\leqslant 0.2680$ 或 $F\geqslant 3.50$.

计算统计量 $F=S_X^2/S_Y^2$ 的观测值:由 $n_1=8,n_2=9,\bar{x}=15.01,\bar{y}=14.99,s_x^2=\frac{1}{7}\sum_{i=1}^{8}(x_i-\bar{x})^2=0.096,s_y^2=\frac{1}{8}\sum_{i=1}^{9}(y_i-\bar{y})^2=0.026$,得 $F=\frac{s_x^2}{s_y^2}=\frac{0.096}{0.026}=3.6923>3.50$,故拒绝 H_0,即可以认为在显著性水平 0.10 下,两台车床产品的直径的方差有显著性差异.

(2) 提出假设 $H_0:\sigma_1^2\leqslant\sigma_2^2,H_1:\sigma_1^2>\sigma_2^2$.

选用 F 检验(表 8-2).在 $\alpha=0.10$ 下,查附表 6,得

$$F_\alpha(n_1-1,n_2-1)=F_{0.10}(7,8)=2.62,$$

而 $F=s_x^2/s_y^2=3.6923>2.62$,故应拒绝 H_0,即认为乙车床产品的直径的方差比甲车床的小.

8.2.3 非正态总体参数的假设检验法

前面的讨论都是在正态总体的情形下进行的,而在实际应用中,有许多问题并

8.2 正态总体参数的假设检验

不属于这种情况. 例如对一批产品中的次品率的假设检验(见 8.1 节的例 8.2 的检验问题),它的总体可以看成 0-1 分布,次品率正好是 0-1 分布的均值,因此需要对非正态总体的参数进行假设检验. 由于此时检验统计量的精确分布往往不易求出,或者即使能求出使用也不方便,因此,对于非正态总体参数的假设检验一般采用大样本方法. 所谓大样本方法,是指当样本容量 $n \to \infty$,利用检验统计量的极限分布,对总体参数作近似检验的方法. 在实际应用中,对大样本 n,一般要求是 $n \geqslant 50$.

设总体 X 服从某一分布(非正态分布),分布律为 $p(x,\theta)$ 或概率密度函数为 $f(x,\theta)$,其中 θ 是未知参数,总体均值 $E(X) = \mu(\theta)$ 和总体方差 $D(X) = \sigma^2(\theta)$ 都依赖于参数 θ. 从总体抽取大样本 $X_1, X_2, \cdots, X_n$,检验原假设 $H_0: \theta = \theta_0$.

用中心极限定理,知,当样本容量充分大时,统计量

$$z = \frac{\overline{X} - \mu(\theta_0)}{\sigma(\theta_0)/\sqrt{n}}$$

近似服从标准正态分布 $N(0,1)$.

当进行双侧检验时,即检验 $H_0: \theta = \theta_0$,$H_1: \theta \neq \theta_0$,对于给定的检验水平 α,有

$$P\{|z| > z_{\frac{\alpha}{2}}\} \approx \alpha,$$

因此,如果由样本观测值 $x_1, x_2, \cdots, x_n$ 算得的统计量 z 的观测值的绝对值大于 $z_{\frac{\alpha}{2}}$,则在显著性水平下拒绝原假设 $H_0: \theta = \theta_0$;否则接受 H_0.

对于单侧情形,我们以例 8.2 为例进行讨论分析如下. 例 8.2 是在大样本的情形下的非正态总体参数的假设检验问题.

解 对例 8.2 设总体

$$X = \begin{cases} 0, & \text{抽到正品}, \\ 1, & \text{抽到次品}, \end{cases}$$

则 $X \sim$ 0-1 分布,分布律为

$$P\{X = x\} = p^x(1-p)^{1-x}, \quad x = 0 \text{ 或 } 1,$$

其中参数 p 为该厂产品的次品率,且可得

$$E(X) = p, \quad D(X) = p(1-p).$$

(1) 检验 $H_0: p \leqslant 3\%$,$H_1: p > 3\%$,选用统计量为

$$z = \frac{\overline{X} - p_0}{\sqrt{p_0(1-p_0)/n}},$$

其中 $\overline{X} = \frac{1}{n}\sum_{i=1}^{n} X_i$,$X_i = 0$ 或 1.

(2) 在 H_0 成立的条件下,利用中心极限定理,z 近似服从标准正态分布 $N(0,1)$. 对于给定的 $\alpha = 0.05$,得分位点 $z_\alpha = 1.645$,满足

$$P\{z > z_\alpha\} \approx \alpha,$$

从而得检验 H_0 的拒绝域为 $z > 1.645$.

(3) 计算统计量的观测值 $z = \dfrac{\dfrac{5}{100} - 0.03}{\sqrt{0.03 \cdot 0.97/100}} = 1.172$.

(4) 作出判断：由于 $z = 1.172 < 1.645$，因此在显著性水平 $\alpha = 0.05$ 下，接受 H_0，即可以认为该批产品的次品率不超过 3%，符合规定的标准，可以出厂.

习 题 8.2

1. 已知某炼铁厂铁水的含碳量在正常情况下服从正态分布，即 $X \sim N(4.55, 0.108^2)$，某日抽查 5 炉铁水测得含碳量如下：

$$4.28, 4.40, 4.42, 4.35, 4.37.$$

问：该日铁水含碳量有无显著性变化 ($\alpha = 0.05$)?

2. 用新仪器测量温度 5 次，得测量值（单位：℃）为

$$1250, 1265, 1245, 1260, 1275,$$

而另一精密仪器测得温度为 1277℃（可作为温度真值），若新仪器每次测量温度值服从正态分布，问新仪器测量的温度值是否有明显偏差 ($\alpha = 0.05$)?

3. 某厂生产的一种电池，其寿命 $X \sim N(\mu, \sigma_0^2)$，其中，$\sigma_0^2 = 5000$，今有一批电池，从生产过程来看，生产条件的波动较大，因此怀疑这批电池的使用寿命的波动性会受到影响，为此，从中抽取了 26 只进行测试，得到 $s^2 = 7200$. 问根据这些数据能否判断这批电池寿命的波动性有显著变化 ($\alpha = 0.05$)?

4. 某厂计划投资一万元的广告费以提高某种食品的销售量，一位商店经理认为，此项计划可使平均每周销售量达到 225kg. 实行此计划一个月后，调查了 16 家商店，计算得平均每周的销售量为 209kg，标准差为 42kg，问在 0.05 水平下，可否认为此项计划达到了该商店经理的预期效果？

5. 某厂平时生产的细纱支数服从标准差为 1.2 的正态分布，某日在产品中随机抽取容量 $n = 16$ 的样本做试验，求得样本标准差为 2.1，问该日纱产品质量是否变劣 ($\alpha = 0.1$)?

6. 下表分别给出两个文学家马克·吐温的 8 篇小品文及斯诺特格拉斯的 10 篇小品文中由 3 个字母组成的词的比例：

马克·吐温	0.225	0.262	0.217	0.240	0.230	0.229	0.235	0.217	
斯诺特格拉斯	0.209	0.205	0.196	0.210	0.202	0.207	0.224	0.223	0.220	0.201

设两组数据分别来自正态总体，且两总体方差相等，两样本相互独立. 问两作家所写的小品文中包含 3 个字母组成的词的比例是否有显著的差异 ($\alpha = 0.05$)?

7. 在 20 世纪 70 年代后期人们发现，在酿造啤酒时，麦芽干燥过程中形成致癌物质亚硝基二甲胺（NDMA）. 到了 80 年代初期开发了一种新的麦芽干燥过程. 下面给出分别在新老两种过程中形成的 NDMA 含量（以 10 亿份中的份数计）：

老过程	6	4	5	5	6	5	5	6	4	6	7	4
新过程	2	1	2	2	1	0	3	2	2	1	0	3

设两样本分别来自正态总体,且两总体的方差相等,但参数均未知. 两样本独立. 分别以 μ_1,μ_2 记对应于老、新过程的总体的均值,试检验假设 ($\alpha=0.05$)

$$H_0:\mu_1-\mu_2\leqslant 2, \quad H_1:\mu_1-\mu_2>2.$$

8. 某种物品在处理前与处理后的含脂率样本值如下:

处理前	0.19	0.18	0.21	0.30	0.41	0.12	0.27
处理后	0.15	0.13	0.07	0.24	0.19	0.06	0.08

假定处理前后的含脂率都服从正态分布,问:
(1)处理前后含脂率的总体方差是否有显著差异?
(2)若处理前后含脂率的总体方差无变化,其总体均值有无显著性变化($\alpha=0.05$)?

9. 有两台机器生产金属部件. 分别在两台机器所生产的部件中各取一容量 $n_1=60, n_2=40$ 的样本,测得部件重量(单位:kg)的样本方差分别为 $s_1^2=15.46, s_2^2=9.66$,设两样本相互独立,两总体分别服从 $N(\mu_1,\sigma_1^2), N(\mu_2,\sigma_2^2)$ 分布. $\mu_i,\sigma_i^2 (i=1,2)$ 均未知,试在显著性水平 $\alpha=0.05$ 下检验假设

$$H_0:\sigma_1^2\leqslant\sigma_2^2, \quad H_1:\sigma_1^2>\sigma_2^2.$$

8.3 总体分布的拟合优度检验

以上讨论了关于总体分布中未知参数的假设检验,在这些检验中总体分布的类型是已知的. 然而在许多场合,并不知道总体分布的类型. 此时需要根据样本提供的信息,对总体分布形式的假设进行检验,常用的 χ^2 拟合优度检验就是其中的一种方法,它由英国著名统计学家皮尔逊(Pearson)于 1900 年提出的.

χ^2 拟合优度检验法是在总体的分布为未知时,根据样本 $X_1,X_2,\cdots,X_n$ 来检验关于总体分布的假设. 其具体步骤如下:

(1) 提出假设 H_0:总体 X 的分布函数为 $F(x)=F_0(x;\theta_1,\cdots,\theta_r)$;

H_1:总体 X 的分布函数不是 $F(x)$[①],

其中,F_0 的形式是完全已知的;而 $\theta_1,\cdots,\theta_r$ 为分布中未知参数,若 $\hat{\theta}_1,\cdots,\hat{\theta}_r$ 为它们的极大似然估计量,则将估计量代入 F_0 表达式中,可使 F_0 成为完全已知的分布函数.

(2) 将实轴分为 k 组,

---

① 在这里备择假设 H_1 可以不必写出.

$$-\infty < a_1 < a_2 < \cdots < a_{k-1} < +\infty.$$

在 H_0 成立的条件下,计算总体的值落入 $(a_{i-1}, a_i](i=1,2,\cdots,k-1)$ 和 $(a_{k-1}, +\infty)$ 的概率

$$\begin{aligned} p_i &= F(a_i) - F(a_{i-1}) \\ &= F_0(a_i; \hat{\theta}_1, \cdots, \hat{\theta}_r) - F_0(a_{i-1}; \hat{\theta}_1, \cdots, \hat{\theta}_r), \end{aligned}$$

其中, $i=1,2,\cdots,k, a_0=-\infty, a_k=+\infty$. 称 $np_i(i=1,2,\cdots,k)$ 为第 i 个区间上的理论频数; p_i 为理论频率.

(3) 抽取大样本,统计落在各个区间上的个体个数 $n_i(i=1,2,\cdots,k)$,称 n_i 为第 i 个区间上的实际频数.

(4) 选用检验 H_0 的统计量. 直观上,如果 H_0 成立,那么 np_i 与 n_i 的差别不应该太大,因此可以利用 n_i 与 np_i 之间的差异大小来检验 H_0. 能够体现它们的差异大小的统计量之一是皮尔逊统计量

$$\chi^2 = \sum_{i=1}^{k} \frac{(n_i - np_i)^2}{np_i}, \tag{8.9}$$

并且当 $n \to +\infty$ 时,有 $\chi^2 \sim \chi^2(k-r-1)$.

(5) 给定显著性水平 $\alpha(0 < \alpha < 1)$,可得到拒绝域

$$\chi^2 = \sum_{i=1}^{k} \frac{(n_i - np_i)^2}{np_i} \geq \chi_\alpha^2(k-r-1). \tag{8.10}$$

(6) 计算 χ^2 的观测值,如果 $\chi^2 \geq \chi_\alpha^2(k-r-1)$ 就拒绝 H_0,否则就接受 H_0.

例 8.14 为检验一颗骰子的 6 个面是否均匀,掷骰子 120 次,得到结果如下:

点数	1	2	3	4	5	6
频数 n_i	21	28	19	24	16	12

试在 $\alpha = 0.05$ 的水平下对它作出检验.

解 一颗骰子的 6 个面是否均匀就是检验每个面出现的概率是否都为 $1/6$,即可作假设 $H_0: P\{X=k\}=1/6(k=1,2,\cdots,6)$,分 6 个组并计算各组的理论频数均为 $120 \times 1/6 = 20$. 从而得到统计量 χ^2 的值

$$\chi^2 = \frac{(21-20)^2}{20} + \frac{(28-20)^2}{20} + \cdots + \frac{(12-20)^2}{20} = 8.$$

由于假设 H_0 中无未知参数,所以 $r=0$. 对于 $\alpha=0.05$,查附表 5,得

$$\chi_{0.05}^2(5) = 11.071,$$

拒绝域为 $\chi^2 \geq 11.071$. 现 χ^2 的值没有落入拒绝域内,故接受 H_0,即可以认为这颗骰子是均匀的.

习 题 8.3

1. 检查了一本书的 100 页,记录各页中印刷错误的个数,其结果如下:

错误个数 n_i	0	1	2	3	4	5	6	$\geqslant 7$
含 n_i 个错误的页数	36	40	19	2	0	2	1	0

问能否认为一页的错误个数服从泊松分布($\alpha=0.05$).

2. 在一批灯泡中抽取 300 只做寿命试验,其结果如下:

寿命(t)/h	$0\leqslant t\leqslant 100$	$100<t\leqslant 200$	$200<t\leqslant 300$	$t>300$
灯泡数	121	78	43	58

取 $\alpha=0.05$,试检验假设 H_0:灯泡寿命服从指数分布

$$f(t)=\begin{cases} 0.005\mathrm{e}^{-0.005t}, & t\geqslant 0, \\ 0, & t<0. \end{cases}$$

3. 袋中装有 8 只球,其中红球数未知,从中任取 3 只,记录红球的只数 X,然后放回,再任取 3 只,记录红球的只数,然后放回. 如此重复进行了 112 次,其结果如下:

x	0	1	2	3
次数	1	31	55	25

取 $\alpha=0.05$,试检验假设 H_0:X 服从超几何分布

$$P\{X=k\}=\frac{C_5^k C_3^{3-k}}{C_8^3}, \quad k=0,1,2,3,$$

即检验假设 H_0:红球的只数为 5.

8.4 置信区间与假设检验之间的关系

区间估计和假设检验是统计推断问题的两个重要内容,而它们之间却有着明显的联系:参数的置信区间与对参数进行假设检验所得到的接受域相同. 下面分双侧、单侧问题来研究这个对应关系.

设 $X_1,X_2,\cdots,X_n$ 是一个来自总体 X 的样本,$x_1,x_2,\cdots,x_n$ 是相应的样本值.

(1) 设 $(\underline{\theta},\bar{\theta})$ 是参数 θ 的一个置信水平为 $1-\alpha$ 的置信区间,则有

$$P\{\underline{\theta}<\theta<\bar{\theta}\}\geqslant 1-\alpha. \tag{8.11}$$

考虑显著性水平为 α 的双侧检验

$$H_0:\theta=\theta_0, \quad H_1:\theta\neq\theta_0. \tag{8.12}$$

由式(8.11),有 $P\{\underline{\theta}<\theta_0<\bar{\theta}\}\geqslant 1-\alpha$,即有

$$P\{(\theta_0\leqslant\underline{\theta})\cup(\theta_0\geqslant\bar{\theta})\}\leqslant\alpha.$$

按照显著性水平 α 的假设检验的拒绝域的定义,可知检验 H_0 的拒绝域为

$$\theta_0 \leqslant \underline{\theta} \quad \text{或} \quad \theta_0 \geqslant \bar{\theta},$$

接受域为

$$\underline{\theta} < \theta < \bar{\theta}.$$

这说明：当要检验(8.12)时，可先求出 θ 的置信水平为 $1-\alpha$ 的置信区间 $(\underline{\theta},\bar{\theta})$，然后考察 θ_0 是否落在区间 $(\underline{\theta},\bar{\theta})$ 内，若 $\theta_0 \in (\underline{\theta},\bar{\theta})$，则接受 H_0，若 $\theta_0 \notin (\underline{\theta},\bar{\theta})$，则拒绝 H_0.

反之，对于 θ_0，考虑显著性水平为 α 的假设检验

$$H_0: \theta = \theta_0, \quad H_1: \theta \neq \theta_0.$$

假设 H_0 的接受域为 $\underline{\theta} < \theta_0 < \bar{\theta}$，即有

$$P\{\underline{\theta} < \theta_0 < \bar{\theta}\} \geqslant 1-\alpha,$$

则有

$$P\{\underline{\theta} < \theta < \bar{\theta}\} \geqslant 1-\alpha.$$

因此，$(\underline{\theta},\bar{\theta})$ 是参数 θ 的一个置信水平为 $1-\alpha$ 的置信区间.

这说明：当要求出参数 θ 的置信水平为 $1-\alpha$ 的置信区间时，可先求出显著性水平为 α 的假设检验问题. $H_0: \theta = \theta_0, H_1: \theta \neq \theta_0$ 的接受域 $\underline{\theta} < \theta_0 < \bar{\theta}$，那么 $(\underline{\theta},\bar{\theta})$ 就是 θ 的置信水平为 $1-\alpha$ 的置信区间.

(2) 可以验证，置信水平为 $1-\alpha$ 的单侧置信区间 $(-\infty,\bar{\theta})$ 与显著性水平为 α 的左侧检验问题 $H_0: \theta \geqslant \theta_0, H_1: \theta < \theta_0$ 有类似的对应关系，即若已求得单侧置信区间 $(-\infty,\bar{\theta})$，则当 $\theta_0 \in (-\infty,\bar{\theta})$ 时，接受 H_0，当 $\theta_0 \notin (-\infty,\bar{\theta})$ 时，拒绝 H_0. 反之，若已求得检验问题 $H_0: \theta \geqslant \theta_0, H_1: \theta < \theta_0$ 的接受域为 $-\infty < \theta_0 < \bar{\theta}$，则可得参数 θ 的一个单侧置信区间 $(-\infty,\bar{\theta})$.

置信水平为 $1-\alpha$ 的单侧置信区间 $(\underline{\theta},+\infty)$ 与显著性水平为 α 的右侧检验问题 $H_0: \theta \leqslant \theta_0, H_1: \theta > \theta_0$ 也有类似的对应关系，即若已求得单侧置信区间 $(\underline{\theta},+\infty)$，则当 $\theta_0 \in (\underline{\theta},+\infty)$ 时，接受 H_0，当 $\theta_0 \notin (\underline{\theta},+\infty)$ 时，拒绝 H_0. 反之，若已求得检验问题 $H_0: \theta \leqslant \theta_0, H_1: \theta > \theta_0$ 的接受域为 $\underline{\theta} < \theta_0 < +\infty$，则可得参数 θ 的一个单侧置信区间 $(\underline{\theta},+\infty)$.

例 8.15 设 $X \sim N(\mu,1)$，μ 未知，$\alpha=0.05$，$n=16$ 且由一样本算得 $\bar{x}=5.20$.

(1) 得到参数 μ 的一个置信水平为 0.95 的置信区间

$$\left(\bar{x}-\frac{1}{\sqrt{16}}z_{0.025}, \bar{x}+\frac{1}{\sqrt{16}}z_{0.025}\right) = (4.71, 5.69),$$

其中，$z_{0.025}=1.96$.

考虑假设检验问题 $H_0: \mu=5.5, H_1: \mu \neq 5.5$.

其接受域是 $|z| = \left|\dfrac{\bar{x}-\mu}{1/\sqrt{16}}\right| < z_{0.025}$，解得 $4.71 < \mu < 5.69$，即对任何 $\mu=\mu_0 \in$

(4,71,5.69)的假设 H_0,都能接受.故对 $H_0:\mu=5.5$,检验结果接受 H_0.

(2) 对于右侧检验问题 $H_0:\mu\leq\mu_0, H_1:\mu>\mu_0$,由于 H_0 的拒绝域为 $z=\dfrac{\bar{x}-\mu_0}{1/\sqrt{16}}\geq$ $z_{0.05}=1.645$,即 $\mu_0\leq 4.79$.于是 H_0 的接受域为 $\mu_0>4.79$,这样就得到参数 μ 的单侧置信区间 $(4.79,+\infty)$.

习 题 8

1. 某运动员在一次意外事故中受伤,经治疗基本痊愈.为了检查身体恢复的情况.随机抽取了 15 份近期每天同一时间的脉搏测量数据(单位:次/min):71,72,68,64,79,61,66,60,72,73,82,70,66,71,64.已知他正常时脉搏次数 $X\sim N(66,5^2)$,根据所得数据是否可以断定这名运动员的身体已恢复到受伤前状态($\alpha=0.05$)?

2. 某工厂研制一种柴油发动机,每升柴油的运转时间服从正态分布.现测试 6 台柴油机,每升柴油的运转时间(单位:min)分别为 28,27,31,29,30,27,按设计要求,每升柴油的平均运转时间应在 30min 以上,问在显著性水平 $\alpha=0.05$ 下,是否有理由认为这种柴油机符合设计要求?

3. 对 A,B 两种导线进行检验,分别从这两种导线中各取 96 根,测得其电阻的平均值(单位:Ω)分别为 $\bar{x}_1=8.86, \bar{x}_2=9.87$,标准差分别为 $s_1=2.01, s_2=2.14$.问是否有理由认为 A 种导线的电阻比 B 种导线的电阻小($\alpha=0.01$)?

4. 在一台设备的组装中,可以用零件 B 代替零件 A,而且零件 B 制造简单造价低,为检验两种零件的质量,分别取了 5 只零件进行强度(单位:kg/cm²)测试,结果分别为

A 零件	88	87	92	90	91
B 零件	89	89	90	84	88

假设两种零件的强度均服从正态分布且方差相同,A,B 两种零件的强度差异是否显著($\alpha=0.10$)?

5. 某药厂在广告中声称该药品对某种疾病的治愈率为 80%,一家医院对这种药品的临床使用了 120 例,治愈 85 人,问药厂的广告是否真实($\alpha=0.02$)?

6. 在正常情况下.维尼纶纤度服从正态分布,方差 σ^2 不大于 0.048^2,某日随机抽取 5 根纤维,测得纤度分别为 1.32,1.55,1.36,1.40,1.44,问这天生产的维尼纶纤度的均匀性是否正常 ($\alpha=0.05$)?

7. 一自动车床加工零件的长度服从正态分布 $N(\mu,\sigma^2)$,车床工作正常时,加工的零件长度均值为 10.5cm,标准差不超过 0.45cm.经过一段时间生产后,要检验这台车床工作是否正常,为此抽取该车床加工的 31 个零件,测得数据如下:

零件长度(x_i)	10.1	10.3	10.6	11.2	11.5	11.8	12.0
频数	1	3	7	10	6	3	1

问此车床工作是否正常($\alpha=0.05$)?

8. 某地区为检验正常成年人血液中红细胞的数量是否与性别有关,分别抽取了 156 名男

性和 74 名女性进行化验,化验结果男性平均红细胞为 465.13 万/mm³,标准差为 54.80 万/mm³,女性平均红细胞为 422.16 万/mm³,标准差为 49.20 万/mm³. 假设正常成年人血液中红细胞数服从正态分布,该地区正常成年人血液中的红细胞数与性别是否有关($\alpha=0.05$)?

9. 设 $X_1, X_2, \cdots, X_n$ 来自总体 $X \sim N(\mu, 1.21^2)$ 的样本,已知 μ 的置信水平为 $1-\alpha$ 的置信区间是 $(\overline{X}-2/\sqrt{n}, \overline{X}+2/\sqrt{n})$,求假设检验 $H_0: \mu=2, H_1: \mu \neq 2$ 的拒绝域.

10. 设总体 $X \sim N(\mu, \sigma^2)$,μ, σ^2 未知,$X_1, X_2, \cdots, X_{10}$ 是来自总体 X 的样本,样本方差为 S^2,已知 σ^2 的单侧置信上限为 $\overline{\sigma}^2 = 2.70677 S^2$,求假设检验 $H_0: \sigma^2 \geq \sigma_0^2, H_1: \sigma^2 < \sigma_0^2$ 的拒绝域.

11. 设 X 和 Y 是两个独立的正态总体,均值未知,样本容量均为 10,样本方差分别为 S_X^2 和 S_Y^2,已知 σ_1^2/σ_2^2 的置信水平为 $1-\alpha$ 的双侧置信区间的上限为 $\overline{\sigma_1^2/\sigma_2^2} = 3.3898 S_X^2/S_Y^2$,求假设检验问题 $H_0: \sigma_1^2 = \sigma_2^2, H_1: \sigma_1^2 \neq \sigma_2^2$ 的显著性水平为 α 的拒绝域.

12. 设 X_1, X_2, X_3, X_4 是来自总体 $X \sim N(\mu, 4^2)$ 的样本,对假设检验问题 $H_0: \mu=5, H_1: \mu \neq 5$.

(1) 求拒绝域($\alpha=0.05$);

(2) 若 $\mu=6$,求上述检验所犯的第二类错误的概率 β.

13. 设 $X_1, X_2, \cdots, X_n$ 是来自总体 $X \sim N(\mu, \sigma^2)$ 的样本,σ^2 已知,对假设检验问题 $H_0: \mu \geq \mu_0, H_1: \mu < \mu_0$ 的 z 检验方法,试求当 $\mu=\mu_1 < \mu_0$ 时所犯的第二类错误的概率 β.

14. 某元件的寿命 $X \sim N(\mu, 2.5^2)$,要求 $\mu \geq 20$ 时犯第一类错误的概率 $\alpha \leq 0.025$,且当 $\mu \leq 18$ 时,犯第二类错误的概率不超过 $\beta=0.025$,试确定样本的容量.

15. 自 1965 年 1 月 1 日到 1971 年 2 月 9 日的 2231 天中,全世界记录到的里氏震级 4 级及 4 级以上的地震共 162 次,相继两次地震间隔天数如下:

X	[0,5)	[5,10)	[10,15)	[15,20)	[20,25)	[25,30)	[30,35)	[35,40)	≥ 40
频数	50	31	26	17	10	8	6	6	8

试检验相继两次地震间隔天数 X 是否服从期望值等于 θ 的指数分布($\alpha=0.05$)?

第 9 章 回归分析与方差分析

回归分析是研究变量之间相关关系的一种数学工具.方差分析是试验中鉴别各因素效应的一种有效统计方法.二者在数理统计中都具有广泛应用.本章仅介绍它们的基本内容.

9.1 一元线性回归模型

在实际问题中会遇到各种变量.这些变量之间的关系一般可分为两类:一类是前面在微积分学中已经研究过的完全确定性的关系,它们之间的关系可以用精确的数学表达式来描述;另一类是非确定性的关系,但在大量的现象或试验中,它们存在着统计规律性,称为相关关系.为了查明非确定性的相关关系,由一个或一组非随机变量来估计或预报另一个随机变量的观测值时,所建立的数学模型及所进行的统计分析,称为回归分析,此数学模型又称为经验公式或回归方程.利用概率统计知识可以对回归方程进行分析讨论,判断出它的有效性,从而能够较可靠地进行估计和预报.

9.1.1 一元回归模型的建立

引例 维尼纶纤维的耐热水性能可以用指标"缩醛化度"Y来衡量,这个指标越高,耐热水性能也越好,而"甲醛浓度"是影响"缩醛化度"的重要因素,实际生产中常用"甲醛浓度"x(单位:g/L)去控制这一指标,实验得一组统计数据(表 9-1).

表 9-1 甲醛浓度与缩醛化度

甲醛浓度 x_i/(g/L)	18	20	22	24	26	28	30
缩醛化度 y_i/(mol%)	26.86	28.35	28.75	28.87	29.75	30.00	30.36

统计结果表明,随着甲醛浓度的增加,缩醛化度指标也在增加,为了研究这些数据中所蕴藏的规律性,可以把 x_i 作为横坐标,y_i 作为纵坐标,描出各点(图 9-1).这些点 $(x_i, y_i)(i=1,2,\cdots,7)$ 近似在一条直线附近.这就是说,变量 x 和 Y 之间的关系基本上可以看作是线性关系,而这些点与直线的偏离,是由一些随机因素的影响引起的.因此表 9-1 中的数据可以假定有如下的结构式:

$$y_i = a + bx_i + \varepsilon_i, \quad i=1,2,\cdots,n. \tag{9.1}$$

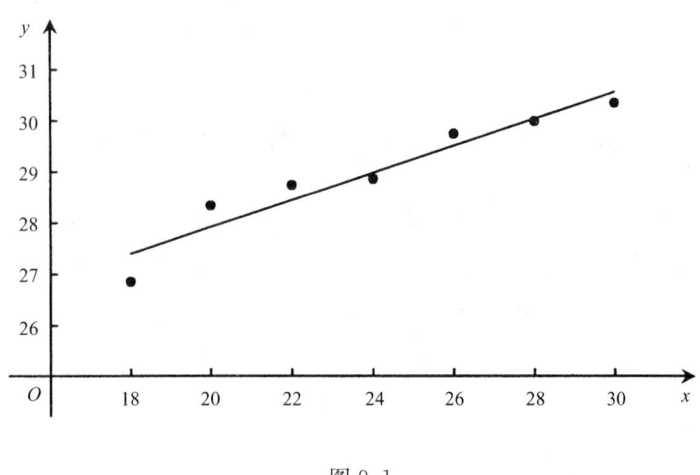

图 9-1

一般地,假设 $\varepsilon_i \sim N(0,\sigma^2)$, $Y \sim N(a+bx,\sigma^2)$.

为了估计 a 和 b,进行 n 次独立试验,得到观测值 $(x_i,y_i)(i=1,2,\cdots,n)$,则式(9.1)就是一元线性回归数学模型. 于是建立 Y 与 x 的关系模型

$$\begin{cases} Y = \mu(x) + \varepsilon, \\ E(\varepsilon) = 0, \quad D(\varepsilon) = \sigma^2, \end{cases} \tag{9.2}$$

其中,ε 看成随机误差. 如果 $\mu(x)$ 为 x 的一次函数,即 $\mu(x)=a+bx$,则式(9.2)称为一元线性回归模型;如果 $\mu(x)$ 不是 x 的一次函数,则式(9.2)称为非线性回归模型. 若自变量为两个以上,且当 $\mu(x_1,x_2,\cdots,x_n)$ 为变量 $x_1,x_2,\cdots,x_n$ 的线性函数时,则称式(9.2)为 n 元线性回归模型.

9.1.2 回归模型中的参数估计

设 $Y=a+bx+\varepsilon$,其中,未知参数 a,b 都不依赖于 x,ε 为随机误差,由样本得到 a,b 的估计值 $\hat{a},\hat{b}$,则 $\hat{Y}=\hat{a}+\hat{b}x$ 称为 Y 对 x 的一元线性回归方程.

(1) 若 $\varepsilon \sim N(0,\sigma^2)$,则采用极大似然估计法求 a,b 的估计量.

取 x 的 n 个不全相同的值 $x_1,x_2,\cdots,x_n$ 做独立试验,得到 Y 的相应观测值,即样本观测值 $(x_1,Y_1),(x_2,Y_2),\cdots,(x_n,Y_n)$,由式(9.2),有

$$\begin{cases} Y_i = a+bx_i+\varepsilon_i, \\ \varepsilon_i \sim N(0,\sigma^2), \end{cases} i=1,2,\cdots,n, \tag{9.3}$$

各 ε_i 相互独立,于是 $Y_i \sim N(a+bx_i,\sigma^2)$,其密度函数为

$$f(y_i,a,b,\sigma^2) = \frac{1}{\sigma\sqrt{2\pi}}\exp\left[-\frac{1}{2\sigma^2}(y_i-a-bx_i)^2\right],$$

9.1 一元线性回归模型

似然函数为

$$L = \prod_{i=1}^{n} f(y_i, a, b, \sigma^2)$$

$$= \prod_{i=1}^{n} \frac{1}{\sigma\sqrt{2\pi}} \exp\left[-\frac{1}{2\sigma^2}(y_i - a - bx_i)^2\right]$$

$$= \left(\frac{1}{\sigma\sqrt{2\pi}}\right)^n \exp\left[-\frac{1}{2\sigma^2}\sum_{i=1}^{n}(y_i - a - bx_i)^2\right]. \tag{9.4}$$

显然,要 L 取最大值,只要式(9.4)右端方括号中的平方和部分为最小,即只需函数

$$Q(a,b) = \sum_{i=1}^{n}(y_i - a - bx_i)^2 \tag{9.5}$$

取最小值.

求 Q 分别关于 a,b 的偏导数,并令它们等于零,即

$$\begin{cases} \dfrac{\partial Q}{\partial a} = -2\sum_{i=1}^{n}(y_i - a - bx_i) = 0, \\ \dfrac{\partial Q}{\partial b} = -2\sum_{i=1}^{n}(y_i - a - bx_i)x_i = 0, \end{cases} \tag{9.6}$$

得驻点方程组

$$\begin{cases} na + \left(\sum_{i=1}^{n} x_i\right)b = \sum_{i=1}^{n} y_i, \\ \left(\sum_{i=1}^{n} x_i\right)a + \left(\sum_{i=1}^{n} x_i^2\right)b = \sum_{i=1}^{n} x_i y_i, \end{cases} \tag{9.7}$$

即

$$\begin{cases} na + n\bar{x}b = n\bar{y}, \\ n\bar{x}a + \left(\sum_{i=1}^{n} x_i^2\right)b = \sum_{i=1}^{n} x_i y_i, \end{cases} \tag{9.8}$$

其中,$\bar{x} = \dfrac{1}{n}\sum_{i=1}^{n} x_i, \bar{y} = \dfrac{1}{n}\sum_{i=1}^{n} y_i$.

由于 x_i 不全相同,方程组(9.8)的系数行列式

$$\begin{vmatrix} n & n\bar{x} \\ n\bar{x} & \sum_{i=1}^{n} x_i^2 \end{vmatrix} = n\sum_{i=1}^{n} x_i^2 - (n\bar{x})^2 = n\sum_{i=1}^{n}(x_i - \bar{x})^2 \neq 0.$$

故方程组(9.8)有唯一解

$$\begin{cases} \hat{b} = \dfrac{\sum\limits_{i=1}^{n} x_i y_i - n\bar{x}\bar{y}}{\sum\limits_{i=1}^{n} x_i^2 - n\bar{x}^2} = \dfrac{\sum\limits_{i=1}^{n}(x_i - \bar{x})(y_i - \bar{y})}{\sum\limits_{i=1}^{n}(x_i - \bar{x})^2}, \\ \hat{a} = \bar{y} - \hat{b}\bar{x}. \end{cases} \tag{9.9}$$

为 b, a 的极大似然估计值.

若记

$$L_{xx} = \sum_{i=1}^{n}(x_i - \bar{x})^2 = \sum_{i=1}^{n} x_i^2 - \frac{1}{n}\Big(\sum_{i=1}^{n} x_i\Big)^2,$$

$$L_{xy} = \sum_{i=1}^{n}(x_i - \bar{x})(y_i - \bar{y}) = \sum_{i=1}^{n} x_i y_i - \frac{1}{n}\Big(\sum_{i=1}^{n} x_i\Big)\Big(\sum_{i=1}^{n} y_i\Big),$$

$$L_{yy} = \sum_{i=1}^{n}(y_i - \bar{y})^2 = \sum_{i=1}^{n} y_i^2 - \frac{1}{n}\Big(\sum_{i=1}^{n} y_i\Big)^2,$$

则 a, b 的估计值可以写成

$$\begin{cases} \hat{b} = \dfrac{L_{xy}}{L_{xx}}, \\ \hat{a} = \bar{y} - \hat{b}\bar{x}. \end{cases} \tag{9.10}$$

将式(9.10)中 y_i 换成随机变量 Y_i，$\bar{y}$ 换成 $\bar{Y}$，就得到 a, b 的估计量，仍记为 $\hat{a}$，$\hat{b}$，这时 $Q(\hat{a}, \hat{b})$ 达到最小.

在得到 a, b 的估计 $\hat{a}, \hat{b}$ 后，对于给定的 x，取 $\hat{a} + \hat{b}x$ 作为回归函数 $\mu(x) = a + bx$ 的估计，即 $\hat{\mu}(x) = \hat{a} + \hat{b}x$，称为 Y 关于 x 的经验回归函数，方程 $\hat{Y} = \hat{a} + \hat{b}x$ 称为 Y 关于 x 的经验回归方程，简称回归方程，其图形称为回归直线.

(2) 若 ε 不服从正态分布，则采用最小二乘法求 a, b 的估计量.

对于 $Y_i = a + bx_i + \varepsilon_i (i = 1, 2, \cdots, n)$ 来说，ε_i 表示：当 $x = x_i$ 时，Y 的观测值 y_i 与直线 $y = a + bx$ 对应纵坐标的偏差，所以 ε_i 越小，直线与诸散点拟合得越好. 因此，令

$$Q(a, b) = \sum_{i=1}^{n} \varepsilon_i^2 = \sum_{i=1}^{n}(y_i - a - bx_i)^2.$$

由最小二乘法，得到使 $Q(a, b)$ 达到最小值的 a, b 的估计值为

$$\hat{a} = \bar{y} - \hat{b}\bar{x}, \qquad \hat{b} = \frac{L_{xy}}{L_{xx}}.$$

(3) σ^2 的估计.

对 σ^2 采取矩法估计. 由式(9.2)，

$$E([Y - (a + bx)]^2) = E(\varepsilon^2) = D(\varepsilon) + [E(\varepsilon)]^2 = \sigma^2.$$

9.1 一元线性回归模型

这表示 σ^2 越小，以回归函数 $\mu(x)=a+bx$ 作为 Y 的近似函数的均方误差就越小，这样，利用回归函数 $\mu(x)=a+bx$ 去研究随机变量 Y 与 x 的关系就越有效。由于 $\sigma^2=E(\varepsilon^2)$ 为 ε 的二阶原点矩，按矩法，可用

$$\frac{1}{n}\sum_{i=1}^{n}\varepsilon_i^2 = \frac{1}{n}\sum_{i=1}^{n}(Y_i-a-bx_i)^2$$

作为 σ^2 的估计量，然而 a,b 是未知的，可用 $\hat{a},\hat{b}$ 来代替，从而得到 σ^2 的估计量

$$\begin{aligned}\hat{\sigma}^2 &= \frac{1}{n}\sum_{i=1}^{n}(Y_i-\hat{a}-\hat{b}x_i)^2 \\ &= \frac{1}{n}\sum_{i=1}^{n}[Y_i-\bar{y}-\hat{b}(x_i-\bar{x})]^2 \\ &= \frac{1}{n}\sum_{i=1}^{n}(Y_i-\bar{y})^2 - \frac{2\hat{b}}{n}\sum_{i=1}^{n}(x_i-\bar{x})(y_i-\bar{y}) + \frac{\hat{b}^2}{n}\sum_{i=1}^{n}(x_i-\bar{x})^2 \\ &= \frac{1}{n}(L_{yy}-2\hat{b}L_{xy}+\hat{b}^2 L_{xx}) \\ &= \frac{1}{n}(L_{yy}-\hat{b}L_{xy}). \end{aligned} \quad (9.11)$$

可以证明 $\hat{a},\hat{b}$ 是 a,b 的无偏估计，$\hat{\sigma}^2$ 是 σ^2 的有偏估计，而 $\dfrac{n}{n-2}\hat{\sigma}^2$ 是 σ^2 的无偏估计，记为

$$\hat{\sigma}^{*2} = \frac{n}{n-2}\hat{\sigma}^2 = \frac{1}{n-2}(L_{yy}-\hat{b}L_{xy}). \quad (9.12)$$

例 9.1 求出引例内容中"缩醛化度"关于"甲醛浓度"的回归方程，并求 σ^2 的无偏估计。

解 根据表 9-1 和式 (9.7) 将所需的各值列表计算如下 (表 9-2)：

表 9-2

编号	x_i	x_i^2	y_i	y_i^2	$x_i y_i$
1	18	324	26.86	721.46	483.48
2	20	400	28.35	803.72	567.00
3	22	484	28.75	826.56	632.50
4	24	576	28.87	833.48	692.88
5	26	676	29.75	885.06	773.50
6	28	784	30.00	900.00	840.00
7	30	900	30.36	921.73	910.80
$\sum$	168	4144	202.94	5892.01	4900.16

$n=7$。由表 9-2 计算得：$\bar{x}=24,\bar{y}=28.9914,L_{xx}=112,L_{yy}=8.4931,L_{xy}=$

29.6,有 $\hat{b}=\dfrac{L_{xy}}{L_{xx}}=0.2643$,$\hat{a}=\bar{y}-\hat{b}\bar{x}=22.6486$,故所求回归直线方程为

$$\hat{Y}=22.6486+0.2643x,$$

$$\hat{\sigma}^{*2}=\dfrac{n}{n-2}\hat{\sigma}^2=\dfrac{1}{n-2}(L_{yy}-\hat{b}L_{xy})$$

$$=\dfrac{1}{5}(8.4931-0.2643\times 29.6)$$

$$=0.134$$

为 σ^2 的无偏估计值.

根据上述所求得的回归方程,可以通过甲醛浓度预测缩醛化度.

例 9.2 已经知道营业税税收总额 Y 与社会商品零售总额 x 有关. 为能从社会商品零售总额去预测税收总额,需要了解两者的关系. 现收集了如下数据(表 9-3):

表 9-3 社会商品零售总额与税收总额 (单位:亿元)

编号	社会商品零售总额 x	营业税税收总额 Y
1	142.08	3.93
2	177.30	5.96
3	204.68	7.85
4	242.88	9.82
5	316.24	12.50
6	341.99	15.55
7	332.69	15.79
8	389.29	16.39
9	453.40	18.45

求出营业税税收总额 Y 与社会商品零售总额 x 的回归方程,并求 σ^2 的无偏估计.

解 经计算,得

$$\sum_{i=1}^{9}x_i=2600.55,\quad \sum_{i=1}^{9}y_i=106.24,\quad \sum_{i=1}^{9}x_i^2=837272.4111,$$

$$\sum_{i=1}^{9}x_iy_i=34876.7147,\quad \sum_{i=1}^{9}y_i^2=1465.4326,$$

$$n=9,\quad \bar{x}=288.95,\quad \bar{y}=11.8044,\quad L_{xx}=85843.4886,$$

$$L_{xy}=4178.6667,\quad L_{yy}=211.3284,$$

所以

$$\hat{b}=\dfrac{L_{xy}}{L_{xx}}=0.0487,\quad \hat{a}=\bar{y}-\hat{b}\bar{x}=-2.2675.$$

故回归方程为 $\hat{Y} = -2.2675 + 0.0487x$.

由此方程知,当社会零售总额增加 1 亿元时,营业税税收总额增加 0.0487 亿元.

$$\hat{\sigma}^{*2} = \frac{n}{n-2}\hat{\sigma}^2 = \frac{1}{n-2}(L_{yy} - \hat{b}L_{xy})$$

$$= \frac{1}{7}(211.3284 - 0.0487 \times 4178.6667) = 1.1182$$

为 σ^2 的无偏估计值.

9.1.3 线性相关关系检验

从前面求回归直线方程的过程来看,对任取一组观测值 $(x_i, y_i)(i=1,2,\cdots,n)$,不管是否有线性关系,都可以建立 Y 对 x 的回归方程.这就产生一个问题,Y 与 x 是否真具有线性相关关系呢?如果 Y 与 x 不存在线性相关关系时,所求的回归方程就不能反映它们的实际关系.因此对线性相关关系必须进行检验.其实如果在方程 $Y = a + bx + \varepsilon$ 中的 $b = 0$,说明 x 值的变化对 Y 没有影响,因而变量 x 不能控制变量 Y,则用回归方程 $\hat{Y} = \hat{a} + \hat{b}x$ 不能描述 Y 与 x 之间的关系,因此,在相关性检验时首先提出假设:$H_0: b = 0$.

根据前面的讨论,$\hat{b} = L_{xy}/L_{xx}$ 为 b 的无偏估计,可以用 $\hat{b}$ 的大小来检验 H_0 是否成立,这就需要知道 $\hat{b}$ 的分布,为了建立适当的统计量,不加证明地给出下面结论.

定理 9.1 若 $\varepsilon \sim N(0, \sigma^2)$,则

(1) $\hat{a} \sim N(a, \sigma_1^2), \hat{b} \sim N(b, \sigma_2^2)$,其中,

$$\sigma_1^2 = \frac{\sigma^2}{n}\left(1 + \frac{n\bar{x}^2}{L_{xx}}\right), \quad \sigma_2^2 = \frac{1}{L_{xx}}\sigma^2.$$

(2) $\hat{\sigma}^{*2}$ 分别与 $\hat{a}, \hat{b}$ 相互独立,且

$$\frac{(n-2)\hat{\sigma}^{*2}}{\sigma^2} = \frac{n\hat{\sigma}^2}{\sigma^2} \sim \chi^2(n-2).$$

(3) $\hat{\mu}(x) = \hat{a} + \hat{b}x \sim N(a + bx, \sigma_3^2)$,其中,

$$\sigma_3^2 = \left[1 + \frac{1}{n} + \frac{(x - \bar{x})^2}{L_{xx}}\right]\sigma^2.$$

(4)
$$t = \frac{\hat{b} - b}{\hat{\sigma}^*} \cdot \sqrt{L_{xx}} \sim t(n-2).$$

下面介绍 3 种检验方法,使用时可选择其中之一.

1. F 检验法

考虑引起 Y_i 波动大小的原因.一是 $E(Y)$ 确实是随 x 线性变化的,这时 x 的

取值不同造成 Y 的取值波动. 二是其他众多微小随机因素的影响. 显然, 如果前一方面的影响是主要的, 那么 $b \neq 0$, 方程是有意义的. 否则 $b=0$. 因此, 考虑 Y_i 的总波动

$$L_{yy} = \sum_{i=1}^{n}(Y_i - \bar{Y})^2,$$

称其为总离差平方和. 通过计算可以得到

$$\begin{aligned} L_{yy} &= \sum_{i=1}^{n}(Y_i - \bar{Y})^2 \\ &= \sum_{i=1}^{n}(Y_i - \hat{\mu}(x_i))^2 + \sum_{i=1}^{n}(\hat{\mu}(x_i) - \bar{Y})^2 \\ &= Q + u, \end{aligned} \tag{9.13}$$

其中

$$Q = \sum_{i=1}^{n}(Y_i - \hat{\mu}(x_i))^2 = L_{yy} - \hat{b}^2 L_{xx} = (n-2)\hat{\sigma}^{*2}, \tag{9.14}$$

$$u = \sum_{i=1}^{n}(\hat{\mu}(x_i) - \bar{Y})^2 = \sum_{i=1}^{n}\hat{b}^2(x_i - \bar{x})^2 = \hat{b}^2 L_{xx}, \tag{9.15}$$

u 称为回归平方和, 反映了 x 的变化引起 Y 的波动大小; Q 称为剩余平方和, 反映了观测值与回归直线间的偏离, 它是由其他一切因素引起的. 式(9.13)称为平方和分解式.

显然, 若 Y 与 x 确实存在线性相关关系, 那么 u 尽可能大, Q 尽可能小, 即 u/Q 应尽可能大, 那么大到什么程度才能认为 Y 与 x 存在线性相关关系呢?

由定理 9.1 可以证明, 当 $H_0: b=0$ 为真时,

$$F = \frac{u}{Q/(n-2)} = \frac{\hat{b}^2 L_{xx}}{\hat{\sigma}^{*2}} \sim F(1, n-2), \tag{9.16}$$

从而对给定的显著性水平 α 得到拒绝域为

$$F \geqslant F_{\alpha}(1, n-2). \tag{9.17}$$

2. t 检验法

由定理 9.1 知, 当 $H_0: b=0$ 为真时,

$$T = \frac{\hat{b}}{\hat{\sigma}^*}\sqrt{L_{xx}} \sim t(n-2), \tag{9.18}$$

且 $E(\hat{b}) = b = 0$, 即得 H_0 的拒绝域为

$$|T| = \frac{|\hat{b}|}{\hat{\sigma}^*}\sqrt{L_{xx}} \geqslant t_{\frac{\alpha}{2}}(n-2), \tag{9.19}$$

其中，α 为显著性水平.

3. 相关系数检验

令 $R = \dfrac{L_{xy}}{\sqrt{L_{xx}L_{yy}}}$，这是一个统计量，由于此时 $Q = (1-R^2)L_{yy}$，当 $Q \geqslant 0, L_{yy} \geqslant 0$ 时，$|R| \leqslant 1$.

因此当 $|R|$ 接近 1 时，Q 就接近 0，表明诸散点几乎都在回归直线上，即 x 与 Y 之间的线性相关性显著；当 $|R|$ 接近 0，则 x 与 Y 一般没有线性关系，所以 R 也叫相关系数.

也可以用 R 来检验假设 $H_0: b=0$.

由于 R 与 $\hat{b}$ 之间有如下关系：

$$R = \frac{L_{xy}}{\sqrt{L_{xx}L_{yy}}} = \frac{L_{xy}}{L_{xx}}\sqrt{\frac{L_{xx}}{L_{yy}}} = \hat{b}\sqrt{\frac{L_{xx}}{L_{yy}}}. \tag{9.20}$$

从直观上看，当 H_0 为真时，$|\hat{b}|$ 应较小，从而 $|R|$ 应较小，当 $|R|$ 较大时，就应拒绝 H_0，因而可取如下形式的拒绝域：

$$\{|R| \geqslant C\}.$$

在给定的显著性水平 α 下，C 应满足 $P\{|R| \geqslant C\} = \alpha$.

由于统计量 R 与 (9.16) 中给出的统计量 F 有如下关系：

$$R^2 = \frac{L_{xy}^2}{L_{xx}L_{yy}} = \frac{u}{Q+u} = \frac{1}{1+Q/u} = \frac{1}{1+\dfrac{Q/(n-2)}{u}\cdot(n-2)} = \frac{1}{1+\dfrac{n-2}{F}}.$$

可见，R^2 是 F 的严增函数，因而临界值 C 可由 $F(1, n-2)$ 的分位数获得，它与 $n-2$ 有关. 为方便起见，已将 R 分布的分位数制成了表（附表 7），记 $C = R_\alpha(n-2)$. 因此 H_0 的拒绝域为

$$|R| \geqslant R_\alpha(n-2). \tag{9.21}$$

当假设 $H_0: b=0$ 被拒绝时，认为回归效果是显著的，反之，就认为回归效果不显著. 回归效果不显著的原因可能是

(1) 影响 Y 取值的，除 x 以及随机误差外还有其他不可忽略的因素；

(2) $E(Y)$ 与 x 的关系是非线性的，或 Y 与 x 不存在关系.

因此需要进一步分析原因，作相应的处理.

例 9.3 对于例 9.1 建立的回归方程 $\mu(x) = 22.6486 + 0.2643x$，用三种不同的方法作出相关显著性检验（$\alpha = 0.05$）.

解 由例 9.1 知 $L_{xx} = 112, L_{xy} = 29.6, L_{yy} = 8.4931, n = 7$.

假设 $H_0: b=0, H_1: b \neq 0$.

(1) 用 F 检验法:

建立统计量 $F = \dfrac{u}{Q/n-2} = \dfrac{\hat{b}^2 L_{xx}}{\hat{\sigma}^{*2}} \sim F(1,5)$.

对于 $\alpha = 0.05$, 查附表 6, 得 $F_{0.05}(1,5) = 6.61$.

计算 F 的值, 得 $F = \dfrac{(0.2643)^2 \times 112}{0.134} = 68.386 > 6.61$. 故拒绝 H_0, 即 Y 与 x 之间显著地存在线性关系.

(2) 用 t 检验法:

建立统计量 $T = \dfrac{\hat{b}}{\hat{\sigma}^2}\sqrt{L_{xx}} \sim t(5)$.

对于 $\alpha = 0.05$, 查附表 4, 得 $t_{0.025}(5) = 2.5706$.

计算 T 的值, 得

$$|T| = \dfrac{0.2643}{\sqrt{0.134}}\sqrt{112} = 7.6402 > 2.5706.$$

故拒绝 H_0.

(3) 用相关系数检验:

建立统计量 $R = \dfrac{L_{xy}}{\sqrt{L_{xx}L_{yy}}}$.

对于 $\alpha = 0.05$, 查附表 7, 得 $R_\alpha(n-2) = R_{0.05}(5) = 0.7545$.

计算 R 的值, 得

$$R = \dfrac{29.6}{\sqrt{112 \times 8.4931}} = 0.9597 > 0.7545.$$

故拒绝 H_0.

9.1.4 预测与控制

当 Y 与 x 线性相关性显著, 则回归方程 $\mu(x) = \hat{a} + \hat{b}x$ 有效, 就可以用它来作预测和控制.

1. 预测

预测是指对 x 可取值范围内的 x_0, 估计相应随机变量 Y_0 的取值范围, 即对 Y_0 作点估计与区间估计. 由于

$$\begin{cases} Y_0 = a + bx_0 + \varepsilon_0, \\ E(\varepsilon_0) = 0, \quad D(\varepsilon_0) = \sigma^2, \end{cases}$$

所以, 可以用 $\hat{a} + \hat{b}x_0$ 作为 Y_0 的预测值, 也就是用回归函数 $\hat{Y}$ 在 x_0 的函数值 $\hat{Y}_0$

作为 $\mu(x_0)=a+bx_0$ 的点估计,即
$$\hat{Y}_0 = \hat{\mu}(x_0) = \hat{a} + \hat{b}x_0. \tag{9.22}$$
与参数的点估计一样,预测值只能对 Y_0 作一个非常粗糙的描述,对预测的误差大小不能作出很好的判断.预测区间比较好地解决了这一问题.

假设 $\varepsilon \sim N(0,\sigma^2)$,$Y_0$ 与 $Y_1,Y_2,\cdots,Y_n$ 独立,由定理 9.1,容易得到
$$T = \frac{Y_0 - \hat{Y}_0}{\sqrt{1 + \frac{1}{n} + \frac{(x_0-\bar{x})^2}{L_{xx}}}\hat{\sigma}^*} \sim t(n-2), \tag{9.23}$$
对给定的置信度 $1-\alpha(0<\alpha<1)$,使
$$P\{|T| < t_{\frac{\alpha}{2}}(n-2)\} = 1-\alpha.$$
从而得到 Y_0 的预测区间
$$\hat{Y}_0 - \delta(x_0) < Y_0 < \hat{Y}_0 + \delta(x_0), \tag{9.24}$$
其中,$\delta(x_0) = t_{\frac{\alpha}{2}}(n-2) \cdot \sqrt{1 + \frac{1}{n} + \frac{(x_0-\bar{x})^2}{L_{xx}}}\hat{\sigma}^*$.

若将 x_0 换成 x,则预测区间的上、下限为两条曲线
$$\begin{cases} y_1(x) = \hat{a} + \hat{b}x - \delta(x), \\ y_2(x) = \hat{a} + \hat{b}x + \delta(x), \end{cases} \tag{9.25}$$
它们形成一个带形区域,把回归直线夹在中间,其形状呈喇叭形,在 $x=\bar{x}$ 处最窄,如图 9-2 所示.

当 n 很大时,在离 $\bar{x}$ 不太远处,即 $|x-\bar{x}| \ll L_{xx}$ 的 x 处,$\delta(x) \approx t_{\frac{\alpha}{2}}(n-2) \cdot \hat{\sigma}^* \approx z_{\frac{\alpha}{2}} \hat{\sigma}^*$,即 Y 的 $100(1-\alpha)\%$ 的预测区间近似为
$$(\hat{Y}_0 - \hat{\sigma}^* z_{\frac{\alpha}{2}}, \hat{Y} + \hat{\sigma}^* z_{\frac{\alpha}{2}}).$$
此时预测区间上、下限近似一直线.

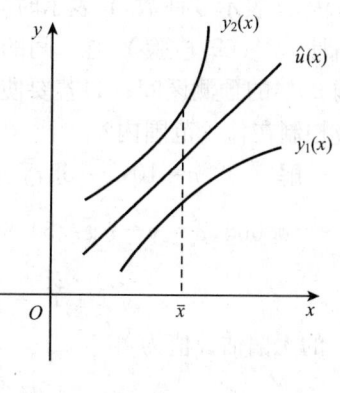

图 9-2

2. 控制

控制是预测的逆问题,即要将 Y 控制在区间 (y_1, y_2) 中,估计 x 取值的相应范围 (x_1, x_2).

一般地,当 n 充分大时,利用近似的预测区间得方程组
$$\begin{cases} y_1 = \hat{a} + \hat{b}x_1 - \hat{\sigma}^* z_{\frac{\alpha}{2}}, \\ y_2 = \hat{a} + \hat{b}x_2 + \hat{\sigma}^* z_{\frac{\alpha}{2}}, \end{cases} \tag{9.26}$$
求出 x_1, x_2 作为控制区间的两端点(图 9-3).

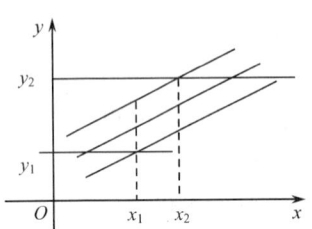

图 9-3

预测区间上下所夹的带形区域宽度近似为 $2\hat{\sigma}^* z_{\frac{\alpha}{2}}$,因此,要控制 Y 在区间 (y_1,y_2) 中,则至少应有 $y_2-y_1>2\hat{\sigma}^* z_{\frac{\alpha}{2}}$.

当 n 不太大时,建立方程组

$$\begin{cases} y_1 = \hat{a}+\hat{b}x_1-\delta(x_1), \\ y_2 = \hat{a}+\hat{b}x_2+\delta(x_2). \end{cases} \quad (9.27)$$

这样的方程组由于不是线性的,求解过程将会较复杂,可以用数值计算求近似解.

例 9.4 某车间为了制订工时定额,需要确定加工零件所消耗的时间,为此进行了 10 次试验,结果如表 9-4 所示.

表 9-4 加工零件数与消耗时间

x/件	10	20	30	40	50	60	70	80	90	100
Y/min	62	68	75	81	89	95	102	108	115	122

其中,x 表示零件数,Y 表示时间. 试求(1)Y 对 x 的回归直线方程,并求 σ^2 的无偏估计 $\hat{\sigma}^{*2}$;(2)检验 Y 与 x 间的线性关系是否显著($\alpha=0.01$);(3)若 $x_0=65$,求 Y_0 的 99% 的预测区间;(4)若要使 Y 在区间 (92,98) 内取值时,在置信度 99% 之下,x 应控制在什么范围内?

解 (1) $n=10, \bar{x}=55, \bar{y}=91.7, L_{xx}=8250, L_{xy}=5515, L_{yy}=3688.1$,故 $\hat{b}=\frac{L_{xy}}{L_{xx}}=0.668, \hat{a}=\bar{y}-\hat{b}\bar{x}=54.96$,所求回归直线方程为

$$\hat{Y} = \hat{\mu}(x) = 54.96+0.668x.$$

σ^2 的无偏估计值为

$$\hat{\sigma}^{*2} = \frac{n}{n-2}\hat{\sigma}^2 = \frac{1}{n-2}(L_{yy}-\hat{b}L_{xy}) = 0.51.$$

(2) 采用 F 检验法:

假设 $H_0:b=0, H_1:b\neq 0$.

建立统计量 $F=\dfrac{\hat{b}^2 L_{xx}}{\hat{\sigma}^{*2}}\sim F(1,8)$.

对于 $\alpha=0.01$,查附表 6,得 $F_{0.01}(1,8)=11.26$.

计算 F 的值,得 $F=\dfrac{0.668^2\times 8250}{0.51}=7218.3294>11.26$. 故 Y 与 x 间显著地存在线性关系.

(3) $\bar{x}=55, \hat{\sigma}^*=\sqrt{0.51}=0.714, 1-\alpha=0.99$,当 $x_0=65$ 时,

$$\hat{\mu}(x_0) = \hat{a} + \hat{b}x_0 = 54.96 + 0.668 \times 65 = 98.38,$$

$$\delta(x_0) = \sqrt{1 + \frac{1}{10} + \frac{100}{8250}} \times 0.714 = 2.53,$$

$$t_{\frac{\alpha}{2}}(n-2) = t_{0.005}(8) = 3.3554,$$

$$\hat{Y}_0 - \delta(x_0) = 98.38 - 2.53 = 95.85,$$

$$\hat{Y}_0 + \delta(x_0) = 98.38 + 2.53 = 100.91.$$

故 Y 的预测区间为 $(95.85, 100.91)$.

(4) 采用近似公式(9.26)得

$$\begin{cases} 92 = 54.96 + 0.668x_1 - 0.714 \times 2.575, \\ 98 = 54.96 + 0.668x_2 + 0.714 \times 2.575, \end{cases}$$

其中,$z_{\frac{\alpha}{2}} = z_{0.005} = 2.575$,解得 $x_1 \approx 58, x_2 \approx 62$,即 x 应控制在区间 $(58, 62)$ 内. 这是一个非常粗糙的结果,因为 $n=10$ 不是足够大.

9.1.5 可线性化的一元线性回归模型

许多实际问题中,Y 与 x 之间并不存在线性相关关系,它们的关系可能是某种曲线关系,其中,有些曲线关系可以通过变量替换化为线性关系,从而可以利用线性回归方程的结果来解决,这种方法通常称为非线性回归线性化方法. 例如,Y 与 x 有关系 $Y = ae^{bx} \cdot \varepsilon, \ln\varepsilon \sim N(0, \sigma^2)$,其中,$a, b, \sigma^2$ 是与 x 无关的未知参数. 将 $Y = ae^{bx} \cdot \varepsilon$ 两边取对数,得

$$\ln Y = \ln a + bx + \ln \varepsilon.$$

令 $\ln Y = Y', \ln a = a', b = b', x = x', \ln \varepsilon = \varepsilon'$,则 $Y = ae^{bx} \cdot \varepsilon$ 就转化为一元线性回归模型

$$Y' = a' + b'x' + \varepsilon', \quad \varepsilon' \sim N(0, \sigma^2).$$

一般地,可按如下步骤进行:

(1) 对变量 Y 与 x 做 n 次试验,取得观测值 $(x_i, y_i), i = 1, 2, \cdots, n$,并作散点图.

(2) 根据散点图的形状配适当的曲线类型,通过变量替换化为一元线性回归模型 $Y' = a' + b'x' + \varepsilon'$.

(3) 利用一元线性回归方法求得回归系数 a', b',将此值代回曲线的表达式中,就可以得到 Y 对 x 的回归方程.

下面介绍几种常见的曲线类型及线性化方法,如表 9-5 所示.

表 9-5

函数名称	函数表达式	图像	线性化方法
(1) 双曲线函数	$\dfrac{1}{Y}=a+\dfrac{b}{x}$	($a>0, b<0$)	$Y'=\dfrac{1}{Y}$, $x'=\dfrac{1}{x}$
(2) 幂函数	$Y=ax^b$	($b>0$); ($b<0$)	$Y'=\ln Y$, $x'=\ln x$
(3) 指数函数	$Y=ae^{bx}$	($b>0$); ($b<0$)	$Y'=\ln Y$, $x'=x$
(4) 分数指数函数	$Y=ae^{\frac{b}{x}}$	($b>0$); ($b<0$)	$Y'=\ln Y$, $x'=\dfrac{1}{x}$
(5) 对数函数	$Y=a+b\ln x$	($b>0$); ($b<0$)	$Y'=Y$, $x'=\ln x$

9.1 一元线性回归模型

续表

函数名称	函数表达式	图像	线性化方法
(6) 生产函数	$Y=\dfrac{1}{a+be^{-x}}$	(S形曲线，渐近线 $\frac{1}{a}$)	$Y'=\dfrac{1}{Y}$，$x'=e^{-x}$

例 9.5 炼钢厂出钢时所用盛钢水的钢包,由于钢水对耐火材料的侵蚀,容积不断增大,希望找到使用次数 x 与增大的容积 Y 之间的关系.试验数据如表 9-6 所示.

表 9-6 使用次数与钢包增大的容积

使用次数(x)	2	3	4	5	6	7	8	9	10	11	12	13	14	15	16
增大容积(Y)	6.42	8.20	9.58	9.50	9.70	10.00	9.93	9.99	10.49	10.59	10.60	10.80	10.60	10.90	10.76

解 首先在平面上画出 (x_i, y_i), $i=1,2,\cdots,15$ 的散点图,这些点分布在一条曲线附近,见图 9-4.

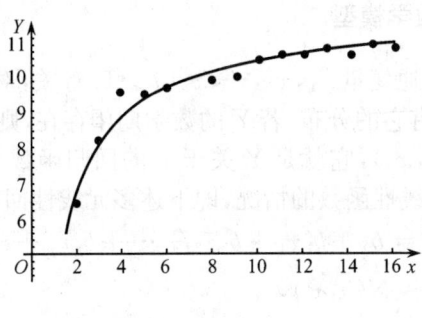

图 9-4

对照表 9-5,选用分数指数曲线 $Y=ae^{\frac{b}{x}}$,两边取对数,得

$$\ln Y = \ln a + \frac{b}{x}.$$

令 $Y'=\ln Y$, $x'=\dfrac{1}{x}$, $a'=\ln a$,得模型

$$Y' = a' + bx' + \varepsilon, \quad \varepsilon \sim N(0, \sigma^2),$$

从而化为线性回归问题,按一元线性回归方法,经计算得

$$L_{x'x'} = 0.2065, \quad L_{y'y'} = 0.2656, \quad L_{x'y'} = -0.2294,$$
$$\overline{x}' = 0.1587, \quad \overline{y}' = 2.2815.$$

故

$$\hat{b} = -1.1109, \quad \hat{a}' = 2.4578, \quad \hat{a} = e^{\hat{a}'} = 11.6789,$$

从而有

$$\hat{y}' = 2.4578 - 1.1109 x'.$$

又可求得

$$|T| = \frac{|\hat{b}|}{\hat{\sigma}^*} \sqrt{L_{x'x'}} \approx 623.2098 > t_{\frac{0.05}{2}}(13) = 2.1604,$$

即知线性回归效果是高度显著的. 代回原变量,得曲线回归方程

$$\hat{Y} = 11.6789 e^{-\frac{1.1109}{x}}.$$

9.2 多元线性回归模型

在实际问题中,影响随机变量 Y 的因素往往不止一个,因此需要研究一个随机变量与一组变量的相关关系问题,这就构成了多元回归分析的内容,多元回归分析的原理与一元回归分析相同,只是计算上要复杂些.

9.2.1 多元线性回归数学模型

设随机变量 Y 与普通变量 $x_1, x_2, \cdots, x_p (p>1)$ 有关,对于自变量 $x_1, x_2, \cdots, x_p$ 的一组确定的值, Y 有它的分布. 若 Y 的数学期望存在,则它是 $x_1, x_2, \cdots, x_p$ 的函数,记为 $\mu(x_1, x_2, \cdots, x_p)$,它就是 Y 关于 x 的回归函数. 仅考虑 $\mu(x_1, x_2, \cdots, x_p)$ 是 $(x_1, x_2, \cdots, x_p)$ 的线性函数的情况,即下述多元线性回归模型:

$$\begin{cases} Y = b_0 + b_1 x_1 + b_2 x_2 + \cdots + b_p x_p + \varepsilon, \\ \varepsilon \sim N(0, \sigma^2), \end{cases} \tag{9.28}$$

其中, $b_0, b_1, b_2, \cdots, b_p, \sigma^2$ 都是与 $x_1, x_2, \cdots, x_p$ 无关的未知参数.

9.2.2 回归模型中的参数估计

设 $(x_{i1}, x_{i2}, \cdots, x_{ip}, Y_i), i=1,2,\cdots,n$ 是一个容量为 n 的样本,则有

$$\begin{cases} Y_1 = b_0 + b_1 x_{11} + b_2 x_{12} + \cdots + b_p x_{1p} + \varepsilon_1, \\ Y_2 = b_0 + b_1 x_{21} + b_2 x_{22} + \cdots + b_p x_{2p} + \varepsilon_2, \\ \quad \cdots\cdots\cdots\cdots \\ Y_n = b_0 + b_1 x_{n1} + b_2 x_{n2} + \cdots + b_p x_{np} + \varepsilon_n, \end{cases} \tag{9.29}$$

9.2 多元线性回归模型

其中,$\varepsilon_1,\varepsilon_2,\cdots,\varepsilon_n$ 独立且与 ε 同分布.

为了求解方便,将式(9.29)写成矩阵形式

$$Y = XB + \varepsilon, \tag{9.30}$$

其中,

$$Y = \begin{pmatrix} Y_1 \\ Y_2 \\ \vdots \\ Y_n \end{pmatrix}, \quad X = \begin{pmatrix} 1 & x_{11} & x_{12} & \cdots & x_{1p} \\ 1 & x_{21} & x_{22} & \cdots & x_{2p} \\ \vdots & \vdots & \vdots & & \vdots \\ 1 & x_{n1} & x_{n2} & \cdots & x_{np} \end{pmatrix}, \quad B = \begin{pmatrix} b_0 \\ b_1 \\ b_2 \\ \vdots \\ b_p \end{pmatrix}, \quad \varepsilon = \begin{pmatrix} \varepsilon_1 \\ \varepsilon_2 \\ \vdots \\ \varepsilon_n \end{pmatrix}.$$

采用最小二乘法来估计参数,令

$$Q = \sum_{i=1}^{n} \varepsilon_i^2 = \sum_{i=1}^{n} (Y_i - b_0 - b_1 x_{i1} - \cdots - b_p x_{ip})^2.$$

求 Q 分别关于 $b_0,b_1,\cdots,b_p$ 的偏导数,并令其为零,得方程组

$$\begin{cases} \dfrac{\partial Q}{\partial b_0} = -2 \sum_{i=1}^{n} (Y_i - b_0 - b_1 x_{i1} - \cdots - b_p x_{ip}) = 0, \\ \dfrac{\partial Q}{\partial b_j} = -2 \sum_{i=1}^{n} (Y_i - b_0 - b_1 x_{i1} - \cdots - b_p x_{ip}) x_{ij} = 0, \quad j = 1,2,\cdots,p. \end{cases} \tag{9.31}$$

整理后,利用矩阵乘法,式(9.31)化为

$$X^{\mathrm{T}} X B = X^{\mathrm{T}} Y, \tag{9.32}$$

称其为正规方程组的矩阵形式.

若 X 为列满秩矩阵,在式(9.32)两边左乘 $X^{\mathrm{T}}X$ 的逆阵 $(X^{\mathrm{T}}X)^{-1}$,得到式(9.32)的解

$$\hat{B} = \begin{pmatrix} \hat{b}_0 \\ \hat{b}_1 \\ \hat{b}_2 \\ \vdots \\ \hat{b}_p \end{pmatrix} = (X^{\mathrm{T}}X)^{-1} X^{\mathrm{T}} Y \tag{9.33}$$

为需求的 $(b_0,b_1,b_2,\cdots,b_p)^{\mathrm{T}}$ 的最小二乘估计. 这时

$$\hat{Y} = \hat{b}_0 + \hat{b}_1 x_1 + \hat{b}_2 x_2 + \cdots + \hat{b}_p x_p \tag{9.34}$$

为 p 元经验线性回归方程,简称回归方程.

与一元线性回归模型类似,用矩法可求得 σ^2 的估计

$$\hat{\sigma}^2 = \frac{1}{n}\sum_{i=1}^{n}(Y_i - \hat{b}_0 - \hat{b}_1 x_{i1} - \cdots - \hat{b}_p x_{ip})^2$$

是 σ^2 的有偏估计,而

$$\hat{\sigma}^{*2} = \frac{1}{n-p-1}\sum_{i=1}^{n}(Y_i - \hat{b}_0 - \hat{b}_1 x_{i1} - \cdots - \hat{b}_p x_{ip})^2 \tag{9.35}$$

是 σ^2 的无偏估计.

例 9.6 某公司在 15 个地区的某种商品的销售量和各地区人口数、平均每户总收入如表 9-7 所示.

表 9-7

地区	1	2	3	4	5	6	7	8	9	10	11	12	13	14	15
销售量/罗	162	120	223	131	67	169	81	192	116	55	252	232	144	103	212
人口数(x_1)/千人	274	180	375	205	86	265	98	330	195	53	430	372	236	157	370
每户总收入(x_2)/元	2450	3254	3802	2838	2347	3782	3008	2450	2137	2560	4020	4227	2660	2088	2605

试根据人口数,每户总收入数预测该种商品的销售量.

解 假设 Y 与 x_1, x_2 之间的回归模型为

$$Y = b_0 + b_1 x_1 + b_2 x_2 + \varepsilon.$$

具体写出式(9.32)就是

$$\begin{pmatrix} n & n\bar{x}_1 & n\bar{x}_2 \\ n\bar{x}_1 & L_{x_1 x_1} + n\bar{x}_1^2 & L_{x_1 x_2} + n\bar{x}_1\bar{x}_2 \\ n\bar{x}_2 & L_{x_1 x_2} + n\bar{x}_1\bar{x}_2 & L_{x_2 x_2} + n\bar{x}_2^2 \end{pmatrix} \begin{pmatrix} b_0 \\ b_1 \\ b_2 \end{pmatrix} = \begin{pmatrix} n\bar{y} \\ L_{x_1 y} + n\bar{x}_1\bar{y} \\ L_{x_2 y} + n\bar{x}_2\bar{y} \end{pmatrix}.$$

化简,得到方程组

$$\begin{cases} \begin{pmatrix} L_{x_1 x_1} & L_{x_1 x_2} \\ L_{x_1 x_2} & L_{x_2 x_2} \end{pmatrix} \begin{pmatrix} b_1 \\ b_2 \end{pmatrix} = \begin{pmatrix} L_{x_1 y} \\ L_{x_2 y} \end{pmatrix}, \\ b_0 + \bar{x}_1 b_1 + \bar{x}_2 b_2 = \bar{y}. \end{cases} \tag{9.36}$$

由表 9-7,计算得

$$n = 15, \quad 15\bar{x}_1 = 3626, \quad 15\bar{x}_2 = 44428, \quad 15\bar{y} = 2259,$$
$$L_{x_1 x_1} = 191089, \quad L_{x_1 x_2} = 679453, \quad L_{x_2 x_2} = 7473616.$$
$$L_{x_1 y} = 101031, \quad L_{x_2 y} = 405762.$$

代入式(9.36)得

$$b_0 = 3.451, \quad b_1 = 0.496, \quad b_2 = 0.0092.$$

故 Y 与 x_1,x_2 的回归方程为

$$\hat{Y} = 3.451 + 0.496x_1 + 0.0092x_2.$$

这个回归方程表明:如果每户收入固定,当人口增加一个人时,平均销售量增加 0.496 罗(1 罗=12 打),若人口总量保持固定时,当每户收入增加 1 元时,平均销售量将增加 0.0092 罗.

习 题 9.2

1. 下表数据是退火温度 x 对黄铜延性 Y 效应的试验结果,Y 是以延长度计算的:

$x/℃$	300	400	500	600	700	800
$Y/\%$	40	50	55	60	67	70

画出散点图,并求 Y 对 x 的线性回归方程.

2. 在钢线碳含量对于电阻的效应的研究中,得到以下数据:

碳含量$(x)/\%$	0.10	0.30	0.40	0.55	0.70	0.80	0.95
电阻(Y)(20℃时,退火率)	15	18	19	21	22.6	23.8	26

(1) 求回归方程 $\hat{Y} = \hat{a} + \hat{b}x$;

(2) 求 ε 的方差 σ^2 的无偏估计;

(3) 检验假设 $H_0:b=0, H_1:b\neq 0$;

(4) 求 $x=0.50$ 处观察值 Y 的置信水平为 0.95 的预测区间.

3. 槲寄生是一种寄生在大树上部树枝上的寄生植物. 它喜欢寄生在年轻的大树上. 下面给出在一定条件下完成的试验中采集的数据.

(1) 作出 (x_i, y_i) 的散点图;

(2) 以模型 $Y = ae^{bx}\varepsilon, \ln\varepsilon \sim N(0, \sigma^2)$ 拟合数据,其中,a, b, σ^2 与 x 无关. 试求曲线回归方程 $\hat{Y} = \hat{a}e^{\hat{b}x}$.

x:大树的年龄/年	3	4	9	15	40
Y:每株大树上槲寄生的株数	28	10	15	6	1
	33	36	22	14	1
	22	24	10	9	

4. 某种化工产品的得率与反应温度 x_1、反应时间 x_2 及某反应物浓度 x_3 有关. 今得试验结果如下表所示,其中,x_1, x_2, x_3 均为二水平且均以编码形式表达.

x_1	−1	−1	−1	−1	1	1	1	1
x_2	−1	−1	1	1	−1	−1	1	1
x_3	−1	1	−1	1	−1	1	−1	1
得率	7.6	10.3	9.2	10.2	8.4	11.1	9.8	12.6

设 $\mu(x_1,x_2,x_3)=b_0+b_1x_1+b_2x_2+b_3x_3$, 求 Y 的多元回归方程.

9.3 单因素方差分析

方差分析在 20 世纪 20 年代由英国统计学家 Fisher 首先使用到农业试验上,后来发现这种方法的应用范围十分广泛,可以成功地应用在试验工作的很多方面,尤其在工业试验数据的分析中,取得了很大的成功. 这里要说明的是,方差分析所针对的数据,是经过一定"设计"的试验数据,而非任何杂乱无章的数据都适合于使用方差分析法. 为了能有效地使用方差分析法,试验在安排上必须满足一定的要求. 在数理统计学中有一个专门分支,叫"试验的设计与分析",就是专为讨论这个问题的. 在第 10 章中将介绍已被广泛使用的"正交试验设计".

在实际问题中,一个随机变量的取值,往往可能与多个因素有关. 例如,某地区为寻求高产油菜品种,现选取 5 种不同品种的油菜籽进行试验,每一品种在 4 块试验田中试种,得亩产量如表 9-8 所示.

表 9-8 (单位:kg)

品种 田块	1	2	3	4	5
1	256	244	250	288	206
2	222	300	277	280	212
3	280	290	230	315	220
4	298	275	322	259	212

要研究的问题是:不同品种的平均亩产量是否有显著差异. 这里只考虑"品种"对亩产量的影响,由于同一品种在不同田块上的平均亩产量不同,可以认为一个品种的亩产量就是一个母体,假定各母体独立服从同方差的正态分布,即亩产量服从 $N(\mu_i,\sigma^2)$,$i=1,2,3,4,5$. 试验目的: 检验假设 $H_0:\mu_1=\mu_2=\mu_3=\mu_4=\mu_5$ 是否成立. 若拒绝 H_0,可以认为 5 个品种的平均亩产量之间有显著性差异; 若接受 H_0,可以认为品种之间产量不同是由随机因素引起的; 当然油菜的产量还可能与施肥量有关, 可能与土壤成分有关等. 因此, 方差分析是检验同方差的若干正态母体均值是

9.3 单因素方差分析

否相等的一种统计分析方法.

由于实际问题中,影响母体均值的因素可能不止一个,按照试验中因素的个数分为:单因素方差分析,双因素方差分析,多因素方差分析.因素变化的各个等级,即因素所取的各种不同状态,称为水平.

9.3.1 单因素方差分析方法的形成

(1) 将试验的因素分成若干水平,对每个水平进行重复试验,列出试验记录,见表 9-9.

表 9-9

水平 \ 试验序号 (试验结果)	1	2	⋯	j	⋯	n_i	T_i(行和)	$\overline{X}_i$(行平均)
1	X_{11}	X_{12}	⋯	X_{1j}		X_{1n_1}	T_1	$\overline{X}_1$
2	X_{21}	X_{22}	⋯	X_{2j}	⋯	X_{2n_2}	T_2	$\overline{X}_2$
⋮	⋮	⋮		⋮		⋮	⋮	⋮
i	X_{i1}	X_{i2}	⋯	X_{ij}	⋯	X_{in_i}	T_i	$\overline{X}_i$
⋮	⋮	⋮		⋮		⋮	⋮	⋮
r	X_{r1}	X_{r2}	⋯	X_{rj}	⋯	X_{rn_r}	T_r	$\overline{X}_r$

其中,X_{ij} 表示第 i 个等级,进行第 j 次试验的可能结果,n_i 可以变化. 记

$$n = \sum_{i=1}^{r} n_i, \quad \overline{X}_i = \frac{1}{n_i}\sum_{j=1}^{n_i} X_{ij}, \quad T_i = \sum_{j=1}^{n_i} X_{ij},$$

$$\overline{X} = \frac{1}{n}\sum_{i=1}^{r}\sum_{j=1}^{n_i} X_{ij}, \quad T = \sum_{i=1}^{r}\sum_{j=1}^{n_i} X_{ij} = n\overline{X}.$$

(2) 假设前提:

对 i 个水平进行试验,得到观察结果 $X_{i1}, X_{i2}, \cdots, X_{in_i}$ 看作从正态总体 $N(\mu_i, \sigma^2)$ 中取出一个容量为 n_i 的样本,且 μ_i, σ^2 未知;认为表示 r 个水平的 r 个正态总体的方差都相等;从不同总体中取出的各个样本,即各 X_{ij} 相互独立.

(3) 统计假设:

如果要检验的因素对试验结果没有显著影响,则试验的全部结果 X_{ij} 应来自同一正态总体. 因此,可以提出一项统计假设:所有的 X_{ij} ($i=1,2,\cdots,r;j=1,2,\cdots,n_i$)都取自同一个正态总体 $N(\mu_0, \sigma^2)$,即假设 $H_0: \mu_1 = \mu_2 = \cdots = \mu_r = \mu_0$.

(4) 检验方法:

若 H_0 成立,那么 r 个总体间无显著差异,即各个 X_{ij} 间的差异只是由于随机

因素引起的. 若 H_0 不成立, 那么在所有的 X_{ij} 的总变差中, 除了随机波动引起的变差之外, 还应包含由于因素不同水平作用所产生的差异. 在总的变差中把这两种变差分开, 然后进行比较, 可以得到关于上述假设的一个检验方法.

因为

$$\sum_{i=1}^{r}\sum_{j=1}^{n_i}(X_{ij}-\overline{X})^2 = \sum_{i=1}^{r}\sum_{j=1}^{n_i}(X_{ij}-\overline{X}_i+\overline{X}_i-\overline{X})^2$$

$$= \sum_{i=1}^{r}\sum_{j=1}^{n_i}(X_{ij}-\overline{X}_i)^2 + \sum_{i=1}^{r}\sum_{j=1}^{n_i}(\overline{X}_i-\overline{X})^2$$

$$+ 2\sum_{i=1}^{r}\sum_{j=1}^{n_i}(X_{ij}-\overline{X}_i)(\overline{X}_i-\overline{X}),$$

而

$$\sum_{i=1}^{r}\overline{X}_i = \sum_{i=1}^{r}\left(\frac{1}{n_i}\sum_{j=1}^{n_i}X_{ij}\right) = \frac{1}{n_i}\sum_{i=1}^{r}\sum_{j=1}^{n_i}X_{ij}, \quad \overline{X} = \frac{1}{n}\sum_{i=1}^{r}n_i\overline{X}_i(\text{与 } j \text{ 无关}),$$

则

$$2\sum_{i=1}^{r}\sum_{j=1}^{n_i}(X_{ij}-\overline{X}_i)(\overline{X}_i-\overline{X}) = 2\sum_{i=1}^{r}(\overline{X}_i-\overline{X})\sum_{j=1}^{n_i}(X_{ij}-\overline{X}_i) = 0.$$

令 $S_T = S_E + S_A$, 其中

$$S_T = \sum_{i=1}^{r}\sum_{j=1}^{n_i}(X_{ij}-\overline{X})^2,$$

$$S_E = \sum_{i=1}^{r}\sum_{j=1}^{n_i}(X_{ij}-\overline{X}_i)^2$$

表示从 r 个总体中的每一个总体所取的样本内部的离差平方和, 称为组内离差平方和(是由随机波动引起的).

$$S_A = \sum_{i=1}^{r}\sum_{j=1}^{n_i}(\overline{X}_i-\overline{X})^2$$

表示由各个不同的水平总体中取出的各样本平均值与总体均值的离差平方和, 称为组间离差平方和.

如果 S_A 相对较大, 说明不同水平间有明显差异, 即拒绝 H_0;

如果 S_E 相对较大, 说明各水平的效应不明显, 即接受 H_0.

因此, 选取统计量

$$F = \frac{S_A/(r-1)}{S_E/(n-r)} \sim F(r-1, n-r),$$

其中, r 为水平个数, n 为所有试验结果数.

若对给定的检验水平 α, 在 H_0 成立的条件下, $P\{F > F_\alpha\} = \alpha$, 则当 $F > F_\alpha$ 时拒

绝 H_0,否则接受 H_0. 这里,若 $n_1=n_2=\cdots=n_r$ 时,称为等重复试验,若 $n_1,n_2,\cdots,n_r$ 不全相等,则称为不等重复试验.

9.3.2 单因素方差分析的检验步骤

(1) 提出假设 $H_0: \mu_1=\mu_2=\cdots=\mu_r$.

(2) 建立统计量 $F=\dfrac{S_A/(r-1)}{S_E/(n-r)}\sim F(r-1,n-r)$.

(3) 对给定的检验水平 α,查表确定临界值 $F_\alpha(r-1,n-r)$,使
$$P\{F>F_\alpha\}=\alpha.$$

(4) 对给定的试验结果计算 F 的值,判定

若 $F>F_\alpha$,则拒绝 H_0;

若 $F\leqslant F_\alpha$,则接受 H_0.

进行方差分析时,常常需要进行大量计算,为简化计算和减小误差,常将观测值 X_{ij} 加上或减去一个常数,有时乘以一个常数,原则上不影响方差分析的结果.

计算时常采用

$$S_A=\sum_{i=1}^{r}\frac{T_i^2}{n_i}-\frac{T^2}{n},$$

$$S_E=\sum_{i=1}^{r}\sum_{j=1}^{n_i}X_{ij}^2-\sum_{i=1}^{r}\frac{T_i^2}{n_i},$$

$$T_i=\sum_{j=1}^{n_i}X_{ij}(i=1,2,\cdots,r),\quad T=\sum_{i=1}^{r}T_i.$$

例 9.7 某灯泡厂用 4 种不同材料制成灯丝,检验灯丝材料这一因素对灯泡使用寿命的影响,假定灯泡使用寿命服从正态分布,不同材料的灯丝制成灯泡的使用寿命方差相同($\alpha=0.05$),试验结果如表 9-10 所示.

表 9-10

水平\结果	序号 1	2	3	4	5	6	7	8
A_1	1600	1610	1650	1680	1700	1720	1800	
A_2	1580	1640	1640	1700	1750			
A_3	1460	1550	1600	1620	1640	1660	1740	1820
A_4	1510	1520	1530	1570	1600	1680		

问灯泡使用寿命是否因灯丝材料不同而有显著性差异?

解 (1) 假设 $H_0: \mu_1 = \mu_2 = \mu_3 = \mu_4$.

(2) 建立统计量 $F = \dfrac{S_A/(4-1)}{S_E/(26-4)} \sim F(3, 22)$.

(3) 对 $\alpha = 0.05$, 查附表6, 可得 $F_{0.05}(3, 22) = 3.05$.

(4) 计算 F 的值.

列出方差分析表, 如表 9-11(将表 9-10 中每个数减 1640, 再除以 10)所示.

表 9-11

X_{ij}	1	2	3	4	5	6	7	8	T_i	T_i^2/n_i	
A_1	−4	−3	1	4	6	8	16		28	112	$n_1 = 7$
A_2	−6	0	0	6	11				11	24.2	$n_2 = 5$
A_3	−18	−9	−4	−2	0	2	10	18	−3	1.125	$n_3 = 8$
A_4	−13	−12	−11	−7	−4	4			−43	308.167	$n_4 = 6$

$$S_A = \sum_{i=1}^{4} \frac{T_i^2}{n_i} - \frac{T^2}{n} = 444.92 - 1.885 = 443.607,$$

$$S_E = \sum_{i=1}^{4} \sum_{j=1}^{n_i} X_{ij}^2 - \sum_{i=1}^{4} \frac{T_i^2}{n_i} = 1513.508,$$

$$F = \frac{S_A/3}{S_E/22} = 2.15 < 3.05.$$

所以接受 H_0, 即可以认为灯泡的使用寿命不会因灯丝材料不同而有显著性差异.

例 9.8 某化工厂在合成反应后, 需了解催化剂的用量是否影响合成物的产出量, 今以催化剂用量为 2, 4, 6 单位, 三个水平各自重复做若干次试验, 结果如表 9-12 所示.

表 9-12

水平 \ 序号 产出量	1	2	3	4	5	T_i	
A_1(2 单位)	74	69	73	67		283	$n_1 = 4$
A_2(4 单位)	79	81	75			235	$n_2 = 3$
A_3(6 单位)	82	85	80	79	81	407	$n_3 = 5$

问在显著性水平 $\alpha = 0.05$ 下, 催化剂用量对合成物的产出量有无显著性影响?

解 假设 $H_0: \mu_1 = \mu_2 = \mu_3$.

建立统计量 $F = \dfrac{S_A/(3-1)}{S_E/(12-3)} \sim F(2, 9)$.

对给定的 $\alpha=0.05$,查附表 6,得 $F_{0.05}(2,9)=4.26$.
对给出的 X_{ij},计算($n_1=4, n_2=3, n_3=5$)

$$S_A = \sum_{i=1}^{3} \frac{T_i^2}{n_i} - \frac{T^2}{12} = 71560.4 - \frac{925^2}{12} = 258.3,$$

$$S_E = \sum_{i=1}^{3} \sum_{j=1}^{n_i} X_{ij} - \sum_{i=1}^{3} \frac{T_i^2}{12} = 71633 - 71560.4 = 72.6.$$

所以 $F=16.01>4.26$. 故拒绝 H_0,即可以认为催化剂用量对合成物的产出量有显著影响.

9.4 双因素方差分析

进行双因素方差分析的目的,是要检验两个因素对试验结果有无影响,在试验中,对每一因素的每一等级都可以取一个容量为 n_{ij} 的样本(不等重复试验).

9.4.1 无重复双因素方差分析

设因素 A 取 m 个水平,因素 B 取 n 个水平,指标总体 $X_{ij} \sim N(\mu_{ij}, \sigma^2)$,对 A, B 的每一个水平的一对组合 $(A_i, B_j)(i=1,2,\cdots,m, j=1,2,\cdots,n)$ 只进行一次试验,共有 mn 个试验数据,如表 9-13 所示.

表 9-13

试验结果 \ 因素A \ 因素B	B_1	B_2	$\cdots$	B_n	行和 $T_i. = \sum_{j=1}^{n} X_{ij}$	行平均 $\bar{X}_i. = \frac{T_i}{n}$
A_1	X_{11}	X_{12}	$\cdots$	X_{1n}	$T_1.$	$\bar{X}_1.$
A_2	X_{21}	X_{22}	$\cdots$	X_{2n}	$T_2.$	$\bar{X}_2.$
$\vdots$	$\vdots$	$\vdots$	$\vdots$	$\vdots$	$\vdots$	$\vdots$
A_m	X_{m1}	X_{m2}	$\cdots$	X_{mn}	$T_m.$	$\bar{X}_m.$
列和 $T._j = \sum_{i=1}^{m} X_{ij}$	$T._1$	$T._2$	$\cdots$	$T._n$	总和 $T = \sum_{i=1}^{m}\sum_{j=1}^{n} X_{ij}$	
列平均 $\bar{X}._j = \frac{T_j}{m}$	$\bar{X}._1$	$\bar{X}._2$	$\cdots$	$\bar{X}._n$	总平均 $\bar{X} = \frac{T}{mn}$	

检验步骤:(1) 提出假设 $H_{0A}:\mu._j = \mu (j=1,2,\cdots,n)$,
$H_{0B}:\mu_i. = \mu (i=1,2,\cdots,m)$.

(2) 建立统计量

$$F_A = \frac{S_A/(m-1)}{S_E/(m-1)(n-1)} = \frac{(n-1)S_A}{S_E} \sim F((m-1),(m-1)(n-1)),$$

$$F_B = \frac{S_B/(n-1)}{S_E/(n-1)(m-1)} = \frac{(m-1)S_B}{S_E} \sim F((n-1),(m-1)(n-1)),$$

其中,

$$S_A = \frac{1}{n}\sum_{i=1}^{m} T_{i.}^2 - \frac{T^2}{mn}, \quad S_B = \frac{1}{m}\sum_{j=1}^{n} T_{.j}^2 - \frac{T^2}{mn},$$

$$S_T = \sum_{i=1}^{m}\sum_{j=1}^{n} X_{ij}^2 - \frac{T^2}{mn}, \quad S_E = S_T - S_A - S_B.$$

(3) 对给定的 α,查附表 6,得临界值 $F_{A_\alpha}((m-1),(m-1)(n-1))$,$F_{B_\alpha}((n-1),(n-1)(m-1))$,使 $P\{F_A > F_{A_\alpha}\} = \alpha$,$P\{F_B > F_{B_\alpha}\} = \alpha$.

(4) 用已知的 X_{ij},计算 F_A 与 F_B 的值,判定

若 $F_A > F_{A_{0.05}}$,则拒绝 H_{0A},表示因素 A 作用显著.

若 $F_A > F_{A_{0.01}}$,则拒绝 H_{0A},表示因素 A 作用特别显著.

若 $F_A < F_{A_{0.05}}$,则接受 H_{0A},表示因素 A 作用不显著.

因素 B 的作用类似判断.

若两者均接受,即说明因素 A 与 B 的不同水平组合对结果无显著性影响.

例 9.9 为了解三种不同配比的饲料对仔猪生长影响的差异,对三种不同品种的猪各送 3 头进行试验,分别测得 3 个月间体重增加量,假设其体重增长量服从正态分布,且各种组合的方差相等,试分析不同饲料与不同品种对猪生长有无显著影响如表 9-14 所示.

表 9-14

体重增长量　因素 B(品种)　因素 A(饲料)	B_1	B_2	B_3
A_1	51	56	45
A_2	53	57	49
A_3	52	58	47

解 假设 $H_{0A}: \mu_{1j} = \mu_{2j} = \mu_{3j}$,$j = 1,2,3$,

$$H_{0B}: \mu_{i1} = \mu_{i2} = \mu_{i3}, \quad i = 1,2,3.$$

建立统计量

9.4 双因素方差分析

$$F_A = \frac{(3-1)S_A}{S_E} = \frac{2S_A}{S_E} \sim F(2,4), \quad F_B = \frac{2S_B}{S_E} \sim F(2,4).$$

对于 $\alpha = 0.05$,查附表 6,得 $F_{A_{0.05}}(2,4) = F_{B_{0.05}}(2,4) = 6.94$.
对于 $\alpha = 0.01$,查附表 6,得 $F_{A_{0.01}}(2,4) = F_{B_{0.01}}(2,4) = 18$.
由表 9-14 计算 F_A 和 F_B 的值:
先将表 9-14 中每个数据减去 50 得表 9-15 中的 X_{ij},即

表 9-15

	B_1	B_2	B_3	$T_{i\cdot}$	$T_{i\cdot}^2$
A_1	1	6	-5	2	4
A_2	3	7	-1	9	81
A_3	2	8	-3	7	49
$T_{\cdot j}$	6	21	-9	$T = 18$	
$T_{\cdot j}^2$	36	441	81		
$\sum_{i=1}^{3} X_{ij}^2$	14	149	35	$\sum_{i=1}^{3}\sum_{j=1}^{2} X_{ij}^2 = 198$	

由于

$$S_T = \sum_{i=1}^{3}\sum_{j=1}^{3} X_{ij}^2 - \frac{T^2}{3 \times 3} = 198 - 36 = 162,$$

$$S_A = \frac{1}{3}\sum_{i=1}^{3} T_{i\cdot}^2 - \frac{T^2}{3 \times 3} = \frac{134}{3} - 36 = \frac{26}{3},$$

$$S_B = \frac{1}{3}\sum_{j=1}^{3} T_{\cdot j}^2 - \frac{T^2}{3 \times 3} = \frac{558}{3} - 36 = 150,$$

$$S_E = S_T - S_A - S_B = \frac{10}{3},$$

所以

$$F_A = \frac{2S_A}{S_E} = \frac{2 \times 26/3}{10/3} = 5.2 < 6.94,$$

$$F_B = \frac{2S_B}{S_E} = \frac{2 \times 150}{10/3} = 90 > 6.94 \text{ 且 } F_B > 18,$$

即可以认为:不同的饲料对猪体重的增长无显著影响,而品种的差异对猪体重的增长影响特别显著.

9.4.2 重复双因素方差分析

考察两个因素 A, B 之间是否存在交互作用的影响,需要对两个因素各种水平

的组合(A_i, B_j)进行重复试验,设每个组合都重复试验 t 次($t>1, i=1,2,\cdots,r, j=1,2,\cdots,s$).如表 9-16 所示.

表 9-16

试验结果 \ 因素B 因素A	B_1	$\cdots$		B_j		$\cdots$	B_s	
A_1	X_{111} $\cdots$	X_{11t}	$\cdots$	X_{1j1}	$\cdots$ X_{1jt}	$\cdots$	X_{1s1} $\cdots$	X_{1st}
$\vdots$	$\vdots$			$\vdots$	$\vdots$		$\vdots$	
A_i	X_{i11} $\cdots$	X_{i1t}	$\cdots$	X_{ij1}	$\cdots$ X_{ijt}	$\cdots$	X_{is1} $\cdots$	X_{ist}
$\vdots$	$\vdots$			$\vdots$	$\vdots$		$\vdots$	
A_r	X_{r11} $\cdots$	X_{r1t}	$\cdots$	X_{rj1}	$\cdots$ X_{rjt}	$\cdots$	X_{rs1} $\cdots$	X_{rst}

其中,X_{ijk} 表示对因素 A 的第 i 行个水平,因素 B 的第 j 个水平的第 k 次观测的可能值($i=1,2,\cdots,r, j=1,2,\cdots,s, k=1,\cdots,t$).

检验步骤:(1) 提出假设

$$H_{01}: \alpha_1 = \alpha_2 = \cdots = \alpha_r = 0,$$
$$H_{02}: \beta_1 = \beta_2 = \cdots = \beta_s = 0,$$
$$H_{03}: \nu_{ij} = 0 \quad (\text{对一切 } i, j),$$

其中,α_i 为因素 A 的第 i 个水平的效应,β_j 为因素 B 的第 j 个水平的效应,ν_{ij} 为因素 A 的第 i 个水平与因素 B 的第 j 个水平的交互作用.

(2) 建立统计量

$$F_A = \frac{S_A/(r-1)}{S_E/rs(t-1)} \sim F(r-1, rs(t-1)),$$

$$F_B = \frac{S_B/(s-1)}{S_E/rs(t-1)} \sim F(s-1, rs(t-1)),$$

$$F_{AB} = \frac{S_{AB}/(r-1)(s-1)}{S_E/rs(t-1)} \sim F((r-1)(s-1), rs(t-1)).$$

(3) 对给定的 α,查附表 6 可得 $F_{A_\alpha}, F_{B_\alpha}, F_{AB_\alpha}$,使

$$P\{F_A > F_{A_\alpha}\} = \alpha, \quad P\{F_B > F_{B_\alpha}\} = \alpha, \quad P\{F_{AB} > F_{AB_\alpha}\} = \alpha.$$

(4) 由 X_{ijk} 计算 F_A, F_B, F_{AB} 的值,判定

若 $F_A > F_{A_\alpha}$,则拒绝 H_{01},即因素 A 有显著性影响;

若 $F_B > F_{B_\alpha}$,则拒绝 H_{02},即因素 B 有显著性影响;

若 $F_{AB} > F_{AB_\alpha}$,则拒绝 H_{03},即因素 A, B 交互作用有显著影响.

这里,有

9.4 双因素方差分析

$$S_A = \sum_{i=1}^{r} \frac{X_{i\cdot\cdot}^2}{st} - rst\overline{X}^2,$$

$$S_B = \sum_{j=1}^{s} \frac{X_{\cdot j\cdot}^2}{rt} - rst\overline{X}^2,$$

$$S_{AB} = \sum_{i=1}^{r}\sum_{j=1}^{s} \frac{X_{ij\cdot}^2}{t} - rst\overline{X}^2 - S_A - S_B,$$

$$S_T = \sum_{i=1}^{r}\sum_{j=1}^{s}\sum_{t=1}^{k} X_{ijk}^2 - rst\overline{X}^2,$$

$$S_E = S_T - S_A - S_B - S_{AB}.$$

例 9.10 为了考察 4 种不同燃料与 3 种不同型号的推进器对火箭射程(单位:海里)的影响,在每对水平搭配下各做了两次试验,得数据如表 9-17 所示(括号内数字为两次试验结果的平均值,即 $\overline{X}_{ij}$).

表 9-17

燃料 A \ 推进器 B	B_1		B_2		B_3		$\overline{X}_{i\cdot\cdot}$
A_1	58.2 52.6	(55.40)	56.2 41.2	(48.70)	65.3 60.8	(63.05)	55.717
A_2	49.1 42.8	(45.95)	54.1 50.5	(52.30)	51.6 48.4	(50.00)	49.417
A_3	60.1 58.3	(59.20)	70.9 73.2	(72.05)	39.2 40.7	(39.95)	57.067
A_4	75.8 71.5	(73.65)	58.2 51.0	(54.60)	48.7 41.4	(45.05)	57.767
$\overline{X}_{\cdot j\cdot}$	58.550		56.913		49.513		$\overline{X}=54.992$

现在,$r=4, s=3, t=2, n=24$. 按所给数据列出方差分析表(表 9-18):

表 9-18

方差来源	平方和	自由度	均方和	F 值
因子 A(燃料)	261.68	3	87.23	4.42
因子 B(推进器)	370.98	2	185.49	9.39
交互作用 A×B	1768.69	6	294.78	14.93
误差	236.95	12	19.75	
总和	2638.30	23		

对于假设检验问题

$$H_{01}: \alpha_1 = \alpha_2 = \alpha_3 = \alpha_4 = 0.$$

在显著水平 $\alpha = 0.05$ 下,得临界值 $F_{0.05}(3,12) = 3.49$. 显然 $4.42 > 3.49$,因此拒绝 H_{01},即认为燃料对火箭射程有显著影响.

对于假设检验问题

$$H_{02}: \beta_1 = \beta_2 = \beta_3 = 0.$$

在显著水平 $\alpha = 0.01$ 下,得临界值 $F_{0.01}(2,12) = 6.93$. 显然 $9.39 > 6.93$,因此拒绝 H_{02},即认为推进器对火箭射程有特别显著影响.

对于假设检验问题

$$H_{03}: \gamma_{11} = \cdots = \gamma_{43} = 0.$$

在显著水平 $\alpha = 0.01$ 下,得临界值 $F_{0.01}(6,12) = 4.82$. 显然 $14.93 > 4.82$,因此拒绝 H_{03},即认为交互作用对火箭射程有特别显著影响.

最后还要指出,如果检验发现交互作用不显著,那么可以把有关问题用无重复双因素方差分析来处理. 所谓"无交互作用"仅是把交互作用忽略不计而已. 严格地说,完全无交互作用的情形几乎是不存在的.

习 题 9.4

1. 粮食加工厂用 4 种不同方法储藏粮食,储藏一段时间后,分别测得粮食的含水率(单位: %)如下:

储藏方法	含水率				
A_1	7.3	8.3	7.6	8.4	8.3
A_2	5.8	7.4	7.1		
A_3	8.1	6.4	7.0		
A_4	7.9	9.0			

问:在不同的储藏方法下,粮食的含水率是否有显著的差异(显著性水平 $\alpha = 0.05$)?

2. 某大学研究生 7 人,做生理实验时得到青蛙肌肉的收缩次数和每次收缩的时间列表如下,试问他们所得的肌肉平均收缩时间有无显著差别($\alpha = 0.05$)?

研究生 j 收缩次数 i	1	2	3	4	5	6	7
1	103	128	160	117	117	83	125
2	91	130	111	93	145	145	161
3	97	135	106	147	100		
4	94				120	80	
5					120		
6					150		

3. 对 3 种不同密度(单位:g/cm³)的木材:$A_1(0.34\sim0.47), A_2(0.48\sim0.52), A_3(0.53\sim0.56)$;采用 3 种不同的加荷速度(单位:kg/(cm²·min)):$B_1(600), B_2(2400), B_3(4200)$,测得木材的抗压强度(单位:kg/cm²)如下表所示:

密度＼加荷速度	B_1	B_2	B_3
A_1	3.72	3.90	4.02
A_2	5.22	5.24	5.08
A_3	5.28	5.74	5.54

试问:(1) 比重的不同对于木材的抗压强度是否有显著的影响?

(2) 加荷速度的不同对于木材的抗压强度是否有显著的影响($\alpha=0.05$)?

4. 在某种金属材料的生产过程中,对热处理温度(因素 B)与时间(因素 A)各取两个水平,产品强度的测定结果(相对值)如下表所示. 在同一条件下每个试验重复两次,设各水平搭配下强度的总体服从正态分布且方差相同. 各样本独立. 试问:热处理温度、时间以及这两者的交互作用对产品强度是否有显著的影响($\alpha=0.05$)?

A＼B	B_1		B_2		$X_i..$
A_1	38.0 38.6	(76.6)	47.0 44.8	(91.8)	168.4
A_2	45.0 43.8	(88.8)	42.4 40.8	(83.2)	172
$X._j.$	165.4		175		340.4

习 题 9

1. 下表列出了 6 个工业发达国家在 1979 年的失业率 Y 与国民经济增长率 x 的数据:

国 家	国民经济增长率 x/%	失业率 Y/%
美国	3.2	5.8
日本	5.6	2.1
法国	3.5	6.1
联邦德国	4.5	3.0
意大利	4.9	3.9
英国	1.4	5.7

(1) 研究 Y 与 x 之间的关系;

(2) 建立 Y 关于 x 的一元线性回归方程;

(3) 对所求的回归方程作显著性检验($\alpha=0.05$);

(4) 若一个工业发达国家的国民经济增长率 $x=3\%$,试求其失业率的预测值.

2. 在腐蚀刻线实验中,已知腐蚀深度 y 与腐蚀时间 x 有关,现收集到如下数据:

x/s	5	10	15	20	30	40	50	60	70	90	120
$Y/\mu m$	6	10	10	13	16	17	19	23	25	29	46

(1) 作散点图,能否认为 Y 与 x 间有线性相关关系?

(2) 建立 Y 关于 x 的一元线性回归方程;

(3) 用 F 统计量对回归方程的显著性进行检验($\alpha=0.05$);

(4) 求 Y 与 x 间的相关系数;

(5) 当腐蚀时间为 25s 时,求腐蚀深度的概率为 0.95 的预测区间.

3. 在一元线性回归中相关系数 R 与服从自由度为 $1, n-2$ 的 F 分布的变量 F 之间有如下关系式:

$$R^2 = \left(1+\frac{n-2}{F}\right)^{-1}.$$

试由 F 的分位数求 R 的分位数.

4. 为了检验 X 射线的杀菌作用,用 200kV 的 X 射线来照射细菌,每次照射 6min,照射次数为 t,共照 15 次,各次照射后所剩细菌 Y 如下表:

t_i	y_i	t_i	y_i	t_i	y_i
1	355	6	106	11	36
2	211	7	104	12	32
3	197	8	60	13	21
4	160	9	56	14	19
5	142	10	38	15	15

根据经验知可建立 Y 关于 t 的曲线回归方程

$$\hat{Y} = ae^{bt}.$$

试用适当的变换把上述曲线化为一元线性回归模型,并求出该回归方程.

5. 设回归函数形为 $Y=\dfrac{x}{a+bx}$,试找出一个变换使其化为一元线性回归的形式.

6. 为了考察某种钢材的含碳量 X_1(单位:%),温度 X_2(单位:℃)与它的伸长率 Y(单位:%)之间的相关关系,由 15 批生产试样得数据如下:

x_{i1}	x_{i2}	y_i	x_{i1}	x_{i2}	y_i	x_{i1}	x_{i2}	y_i
57	535	19.25	58	460	16.75	64	435	14.75
64	535	17.50	58	490	17.00	69	460	12.00

习 题 9

续表

x_{i1}	x_{i2}	y_i	x_{i1}	x_{i2}	y_i	x_{i1}	x_{i2}	y_i
69	535	18.25	58	490	16.75	59	490	17.75
58	460	16.25	58	490	17.25	64	467	15.50
58	460	17.00	57	460	16.75	69	490	15.50

(1) 试求经验回归方程；

(2) 在显著水平 $\alpha=0.05$ 下，检验 $H_0:\beta_1=\beta_2=0$；

(3) 试求 $X_1=70, X_2=540$ 时 Y_0 的双侧预测区间（$\alpha=0.05$）；

(4) 在显著水平 $\alpha=0.05$ 下作 F 检验，$H_{0j}:\beta_j=0, j=1,2$，其中，假定钢材的伸长率 $Y \sim N(\beta_0+\beta_1 x_1+\beta_2 x_2, \sigma^2)$.

7. 已知某种产品的不合格率 Y（单位：%）与它的一种化学成分所占的百分比 x 有关，经过试验得到下列一组数据：

x_i	y_i	x_i	y_i	x_i	y_i
34	1.30	39	0.60	43	0.35
36	1.00	40	0.50	45	0.40
37	0.73	40	0.44	47	0.41
38	0.90	41	0.56	48	0.60
39	0.81	42	0.30		
39	0.70	43	0.42		

假定回归函数为 $Y=\beta_0+\beta_1 x_1+\beta_2 x_2^2$，试求经验回归方程，并找出这种化学成分的最佳百分比.

8. 在 p 元回归分析问题中，试证明，当设计矩阵 X 中 $p+1$ 个 n 维列向量两两正交时，矩阵 $L=X^T X$ 必定是一个对角阵.

9. 某种产品推销上有 5 种方法，某公司想比较这 5 种方法有无显著的效果差异，设计了一种试验：从应聘的且无推销经验的人员中随机挑选一部分人，将他们随机分成 5 个组，每一组用一种推销方法进行培训，培训相同时间后观察他们在一个月内的推销额，数据如下：

组别	推销额						
I	20.0	16.8	17.9	21.2	23.9	26.8	22.4
II	24.9	21.3	22.6	30.2	29.9	22.5	20.7
III	16.0	20.1	17.3	20.9	22.0	26.8	20.8
IV	17.5	18.2	20.2	17.7	19.1	18.4	16.5
V	25.2	26.2	26.9	29.3	30.4	29.7	28.2

(1) 写出进行方差分析的统计模型；

(2) 在显著性水平 $\alpha=0.05$ 下，这 5 种方法有无显著差异？

(3) 哪种推销方法效果最好？

10. 为了测定一大型化工厂对周围环境的污染，选了 4 个观测点 A_1, A_2, A_3, A_4，在每一观测点上各测定 4 次空气中 SO_2 的含量。现得各观测点上的平均含量 $\bar{y}_i$ 及样本标准差 S_i 如下：

观测点	A_1	A_2	A_3	A_4
$\bar{y}_i$	0.031	0.100	0.079	0.058
S_i	0.009	0.014	0.010	0.011

假定每一观测点上 SO_2 的含量服从正态分布，且方差相同。

(1) 试问在 $\alpha=0.05$ 水平上各观测点 SO_2 的平均含量有无显著差异？

(2) 对各观测点上 SO_2 的平均含量作多重比较 ($\alpha=0.05$)。

11. 某企业给出了评价职工的业绩指标，分为 3 类，为增加客观性，又设计了若干测验，现从优、良、中等 3 类职工中各随机抽取 5 人，下表列出了他们测验的总分：

	优	良	中等
1	104	68	41
2	87	69	37
3	86	71	44
4	83	65	47
5	86	66	33

(1) 假定各类人员的成绩分布都服从正态分布，且方差相同，试问 3 类人员的测验平均分有无显著差异 ($\alpha=0.05$)？

(2) 在上述假定下，求出优等职工测验平均分置信水平为 0.95 的置信区间；

(3) 对 3 类人员的平均分作多重比较 ($\alpha=0.05$)。

12. 有人调查过美国某年不同工种的工人每小时收入情况，如下表所示：

工种	每小时收入						
日用品	9.80	10.15	10.00	9.65	9.90	9.85	9.95
非日用品	9.40	9.00	9.15	9.20	9.15	9.30	
建筑业	11.40	11.40	10.80	11.45	10.80		
零售业	8.60	8.65	8.90	8.80	8.75	8.50	

假定 4 种工种的收入服从同方差的正态分布，试问这 4 种类型工种的平均收入有无显著差异？并作多重比较 ($\alpha=0.05$)。

第 10 章　正交试验设计

在实际问题中,与某个随机变量有关的因素往往很多,很有可能不止一个、两个. 那么,能不能考虑三个因素、四个因素、甚至更多因素的方差分析呢? 从理论上说,进行这样的方差分析是完全可以的. 但是,实际上,却很少有人这样做. 其原因是,随着因素数的增加,方差分析所需要做的试验次数将成倍的增加. 例如,某个随机变量的取值可能与 3 个因素 A,B,C 有关. 因素 A 有 3 个水平 A_1,A_2,A_3;因素 B 有 3 个水平 B_1,B_2,B_3;因素 C 也有 3 个水平 C_1,C_2,C_3. 三个因素的各种水平组合,可以表示为

$$(A_i,B_j,C_k), \quad i=1,2,3, j=1,2,3, k=1,2,3,$$

这样的组合共有 $3\times3\times3=27$ 种. 如果不考虑交互作用,每种组合只做 1 次试验,则总共要做 27 次试验. 如果考虑交互作用,每种组合至少要重复试验 2 次,则总共要 54 次试验. 如果每种组合重复试验 3 次,则总共要 81 次试验. 在实际问题中,试验往往是很耗时费力的,试验次数太多,超过了能承受的限度,人们就只好放弃不做了. 这就是多因素方差分析很少有人进行的原因.

在方差分析中,对各个因素的每一种水平组合,都要进行试验,这称为全面试验设计. 既然全面试验设计的试验次数太多,那么能不能只选一部分组合来做试验呢? 能不能使试验次数尽可能少而仍然能得到所需要的结果呢? 从这一思想出发,人们进行了长期深入的研究,提出了各种不需要全面试验的试验设计方法. 本章要介绍的正交试验设计,就是其中一种已在广泛使用,并且被证明是十分有效的方法.

正交试验设计是研究多因素多水平的一种试验设计方法,它是根据正交性从全面试验中挑选出部分有代表性的点进行试验,这些有代表性的点具备了"均匀分散,齐整可比"的特点,正交试验设计是分式析因设计的主要方法. 日本著名的统计学家田口玄一将正交试验选择的水平组合列成表格,称为正交表. 上例中做一个 3 因素 3 水平的试验,按全面试验要求,需进行 $3^3=27$ 种组合的试验,且尚未考虑每一组合的重复数. 若按 $L_9(3^3)$ 正交表安排试验,只需 9 次,显然大大减少了工作量. 用正交表合理地安排试验,可以做到省时、省力、省钱,同时又能得到基本满意的试验效果. 因此,这种方法在改进产品质量、研究采用新工艺及试制新产品等诸多方面都已获得应用,是一种高效率、快速、经济的试验设计方法.

10.1 正 交 表

正交试验设计法是借助于预先设计好的"正交表"来安排试验和对数据进行统计分析的一种试验法.

正交表是数学工作者依据数学原理编制的,是一整套规则的设计表格,即为预先编制好的一种规格化的表格,记为

$$L_t(r^s),$$

其中,L 表示正交,即为正交表的符号;t 表示试验次数,为正交表中的行数;r 表示因素的水平数,为正交表中出现 r 个不同数字;s 表示因素数,为正交表中的列数.

这里要说明的是,正交表中有下面两个特点:一是每一列中,各数字出现的次数相等;二是任何两列中,各种数字的两两组合出现的次数相等. 常用的正交表有

$$L_4(2^3),L_8(2^7),L_{16}(2^{15}),\cdots,L_9(3^4),L_{27}(3^{13}),\cdots,L_{16}(4^5),\cdots.$$

正交表中,t,r,s 之间有下列关系:

$$t=r^k,\quad s=\frac{t-1}{r-1}=\frac{r^k-1}{r-1},\quad k=2,3,4,\cdots.$$

下面以正交表 $L_8(2^7)$(见附表 8 中表 2)为例来介绍正交表的基本结构.

首先说明记号 $L_8(2^7)$ 的意义:

(1) "L" 是正交表的代号;

(2) "8" 表示这张正交表有 8 行,使用这张正交表需要安排 8 次(或 8 的倍数次)试验;

(3) "2" 表示这张正交表适用于每个因素安排 2 个水平,表中主要部分仅有两种数字"1"与"2",它们分别代表两个不同的水平;

(4) "7" 表示这张正交表有 7 列,每一列可以安放一个因素或一种交互作用.

观察正交表 $L_8(2^7)$,有两个特点:

(1) 每一列中,不同的数字出现的次数相等,即 1 与 2 各出现 4 次;

(2) 任意两列中,把同一行的两个数字看成一对有序数,不同的有序数对出现的次数相等. 在 $L_8(2^7)$ 的任意两列中,4 对有序数 $(1,1),(1,2),(2,1),(2,2)$ 各出现两次.

这两个特点是所有正交表都必须具备的.

每张正交表总是附有一张两列间交互作用表,它是用来说明如何安放因素之间交互作用的. 以 $L_8(2^7)$ 的两列间交互作用表(见附表 8 中表 4)为例加以说明.

假定要考察 3 个因素 A,B,C,如果因素 A 放在 $L_8(2^7)$ 的第 1 列,因素 B 放在 $L_8(2^7)$ 的第 2 列,那么交互作用 $A\times B$ 必须放在 $L_8(2^7)$ 的第 3 列,这个"3"由

$L_8(2^7)$的两列间交互作用表中两个"因素列号"所对应的那个数字读出(类似地,如果因素 A 放在第 7 列,因素 B 放在第 3 列,那么交互作用 $A\times B$ 必须放在第 4 列). 现在 $L_8(2^7)$ 的第 3 列已被 $A\times B$ 占有,因此该列不能再安放因素 C,也不能再安放其他交互作用 $B\times C, C\times A, A\times B\times C$.

在实际问题中,3 个(或更多个)因素之间的交互作用常常可以忽略不计,一般任意两个因素之间的交互作用也不必都考察,而是根据有关问题的专业知识,选取一些应该重视的交互作用加以考虑.

10.2 无交互作用的正交试验设计

先介绍一种比较简单的情形,即因素之间无交互作用的情形. 不考虑交互作用的正交试验设计和数据处理,可按下列步骤进行.

1) 选正交表 $L_t(r^s)$.

根据问题的具体情况,选用合适的正交表,一般以水平为主,选择的原则是: r 要等于因素的水平数; s 要大于或等于因素的个数; t 是试验次数,要尽可能小.

2) 表头设计.

将各因素安排在正交表的各列上方,每个因素占 1 列,这称为表头,表头上的因素可以任意安放,表头上不放因素的列,称为空白列.

3) 制订试验方案.

将 $L_t(r^s)$ 中的第 i 列抽出,用因素 i 的 s 个水平替换,每一横列中列出的 r 个因素的不同水平构成一个试验方案.

4) 执行方案,记录数据.

正交表中的每一行代表一种水平组合,对每一种水平组合做一次试验,按照第 k 行的水平组合所做的第 k 次试验,所得到的观测值记为 X_k. 正交表有 t 行,所以一共要做 t 次试验,共得到 t 个试验观测值. 将试验结果数值化,便于统计分析.

5) 列方差分析表(表 10-1),作显著性检验.

表 10-1

来源	平方和	自由度	均方	F 值	临界值
A	S_A	$f_A=r-1$	$\bar{S}_A=\dfrac{S_A}{f_A}$	$F_A=\dfrac{\bar{S}_A}{\bar{S}_e}$	$F_\alpha(f_A,f_e)$
B	S_B	$f_B=r-1$	$\bar{S}_B=\dfrac{S_B}{f_B}$	$F_B=\dfrac{\bar{S}_B}{\bar{S}_e}$	$F_\alpha(f_B,f_e)$
⋮	⋮	⋮	⋮	⋮	⋮
误差	S_e	f_e	$\bar{S}_e=\dfrac{S_e}{f_e}$		
总和	S_T	$f_T=t-1$			

其中

$$S_T = \sum_{k=1}^{t}(X_k - \overline{X})^2$$ 是总平方和；

$S_A, S_B, \cdots$ 分别是表头为 $A, B, \cdots$ 各列的平方和；

$S_e = S_T - S_A - S_B - \cdots$ 是误差平方和. 可以证明 $S_T = \sum_{j=1}^{s} S_j$，即总平方和等于各列的平方和，所以，S_e 也就是空白列的平方和之和.

$f_T = t-1$ 是总自由度；

$f_A = f_B = \cdots = r-1$ 是各因素的自由度；

$f_e = f_T - f_A - f_B - \cdots$ 是误差自由度；

$\overline{S}_A = \dfrac{S_A}{f_A}, \overline{S}_B = \dfrac{S_B}{f_B}, \cdots$ 是各因素的均方；

$\overline{S}_e = \dfrac{S_e}{f_e}$ 是误差均方.

可以证明，若因素 A 的作用不显著，则 $F_A = \dfrac{\overline{S}_A}{\overline{S}_e} \sim F(f_A, f_e)$；若因素 A 的作用显著，则 F_A 的值会偏大，统计量 F_A 的分布，相对于 $F(f_A, f_e)$ 分布来说，峰值的位置会有一个向右的偏移；

若因素 B 的作用不显著，则 $F_B = \dfrac{\overline{S}_B}{\overline{S}_e} \sim F(f_B, f_e)$；若因素 B 的作用显著，则 F_B 的值会偏大，统计量 F_B 的分布，相对于 $F(f_B, f_e)$ 分布来说，峰值的位置会有一个向右的偏移；

……

所以，像在方差分析中一样，只要给定显著水平 α，就可以用 F 分布检验因素 $A, B, \cdots$ 的作用是否显著.

例 10.1 某化工厂为了提高产品的收率（即观测值，单位：%），进行 3 因素 3 水平的正交试验，所取的因素和水平分别为

因素 A 是反应温度，A_1 是 80℃，A_2 是 85℃，A_3 是 90℃；

因素 B 是反应时间，B_1 是 90min，B_2 是 120min，B_3 是 150min；

因素 C 是用碱量，C_1 是 5%，C_2 是 6%，C_3 是 7%.

选用正交表 $L_9(3^4)$，将因素 A, B, C 依次安排在第 1, 2, 3 列. 按照设计做试验，各次试验中，产品的收率如表 10-2 所示.

10.2 无交互作用的正交试验设计

表 10-2

表头 列号 试验号	A 1	B 2	C 3	收率(观测值)X_k
1	1	1	1	31
2	1	2	2	54
3	1	3	3	38
4	2	1	2	53
5	2	2	3	49
6	2	3	1	42
7	3	1	3	57
8	3	2	1	62
9	3	3	2	64

要求进行无交互作用的正交试验设计,列出方差分析表,检验因素 A,B,C 的作用是否显著(显著性水平 $\alpha=0.05$).

解 (1) 选正交表. 按照 $r=3, s \geqslant 3$ 尽可能小的原则,选用正交表 $L_9(3^4)$.

(2) 表头设计. 将因素 A,B,C 依次安排在第 $1,2,3$ 列.

(3) 制订试验方案. 将 $L_t(r^s)$ 中的第 i 列抽出,用因素 i 的 s 个水平替换,每一横列中列出的 r 个因素的不同水平构成一个试验方案.

(4) 执行方案,记录数据:正交表有 9 行,所以一共要做 9 次试验,共得到 9 个试验观测值. 并将试验结果数值化,得到表 10-3.

表 10-3

表头 列号 试验号	A 1	B 2	C 3	4	收率(观测值)X_k
1	1	1	1	1	31
2	1	2	2	2	54
3	1	3	3	3	38
4	2	1	2	3	53
5	2	2	3	1	49
6	2	3	1	2	42
7	3	1	3	2	57
8	3	2	1	3	62
9	3	3	2	1	64
$\bar{X}_{1j}$	41	47	45	48	
$\bar{X}_{2j}$	48	55	57	51	$\bar{X}=\frac{1}{t}\sum_{k=1}^{t}X_k=50$
$\bar{X}_{3j}$	61	48	48	51	
S_T	618	114	234	18	$S_T=984$

(5) 根据表 10-1 列方差分析表(表 10-4),作显著性检验.

表 **10-4**

来源	平方和	自由度	均方	F 值	临界值
A	$S_A=618$	$r-1=2$	309	$F_A=34.33$	$F_{0.05}(2,2)=19.0$
B	$S_B=114$	$r-1=2$	57	$F_B=6.33$	$F_{0.05}(2,2)=19.0$
C	$S_B=234$	$r-1=2$	117	$F_C=13.00$	$F_{0.05}(2,2)=19.0$
误差	$S_e=18$	$8-2-2-2=2$	9		
总和	$S_T=984$	$t-1=8$			

因为 $F_A=34.33>19=F_\alpha(f_A,f_e)$,所以因素 A 作用显著.
因为 $F_B=6.33<19=F_\alpha(f_B,f_e)$,所以因素 B 作用不显著.
因为 $F_C=13.00<19=F_\alpha(f_C,f_e)$,所以因素 C 作用不显著.

10.3 有交互作用的正交试验设计

2 个因素之间的交互作用,如 $A\times B, A\times C, B\times C,\cdots$,称为一级交互作用;3 个因素之间的交互作用,如 $A\times B\times C, B\times C\times D,\cdots$,称为二级交互作用;$\cdots$;一般地,$k$ 个因素之间的交互作用,称为 $k-1$ 级交互作用.

考虑一级交互作用的正交试验设计,可按下列步骤进行.

(1) 选正交表 $L_t(r^s)$.

选择的原则是:r 要等于因素的水平数;s 要大于或等于因素的个数加上 $r-1$ 与一级交互作用个数的乘积;t 是试验次数,要尽可能小.

(2) 表头设计.

将各个因素、各个一级交互作用安排在正交表的各列上方,每个因素占 1 列,每个一级交互作用占 $r-1$ 列. 因素和交互作用不能任意安排,需要查交互作用表(见附表 8).

一般地,第 1 列号是带括号的列(排成斜列),另一列排成横列,两列相交处就是交互作用列.

(3) 制订试验方案.

将 $L_t(r^s)$ 中的第 i 列抽出,用因素 i 的 s 个水平替换,每一横列中列出的 r 个因素的不同水平构成一个试验方案.

(4) 执行方案,记录数据.

正交表中的每一行代表一种水平组合,对每一种水平组合做一次试验,按照第

10.3 有交互作用的正交试验设计

k 行的水平组合所做的第 k 次试验,所得到的观测值记为 X_k. 正交表有 t 行,所以一共要做 t 次试验,共得到 t 个试验观测值. 将试验结果数值化,便于统计分析.

(5) 列方差分析表(表 10-5),作显著性检验.

表 10-5

来源	平方和	自由度	均方	F 值	临界值
A	S_A	$f_A=r-1$	$\bar{S}_A=\dfrac{S_A}{f_A}$	$F_A=\dfrac{\bar{S}_A}{\bar{S}_e}$	$F_\alpha(f_A,f_e)$
B	S_B	$f_B=r-1$	$\bar{S}_B=\dfrac{S_B}{f_B}$	$F_B=\dfrac{\bar{S}_B}{\bar{S}_e}$	$F_\alpha(f_B,f_e)$
⋮	⋮	⋮	⋮	⋮	⋮
$A\times B$	S_{AB}	$f_{AB}=(r-1)^2$	$\bar{S}_{AB}=\dfrac{S_{AB}}{f_{AB}}$	$F_{AB}=\dfrac{\bar{S}_{AB}}{\bar{S}_e}$	$F_\alpha(f_{AB},f_e)$
⋮	⋮	⋮	⋮		
误差	S_e	f_e	$\bar{S}_e=\dfrac{S_e}{f_e}$		
总和	S_T	$f_T=t-1$			

其中,$S_T = \sum\limits_{k=1}^{t}(X_k-\overline{X})^2$ 是总平方和;

$S_A, S_B, \cdots$ 分别是表头为 $A, B, \cdots$ 的各列的平方和;

S_{AB} 是表头为 $A\times B$ 的 $r-1$ 列的平方和之和;$S_{AC}, S_{BC}, \cdots$ 也是类似这样的平方和之和;

$S_e = S_T - S_A - S_B - \cdots - S_{AB} - \cdots$ 是误差平方和. 可以证明 $S_T = \sum\limits_{j=1}^{s} S_j$,即总平方和等于各列的平方和,所以 S_e 也就是空白列的平方和之和;

$f_T = t-1$ 是总自由度;

$f_A = f_B = \cdots = r-1$ 是各因素的自由度;

$f_{AB} = f_{AC} = \cdots = (r-1)^2$ 是各交互作用的自由度;

$f_e = f_T - f_A - f_B - \cdots - f_{AB} - \cdots$ 是误差自由度;

$\bar{S}_A = \dfrac{S_A}{f_A}, \bar{S}_B = \dfrac{S_B}{f_B}, \cdots$ 是各因素的均方;

$\bar{S}_{AB} = \dfrac{S_{AB}}{f_{AB}}$ 是各交互作用的均方;

$\bar{S}_e = \dfrac{S_e}{f_e}$ 是误差均方.

可以证明,若因素 A 的作用不显著,则 $F_A = \dfrac{\bar{S}_A}{\bar{S}_e} \sim F(f_A, f_e)$;若因素 A 的作用

显著,则 F_A 的值会偏大,统计量 F_A 的分布,相对于 $F(f_A,f_e)$ 分布来说,峰值的位置会有一个向右的偏移;

……

若因素 $A\times B$ 的作用不显著,则 $F_{AB}=\dfrac{\overline{S}_{AB}}{\overline{S}_e}\sim F(f_{AB},f_e)$;若因素 $A\times B$ 的作用显著,则 F_{AB} 的值会偏大,统计量 F_{AB} 的分布,相对于 $F(f_{AB},f_e)$ 分布来说,峰值的位置会有一个向右的偏移;

……

所以,像在方差分析中一样,只要给定显著水平 α,就可以用 F 分布检验因素 $A,B,\cdots$ 以及交互作用 $A\times B,A\times C,\cdots$ 是否显著.

例 10.2 在梳棉机上纺黏棉混纺纱,为了提高质量,减少棉结粒数,选取 3 个因素,每个因素选取 2 个水平做试验,这 3 个因素之间有交互作用,试验指标为棉结粒数,具体数据如表 10-6 所示.

表 10-6

水平 \ 因素	金属针布 A	产量 B/kg	锡林速度 C/(转/min)
1	甲地产品	6	238
2	乙地产品	10	320

试设计一个正交方案,进行考虑交互作用的正交试验设计;列出方差分析表,检验因素 A,B,C 及 $A\times C$ 是否显著($\alpha=0.05$).

解 (1) 选正交表. 由于每个因素有 2 个水平,且有交互作用,所以选择 $L_8(2^7)$ 的交互作用表,如表 10-7 所示.

表 10-7

列号	1	2	3	4	5	6	7
1	(1)	3	2	5	4	7	6
2		(2)	1	6	7	4	5
3			(3)	7	6	5	4
4				(4)	1	2	3
5					(5)	3	2
6						(6)	1
7							(7)

10.3 有交互作用的正交试验设计

(2) 表头设计. 需要查交互作用表, 如表 10-8 所示.

表 10-8

列号	1	2	3	4	5	6	7
因素	A	B	A×B	C	A×C	B×C	

(3) 制订试验方案. 将 $L_8(2^7)$ 中的第 i 列抽出, 用因素 i 的 2 个水平替换, 如表 10-9 所示.

表 10-9

列号	1	2	3	4	5	6	7
1	1	1	1	1	1	1	1
2	1	1	1	2	2	2	2
3	1	2	2	1	1	2	2
4	1	2	2	2	2	1	1
5	2	1	2	1	2	1	2
6	2	1	2	2	1	2	1
7	2	2	1	1	2	2	1
8	2	2	1	2	1	1	2

(4) 执行方案, 记录数据, 如表 10-10 所示.

表 10-10

表头 试验号	A	B	A×B	C	A×C	B×C		试验指标
列号	1	2	3	4	5	6	7	棉结粒数
1	甲地产品	6	1	238	1	1	1	0.30
2	甲地产品	6	1	320	2	2	2	0.35
3	甲地产品	10	2	238	1	2	2	0.20
4	甲地产品	10	2	320	2	1	1	0.30
5	乙地产品	6	2	238	2	1	2	0.15
6	乙地产品	6	2	320	1	2	1	0.50
7	乙地产品	10	1	238	2	2	1	0.15
8	乙地产品	10	1	320	1	1	2	0.40

(5) 根据表 10-5 列方差分析表(表 10-11),作显著性检验.

表 10-11

来源	平方和	自由度	均方	F 值	临界值
A	0.125	1	0.125	0.11	161.4
B	3.125	1	3.125	2.78	161.4
C	28.125	1	28.125	25.00	161.4
$A\times B$	0.125	1	0.125	0.11	161.4
$A\times C$	10.125	1	10.125	9.00	161.4
$B\times C$	0.125	1	0.125	0.11	161.4
误差	1.125	1	1.125		
总和	42.875	7			

因为所有的 F 值均小于临界值,$F_{0.05}(1,1)=161.4$,那么所有因素与交互作用都不显著.

但是,仔细考查方差分析表后发现,$F_A,F_{A\times B},F_{A\times C}$ 的值特别小,这表明因素 A 与交互作用 $A\times B,B\times C$ 是影响棉结粒数的次要因素,可以把它们从方差分析问题中略去. 为此,把这些平方和与自由度合并到误差项中去,得到表 10-12.

表 10-12

来源	平方和	自由度	均方	F 值	临界值
B	3.125	1	3.125	8.33	7.71
C	28.125	1	28.125	75.00	7.71
$A\times C$	10.125	1	10.125	27.00	7.71
误差	1.500	4	0.375	2.78	
总和	28.125	7	28.125	25.00	

因为 $F_B=8.33>7.71=F_{0.05}(1,4)$,所以因素 B 的作用显著.

因为 $F_C=75.00>7.71$ 且 $F_C=75.00>F_{0.01}(1,4)=21.20$,所以因素 C 的作用特别显著.

因为 $F_{A\times C}=27.00>7.71$ 且 $F_{A\times C}=27.00>F_{0.01}(1,4)=21.20$,所以因素 $A\times C$ 的作用特别显著.

10.4 正交试验设计中一些特殊问题的处理

在正交试验设计中,可能会遇到一些特殊问题,下面介绍这些问题应该如何处理.

10.4.1 要考虑二级或者二级以上的交互作用

由于实际问题中,3 个及 3 个以上因素之间的交互作用常忽略不计,即一般只考虑一级交互作用的正交试验设计. 若要考虑二级或二级以上的交互作用,在制作表头设计时,单因素和各级交互作用在表头上所占的列数为

单因素 $A,B,C,\cdots$,每个占 1 列;一级交互作用 $A\times B, A\times C, B\times C, \cdots$,每个占 $r-1$ 列,二级交互作用 $A\times B\times C, B\times C\times D, \cdots$,每个占 $(r-1)^2$ 列;$\cdots$. 一般地,k 级交互作用,每个占 $(r-1)^k$ 列.

对于二级或二级以上的交互作用,仍然可以通过查交互作用表来安排它们表头上的位置.

下面举例说明这时应该如何操作.

例 10.3 设问题中有 3 个因素 A,B,C,每个因素都是 2 个水平. 要求考虑一级交互作用 $A\times B, A\times C, B\times C$,还要考虑二级交互作用 $A\times B\times C$. 因素的个数 3 加上 $r-1$ 与一级交互作用个数 3 的乘积再加上 $(r-1)^2$ 与二级交互作用个数 1 的乘积等于 $3+(2-1)\times 3+(2-1)^2\times 1=7$. 所以正交表的列数 s 必须大于或等于 7. 所以选正交表 $L_8(2^7)$. 2 水平正交表的交互作用表如表 10-13 所示.

表 10-13

表头	表头	A	B	A×B	C	A×C	B×C	A×B×C
表头	列号	1	2	3	4	5	6	7
A	1	(1)	3	2	5	4	7	6
B	2		(2)	1	6	7	4	5
A×B	3			(3)	7	6	5	4
C	4				(4)	1	2	3
A×C	5					(5)	3	2
⋮	⋮							

首先,像过去一样,在表头上安放好单因素和一级交互作用. 然后,通过查交互作用表,安排二级交互作用 $A\times B\times C$. 二级交互作用 $A\times B\times C$ 可以作如下分解:
$$A\times B\times C = A\times(B\times C) = B\times(A\times C) = (A\times B)\times C.$$

它可以看作是 A 与 $B\times C$ 的交互作用,在交互作用表中,代表 A 的列号 1 与代表 $B\times C$ 的列号 6 的相交处,有一个数字 7,说明它应该放在第 7 列.

它也可以看作是 B 与 $A\times C$ 的交互作用,在交互作用表中,代表 B 的列号 2 与代表 $A\times C$ 的列号 5 的相交处,同样有一个数字 7,也说明它应该放在第 7 列.

它还可以看作是 $A\times B$ 与 C 的交互作用,在交互作用表中,代表 $A\times B$ 的列号 3 与代表 C 的列号 4 的相交处,又同样有一个数字 7,仍然说明它应该放在第 7 列.

数学工作者将交互作用表设计的十分巧妙,不管交互作用 $A \times B \times C$ 如何分解,总是放在同一个位置,即第 7 列,绝不会发生自相矛盾、互相冲突的情况.

如果问题中有 3 级、4 级……更多级的交互作用,也可以像这样分解,然后通过查交互作用表,确定它们在表头上的位置.

计算一个 k 级交互作用的平方和时,应该将表头上写有这个交互作用的 $(r-1)^k$ 列的平方和全部加起来,得到的总和,就是它的平方和. 在方差分析表中,每个 k 级交互作用的自由度为 $(r-1)^{k+1}$.

除了这几点之外,考虑二级或二级以上交互作用的正交试验设计,与前面介绍过的一级交互作用的正交试验设计,各种做法基本上都是类似的.

10.4.2 表头上没有空白列

在作正交试验设计时,有时候会出现这样的情况:因素和各级交互作用将表头全部放满了,表头上没有留下空白列,例 10.3 就是这样. 前面说过,误差平方和 S_e 可以看成是空白列的平方和之和. 当表头上没有空白列时,S_e 的值显然是 0. 同时,可以证明,这是总自由度 f_T 正好等于各因素各交互作用的自由度之和,所以误差自由度 $f_e = f_T - f_A - f_B - \cdots$ 也是 0. 于是误差均方 $\bar{S}_e = \dfrac{S_e}{f_e} = \dfrac{0}{0}$,它的值无法确定. 这样一来 $F_A = \dfrac{\bar{S}_A}{\bar{S}_e}$,$F_B = \dfrac{\bar{S}_B}{\bar{S}_e}$,$F_{AB} = \dfrac{\bar{S}_{AB}}{\bar{S}_e}$ 等都无法求出,显著性试验也就无法进行了.

对于这种情况,可以采取以下几种处理办法:

(1) 选用更大的正交表.

如果选用更大的正交表,表头上的列数肯定要比原来的多,把原来所有的因素和交互作用都安排上去以后,表头上还会留下很多空白列,这样无空白列的问题就解决了.

这种处理方法的缺点是,选用更大的正交表后,试验次数会大大增加,违背了正交试验设计最初的希望减少试验次数的想法.

(2) 对正交表的每一行,做多次重复试验.

仍用原来的正交表,只是对正交表的每一行,做 $t(t>1)$ 次重复试验.

假设按正交表第 k 行的因素水平组合做试验,得到的试验观测值为

$$X_{k1}, \quad X_{k2}, \quad \cdots, \quad X_{kn}.$$

它们的均值为 $\bar{X}_k = \dfrac{1}{n}\sum\limits_{i=1}^{n} X_{ki}$. 用 $\bar{X}_1, \bar{X}_2, \cdots, \bar{X}_t$ 代替原来无重复试验的观测值 $X_1, X_2, \cdots, X_t$,像前面一样进行正交试验设计中的各种计算(只在计算 S_j 时要多乘一个 n).

由于这时总平方和 $S_T = \sum_{k=1}^{t}\sum_{i=1}^{n}(X_{ki}-\overline{X})^2 > n\sum_{k=1}^{t}(\overline{X}_k-\overline{X})^2$，所以不再成立 $S_T = \sum_{j=1}^{s}S_j$，而是有 $S_T > \sum_{j=1}^{s}S_j$。这样一来，误差平方和 $S_e = S_T - S_A - S_B - \cdots$ 就不会等于 0 了。同时，总自由度 $f_T = nt - 1 > t - 1$，大于各因素、各交互作用的自由度之和，所以，误差自由度 $f_e = f_T - f_A - f_B - \cdots$ 也不会等于 0。这样一来，各种均方、F 值都可以求出，显著性检验等都可以顺利进行了。

这种处理方法的缺点，也是会使试验次数成倍增加。

(3) 列方差分析表时，不计算 F 值，根据均方的大小判断显著性的大小。

表头上无空白列时，误差均方 $\overline{S}_e$ 的值无法确定，但是各因素的均方 $\overline{S}_A, \overline{S}_B, \cdots$ 和各交互作用的均方 $\overline{S}_{AB}, \overline{S}_{AC}, \cdots$ 的值是可以求出来的。由于 $F_A = \dfrac{\overline{S}_A}{\overline{S}_e}, F_B = \dfrac{\overline{S}_B}{\overline{S}_e}$，当 $\overline{S}_A > \overline{S}_B$ 时，必定有 $F_A > F_B$，因此可以根据均方的大小判断各因素和各交互作用的相对大小。

这种处理方法的优点是，不需要增加试验次数。它的缺点是，只能判断显著性的相对大小，不能求出 F 统计量的值，无法在给定的显著性水平下，对各因素交互作用进行显著性检验。

(4) 删除一些均方很小的因素或交互作用，有了空白列后，再作一次显著性检验。

首先像前面一样计算，求出均方后，根据均方的大小，可以判断出各因素交互作用显著性的相对大小，其中，如果有一些因素或交互作用的均方很小，说明它们是很不显著的，因此可以将这些因素或交互作用删除。删除后，表头上有了空白列，误差平方和 S_e 不再等于 0，误差均方 $\overline{S}_e$ 的值可以确定，F 统计量的值可以求出，显著性检验也就可以顺利进行了。

例如，在例 10.2 中，有 3 个因素 A, B, C，每个因素都是 2 个水平。原来只考虑一级交互作用 $A \times B, A \times C, B \times C$，现在除了考虑一级交互作用以外，还要考虑二级交互作用 $A \times B \times C$。如果选用正交表 $L_8(2^7)$ 进行正交试验设计，表头上只有 7 列，而现在 3 个因素、3 个一级交互作用和 1 个二级交互作用，正好把表头全部放满，这样，就会出现表头上没有空白列的情况。

在这样的情况下，可以先计算各因素、各交互作用的均方，其中，二级交互作用 $A \times B \times C$ 被安排在第 7 列，它的平方和，也就是第 7 列的平方和，为 $S_{ABC} = S_7 = 4.5$，它的自由度为 $f_{ABC} = (r-1)^3 = (2-1)^3 = 1$，它的均方为 $\overline{S}_{ABC} = \dfrac{S_{ABC}}{f_{ABC}} = \dfrac{4.5}{1} = 4.5$。这个均方值，与其他各个因素、各个交互作用的均方值相比，是一个很小的值。这说明，在这个问题中，二级交互作用 $A \times B \times C$ 并不显著，因此可以将它从表中删除出去，不再考虑。

把 $A\times B\times C$ 从表头删除后,表头上出现了空白列,就可以像一般的正交试验设计那样进行各种计算、检验了.

10.4.3 各个因素的水平数不相等

前面介绍的正交试验设计中,各个因素的水平数都是相等的. 但是,在很多实际问题中,因素的水平数不一定相等,下面就是一个例子.

例 10.4 为了提高某种胶合板的质量,选择下列 3 个与制造工艺有关的因素进行正交试验:

A 是压力,有 4 个水平:A_1 是 8kg,A_2 是 10kg,A_3 是 11kg,A_4 是 12kg;

B 是温度,有 2 个水平:B_1 是 95℃,B_2 是 90℃;

C 是时间,有 2 个水平:C_1 是 9min,C_2 是 12min.

在这个例子中,各个因素的水平数也不相等. 对于这种水平数不相等的情况,可以采取以下几种处理办法:

(1) 人为地设置一些水平,使各个因素的水平数相等.

例如,在例 10.4 中,可以给因素 B 增加两个水平:B_3 比如说是 85℃,B_4 比如说是 80℃. 可以给因素 C 也增加两个水平:C_3 比如说是 10min,C_4 比如说是 11min. 这样一来,各个因素的水平数就相等了,问题变成了一个 3 因素 4 水平的问题,可以选用正交表 $L_{16}(4^5)$,对它进行无交互作用的正交试验设计.

这种处理方法的缺点是,人为地增添一些因素水平,使问题的复杂程度增加,使试验次数增多,使计算工作量增大.

(2) 选用水平数不相等的正交表.

前面介绍的正交表,都是水平数相等的正交表,其实还有一种水平数不相等的正交表,称为混合水平正交表.

表 10-14 是一个混合水平正交表 $L_8(4\times 2^4)$.

表 10-14

表头　　列号 试验号	A 1	B 2	C 3	4	5
1	1	1	1	1	1
2	1	2	2	2	2
3	2	1	1	2	2
4	2	2	2	1	1
5	3	1	2	1	2
6	3	2	1	2	1
7	4	1	2	2	1
8	4	2	1	1	2

在这个表中,第 1 列的水平数为 4,其余 4 列的水平数都是 2. 这个表中出现的数字,仍满足正交表的两条要求,即①每一列中,各种数字出现的次数相等;②任何两列中,各种数字的两两组合出现的次数相等.

对于例 10.4 来说,可以将 4 水平的因素 A 安排在这个表的第 1 列,将 2 水平因素 B 和因素 C 安排在这个表的第 2 列和第 3 列,然后就可以像普通的正交试验设计那样进行各种计算和推断了. 在这个例子中,如果采用人为增加水平的办法,必须选用正交表 $L_{16}(4^5)$,要试验 16 次,而现在选用混合水平正交表 $L_8(4\times 2^4)$,只要进行 8 次试验就可以了.

这样的混合水平正交表还有很多,如 $L_{12}(3\times 2^4)$,$L_{18}(2\times 3^7)$,$L_{24}(3\times 2^{16})$,$L_{16}(4\times 2^{12})$,$L_{16}(4^2\times 2^9)$,$L_{16}(4^3\times 2^6)$,$L_{16}(4^4\times 2^3)$,$L_{20}(5\times 2^8)$,$L_{12}(6\times 2^2)$,$L_{18}(6\times 3^6)$,$L_{24}(3\times 4\times 2^4)$,$L_{24}(6\times 4\times 2^3)$ 等.

这些正交表可以在一些专门介绍正交试验设计的书中找到,这里就不多作介绍了.

习 题 10

1. 某化工厂为了提高塑料大红 R 颜料的收率,对合成过程中的酰氯化反应条件进行 3 因素 3 水平的正交试验,所取的因素和水平分别为

因素 A 是酰氯化温度,A_1 是 85℃,A_2 是 95℃,A_3 是 105℃;

因素 B 是 $SOCl_2$ 用量,B_1 是 4.2ml,B_2 是 4.6ml,B_3 是 5.0ml;

因素 C 是触媒用量,C_1 是 0.2ml,C_2 是 0.5ml,C_3 是 0.8ml.

选用正交表 $L_9(3^4)$,将因素 A,B,C 依次安排在第 1,2,3 列. 按照设计做试验,各次试验中,塑料大红 R 颜料的收率(单位:%)见下表:

表头 列号 试验号	A 1	B 2	C 3	收率
1	1	1	1	72.0
2	1	2	2	82.8
3	1	3	3	77.5
4	2	1	2	73.5
5	2	2	3	80.4
6	2	3	1	87.7
7	3	1	3	70.7
8	3	2	1	87.2
9	3	3	2	82.8

要求进行无交互作用的正交试验设计,列出方差分析表,检验因素 A,B,C 的作用是否显著(显著性水平 $\alpha=0.05$).

2. 某农药厂生产一种农药,为了提高产品收率,进行 4 因素 2 水平的正交试验,所取的因素和水平分别为

因素 A 是反应温度,A_1 是 60℃,A_2 是 80℃;

因素 B 是反应时间,B_1 是 2.5h,B_2 是 3.5h;

因素 C 是某两种原料的配比,C_1 是 1.1∶1,C_2 是 1.2∶1;

因素 D 是真空度,D_1 是 500mmHg,D_2 是 600mmHg.

在进行正交试验设计时,考虑反应温度与反应时间的交互作用 $A\times B$.

选用正交表 $L_8(2^7)$,将因素 A,B,C,D 依次安排在第 1,2,4,7 列. 按照设计做试验,各次试验中得到农药产品的收率(单位:%)见下表:

表头 列号 试验号	A	B	C	D	收率
	1	2	3	4	
1	1	1	1	1	86
2	1	1	2	2	95
3	1	2	1	2	91
4	1	2	2	1	94
5	2	1	1	2	91
6	2	1	2	1	96
7	2	2	1	1	83
8	2	2	2	2	88

要求进行有交互作用的正交试验设计,列出方差分析表,检验因素 A,B,C 的作用是否显著(显著性水平 $\alpha=0.05$).

第 11 章 应用数学模型

在研究实际问题中,常常会遇到各种随机性问题.对这类问题需要建立随机模型,并对其进行定量评价、决策和寻求达到最优化的目的,就必须应用概率知识.本章将以概率论为工具,介绍一些来自实际问题的应用数学模型,以体现数学知识的综合应用和应用数学工具解决实际问题的过程和方法.

11.1 飞机进攻与导弹防护的最优策略

问题 A 有两架飞机,B 有 4 个导弹连分别掩护通向目标的 4 条路线.如飞机沿一条路线进攻,则掩护该路线的导弹连必击落一架飞机,不过由于重新装弹时间较长,所以仅仅能击落一架飞机.如有飞机突防进而摧毁目标,A 的赢得为 1;否则 A 的赢得为 0.现在需要为 A,B 双方选择最优策略.

建立模型 双方的策略规定了导弹连和飞机的兵力分配.

A 的策略是

α_1:飞机从不同的路线进入;

α_2:飞机从同一条路线进入.

B 的策略是

β_1:对每条路线配置 1 个连;

β_2:对 2 条路线各配置 2 个连;

β_3:对一条路线配置 2 个连,对另 2 条路线各配 1 个连;

β_4:对一条路线配 3 个连,对另一条路线配 1 个连;

β_5:对一条路线配 4 个连.

对于 α_1,β_1 一定会将 2 架飞机全部击落,而 β_5 绝不会如此.在 β_2 和 β_4 的情况下,只有导弹连恰好配在飞机选择的两条进入路线时,两架飞机才会全被击落.因从 4 条不同进入路线中挑选两条路线,有 6 种组合方法,所以飞机突防的机会是 5/6.在 β_3 的情况下,飞机沿着未设防路线飞行就可以突破防线,而在 6 组可能的进入路线中,有 3 组包含一条未设防路线,所以飞机成功的机会是 1/2.

对于 α_2,β_1 不可能将第 2 架飞机击落,β_2 能成功地在 4 条路线中的 2 条上设防,所以飞机成功的机会是 1/2.β_3,β_4,β_5 只能保卫一条路线,所以飞机突防的机会是 3/4.

从上面的分析可得到 A 赢得机会的矩阵为

$$\begin{array}{c} & \begin{array}{ccccc} \beta_1 & \beta_2 & \beta_3 & \beta_4 & \beta_5 \end{array} \\ \begin{array}{c} \alpha_1 \\ \alpha_2 \end{array} & \left(\begin{array}{ccccc} 0 & \frac{5}{6} & \frac{1}{2} & \frac{5}{6} & 1 \\ 1 & \frac{1}{2} & \frac{3}{4} & \frac{3}{4} & \frac{3}{4} \end{array} \right) \end{array}.$$

从该矩阵中可看到,β_3 优越于 β_4 和 β_5,划去 β_4 和 β_5,可得到简化的矩阵

$$\begin{array}{c} & \begin{array}{ccc} \beta_1 & \beta_2 & \beta_3 \end{array} \\ \begin{array}{c} \alpha_1 \\ \alpha_2 \end{array} & \left(\begin{array}{ccc} 0 & \frac{5}{6} & \frac{1}{2} \\ 1 & \frac{1}{2} & \frac{3}{4} \end{array} \right) \end{array}.$$

求解 若 A 的最佳策略是 $\boldsymbol{X}=(x,1-x)$(x 是 A 选择 α_1 的概率),则对于 β_1,A 的赢得是

$$0 \cdot x + 1 \cdot (1-x) = 1-x.$$

对于 β_2,A 的赢得是

$$\frac{5}{6}x + \frac{1}{2}(1-x) = \frac{1}{2} + \frac{1}{3}x.$$

对于 β_3,A 的赢得是

$$\frac{1}{2}x + \frac{3}{4}(1-x) = \frac{3}{4} - \frac{1}{4}x.$$

把每种赢得作为 x 的函数画出,得到图 11-1.

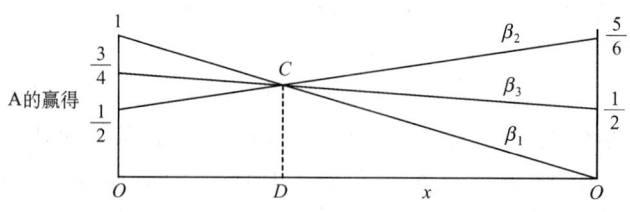

图 11-1 A 的策略函数

从图 11-1 可知,最大最小赢得在 C 点取得,距离 $|CD|$ 是对策的值 v,$x=|OD|$ 是 A 的最佳策略.

联立

$$\begin{cases} v = 1 - x, \\ v = \dfrac{5}{6}x + \dfrac{1}{2}(1-x), \end{cases}$$

解得

$$x = \frac{3}{8}, \quad v = \frac{5}{8}.$$

同样,设 $Y=(y,1-y,0,0,0)$(y 是 B 选择 β_1 的概率)是 B 的最佳选择,则有

$$0 \cdot y + \frac{5}{6}(1-y) = v = \frac{5}{8},$$

解之得

$$y = \frac{1}{4}.$$

从上述过程看出,对于 A,应以 3/8 的概率选择 α_1,以 5/8 的概率选择 α_2;对于 B 应以 1/4 的概率选择 β_1,以 3/4 的概率选择 β_2.

注意 若设 $Y=(y_1,y_2,1-y_1-y_2,0,0)$($y_1,y_2$ 分别是 B 选择 β_1 和 β_2 的概率)是 B 的最佳选择,将会得到同样的结果 $y_1=1/4, y_2=3/4$,这是因为从图 11-1 可得,β_1,β_2 是合算的. 本题的情形较简单,对于较复杂的情形,可类似建模,但是有时解起来较困难,要用到其他数学方法求解.

11.2 传染病的随机感染

问题 人群中有患者(带菌者)和健康人(易感染者),任何两人之间的接触是随机的,健康人与病人接触时健康人是否被感染也是随机的. 如果通过实际数据或经验掌握了这些随机规律,那么怎样估计平均每天有多少健康人被感染,这种估计的准确性有多大?

模型假设 不对传染病的感染机理和人群的接触状况作具体分析,而提出如下的一般化假设:

(1) 人群只分患者和健康人两类,患者人数和健康人数分别记为 i 和 s,总数 n 不变,即

$$i + s = n. \tag{11.1}$$

(2) 人群中任何二人的接触是相互独立的,具有相同概率,每人每天平均与 m 人接触.

(3) 当健康人与一患者接触时,健康人被感染的概率为 λ.

模型分析 建模目的是寻找健康人中每天平均被感染的人数与已知参数 n, i, m, λ 的关系,为此显然只需知道一健康人(每天)被感染的概率. 而健康人只要至少被一名患者接触并感染,这个健康人即被感染,所以先要求出一健康人被一名指定患者接触并感染的概率. 这个概率可由一健康人被一名指定患者接触的概率乘以在接触时感染的概率得到.

模型构成 记假设(2)中任何两人接触的概率为 p,这就是一健康人与一名指定患者接触的概率. 由两两接触的相互独立性,一健康人(每天)接触的人数服从二项分布,根据假设(2)这个分布的平均值是 m. 利用二项分布的基本性质并注意到人群总数为 n,有

$$m = (n-1)p,$$

于是

$$p = \frac{m}{n-1}. \tag{11.2}$$

再记一健康人被一名指定患者接触并感染的概率为 p_1,则由假设(3)及式(11.2)得

$$p_1 = \lambda p = \frac{\lambda m}{n-1}.$$

为了求出一健康人(每天)被感染的概率 p_2,利用概率论中常用的计算对立事件概率的方法得

$$p_2 = 1 - (1-p_1)^i = 1 - \left(1 - \frac{\lambda m}{n-1}\right)^i. \tag{11.3}$$

健康人被感染的人数也服从二项分布,其平均值为 μ,即健康人每天平均被感染人数,显然为(利用了式(11.1))

$$\mu = sp_2 = (n-i)p_2,$$

均方差 σ 为

$$\sigma = \sqrt{sp_2(1-p_2)} = \sqrt{p_2(1-p_2)(n-i)}.$$

为了得到简明的便于解释的结果,需对式(11.3)进行简化. 因为通常 $n \gg m$, $n \gg 1$,取式(11.3)右端展开级数的前两项,

$$p_2 = 1 - \left(1 - \frac{\lambda mi}{n-1} + \cdots\right) \approx \frac{\lambda mi}{n}.$$

最后得到

$$\mu \approx \frac{\lambda mi(n-i)}{n}, \tag{11.4}$$

$$\frac{\sigma}{\mu} = \sqrt{\frac{1-p_2}{(n-i)p_2}} \approx \sqrt{\frac{n-\lambda mi}{\lambda mi(n-i)}}. \tag{11.5}$$

式(11.4)给出了健康人每天平均被感染的人数 μ 与 n, i, m, λ 的关系,式(11.5)给出的 σ/μ 可看成对平均值 μ 的相对误差的度量.

模型解释　由式(11.4)可以看出,健康人每天平均被感染的人数 μ,与人群中每人每天平均接触的人数 m 以及接触时被感染的概率 λ 成正比,并且随着人群总数 n 增加而增加,这都是符合常识的. 至于 μ 与病人数 i 的关系,式(11.4)表明当 i 很小或很大(接近 n)时 μ 都很小,而当 $i=n/2$ 时 μ 最大.

为了使读者对模型式(11.4),(11.5)有一个直观的了解,给出几组数字结果. 设 $m=20, \lambda=0.1$. 对于不同的 i,计算 μ 和 σ/μ,如表 11-1 所示.

表 11-1　i 与 $\mu, \sigma/\mu$ 的计算结果

i	$0.1n$	$0.05n$	$0.01n$
μ	$0.18n$	$0.095n$	$0.0198n$
$\dfrac{\sigma}{\mu}$	$\dfrac{2.1}{\sqrt{n}}$	$\dfrac{3.1}{\sqrt{n}}$	$\dfrac{7.0}{\sqrt{n}}$

由表中结果可见,随着 i 的增加,μ 增加,而相对误差 σ/μ 减少;当 i/n 固定而 n 变大时,σ/μ 也减小.

这个模型完全建立在对于人群之间的接触、感染这样一些随机事件的概率假设的基础上,虽然看来这些假设与实际情况有差异,但是在对传染病的感染没有掌握进一步规律和数据之前,只能作最初步的简化假设,以达到建模目的.

11.3　飞机票的预订策略问题

问题　航空公司为某次航班预订机票,预订机票数不能太多也不能太少,若太多,乘客不能按时登机,公司不仅要付给乘客一定的赔偿费,而且乘客还将怨声载道;若太少,公司也将受到一定的损失. 现问:应如何确定预订机票数,使公司、乘客双方均较满意?

问题分析与建立模型　记相关量如表 11-2 所示.

表 11-2　相关量表

N	飞机容量
g	机票价格
f	飞行费用(与乘客多少无关)
b	乘客准时到达机场而未乘上飞机的赔偿费
P_k	k 个乘客迟到的概率
p	每位乘客迟到的概率

m	预订机票数
$E(S)$	公司的平均利润
$P(j)$	超过 j 个乘客不能按时登机的概率(声誉指标)

假设乘客之间彼此独立(意即都为单身汉),且 N 与 g,f 之间有关系 $f=0.6Ng$,于是该问题实际上变为:求 m,使 $E(S)/f$ 最大且 $P(j)$ 不能太大.

设迟到的乘客数为 k,则利润为

$$S = \begin{cases} (m-k)g-f, & m-k \leqslant N, \\ Ng-f-[(m-k)-N]b, & m-k > N. \end{cases}$$

于是平均利润为

$$E(S) = \sum_{k=0}^{m-N-1} \{Ng-f-[(m-k)-N]b\}P_k + \sum_{k=m-N}^{m} [(m-k)g-f]P_k$$

$$= [m-E(K)]g-f-(b+g)\sum_{k=0}^{m-N-1}(m-k-N)P_k,$$

其中,$E(K) = \sum_{k=0}^{m} kP_k$ 表示平均迟到人数.

又易知 k 服从二项分布且 $P_k = C_m^k p^k (1-p)^{m-k}$,所以 $E(K) = mp$. 因此

$$E(S) = (1-p)mg - f - (b+g)\sum_{k=0}^{m-N-1}(m-k-N)C_m^k p^k (1-p)^{m-k}.$$

又因为 $0.6Ng=f$,所以

$$\frac{E(S)}{f} = \frac{1}{0.6N}\left[(1-p)m - \left(1+\frac{b}{g}\right)\sum_{k=0}^{m-N-1}(m-k-N)C_m^k p^k (1-p)^{m-k}\right] - 1,$$

另易知

$$P(j) = \sum_{k=0}^{m-N-1} C_m^k p^k (1-p)^{m-k}.$$

计算求解 显然,难以直接给出 $E(S)/f$ 的最大值.可以使用计算机进行数值计算比较.

当取 $N=300, b/g=0.1, p=0.3$ 时,对 m 取不同的值进行计算可知,$E(S)/f$ 在 $m=313$ 时取得最大值 0.663674,此时 $P(5)=0.402832$. 若要求 $P(5)$ 不超过 5%,则 $E(S)/f$ 在 $m=309$ 时取得最大值 0.658752,此时 $P(5)=0.0442232$.

11.4 报童的诀窍

报童每天清晨从报社购进报纸零售,晚上将没有卖掉的报纸退回.设报纸每份的购进价为 b,零售价为 a,退回价为 c,应该自然地假设 $a>b>c$. 这就是说,报童售出一份报纸赚 $a-b$,退回一份赔 $b-c$. 报童每天如果购进的报纸太少,不够卖的,会少赚钱;如果购进太多,卖不完,将要赔钱.请你为报童筹划一下,他应如何确定每天购进报纸的数量,以获得最大的收入.

众所周知,应该根据需求量确定购进量.需求量是随机的,假定报童已经通过自己的经验或其他的渠道掌握了需求量的随机规律,即在他的销售范围内每天报纸的需求量为 r 份的概率是 $f(r)(r=0,1,2,\cdots)$. 有了 $f(r)$ 和 a,b,c,就可能建立关于购进量的优化模型了.

假设每天购进量为 n 份,因为需求量 r 是随机的,r 可以小于 n,等于 n 或大于 n,致使报童每天的收入也是随机的,所以作为优化模型的函数,不能是报童每天的收入,而应该是他长期(几个月,一年)卖报的日平均收入.从概率论大数定律的观点看,这相当于报童每天收入的期望值,以下简称平均收入.

记报童每天购进 n 份报纸时的平均收入为 $G(n)$,如果这天的需求量 $r \leqslant n$,则他销售出 r 份,退回 $n-r$ 份;如果这天的需求量 $r>n$,则 n 份将全部售出.考虑到需求量为 r 的概率是 $f(r)$,所以

$$G(n) = \sum_{r=0}^{n}[(a-b)r-(b-c)(n-r)]f(r) + \sum_{r=n+1}^{\infty}(a-b)nf(r). \quad (11.6)$$

问题归结为在 $f(r), a, b, c$ 已知时,求 n 使 $G(n)$ 最大.

通常需求量 r 的取值和购进量 n 都相当大,将 r 视为连续变量更便于分析和计算,这时概率 $f(r)$ 转化为概率密度函数 $p(r)$,式(11.6)变成

$$G(n) = \int_0^n [(a-b)r-(b-c)(n-r)]p(r)\mathrm{d}r + \int_n^\infty (a-b)np(r)\mathrm{d}r.$$

计算

$$\frac{\mathrm{d}G}{\mathrm{d}n} = (a-b)np(n) - \int_0^n (b-c)p(r)\mathrm{d}r - (a-b)np(n)$$
$$+ \int_n^\infty (a-b)p(r)\mathrm{d}r$$
$$= -(b-c)\int_0^n p(r)\mathrm{d}r + (a-b)\int_n^\infty p(r)\mathrm{d}r,$$

令 $\dfrac{\mathrm{d}G}{\mathrm{d}n}=0$，得到

$$\frac{\int_0^n p(r)\mathrm{d}r}{\int_n^\infty p(r)\mathrm{d}r}=\frac{a-b}{b-c}. \tag{11.7}$$

使报童日平均收入达到最大的购进量 n 应满足式(11.7). 因为 $\int_0^\infty p(r)\mathrm{d}r=1$，所以式(11.7) 可表示为

$$\int_0^n p(r)\mathrm{d}r=\frac{a-b}{a-c}.$$

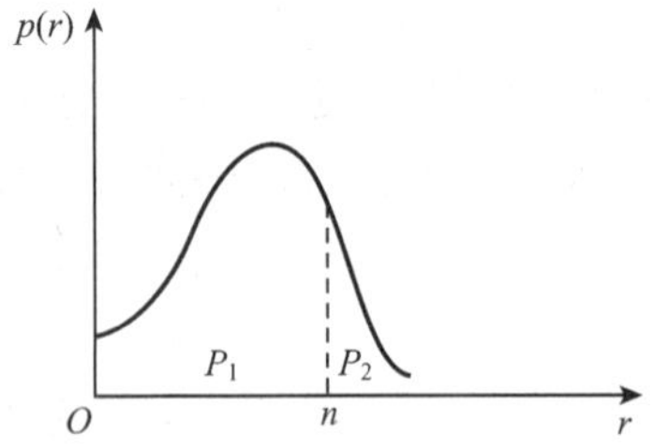

根据需求量的概率密度 $p(r)$ 的图形很容易从式(11.7)确定购进量 n. 在图 11-2 中用 P_1，P_2 分别表示曲线 $p(r)$ 下两块面积,则式(11.7)可记作

$$\frac{P_1}{P_2}=\frac{a-b}{b-c}.$$

图 11-2　由 $p(r)$ 确定 n 的图解法

因为当购进 n 份报纸时，$P_1=\int_0^n p(r)\mathrm{d}r$ 是需求量 r 不超过 n 的概率，即卖不完的概率；$P_2=\int_0^\infty p(r)\mathrm{d}r$ 是需求量 r 超过 n 的概率，即卖完的概率，所以式(11.7)表明，购进的份数 n 应该使卖不完与卖完的概率之比，恰好等于卖出一份赚的钱 $a-b$ 与退回一份赔的钱 $b-c$ 之比. 显然，当报童与报社签订的合同使报童每份赚钱与赔钱之比越大时，报童购进的份数就应该越多.

11.5　随机储存策略

问题　商店在一周中的销售量是随机的. 每逢周末经理要根据存货的多少决定是否订购货物，以供下周的销售. 适合经理采用的一种简单的策略是制订一个下界 s 和一个上界 S，当周末存货不少于 s 时就不订货；当存货少于 s 时则订货，且订货量使得下周初的存量达到 S. 这种策略称为 (s,S) 随机储存策略.

为使问题简化起见，只考虑费用：订货费、储存费、缺货费和商品购进价格，储存策略的优劣以总费用为标准. 显然，总费用(在平均意义下)与 (s,S) 策略、销售量的随机规律以及单项费用的大小有关.

模型假设　为了叙述的方便，时间以周为单位，商品数量以件为单位，并设

(1) 每次订货费为 c_0(与数量无关)，每件商品购进价为 c_1，每件商品一周的储存费为 c_2，每件商品的缺货损失费为 c_3，c_3 相当于售出价，所以应有 $c_1<c_3$.

(2) 一周的销售量 r 是随机的，r 的取值很大，可视为连续变量，其概率密度函

数为 $p(r)$.

(3) 记周末的存货量为 x, 订货量为 u, 并且立即到货, 于是周初的存货量为 $x+u$.

(4) 一周的销售量集中在周初进行, 即一周的储存量为 $x+u-r$, 不随时间改变. 这条假设是为了计算储存费用的方便.

建模与求解 按照制订 (s,S) 策略的要求, 当周末存货量 $x \geqslant s$ 时, 订货量 $u=0$; 当 $x<s$ 时, $u>0$, 且令 $x+u=S$. 确定 s,S 应以"总费用"最小为标准. 因为销售量 r 的随机性, 储存量和缺货量也是随机的, 致使一周的储存费和缺货费也是随机的, 所以目标函数应取一周总费用的期望值, 即长期经营中每周费用的平均值, 以下称平均费用.

根据假设条件容易写出平均费用为

$$J(u) = \begin{cases} c_0 + c_1 u + L(x+u), & u>0, \\ L(x), & u=0, \end{cases} \quad (11.8)$$

其中,

$$L(x) = c_2 \int_0^x (x-r)p(r)\mathrm{d}r + c_3 \int_x^\infty (r-x)p(r)\mathrm{d}r.$$

先在 $u>0$ 的情况下, 求 u 使 $J(u)$ 达到最小值, 从而确定 S. 为此计算

$$\frac{\mathrm{d}J}{\mathrm{d}u} = c_1 + c_2 \int_0^{x+u} p(r)\mathrm{d}r - c_3 \int_{x+u}^\infty p(r)\mathrm{d}r.$$

令 $\frac{\mathrm{d}J}{\mathrm{d}u}=0$, 记 $x+u=S$, 并注意到 $\int_0^\infty p(r)\mathrm{d}r = 1$, 可得

$$\frac{\int_0^S p(r)\mathrm{d}r}{\int_S^\infty p(r)\mathrm{d}r} = \frac{c_3-c_1}{c_2+c_1}. \quad (11.9)$$

这就是说, 当订货量 u 加上原来的存量 x 达到式(11.9)所示的 S, 可使平均费用最小 $\left(容易验证 \frac{\mathrm{d}^2 J}{\mathrm{d}u^2} 恒大于零\right)$.

从式(11.9)可以看出, 当商品购进价 c_1 一定时, 储存费 c_2 越小, 缺货费 c_3 越大, S 应越大. 这是符合常识的.

下面讨论确定 s 的方法. 当存货量为 x 时, 若订货则由式(11.8)在 S 策略下平均费用为

$$J_1 = c_0 + c_1(S-x) + L(S).$$

若不订货, 则平均费用为 $J_2=L(x)$. 显然, 当 $J_2 \leqslant J_1$, 即

$$L(x) \leqslant c_0 + c_1(S-x) + L(S) \quad (11.10)$$

时,应不订货. 记

$$I(x) = c_1 x + L(x), \tag{11.11}$$

则不订货的条件式(11.10)表示为

$$I(x) \leqslant c_0 + I(S), \tag{11.12}$$

式(11.12)右端为已知数. 于是,s 应为方程

$$I(x) = c_0 + I(S) \tag{11.13}$$

的最小正根.

综上所述,根据模型(11.8)所确定的 (s,S) 策略由式(11.9),式(11.11),式(11.13)给出,当 c_0, c_1, c_2, c_3 及 $p(r)$ 给定后,s, S 可以唯一地解出.

11.6 轧钢中的浪费

用连续热轧方法制造钢材时要经过两道工序,第一道是粗轧(热轧),形成钢材的雏形;第二道是精轧(冷轧),得到规定长度的钢材. 粗轧时由于设备、环境等方面随机因素的影响,钢材冷却后的长度大致上呈正态分布,其均值可以在轧制过程中由轧机调整,而其均方差则是由设备的精度决定的,不能随意改变. 精轧时把多出规定长度的部分切掉,但是如果发现粗轧后的钢材已经比规定长度短,则整根报废. 精轧设备的精度很高,轧出的成品材可以认为是完全符合规定长度要求的.

问题 根据轧制工艺的要求,要在成品材规定长度 l 和粗轧后钢材长度的均方差 σ 已知的条件下,确定粗轧后钢材长度的均值 m,使得当轧机调整到 m 进行粗轧,再通过精轧以得到成品材时的浪费最少.

问题分析 粗轧后钢材长度记作 x,x 是均值为 m,均方差为 σ 的正态随机变量,x 的概率密度记作 $p(x)$,如图 11-3 所示,其中,σ 已知,m 是待确定的值. 当成品材的规定长度 l 给定后,记 $x \geqslant l$ 的概率为 P,即 $P = P(x \geqslant l)$,P 是图中阴影部分面积.

轧制过程中的浪费由两部分构成. 一是当 $x \geqslant l$ 时,粗轧时要切掉长 $x - l$ 的钢材;二是当 $x < l$ 时,长 x 的整根钢材报废. 由图 11-3 可以看出,m 变大时曲线右移,概率 P 增加,第一部分的浪费随之增加,而第二部分的浪费将减少;反之,当 m 变小时曲线左移,虽然被切掉的部分减少了,但是整根报废的可能将增加. 于是必然存在一个最佳的 m,使得两部分的浪费的和最小.

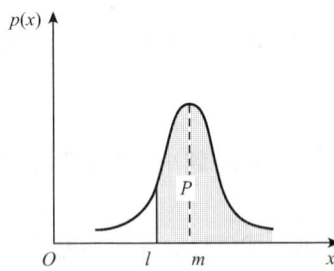

图 11-3 钢材长度 x 的概率密度

这是一个优化模型. 建模的关键是选择合适的目标函数,并用已知的和待确定

11.6 轧钢中的浪费

的量 l, σ, m 把函数表示出来. 一种很自然的想法是直接写出上面分析的两部分浪费,以两者之和作为目标函数,于是容易得到总的浪费长度为

$$W = \int_l^\infty (x-l)p(x)\mathrm{d}x + \int_{-\infty}^l xp(x)\mathrm{d}x, \tag{11.14}$$

其中,积分下限取 $-\infty$ 是为了下面表示和计算的方便,而 x 取负值的概率极小.利用 $\int_{-\infty}^\infty p(x)\mathrm{d}x = 1, \int_{-\infty}^\infty xp(x)\mathrm{d}x = m$ 和 $\int_l^\infty p(x)\mathrm{d}x = P$,式 (11.14) 可化简为

$$W = m - lP. \tag{11.15}$$

W 是每粗轧一根钢材浪费的平均长度.设想共粗轧了 N 根钢材(N 很大),所用钢材总长为 mN,N 根中可以轧出成品材的只有 PN 根,成品材总长为 lPN,于是共浪费的长度为 $mN-lPN$,平均每粗轧一根钢材浪费长度为

$$\frac{mN-lPN}{N} = m - lP. \tag{11.16}$$

与式 (11.15) 相同. 以 W 为目标函数是否合适呢?

轧钢的最终产品是成品材,浪费的多少不应以每粗轧一根钢材的平均浪费量为标准,而应该用每得到一根成品材浪费的平均长度来衡量. 为了将目标函数从前者(即式 (11.16) 所表示的)改成后者,只需将式 (11.16) 左端分母 N 改为成品材总数 PN 即可.

建模与求解 以每得到一根成品材浪费钢材的平均长度为目标函数. 因为当粗轧 N 根钢材时浪费的总长度是 $mN-lPN$,而只得到 PN 根成品材,所以目标函数为

$$J_1 = \frac{mN-lPN}{PN} = \frac{m}{P} - l.$$

因为 l 是已知常数,所以目标函数可等价地只取上式右端第一项,即

$$J(m) = \frac{m}{P(m)}, \tag{11.17}$$

其中,$P(m)$ 表示概率 P 是 m 的函数. 实际上,$J(=J_1+l)$ 恰是每得到一根成品材所需钢材(粗轧后)的平均长度.

下面求 m 使 $J(m)$ 达到最小. 对于表达式

$$P(m) = \int_l^\infty p(x)\mathrm{d}x, \quad p(x) = \frac{1}{\sqrt{2\pi}}\mathrm{e}^{-\frac{(x-m)^2}{2\sigma^2}},$$

作变量代换

$$y = \frac{x-m}{\sigma},$$

并令

$$\mu = \frac{m}{\sigma}, \quad \lambda = \frac{l}{\sigma}, \tag{11.18}$$

则式(11.17)可表示为

$$J(\mu) = \frac{\sigma\mu}{\Phi(\lambda - \mu)},$$

其中,$\Phi(z)$是标准正态变量的分布函数,即

$$\Phi(z) = \int_z^\infty \varphi(y) \mathrm{d}y, \quad \varphi(y) = \frac{1}{\sqrt{2\pi}} e^{-\frac{y^2}{2}},$$

$\varphi(y)$是标准正态变量的密度函数. 再设

$$z = \lambda - \mu, \tag{11.19}$$

用微分法求解函数

$$J(z) = \frac{\sigma(\lambda - z)}{\Phi(z)}$$

的极值问题. 注意到 $\Phi'(z) = -\varphi(z)$,不难推出 z 的最优值 z^* 应满足方程

$$F(z) = \lambda - z, \quad F(z) = \frac{\Phi(z)}{\varphi(z)}. \tag{11.20}$$

$F(z)$可根据标准正态分布的函数值 Φ 和 φ 制成表格(简表见表11-3)或绘出图形(略图见图11-4). 由表或图可以得到方程(11.20)的根 z^*,再代回式(11.19)和式(11.18)即得到 m 的最优值 m^*.

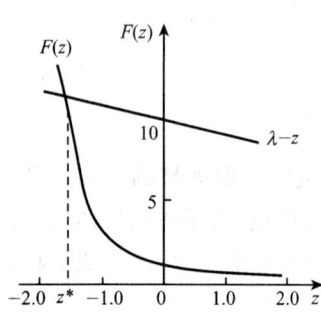

图 11-4　$F(z)$的图形及方程 (11.20)的图解法

表 11-3　$F(z) = \dfrac{\Phi(z)}{\varphi(z)}$ 简表

z	-3.0	-2.5	-2.0	-1.5	-1.0	-0.5
$F(z)$	227.0	56.79	18.10	7.206	3.477	1.680
z	0	0.5	1.0	1.5	2.0	2.5
$F(z)$	1.253	0.876	0.656	0.516	0.420	0.355

值得指出的是,对于给定的 $\lambda > F(0) = 1.253$,方程(11.20)不止一个根,但是可以证明,只有唯一负根 $z^* < 0$,才使 $J(z)$ 取得极小值.

试看下面的例子,设要轧制长 $l = 2.0$ 米的成品钢材,由粗轧设备等因素决定的粗轧冷却后钢材长度的均方差 $\sigma = 20$cm,问这时钢材长度的均值 m 应调整到多少才使浪费最少?

以式(11.17)给出的 $J(m)$ 为目标函数,由式(11.18)算出 $\lambda = l/\sigma = 10$,解出方

程(11.20)的负根为 $z^* = -1.78$(需要用更精细的 $F(z)$ 表),如图11-4所示. 由式(11.19)和式(11.18)算得 $\mu^* = 11.78, m^* = 2.36$,即最佳的均值应调整为 2.36 m. 还可以算出,$P(m^*) = 0.9625$,于是每得到一根成品材浪费钢材的平均长度为 $J_1 = 0.45$ m. 为了减小这个相当可观的数字,应该设法提高粗轧设备的精度,即减小 σ.

最后要说明的是,模型中假定当粗轧后钢材长度 x 小于规定长度 l 时就整根报废,实际上这种钢材还常常能轧成短一些,譬如长 $l_1 (<l)$ 的成品材. 只有当 $x<l_1$ 时才报废,或者当 $x<l$ 时可以降级使用(对浪费打一折扣). 这些情况下的模型及求解就比较复杂了.

部分习题参考答案

习 题 1.1

1. (1) $S=\{2,3,4,\cdots,11,12\}$;(2)$S=\{t|t\geqslant 0\}$;
   (3) $S=\{(甲胜乙),(乙胜甲),(甲、乙平局)\}$;
   (4) $S=\{(x,y)|x^2+y^2<1\}$.

2. (1) $A\cap B\cap \bar{C}$ 表示该生是三年级男生,但不是运动员;
   (2) $A\cap B\cap C=C$ 等价于 $C\subset A\cap B$,即全系的运动员都是三年级男生.
   (3) 当运动员都是三年级学生时,$C\subset B$ 成立;
   (4) 当全系女生都在三年级且三年级学生都是女生时,关系式 $\bar{A}=B$ 成立.

3. (1) 三次都击中目标:$A_1 A_2 A_3$;
   (2) 至少有一次击中目标:$A_1 \cup A_2 \cup A_3$;
   (3) 恰好有两次击中目标:$\bar{A}_1 A_2 A_3 \cup A_1 \bar{A}_2 A_3 \cup A_1 A_2 \bar{A}_3$;
   (4) 最多击中一次:$\bar{A}_1 \bar{A}_2 \cup \bar{A}_1 \bar{A}_3 \cup \bar{A}_2 \bar{A}_3$;
   (5) 至少有一次没有击中目标:$\bar{A}_1 \cup \bar{A}_2 \cup \bar{A}_3 = \overline{A_1 A_2 A_3}$;
   (6) 三次都没有击中目标:$\bar{A}_1 \bar{A}_2 \bar{A}_3 = \overline{A_1 \cup A_2 \cup A_3}$.

4. $S=[0,+\infty)$, $A=\{x|x>1500\}=(1500,+\infty)$,
   $B=\{x|1000\leqslant x\leqslant 2000\}=[1000,2000]$, $A\cup B=[1000,+\infty)$,
   $AB=(1500,2000]$, $A-B=(2000,+\infty)$, $B-A=[1000,1500]$.

5. (1) $\bigcap_{i=1}^{n} A_i$:n 个零件全是正品;
   (2) $\overline{\bigcap_{i=1}^{n} A_i} = \bigcup_{i=1}^{n} \bar{A}_i$:至少有一个零件不是正品;
   (3) $\bigcup_{i=1}^{n} [\bar{A}_i \cap (\bigcap_{\substack{k=1 \\ k\neq i}}^{n} A_k)]$:仅有一个零件不是正品.

习 题 1.2

1. $P(A\bar{B})=P(A-B)=P(A-AB)=P(A)-P(AB)=0.2$, $P(\overline{AB})=0.6$, $P(\bar{A}\bar{B})=0.3$.

2. (1) 由于 $AB=\varnothing$.所以 $P(A-B)=P(A)=0.3$.$P(B-A)=P(B)=0.6$;
   (2) 由已知得 $A\subset B$,于是 $P(A-B)=P(\varnothing)=0$, $P(B-A)=P(B)-P(A)=0.3$.

3. 设 A 表示"第五个抽签的人抽到入场券"则 $P(A)=\dfrac{C_3^1 \cdot 9!}{10!}=\dfrac{3}{10}$.

4. $C_D^k C_{N-D}^{n-k}/C_N^n$.

5. (1) $C_5^2/C_{10}^3=1/12$; (2) $C_4^2/C_{10}^3=1/20$.

6. $2^{12}/7^{12}=0.0000003$. 小概率事件在实际中几乎是不可能发生的,从而可知接待时间是有规

部分习题参考答案

定的.

7. (1) $\frac{25}{91}$；(2) $\frac{6}{91}$. (提示：15 名新生平均分配到三个班级中的分法总数为：$C_{15}^5 C_{10}^5 C_5^5 = 15!/5!$
5!5!,每一个班级各分配到一名优秀生的分法共有 $C_3^1 C_2^1 C_1^1 C_{12}^4 C_8^4 C_4^4 = 3! \times 12!/4!4!4!$
种.3 名优秀生分配在同一个班级的分法共有 $(3 \times 12!)/(2!5!5!)$ 种.)

8. 0.8793.（提示：设 A 为所求事件. $S=\{(x,y)|0 \leqslant x \leqslant 24, 0 \leqslant y \leqslant 24\}$（单位：小时）. $A=\{(x,y)\in S | x-y>2$ 或 $y-x>1\}$. $P(A)=\dfrac{\frac{1}{2}\times 23^2+\frac{1}{2}\times 22^2}{24\times 24}$.)

9. $\frac{1}{4}$.（提示：设三段分别长为 x,y,z. 由题意 $x+y+z=l$. $S:x+y\leqslant l, 0<x<l, 0<y<l$. $A:x+y>\dfrac{l}{2}, x<\dfrac{l}{2}, y<\dfrac{l}{2}$. $P(A)=\dfrac{\frac{1}{2}\times\frac{l}{2}\times\frac{l}{2}}{\frac{1}{2}\times l\times l}=\dfrac{l}{4}$.)

习　题　1.3

1. 0.75.

2. $\frac{1}{3}$.

3. $\frac{1}{4}$.

4. $\frac{1}{2}$.

5. $\frac{2}{n}$.（提示：设 $A=\{$甲排在乙前面$\}$, $B=\{$甲乙二人相邻$\}$. 本题求 $P(B|A)$.)

6. 0.1440.（提示：先求取得的 3 件产品中没有 1 件次品的概率.)

7. $\dfrac{t+a}{r+t+3a}\cdot\dfrac{t}{r+t+2a}\cdot\dfrac{r+a}{r+t+a}\cdot\dfrac{r}{r+t}$.

8. (1) 0.988；(2) 0.829.（提示：设 A 表示事件"系统 A 有效，B 表示"系统 B 有效. $P(AB)=P(B)-P(\overline{A}B)$, $P(A\overline{B})=P(A)-P(AB)$.)

习　题　1.4

1. 0.998.
2. 0.7.
3. 0.18.
4. 0.3651.
5. 0.087.
6. $P(A_1|B)\approx 0.8731, P(A_2|B)\approx 0.1268, P(A_3|B)\approx 0.00058$.
7. (1) 0.365；(2) 0.36986.

习 题 1.5

1. (1) 0.56；(2) 0.24.
2. 0.684.
3. 0.6.
4. (1) 0.095；(2) 0.556.

习 题 1

1. $A \cup B$：表示取到的次品数为 0,1,2,3,5 或 7；AB：表示取到的次品数为 1 或 3；$A-B$：表示取到的次品数为 0 或 2；$\bar{B}$：表示取到的次品数为 0,2,4 或 6.
2. (1) $A_1\bar{A}_2A_3$；(2) $(A_1 \cup A_2)\bar{A}_3$；(3) $A_1A_2 \cup A_2A_3 \cup A_1A_3$；
   (4) $A_1\bar{A}_2A_3 \cup \bar{A}_1A_2A_3 \cup \bar{A}_1\bar{A}_2A_3$.
3. (1) $AB = \{x \mid 0.8 < x \leq 1\}$；
   (2) $A-B = \{x \mid 0.5 \leq x \leq 0.8\}$；
   (3) $\overline{A-B} = \{x \mid 0 \leq x < 0.5 \text{ 或 } 0.8 < x \leq 2\}$；
   (4) $\overline{A \cup B} = \{x \mid 0 \leq x < 0.5 \text{ 或 } 1.6 < x \leq 2\}$.
4. (1) 0.3；(2) 0.6；(3) 0.7.
5. (1) $A \subset B, P(AB) = 0.6$；(2) $P(A \cup B) = 1, P(AB) = 0.3$.
6. (1) 0.25；(2) 0.72.
7. $\dfrac{9}{64}$.
8. (1) $\dfrac{P_{365}^{30}}{365^{30}}$；(2) $\dfrac{334^{30}}{365^{30}}$.
9. $P(A) = \dfrac{25}{91}$，$P(B) = \dfrac{6}{91}$.
10. 0.5966.（提示：计算 $P\{xy < \dfrac{1}{4}\} = \dfrac{1}{4} + \int_{\frac{1}{4}}^{1} \dfrac{1}{4x} dx.$）
11. 0.96.
12. (1) $P\{\text{只订 } A \text{ 及 } B \text{ 报}\} = 0.07$；(2) $P\{\text{只订 } C \text{ 报}\} = 0.2$.
13. $\dfrac{1}{5}$.
14. (1) $\dfrac{3}{10}$；(2) $\dfrac{3}{5}$.
15. (1) $\dfrac{28}{45}$；(2) $\dfrac{4}{5}$.
16. 当接到 0 信号时，发出的信号也是 0 的概率为 $\dfrac{18}{19}$，远远超过发出信号是 1 的概率 $\dfrac{1}{19}$.
17. (1) $\dfrac{20}{21}$；(2) $\dfrac{40}{41}$.
18. $1-(1-r)^3$.
19. 0.93, 0.97,(b) 的可靠性大.

部分习题参考答案

20. $\dfrac{1}{30}$.

21. (1) 0.433；(2) 0.6.

22. $\dfrac{m}{m+n \cdot 2^r}$.

23. (1) 0.588.（提示：设 A 表示"目标进入射程"，B_i 表示"第 i 次射击命中目标"，$i=1,2$. 故所求概率为事件 $B=B_1 \cup B_2$. 又 $P(A)=0.7, P(B_i|A)=0.6(i=1,2), P(\overline{A}B)=0. P(B) = P(AB)+P(\overline{A}B)=P(AB)=P(A)P(B_1 \cup B_2|A). P(B_1 B_2|A)=P(B_1|A)P(B_2|A). P(B_1 \cup B_2|A)=P(B_1|A)+P(B_2|A)-P(B_1 B_2|A).$）

24. (1) $p=\dfrac{29}{90}$；(2) $q=\dfrac{20}{61}$.

25. (1) 0.963；(2) 0.805.（提示："有几台机组发生故障"应构成样本空间的划分，同时，在计算时应注意对独立性的应用.）

习 题 2.2

1. $a=\dfrac{1}{10}$,

X	1	2	3	4
p_k	$\dfrac{1}{10}$	$\dfrac{1}{5}$	$\dfrac{3}{10}$	$\dfrac{2}{5}$

2.

X	1	2	3	4
p_k	0.7	0.21	0.063	0.027

（提示：$P\{X=3\}=P(\overline{A}_1 \overline{A}_2 A_3)=(0.3)^2 \times 0.7$, $P\{X=4\}=P(\overline{A}_1 \overline{A}_2 \overline{A}_3 A_4 \cup \overline{A}_1 \overline{A}_2 \overline{A}_3 \overline{A}_4)$.）

3. 0.1008.

4. 当 $p > \dfrac{1}{2}$ 时，对甲来说采用 5 局 3 胜制为有利. 当 $p = \dfrac{1}{2}$ 时，两种赛制甲，乙最终获胜的概率相同，都是 50%.（提示：采用 3 局 2 胜制，甲最终获胜的概率为 $p_1 = p^2 + C_2^1 p^2(1-p)$. 在 5 局 3 胜制下甲最终获胜的概率为 $p_2 = p^3 + C_3^2 p^3(1-p) + C_4^2 p^3(1-p)^2$.）

5. (1) 0.2240；(2) 0.7169.

习 题 2.3

1. $F(x) = \begin{cases} 0, & x \leqslant 0, \\ 1-p, & 0 < x \leqslant 1, \\ 1, & x > 1. \end{cases}$

2. $F(x) = \begin{cases} 0, & x < -1, \\ \dfrac{1}{4}, & -1 \leqslant x < 2, \\ \dfrac{3}{4}, & 2 \leqslant x < 3, \\ 1, & x \geqslant 3, \end{cases}$ $\dfrac{1}{4}, \dfrac{1}{2}, \dfrac{3}{4}$.

3. (1)

X	0	2	4	5
p_k	0.2	0.3	0.1	0.4

(2) 0.3, 0.4, 0.5.

习 题 2.4

1. (1) 是;(2) 不是;(3) 不是.
2. $a=3$.
3. (1) $A=\dfrac{1}{\pi}$; (2) $\dfrac{1}{3}$;

   (3) $F(x)=\begin{cases} 0, & x\leqslant -1, \\ \dfrac{1}{2}+\dfrac{1}{\pi}\arcsin x, & |x|<1, \\ 1, & x\geqslant 1. \end{cases}$

4. (1) $a=0$, $b=1$, $c=-1$, $d=1$; (2) $1-\dfrac{e}{2}\ln 2$.
5. $P\{X=k\}=C_5^k e^{-2k}(1-e^{-2})^{5-k}$ $(k=0,1,\cdots,5)$, 0.5167.
6. 184(cm).
7. $\dfrac{11}{16}$. (提示:每只元件能工作 5000h 以上的概率 $p=P\{x>5000\}=\dfrac{1}{2}$.)

习 题 2.5

1. (1)

$X+2$	0	$\dfrac{3}{2}$	2	4	6
p_k	$\dfrac{1}{8}$	$\dfrac{1}{4}$	$\dfrac{1}{8}$	$\dfrac{1}{6}$	$\dfrac{1}{3}$

(2)

$-X+1$	-3	-1	1	$\dfrac{3}{2}$	3
p_k	$\dfrac{1}{3}$	$\dfrac{1}{6}$	$\dfrac{1}{8}$	$\dfrac{1}{4}$	$\dfrac{1}{8}$

(3)

X^2	0	$\dfrac{1}{4}$	4	16
p_k	$\dfrac{1}{8}$	$\dfrac{1}{4}$	$\dfrac{7}{24}$	$\dfrac{1}{3}$

2. $f_Y(y)=\begin{cases} 2(1-y), & 0<y<1, \\ 0, & \text{其他.} \end{cases}$

3. (1) $f_Y(y)=\begin{cases} \dfrac{1}{y}, & 1<y<e, \\ 0, & \text{其他;} \end{cases}$ (2) $f_Y(y)=\begin{cases} \dfrac{1}{2}e^{-\frac{y}{2}}, & y>0, \\ 0, & y\leqslant 0. \end{cases}$

部分习题参考答案

4. $f_Y(y) = \begin{cases} \dfrac{1}{2\sqrt{y}} e^{-\sqrt{y}}, & y>0, \\ 0, & y \leqslant 0. \end{cases}$

5. $F_Y(y) = \begin{cases} 0, & y<0, \\ \dfrac{y}{2}, & 0 \leqslant y < 1.5, \\ 1, & y \geqslant 1.5. \end{cases}$

习 题 2

1. (1)

X	1	2	3	4
p_k	$\dfrac{10}{13}$	$\dfrac{5}{26}$	$\dfrac{5}{143}$	$\dfrac{1}{286}$

(2)

X	1	2	3	4
p_k	$\dfrac{10}{13}$	$\dfrac{33}{169}$	$\dfrac{72}{2197}$	$\dfrac{78}{28561}$

2.

X	0	1	2	3	4	5
p_k	0.01	0.08	0.23	0.34	0.26	0.08

3. 0.8571.

4. (1) 0.321；(2) 0.243. (提示：以 X,Y 分别表示甲、乙投中的次数，则 $X \sim B(3,0.6)$，$Y \sim B(3,0.7)$. (1) 求 $P\{X=Y\}$；(2) 求 $P\{X>Y\}$.)

5. (1) $\dfrac{1}{70}$；(2) $P\{X \geqslant 3\} = 3.24 \times 10^{-4}$，即试验 10 次，他猜对次数 $\geqslant 3$ 的概率也仅为万分之三. 今事件 $\{X \geqslant 3\}$ 竟然发生了按实际推断原理，认为他确有区分能力.

6. $\dfrac{2}{3} e^{-2}$.

7. $F(x) = \begin{cases} 0, & x<0, \\ \dfrac{x^2}{4}, & 0 \leqslant x < 2, \\ 1, & x \geqslant 2. \end{cases}$

8. (1) $e^{-3/2}$；(2) $1-e^{-5/2}$.

9. (1) $k = \dfrac{1}{6}$；

(2) $F(x) = \begin{cases} 0, & x<0, \\ \dfrac{x^2}{12}, & 0 \leqslant x < 3, \\ -3+2x-\dfrac{x^2}{4}, & 3 \leqslant x < 4, \\ 1, & x \geqslant 4; \end{cases}$

(3) $\dfrac{41}{48}$.

10. (1) $\dfrac{1}{4}$; (2) $\dfrac{4}{9}$.

11. $\dfrac{3}{5}$.

12. $\lambda = 1.65$.

13. (1) $0.5328, 0.9996, 0.6977, 0.5$; (2) $c = 3$.

14. 0.87.

15. $f_Y(y) = \begin{cases} 2\sqrt{\dfrac{2}{\pi}} y e^{-\frac{y^4}{2}}, & 0 < y < +\infty, \\ 0, & \text{其他.} \end{cases}$

16. $f_Y(y) = \begin{cases} \dfrac{2}{\pi \sqrt{1-y^2}}, & 0 < y < 1, \\ 0, & \text{其他.} \end{cases}$

17. (1) $\alpha = 0.0642$; (2) $\beta \approx 0.009$.

18. $\alpha \approx 0.87$.

19. $Y = F(X)$ 的分布函数为

$$G(y) = \begin{cases} 0, & y \leqslant 0, \\ y, & 0 < y < 1, \\ 1, & y \geqslant 1. \end{cases}$$

习　题　3.1

1. (1)

Y \ X	0	1
0	0	$\dfrac{1}{15}$
1	$\dfrac{2}{15}$	$\dfrac{6}{15}$
2	$\dfrac{3}{15}$	$\dfrac{3}{15}$

(2) $\dfrac{6}{15}$.

2. (1) 12; (2) 0.9499; (3) $F(x,y) = \begin{cases} (1-e^{-3x})(1-e^{-4y}), & x > 0, y > 0, \\ 0, & \text{其他.} \end{cases}$

3. $F(-1, 0) = 0$, $F(0.2, 1.5) = \dfrac{2}{15}$.

4. $\dfrac{3}{4}, \dfrac{1}{3}$.

部分习题参考答案

习 题 3.2

1.

Y \ X	0	1	$p_j.$
0	$\frac{12}{42}$	$\frac{12}{42}$	$\frac{4}{7}$
1	$\frac{12}{42}$	$\frac{6}{42}$	$\frac{3}{7}$
$p_i.$	$\frac{4}{7}$	$\frac{3}{7}$	1

2. $f_X(x)=\begin{cases}6(x-x^2), & 0\leqslant x\leqslant 1,\\ 0, & 其他,\end{cases}$ $f_Y(y)=\begin{cases}6(\sqrt{y}-y), & 0\leqslant y\leqslant 1,\\ 0, & 其他.\end{cases}$

3. $f_X(x)=\begin{cases}e^{-x}, & x>0,\\ 0, & 其他,\end{cases}$ $f_Y(y)=\begin{cases}e^{-y}, & y>0,\\ 0, & 其他.\end{cases}$

习 题 3.3

1. $P\{X=1|Y=2\}=\frac{1}{2}$, $P\{Y=1|X=0\}=\frac{2}{5}$.

当事件"$X=1$"已经发生时，Y 的条件分布律为

$Y|X=1$	0	1	2
p_k	$\frac{1}{10}$	$\frac{6}{10}$	$\frac{3}{10}$

2.
$$f_{Y|X}(y\mid x)=\begin{cases}\dfrac{1}{2\sqrt{1-x^2}}, & -\sqrt{1-x^2}\leqslant y\leqslant\sqrt{1-x^2},\\ 0, & 其他.\end{cases}$$

3. 对 $0<y\leqslant 1$,
$$f_{X|Y}(x\mid y)=\begin{cases}\dfrac{3}{2}x^2 y^{-\frac{3}{2}}, & -\sqrt{y}\leqslant x\leqslant\sqrt{y},\\ 0, & 其他.\end{cases}$$

对 $-1<x<1$,
$$f_{Y|X}(y\mid x)=\begin{cases}\dfrac{2y}{1-x^4}, & x^2\leqslant y\leqslant 1,\\ 0, & 其他.\end{cases}$$

$P\left\{Y>\dfrac{3}{4}\,\Big|\,X=\dfrac{1}{2}\right\}=\int_{\frac{3}{4}}^{1}f_{Y|X}\left(y\,\Big|\,\dfrac{1}{2}\right)dy=\int_{\frac{3}{4}}^{1}\dfrac{32}{15}y\,dy=\dfrac{7}{15}$.

习 题 3.4

1. (1) $\alpha\geqslant 0$, $\beta\geqslant 0$ 且 $\alpha+\beta=\dfrac{19}{72}$; (2) $\alpha=\dfrac{2}{9}$, $\beta=\dfrac{1}{9}$.

2. $f(x,y) = \dfrac{1}{2b} \cdot \dfrac{1}{\sqrt{2\pi}\sigma} e^{-\frac{(x-a)^2}{2\sigma^2}}$, 其中 $-\infty < x < \infty$, $-b \leqslant y \leqslant b$. 当 $|y| > b$ 时 $f(x,y) = 0$.

3. 提示: $F_X(x) = F(x, +\infty)$, $F_Y(y) = F(+\infty, y)$. 只要验证: $F(x,y) = F_X(x) \cdot F_Y(y)$.

4. X 与 Y 不独立.

5. X 与 Y 不独立.

习 题 3.5

1. (1) $X+Y$ 的分布律为

$X+Y$	-3	-2	$-\dfrac{3}{2}$	-1	$-\dfrac{1}{2}$	1	3
p_k	$\dfrac{1}{12}$	$\dfrac{1}{12}$	$\dfrac{2}{12}$	$\dfrac{3}{12}$	$\dfrac{1}{12}$	$\dfrac{2}{12}$	$\dfrac{2}{12}$

(2) $|X-Y|$ 的分布律为

$|X-Y|$	0	1	$\dfrac{3}{2}$	$\dfrac{5}{2}$	3	5
p_k	$\dfrac{1}{12}$	$\dfrac{4}{12}$	$\dfrac{1}{12}$	$\dfrac{2}{12}$	$\dfrac{2}{12}$	$\dfrac{2}{12}$

2. $f_R(z) = \begin{cases} (600z - 60z^2 + z^3)/15000, & 0 \leqslant z < 10, \\ (20-z)^3/15000, & 10 \leqslant z < 20, \\ 0, & \text{其他}. \end{cases}$

3. (1) X 与 Y 不相互独立;

(2) $f_Z(z) = \begin{cases} \dfrac{1}{2} z^2 e^{-z}, & z > 0, \\ 0, & z \leqslant 0. \end{cases}$

4. $f_Z(z) = \begin{cases} \dfrac{1}{2} & 0 \leqslant z \leqslant 1, \\ \dfrac{1}{2z^2} & z > 1, \\ 0, & \text{其他}. \end{cases}$

5. (1) 对并联系统,设系统寿命为 T,

$$f_T(t) = \begin{cases} 2e^{-\frac{t}{2}}(1 - e^{-\frac{t}{2}})^3, & t > 0 \\ 0, & \text{其他}. \end{cases}$$

$P\{T > 1.2\} = 0.9586$.

(2) 对串联系统,设系统寿命为 Z,

$$f_Z(t) = \begin{cases} 2e^{-2t} & t > 0 \\ 0, & \text{其他}. \end{cases}$$

$P\{Z > 1.2\} = 0.0907$.

习 题 3

1. (1) X,Y 的分布律为

Y \ X	1	2
1	0	$\frac{1}{3}$
2	$\frac{1}{3}$	$\frac{1}{3}$

2. (1) (X_1, X_2) 的联合分布律为

X_1 \ X_2	0	1	2
0	$\frac{4}{16}$	$\frac{4}{16}$	$\frac{1}{16}$
1	$\frac{4}{16}$	$\frac{2}{16}$	0
2	$\frac{1}{16}$	0	0

(2) 关于 X_1 的边缘分布为

X_1	0	1	2
p_k	$\frac{9}{16}$	$\frac{6}{16}$	$\frac{1}{16}$

关于 X_2 的边缘分布为

X_2	0	1	2
p_k	$\frac{9}{16}$	$\frac{6}{16}$	$\frac{1}{16}$

3. (1) $F(x,y) = \begin{cases} (1-e^{-2x})(1-e^{-y}), & x>0, y>0, \\ 0, & \text{其他}. \end{cases}$

   (2) $\frac{1}{3}$.

4. $0.25(\sqrt{6}-\sqrt{2})$.

5. $f_X(x) = \begin{cases} 2.4x^2(2-x), & 0 \leqslant x \leqslant 1, \\ 0, & \text{其他}. \end{cases}$ $f_Y(y) = \begin{cases} 2.4y(3-4y+y^2), & 0 \leqslant y \leqslant 1, \\ 0, & \text{其他}. \end{cases}$

6.

Y \ X	0	1	2	3	$p_{\cdot j}$
1	0	$\frac{3}{8}$	$\frac{3}{8}$	0	$\frac{3}{4}$
3	$\frac{1}{8}$	0	0	$\frac{1}{8}$	$\frac{1}{4}$
$p_{i\cdot}$	$\frac{1}{8}$	$\frac{3}{8}$	$\frac{3}{8}$	$\frac{3}{8}$	1

7. 二维随机变量 (X,Y) 的联合概率分布为

X \ Y	1	2	3
0	$\frac{1}{10}$	$\frac{1}{5}$	$\frac{1}{10}$
1	$\frac{3}{10}$	$\frac{1}{10}$	$\frac{1}{5}$

在 $Y \neq 1$ 时关于 X 的条件分布为

X	0	1
$P\{X\|Y \neq 1\}$	$\frac{1}{2}$	$\frac{1}{2}$

8. 当 $x > 1$ 时，$f_{Y|X}(y|x) = \begin{cases} \dfrac{1}{2y\ln x}, & \dfrac{1}{x} < y < x, \\ 0, & \text{其他}. \end{cases}$

当 $0 < y < 1$ 时，$f_Y(y) = \dfrac{1}{2}$，$f_{X|Y}(x|y) = \begin{cases} \dfrac{1}{x^2 y}, & x > \dfrac{1}{y}, \\ 0, & \text{其他}. \end{cases}$

类似地，当 $y > 1$ 时，$f_Y(y) = \dfrac{1}{2y^2}$，$f_{X|Y}(x|y) = \begin{cases} \dfrac{y}{x^2}, & x > y, \\ 0, & \text{其他}. \end{cases}$

9. (1) $P\{X = n\} = \dfrac{14^n e^{-14}}{n!}$，$n = 0, 1, 2, \cdots$，$P\{Y = m\} = \dfrac{(7.14)^m e^{-7.14}}{m!}$，

$m = 0, 1, 2, \cdots$，即 $X \sim \pi(14)$，$Y \sim \pi(7.14)$.

(2) 对于 $m = 0, 1, 2, \cdots$，$P\{X = n | Y = m\} = \dfrac{6.86^{n-m}}{(n-m)!} e^{-6.86}$，$n = m, m+1, \cdots$，

对于 $n = 0, 1, 2, \cdots$，$P\{Y = m | X = n\} = C_n^m (0.51)^m (0.49)^{n-m}$，$m = 0, 1, \cdots, n$.

(3) $X = 20$ 时，$P\{Y = m | X = 20\} = C_{20}^m (0.51)^m (0.49)^{20-m}$，$m = 0, 1, \cdots, 20$.

10. (1) $P\{X = 2\} = 0.2$，$P\{X = 5\} = 0.42$，$P\{X = 8\} = 0.38$，$P\{Y = 0.4\} = 0.8$，$P\{Y = 0.8\} = 0.2$；(2) X 与 Y 不相互独立.

11. (1) 当 $|y| < 1$ 时，

$f_{Y|X}(y|x) = \begin{cases} \dfrac{1}{1 - |y|}, & |y| < x < 1, \\ 0, & x \text{ 取其他值}. \end{cases}$

当 $0 < x < 1$ 时，

$f_{X|Y}(x|y) = \begin{cases} \dfrac{1}{2x}, & |y| < x, \\ 0, & y \text{ 取其他值}. \end{cases}$

(2) 不相互独立.

12. (1) $f_X(x) = \begin{cases} 4x - 3x^2, & 0 \leqslant x \leqslant 1, \\ 0, & \text{其他}. \end{cases}$ $f_Y(y) = \begin{cases} 4y - 3y^2, & 0 \leqslant y \leqslant 1, \\ 0, & \text{其他}. \end{cases}$

(2) X 与 Y 不相互独立.

部分习题参考答案

13. (1) $f(x,y)=\begin{cases} \dfrac{1}{5}e^{-\frac{y}{5}}, & 0<x<1, y>0 \\ 0, & 其他. \end{cases}$

(2) 0.8014.

14. (1) 当 $-2<x<4$ 时,在 $X=x$ 下 Y 的条件概率密度.

$f_{Y|X}(x|y)=\begin{cases} \dfrac{1}{2\sqrt{(x+2)(4-x)}}, & -\sqrt{(x+2)(4-x)}-2<y<\sqrt{(x+2)(4-x)}-2, \\ 0, & 其他. \end{cases}$

(2) $P\{Y>0|X=2\}=\dfrac{2-\sqrt{2}}{4}$.

15. $P\{|X-Y|\leq\dfrac{1}{12}\}=\dfrac{1}{48}$(设 X 和 Y 分别是负责人和他的秘书到达办公室的时间).

16. 联合分布律为

$P\{X=0,Y=0\}=\dfrac{2}{15}$, $P\{X=0,Y=1\}=\dfrac{4}{15}$, $P\{X=1,Y=0\}=\dfrac{4}{15}$, $P\{X=1,Y=1\}=\dfrac{5}{15}$.

边缘分布律为

$P\{X=0\}=\dfrac{2}{5}$, $P\{X=1\}=\dfrac{3}{5}$, $P\{Y=0\}=\dfrac{2}{5}$, $P\{Y=1\}=\dfrac{3}{5}$.

X,Y 不独立.

17. (1) X_1 和 X_2 的联合分布:

X_2 \ X_1	-1	0	1
0	$\dfrac{1}{4}$	0	$\dfrac{1}{4}$
1	0	$\dfrac{1}{2}$	0

(2) X_1 和 X_2 不独立. 因为 $P\{X_1=0, X_2=0\}=0$, 而 $P\{X_1=0\}P\{X_2=0\}=\dfrac{1}{2}\times\left(\dfrac{1}{4}+\dfrac{1}{4}\right)=\dfrac{1}{4}\neq 0$, 所以 $P\{X_1=0,X_2=0\}\neq P\{X_1=0\}P\{X_2=0\}$ 故 X_1,X_2 不独立.

18. (1) $P\{Y=m|X=n\}=C_n^m p^m(1-p)^{n-m}, 0\leq m\leq n, n=0,1,2,\cdots$;

(2) $P\{X=n,Y=m\}=C_n^m p^m(1-p)^{n-m}\times\dfrac{e^{-\lambda}}{n!}\lambda^n, 0\leq m\leq n, n=0,1,2,\cdots$.

19. $f_Z(z)=\begin{cases} 3z^2-2z^3, & 0\leq z\leq 1, \\ 1-3(z-1)^2+2(z-1)^3, & 1<z\leq 2, \\ 0, & 其他; \end{cases}$

20. (1)

$2X+Y$	-2	-1	0	4	5	6
p_k	0.1	0.2	0.1	0.2	0.1	0.3

(2)

$XY+1$	-1	0	1	3	5
p_k	0.1	0.2	0.3	0.1	0.3

(3)

max{X,Y}	0	1	2
p_k	0.1	0.2	0.7

其中,$P\{XY+1=1\}=P\{X=-1,Y=0\}+P\{X=2,Y=0\}=0.1+0.2=0.3$,
$P\{\max\{X,Y\}=2\}=P\{X=-1,Y=2\}+P\{X=2,Y=0\}+P\{X=2,Y=1\}+P\{X=2,Y=2\}$
$=0.1+0.2+0.1+0.3=0.7$.

22. $f_Z(z)=\begin{cases} e^{-\frac{z}{2}}(1-e^{-\frac{z}{2}}), & z\geqslant 0, \\ 0, & 其他. \end{cases}$

23. $f_Z(z)=\begin{cases} \frac{1}{3}z^2, & 0\leqslant z\leqslant 1, \\ \frac{1}{3}z, & 1<z\leqslant 2, \\ z-\frac{1}{3}z^2, & 2<z\leqslant 3, \\ 0, & 其他. \end{cases}$

24. $f_Z(z)=\begin{cases} 0, & z\leqslant 0, \\ \frac{1}{2}, & 0<z<1, \\ \frac{1}{2z^2}, & z\geqslant 1. \end{cases}$

25. $F(z)=\begin{cases} 0, & z<0, \\ 1-e^{-z}-ze^{-z}, & z\geqslant 0. \end{cases}$

26. (1) $b=\dfrac{1}{1-e^{-1}}$.

(2) $f_X(x)=\begin{cases} \dfrac{e^{-x}}{1-e^{-1}}, & 0<x<1, \\ 0, & 其他. \end{cases}$ $f_Y(y)=\begin{cases} e^{-y}, & y>0, \\ 0, & 其他. \end{cases}$

(3) $F_U(u)=\begin{cases} 0, & u<0, \\ \dfrac{(1-e^{-u})^2}{1-e^{-1}}, & 0\leqslant u<1, \\ 1-e^{-u}, & u\geqslant 1. \end{cases}$

28. $P(u)=\begin{cases} \dfrac{1}{2}(2-u), & 0<u<2, \\ 0, & 其他. \end{cases}$

29. (1) $f(x,y)=\begin{cases} \dfrac{1}{2}e^{-\frac{y}{2}}, & 0<x<1, y>0, \\ 0, & 其他. \end{cases}$

(2) 0.1445.

30. (1) $f_Y(y)=\begin{cases} \dfrac{3}{8\sqrt{y}}, & 0<y<1, \\ \dfrac{1}{8\sqrt{y}}, & 1\leqslant y<4, \\ 0, & 其他. \end{cases}$

(2) $F(-\frac{1}{2},4)=\frac{1}{4}$.

31. (1) $P\{Z\leqslant\frac{1}{2}|X=0\}=\frac{1}{2}$;

(2) $f_Z(z)=\begin{cases}\frac{1}{3}, & -1\leqslant z<2,\\ 0, & 其他.\end{cases}$

习 题 4.1

1. $E(X)=-0.2, E(X^2)=2.8, E(3X^2+5)=13.4$.
2. $E(X)=1.0556$.
3. 125 发. (提示:先算出一名战士平均使用的子弹数目.)
4. $E(X)=\mu$.
5. (1) 2; (2) $\frac{1}{3}$.
6. 33.64 元.

习 题 4.2

1. $D(X)=2.76, D(\sqrt{10}X-5)=27.6$.
2. 乙的技术发挥比甲要稳定. (提示:$E(X)=E(Y)$,但 $D(X)>D(Y)$.)
3. (1) 48; (2) 360.

习 题 4.3

1. $E(X)=8.25, D(X)=2.8875, \sigma(X)=1.699$.
2. (1) $E(W)=25\frac{1}{2}$; (2) $D(V)=52\frac{1}{12}$.
3. $a=12, b=-12, c=3$.

习 题 4.5

1. $\text{cov}(X,Y)=-\frac{1}{9}$.
2. $\rho_{XY}=0, X$ 与 Y 不相互独立.
3.
4. $\begin{pmatrix}\frac{\pi^2}{16}+\frac{\pi}{2}-2 & \frac{\pi}{2}-\frac{\pi^2}{16}-1\\ \frac{\pi}{2}-\frac{\pi^2}{16}-1 & \frac{\pi^2}{16}+\frac{\pi}{2}-2\end{pmatrix}$.
5. ρ(若 a,c 同号), $-\rho$(若 a,c 异号).

习 题 4

1. $P\{X=2k\}=(pq)^{k-1}(p^2+q^2), P\{X=2k+1\}=(pq)^k, k=1,2,3,\cdots, E(X)=\frac{2+pq}{1-pq}$.

2. $E(Z) \approx 7.9936, \sigma(Z) \approx 1.3404$.

3. $E(Y) = \sqrt{\dfrac{2}{\pi}} \sigma$, $D(Y) = \left(1 - \dfrac{2}{\pi}\right) \sigma^2$.

4. (1) $E(X) = 2, E(Y) = \dfrac{5}{2}; D(X) = \dfrac{8}{11}, D(Y) = \dfrac{35}{44}; \text{cov}(X,Y) = -\dfrac{5}{11}, \rho_{XY} = -\sqrt{\dfrac{5}{14}} \approx -0.598$;

   (2) $E(X) = 2, E(Y) = \dfrac{5}{3}; D(X) = \dfrac{4}{3}, D(Y) = \dfrac{35}{24}; \text{cov}(X,Y) = -\dfrac{5}{6}, \rho_{XY} = -\sqrt{\dfrac{5}{14}} \approx -0.598$.

5. $E(X) = \dfrac{a(4a+3b)}{6(a+b)}, E(Y) = \dfrac{b(3a+4b)}{6(a+b)}; D(X) = \dfrac{a^2(2a^2+6ab+3b^2)}{36(a+b)^2}$,

   $D(Y) = \dfrac{b^2(3a^2+6ab+2b^2)}{36(a+b)^2}; \text{cov}(X,Y) = -\dfrac{a^2 b^2}{36(a+b)^2}$,

   $\rho_{XY} = -\dfrac{ab}{\sqrt{(2a^2+6ab+3b^2)(3a^2+6ab+2b^2)}}$.

6. $\rho_{UV} = \dfrac{a^2 - b^2}{a^2 + b^2}$.

7. $E(S) = \dfrac{R^2}{\pi}$.

8. $E(\max\{X,Y\}) = \dfrac{\sigma}{\sqrt{\pi}}$.

9. $E(\max\{X_1, X_2, \cdots, X_n\}) = \dfrac{na}{n+1}$, $E(\min\{X_1, X_2, \cdots, X_n\}) = \dfrac{a}{n+1}$.

10. 设随机变量 X_i 表示第 i 次取出的卡片上的号码 $(i = 1, 2, \cdots, n)$，则取出的 n 张卡片上号码的总和 $X = \sum_{i=1}^{n} X_i$. 不难求得

$$E(X_i) = \dfrac{N+1}{2}, \quad D(X_i) = \dfrac{N^2-1}{12}, \quad i = 1, 2, \cdots, n.$$

注意到 $X_1, X_2, \cdots, X_n$ 是相互独立的，所以有

$$E(X) = \sum_{i=1}^{n} E(X_i) = \dfrac{n(N+1)}{2}, \quad D(X) = \sum_{i=1}^{n} D(X_i) = \dfrac{n(N^2-1)}{12}.$$

11. 设随机变量 X_i 表示取出第 $(i-1)$ 种不同颜色的球后，直至取出第 i 种不同颜色的球时需要取球的次数 $(i = 1, 2, \cdots, n)$，则当取出 n 种不同颜色的球时所需取球的总次数 $Y_n = \sum_{i=1}^{n} X_i$. 显然，$X_1 = 1, E(X_1) = 1$. 当取出第 $(i-1)$ 种不同颜色的球后，每次取得新颜色（即第 i 种颜色）的球的概率 $p_i = \dfrac{N-i+1}{N}$，随机变量 X_i 服从几何分布 $G(p_i)$，有 $E(X_i) = \dfrac{1}{p_i} = \dfrac{N}{N-i+1} (i = 2, 3, \cdots, n)$. 由此得

$$E(Y_n) = \sum_{i=1}^{n} E(X_i) = N\left(\dfrac{1}{N} + \dfrac{1}{N-1} + \cdots + \dfrac{1}{N-n+1}\right).$$

如果 $N = 10$，则对应于 n 的不同的值，$E(Y_n)$ 的值如下表：

部分习题参考答案

n	2	3	4	5	6	7	8	9	10
$E(Y_n)$	2.11	3.36	4.79	6.46	8.46	10.96	14.29	19.29	29.29

12. $E(X)=\sqrt{\dfrac{\pi}{2}}\sigma, D(X)=\left(2-\dfrac{\pi}{2}\right)\sigma^2, P\{X>E(X)\}=e^{-\frac{\pi}{4}}$.

13. $E(X)=\dfrac{2\alpha}{\sqrt{\pi}}, E\left(\dfrac{1}{2}mX^2\right)=\dfrac{3}{4}m\alpha^2$.

14. 21 单位.

16. $\rho_{\xi\eta}=\dfrac{a^2-b^2}{a^2+b^2}$；$|a|=|b|$ 时 X, Y 不相关, 独立.

17. $E(X)=E(Y)=\dfrac{7}{6}, \text{cov}(X,Y)=-\dfrac{1}{36}, \rho_{XY}=-\dfrac{1}{11}, D(X+Y)=\dfrac{5}{9}$.

18. 1, 3.

习 题 5

1. 提示：注意 $p(1-p)\leqslant\dfrac{1}{4}$.

   (1) $P\left\{\left|\dfrac{m}{n}-P\right|<0.1\right\}\geqslant 0.75$；(2) $P\left\{\left|\dfrac{m}{n}-P\right|<0.1\right\}\geqslant 0.9544$.

2. 1052 件.

3. 不超过 0.0124；(926, 1074).

4. 348 次.

5. 0.8686.

7. (1) 0.680；(2) 样品中的次品数不得超过 7 件.

8. 约需抽查 384 件样品.

9. (1) 0.047；(2) 每箱应装 114 个零件.

10. (1) $P\{70\leqslant X\leqslant 85\}=0.8882$；(2) 86.58Q.

11. (1) $p=0.8788$；(2) $n\leqslant 312$.

习 题 6.1

1. $\bar{x}=250.6\text{g}; s\approx 5.205\text{g}; s^2\approx 27.09\text{g}^2$.

习 题 6.2

1. 0.1.

2. $n\approx 14$.

4. (1) $t(2)$；(2) $t(n-1)$；(3) $F(3, n-3)$.

习 题 6

1. (1) $\Omega=\{(x_1, x_2, x_3, x_4, x_5) | x_i=0, 1, i=1, 2, 3, 4, 5\}$；

$p^{x_1+x_2+x_3+x_4+x_5}(1-p)^{5-(x_1+x_2+x_3+x_4+x_5)}$, $x_i=0,1$;

(2) X_1+X_3, $\min\{X_1,X_2,\cdots,X_5\}$, $(X_5-X_1)^2$ 是统计量；

(3) $\dfrac{3}{5}$, $\dfrac{6}{25}$.

2. (1) $\dfrac{1}{(\sqrt{2\pi}\sigma)^3}\exp\left\{-\dfrac{1}{2\sigma^2}\sum\limits_{i=1}^{3}(x_i-\mu)^2\right\}$, $-\infty<x_i<+\infty$, $i=1,2,3$；

(2) $X_1+X_2+X_3$, $X_1-\mu$, $\max\{X_1,X_2,X_3\}$, $\dfrac{X_3-X_1}{2}$ 是统计量.

3. $\dfrac{2}{n(n-1)}$.

4. $E(\overline{X})=\lambda$, $D(\overline{X})=\dfrac{\lambda}{n}$, $E(S^2)=\lambda$.

5. $E(\overline{X})=\theta$, $D(\overline{X})=\dfrac{\theta^2}{n}$, $E(S^2)=\theta^2$.

6. (1) 0.8944；(2) 0.85.

7. (1) 0.875；(2) 0.90.

8. 0.397.

9. (1) 0.95；(2) 0.80.

10. (1) $F(n,m)$；(2) $t(n)$.

11. (B).

习 题 7.1

1. $\hat{\mu}=74.002$, $\hat{\sigma}^2=6\times 10^{-6}$.

2. (1) $\hat{\theta}=\dfrac{\overline{X}}{\overline{X}-C}$, $\hat{\theta}=\dfrac{h}{\sum\limits_{i=1}^{n}\ln X_i - n\ln C}$；(2) $\hat{\theta}=\left(\dfrac{\overline{X}}{1-\overline{X}}\right)^2$, $\hat{\theta}=\dfrac{n^2}{\left(\sum\limits_{i=1}^{n}\ln X_i\right)^2}$；

(3) $\hat{p}=\dfrac{\overline{X}}{m}$.

3. (1) $\hat{\theta}=\left[\dfrac{1}{n}\sum\limits_{i=1}^{n}(x_i-\overline{x})^2\right]^{\frac{1}{2}}=S_n$, $\hat{c}=\overline{x}-\left[\dfrac{1}{n}\sum\limits_{i=1}^{n}(x_i-\overline{x})^2\right]^{\frac{1}{2}}=\overline{x}-S_n$；

(2) $\hat{\theta}=\overline{x}-x_1$, $\hat{c}=x_1$.

4. 矩估计 $\hat{\theta}=\dfrac{3}{2}\overline{X}$；极大似然估计 $\hat{\theta}=\max\{X_1,X_2,\cdots,X_n\}$.

习 题 7.2

1. (1) $c=\dfrac{1}{2(n-1)}$；(2) $c=\dfrac{1}{n}$.

2. (1) T_1, T_3 是 θ 的无偏估计量；(2) T_3 较 T_1 为 θ 的有效估计量.

4. 矩估计 $\hat{\theta}=\overline{X}-1$；极大似然估计 $\hat{\theta}=\min\{X_1,X_2,\cdots,X_n\}$.

部分习题参考答案

习 题 7.3

1. (1) $(5.608, 6.392)$;(2) $(5.558, 6.442)$.
2. (1) $(6.675, 6.681), (6.8 \times 10^{-6}, 6.5 \times 10^{-5})$;
   (2) $(6.661, 6.667), (3.8 \times 10^{-6}, 5.06 \times 10^{-5})$.
3. (1) $(2.106, 2.140)$; (2) $(0.357, 8.223)$.
4. $(-0.002, 0.006)$.
5. $(0.222, 3.601)$.

习 题 7.4

1. $(0.101, 0.244)$.
2. $(0.62, 0.68)$.
3. $(0.496, 0.624)$.
4. $(0.09, 0.12)$.

习 题 7.5

1. $\mu = 31118h$.
2. (1) σ 已知时:6.329;(2) σ 未知时:6.356.
3. -0.0012.
4. 2.84.

习 题 7

1. (1) $\hat{\theta} = \dfrac{3-\bar{x}}{4} = 0.25$; (2) $\hat{\theta} = \dfrac{7-\sqrt{13}}{12}$.
2. $\hat{\lambda} = \bar{x} = 1$,即平均 1L 水有 1 个大肠杆菌使上述结果的概率最大.
3. $\hat{\theta} = \dfrac{2\bar{X}-1}{1-\bar{X}}$; $\hat{\theta} = -1 - \dfrac{n}{\sum\limits_{i=1}^{n} \ln X_i}$.
4. (1) $\hat{\alpha} = \sqrt{\dfrac{3}{n}\sum\limits_{i=1}^{n} X_i^2}$; (2) $\hat{\alpha} = \max\{X_i\}$.
5. $\hat{P}\{x > 1000\} = 1 - \Phi\left(\dfrac{1000 - \hat{\mu}}{\hat{\sigma}}\right) = 1 - \Phi(0.08) = 0.4681$.
6. $\hat{\theta} = \dfrac{N}{n}$.
7. (1) $\hat{\theta} = 2\bar{X} - \dfrac{1}{2}$; (2) 因为 $E(4\bar{X}^2) > \theta^2$,所以 $4\bar{X}^2$ 不是 θ^2 的无偏估计.
8. $\hat{\theta} = 2\bar{X}$.(提示:证明 $\hat{\theta}$ 是无偏估计和相合估计.)
9. 略.(提示利用辛钦大数定律证明相合估计.)
11. $n \geq 10$,即至少要抽取 10 个样品.

12. $\alpha=0.10$,即置信水平为 0.90.
13. $(92260,107740)$.
14. (1) $e^{\mu+\frac{1}{2}}$; (2) $(-0.98,0.98)$; (3) $(e^{-0.48},e^{1.48})$.
15. (1) $(66.2,73.4)$; (2) $(5.0,10.4)$.
16. $(0.3000,2.1137)$.
17. $(-3.3148,-0.6852)$.
18. $(0.533,2.641)$.
19. $(0.09,0.12)$.
20. $(0.78,0.82)$.
21. $\bar{\mu}=183.3515\text{mg/kg}$(符合国家食品卫生标准的控制限 200mg/kg).
22. $\bar{\mu}=420.12\text{kg/cm}^2$; $\underline{\mu}=409.88(\text{kg/cm}^2)$.
23. (1) $\underline{\mu_1-\mu_2}=0.00743, \overline{\mu_1-\mu_2}=0.05857$; (2) $\left(\dfrac{\sigma_1^2}{\sigma_2^2}\right)=0.7701$.
24. $\hat{\theta}=X_{(1)}+\dfrac{1}{n}\ln\alpha$.
25. $(3.2033,3.6968)$.(提示:先求出 μ 的置信上、下限.)

习 题 8.2

1. $|z|=3.85>1.96$,拒绝 H_0,认为该天铁水含碳量有显著变化.
2. $|t|=3.37>2.776$,拒绝 H_0,认为新仪器测量的温度有明显偏差.
3. $11.524<\chi^2=36<44.314$,接受 H_0,认为这批电池寿命的波动性无显著变化.
4. $t=-1.5238<1.7531=t_{0.05}(15)$,接受 H_0,认为该经理的预期效果可以达到.
5. $\chi^2=45.9375>22.307=\chi^2_{0.1}(15)$,拒绝 H_0,认为该天细纱支数的标准差比1.2有显著地增大,即质量变劣了.
6. $|t|=3.9329>2.1199=t_{\frac{\alpha}{2}}(8+10-2)$,拒绝 H_0,即认为两作家所写的小品文中包含有 3 个字母组成的词的比例有显著的差异.
7. $t=4.9125>1.7171=t_{0.05}(22)$,拒绝 H_0.
8. (1) $F_{0.975}(6,7)=0.18<F=2.33<5.12=F_{0.025}(6,7)$,接受 H_0,认为处理前后含脂率的总体方差无显著差异.
   (2) $|t|=2.49>2.16=t_{0.025}(13)$,拒绝 H_0,认为处理前后含脂率有显著变化.
9. $F=1.60<F_{0.05}(59,39)=1.61$,接受 H_0.

习 题 8.3

1. $\chi^2=1.459<5.991=\chi^2_{0.05}(2)$,接受 H_0,即认为一页的印刷错误个数服从 Poisson 分布.
2. $\chi^2=1.8455<7.815=\chi^2_{0.05}(3)$,接受 H_0.
3. $\chi^2=1.667<5.991=\chi^2_{0.05}(2)$,接受 H_0.

部分习题参考答案

习 题 8

1. (1) $5.629 < \chi^2 < 26.119(\chi^2 = 20.995)$，接受 H_0，认为脉搏的稳定性已恢复如前；
   (2) $|t| = 2.0663 < 2.1448$，接受 H_0，认为脉搏速度与以前没有显著变化，因此可以断定这名运动员的脉搏已恢复到受伤前状态.

2. $t = -2.00 < 2.0150$，接受 $H_0 : \mu \geqslant 30$，可以认为这种柴油机不符合设计要求.

3. $z = -3.37 < -2.33$，拒绝 $H_0 : \mu_1 \geqslant \mu_2$，可以认为 A 种导线比 B 种导线的电阻小.

4. $|t| = 1.1429 < 1.8595$，接受 $H_0 : \mu_1 = \mu_2$，可以认为两种零件强度差异不显著.

5. $|z| = 2.51 > 2.33$，拒绝 $H_0 : p = 0.80$，可以认为该药厂的广告不真实.

6. $\chi^2 = 13.5069 > 9.488$，拒绝 $H_0 : \sigma^2 \leqslant 0.048^2$，可以认为这天生产的维尼纶纤度不均匀.

7. (1) $\chi^2 = 39.45 < 43.773$，接受 $H_0 : \sigma^2 \leqslant 0.45^2$，认为车床工作稳定性没有显著变化；
   (2) $|t| = 6.26 > 2.0423$，拒绝 $H_0 : \mu = 10.5$，认为车床加工零件的长度不是 10.5cm，综合上述，可以认为该车床工作不正常.

8. (1) $1 < F = 1.2406 < 1.69$，接受 H_0，认为两总体方差相同；
   (2) $|t| = 5.736 > 2.575$，拒绝 $H_0 : \mu_1 = \mu_2$，认为该地区正常成年男性与女性血液中红细胞数差异显著.

9. $|z| \geqslant 1.6529$.

10. $\chi^2 \leqslant 3.3250$.

11. $F \leqslant 0.2950$ 或 $F \geqslant 3.3898$.

12. (1) $|z| \geqslant 1.96$；(2) $\beta = P\{1.08 < \overline{X} < 8.92\} = 0.921$.

13. $\beta = \Phi\left(z_\alpha + \dfrac{\mu_1 - \mu_0}{\sigma/\sqrt{n}}\right)$.

14. $n \geqslant 24.01$，即样本容量至少为 25.

15. $\chi^2 = 2.1582 < 14.067 = \chi^2_{0.05}(7)$. 接受 H_0，认为 X 服从期望值等于 13.5 的指数分布.

习 题 9.2

1. $\hat{Y} = 24.6287 + 0.05886x$.

2. (1) $\hat{Y} = 13.9584 + 12.5503x$；(2) $\hat{\sigma}^2 = 0.0432$；(3) 回归效果显著；(4) $(19.56, 20.81)$.

3. $\hat{Y} = 32.4556 \mathrm{e}^{-0.0867x}$.

4. $\hat{Y} = 9.9 + 0.575x_1 + 0.55x_2 + 1.15x_3$.

习 题 9.4

1. $F_A = 3.19 < 3.86 = F_{0.05}(3, 9)$，认为在不同的储藏方法下，粮食的含水率没有显著的差异.

2. $F_A = 3.81 > 2.70 = F_{0.05}(6, 17)$，认为各研究生所得之青蛙肌肉收缩时间的差别是显著的.

3. (1) $F_A = 96.88 > 6.94 = F_{0.05}(2, 4)$，认为比重不同对于木材抗压强度有显著影响；
   (2) $F_B = 1.60 < 6.94 = F_{0.05}(2, 4)$，认为加荷速度不同对于木材抗压强度没有显著影响.

4. $F_A = 1.4 < 7.71 = F_{0.05}(1,4)$,认为时间对强度的影响不显著;

   $F_B = 10.0 > 7.71 = F_{0.05}(1,4)$,认为温度对强度的影响显著;

   $F_{A \times B} = 47.0 > 7.71 = F_{0.05}(1,4)$,认为交互作用的影响显著.

习 题 9

1. (1) 根据散点图,可以认为 y 随 x 增长而减少的趋势;

   (2) $\hat{Y} = 7.94 - 0.91x$;

   (3) $F = 7.74 > F_{0.05}(1,4) = 7.71$,认为回归方程是显著的;

   (4) 当 $x = 3(\%)$时,$\hat{y} = 5.21$.

2. (1) 由散点图可知 y 与 x 之间存在线性相关关系;

   (2) $\hat{Y} = 5.3444 + 0.3043x$;

   (3) $F = 242.9 > F_{0.05}(1,9) = 240.5$,认为回归方程是显著的;

   (4) $R = 0.9820$;

   (5) $(7.58, 18.32)$.

3. $R_{\frac{\alpha}{2}} = \sqrt{\left[1 + \frac{n-2}{F_\alpha(1,n-2)}\right]^{-1}}$.

4. $\hat{Y}' = 5.9665 - 0.2179t$.

5. 可令 $Y' = \frac{1}{Y}, x' = \frac{1}{x}$.

6. (1) $\hat{Y} = 10.45 - 0.216x_1 + 0.040x_2$;(2) 拒绝 H_0;

   (3) $(14.708, 19.152)$;(4) 拒绝 H_{01},拒绝 H_{02}.

7. $\hat{Y} = 18.484 - 0.8205x + 0.0093x^2$;最佳百分比为 44%.

8. 提示:由 X 的正交性可以得到 $\sum_{i=1}^{n} x_{ij} = 0, \sum_{k=1}^{n} x_{ij}x_{ik} = 0 (j \neq k)$.

9. (1) $\begin{cases} y_{ij} = \mu + a_i + \varepsilon_{ij}, & i = 1,2,\cdots,5, j = 1,2,\cdots,7, \\ \sum_{i=1}^{5} a_i = 0, & \varepsilon_{ij} \sim N(0, \sigma^2); \end{cases}$

   (2) $F = 11.28 > F_{0.05}(4,30) = 2.69$,可以认为 5 种推销方法有显著差异;

   (3) 第 5 种推销方法的一个月平均推销额最高,其平均值为 27.986.

10. (1) $F = 27.95 > F_{0.05}(3,12) = 3.49$,认为 4 个观察点上 SO_2 的平均含量有显著差异;

    (2) 除 A_3 与 A_2,A_3 与 A_4 外,其他水平两两都有显著差异.

11. (1) $F = 83.726 > F_{0.05}(2,12) = 3.89$,可以认为 3 类人员的测验平均分有显著差异;

    (2) $(83.38, 95.02)$;

    (3) 3 类人员中任意两类的测验平均分都有显著差异.

12. $F = 153.32 > F_{0.05}(3,20) = 3.10$,可以认为 4 种类型工种的平均收入有显著差异;4 种类型工种的平均收入两两间都有显著差异.

习 题 10

1. $F_A = 2.92 < 19.00 = F_{0.05}(2,2)$,因子 A 的作用不显著;
   $F_B = 40.49 > 19.00 = F_{0.05}(2,2)$,因子 B 的作用显著;
   $F_C = 9.37 < 19.00 = F_{0.05}(2,2)$,因子 C 的作用不显著.
2. $F_A = 0.27 < 10.13 = F_{0.05}(1,3)$,因子 A 的作用不显著;
   $F_B = 6.82 < 10.13 = F_{0.05}(1,3)$,因子 B 的作用不显著;
   $F_C = 61.36 > 10.13 = F_{0.05}(1,3)$,因子 C 的作用显著;
   $F_{AC} = 22.09 > 10.13 = F_{0.05}(1,3)$,因子 A 与 C 的交互作用 $A \times C$ 显著.

附表 1 几种常用的概率分布

分布	参数	分布律或概率密度	数学期望	方差
0-1 分布	$0<p<1$	$P\{X=k\}=p^k(1-p)^{1-k}$, $k=0,1$	p	$p(1-p)$
二项分布	$n\geq 1$, $0<p<1$	$P\{X=k\}=C_n^k p^k(1-p)^{n-k}$, $k=0,1,\cdots,n$	np	$np(1-p)$
负二项分布	$r\geq 1$, $0<p<1$	$P\{X=k\}=C_{k-1}^{r-1} p^r(1-p)^{k-r}$, $k=r,r+1,\cdots$	$\dfrac{r}{p}$	$\dfrac{r(1-p)}{p^2}$
几何分布	$0<p<1$	$P\{X=k\}=p(1-p)^{k-1}$, $k=1,2,\cdots$	$\dfrac{1}{p}$	$\dfrac{1-p}{p^2}$
超几何分布	N,M,n $(n\leq M)$	$P\{X=k\}=\dfrac{C_M^k C_{N-M}^{n-k}}{C_N^n}$, $k=0,1,\cdots,n$	$\dfrac{nM}{N}$	$\dfrac{nM}{N}\left(1-\dfrac{M}{N}\right)\left(\dfrac{N-n}{N-1}\right)$
泊松分布	$\lambda>0$	$P\{X=k\}=\dfrac{\lambda^k e^{-\lambda}}{k!}$, $k=0,1,\cdots$	λ	λ
均匀分布	$a<b$	$f(x)=\begin{cases}\dfrac{1}{b-a}, & a<x<b,\\ 0, & \text{其他}\end{cases}$	$\dfrac{a+b}{2}$	$\dfrac{(b-a)^2}{12}$

附表1 几种常用的概率分布

续表

分布	参数	分布律或概率密度	数学期望	方差
正态分布	μ $\sigma>0$	$f(x)=\dfrac{1}{\sqrt{2\pi}\sigma}\mathrm{e}^{-\frac{(x-\mu)^2}{2\sigma^2}}$	μ	σ^2
Γ分布	$\alpha>0$ $\beta>0$	$f(x)=\begin{cases}\dfrac{1}{\beta^\alpha \Gamma(\alpha)}x^{\alpha-1}\mathrm{e}^{-x/\beta},&x>0,\\ 0,&\text{其他}\end{cases}$	$\alpha\beta$	$\alpha\beta^2$
指数分布	$\theta>0$	$f(x)=\begin{cases}\dfrac{1}{\theta}\mathrm{e}^{-x/\theta},&x>0,\\ 0,&\text{其他}\end{cases}$	θ	θ^2
χ^2分布	$n\geqslant 1$	$f(x)=\begin{cases}\dfrac{1}{2^{n/2}\Gamma(n/2)}x^{n/2-1}\mathrm{e}^{-x/2},&x>0,\\ 0,&\text{其他}\end{cases}$	n	$2n$
威布尔分布	$\eta>0$ $\beta>0$	$f(x)=\begin{cases}\dfrac{\beta}{\eta}\left(\dfrac{x}{\eta}\right)^{\beta-1}\mathrm{e}^{-\left(\frac{x}{\eta}\right)^\beta},&x>0,\\ 0,&\text{其他}\end{cases}$	$\eta\Gamma\left(\dfrac{1}{\beta}+1\right)$	$\eta^2\left\{\Gamma\left(\dfrac{2}{\beta}+1\right)\right.$ $\left.-\left[\Gamma\left(\dfrac{1}{\beta}+1\right)\right]^2\right\}$
瑞利分布	$\sigma>0$	$f(x)=\begin{cases}\dfrac{x}{\sigma^2}\mathrm{e}^{-x^2/(2\sigma^2)},&x>0,\\ 0,&\text{其他}\end{cases}$	$\sqrt{\dfrac{\pi}{2}}\sigma$	$\dfrac{4-\pi}{2}\sigma^2$

续表

分布	参数	分布律或概率密度	数学期望	方差
β 分布	$\alpha > 0$, $\beta > 0$	$f(x) = \begin{cases} \dfrac{\Gamma(\alpha+\beta)}{\Gamma(\alpha)\Gamma(\beta)} x^{\alpha-1}(1-x)^{\beta-1}, & 0 < x < 1, \\ 0, & \text{其他} \end{cases}$	$\dfrac{\alpha}{\alpha+\beta}$	$\dfrac{\alpha\beta}{(\alpha+\beta)^2(\alpha+\beta+1)}$
对数正态分布	μ, $\sigma > 0$	$f(x) = \begin{cases} \dfrac{1}{\sqrt{2\pi}\sigma x} \mathrm{e}^{-\dfrac{(\ln x - \mu)^2}{2\sigma^2}}, & x > 0, \\ 0, & \text{其他} \end{cases}$	$\mathrm{e}^{\mu + \dfrac{\sigma^2}{2}}$	$\mathrm{e}^{2\mu+\sigma^2}(\mathrm{e}^{\sigma^2}-1)$
柯西分布	a, $\lambda > 0$	$f(x) = \dfrac{1}{\pi} \dfrac{\lambda}{\lambda^2 + (x-a)^2}$	不存在	不存在
t 分布	$n \geq 1$	$f(x) = \dfrac{\Gamma((n+1)/2)}{\sqrt{n\pi}\,\Gamma(n/2)} \left(1 + \dfrac{x^2}{n}\right)^{-(n+1)/2}$	0	$\dfrac{n}{n-2}$, $n > 2$
F 分布	n_1, n_2	$f(x) = \begin{cases} \dfrac{\Gamma((n_1+n_2)/2)}{\Gamma(n_1/2)\Gamma(n_2/2)} \left(\dfrac{n_1}{n_2}\right) \left(\dfrac{n_1 x}{n_2}\right)^{(n_1+n_2)/2} \\ \quad \cdot \left(1 + \dfrac{n_1}{n_2} x\right)^{-(n_1+n_2)/2}, & x > 0, \\ 0, & \text{其他} \end{cases}$	$\dfrac{n_2}{n_2-2}$, $n_2 > 2$	$\dfrac{2n_2^2(n_1+n_2-2)}{n_1(n_2-2)^2(n_2-4)}$, $n_2 > 4$

附表 2 泊松分布表

泊松分布表 1,表中列出了 $P(X=k)=\dfrac{\lambda^k}{k!}\mathrm{e}^{-\lambda}$ 的值.

k \ λ	0.1	0.2	0.3	0.4	0.5	0.6
0	0.904837	0.818731	0.740818	0.670320	0.606531	0.548812
1	0.090484	0.163746	0.222245	0.268128	0.303265	0.329287
2	0.004524	0.016375	0.033337	0.053626	0.075816	0.098786
3	0.000151	0.001092	0.003334	0.007150	0.012636	0.019757
4	0.000004	0.000055	0.000250	0.000715	0.001580	0.002964
5	—	0.000002	0.000015	0.000057	0.000158	0.000356
6	—	—	0.000001	0.000004	0.000013	0.000036
7	—	—	—	—	0.000001	0.000003

k \ λ	0.7	0.8	0.9	1.0	2.0	3.0
0	0.496585	0.449329	0.406570	0.367879	0.135335	0.049787
1	0.347610	0.359463	0.365913	0.367879	0.270671	0.149361
2	0.121663	0.143785	0.164661	0.183940	0.270671	0.224042
3	0.028388	0.038343	0.049398	0.061313	0.180447	0.224042
4	0.004968	0.007669	0.011115	0.015328	0.090224	0.168031
5	0.000696	0.001227	0.002001	0.003066	0.036089	0.100819
6	0.000081	0.000164	0.000300	0.000511	0.012030	0.050409
7	0.000008	0.000019	0.000039	0.000073	0.003437	0.021604
8	0.000001	0.000002	0.000004	0.000009	0.000859	0.008102
9	—	—	—	0.000001	0.000191	0.002701
10	—	—	—	—	0.000038	0.000810
11	—	—	—	—	0.000007	0.000221
12	—	—	—	—	0.000001	0.000055
13	—	—	—	—	—	0.000013
14	—	—	—	—	—	0.000003
15	—	—	—	—	—	0.000001

续表

k \ λ	4.0	5.0	6.0	7.0	8.0	9.0
0	0.018316	0.006738	0.002479	0.000912	0.000335	0.000123
1	0.073263	0.033690	0.014873	0.006383	0.002684	0.001111
2	0.146525	0.084224	0.044618	0.022341	0.010735	0.004998
3	0.195367	0.140374	0.089235	0.052129	0.028626	0.014994
4	0.195367	0.175467	0.133853	0.091226	0.057252	0.033737
5	0.156293	0.175467	0.160623	0.127717	0.091604	0.060727
6	0.104196	0.146223	0.160623	0.149003	0.122138	0.091090
7	0.059540	0.104445	0.137677	0.149003	0.139587	0.117116
8	0.029770	0.065278	0.103258	0.130377	0.139587	0.131756
9	0.013231	0.036266	0.068838	0.101405	0.124077	0.131756
10	0.005292	0.018133	0.041303	0.070983	0.099262	0.118580
11	0.001925	0.008242	0.022529	0.045171	0.072190	0.097020
12	0.000642	0.003434	0.011264	0.026350	0.048127	0.072765
13	0.000197	0.001321	0.005199	0.014188	0.029616	0.050376
14	0.000056	0.000472	0.002228	0.007094	0.016924	0.032384
15	0.000015	0.000157	0.000891	0.003311	0.009026	0.019431
16	0.000004	0.000049	0.000334	0.001448	0.004513	0.010930
17	0.000001	0.000014	0.000118	0.000596	0.002124	0.005786
18	—	0.000004	0.000039	0.000232	0.000944	0.002893
19	—	0.000001	0.000012	0.000085	0.000397	0.001370
20	—	—	0.000004	0.000030	0.000159	0.000617
21	—	—	0.000001	0.000010	0.000061	0.000264
22	—	—	—	0.000003	0.000022	0.000108
23	—	—	—	0.000001	0.000008	0.000042
24	—	—	—	—	0.000003	0.000016
25	—	—	—	—	0.000001	0.000006
26	—	—	—	—	—	0.000002
27	—	—	—	—	—	0.000001

附表2 泊松分布表

泊松分布表2,表中列出了 $P(X \leqslant x) = \sum_{k=0}^{x} \dfrac{\lambda^k}{k!} \mathrm{e}^{-\lambda}$ 的值.

λ \ x	0	1	2	3	4	5	6	7	8	9
0.02	0.980	1.000								
0.04	0.961	0.999	1.000							
0.06	0.942	0.998	1.000							
0.08	0.923	0.997	1.000							
0.10	0.905	0.995	1.000							
0.15	0.861	0.990	0.999	1.000						
0.20	0.819	0.982	0.999	1.000						
0.25	0.779	0.974	0.998	1.000						
0.30	0.741	0.963	0.996	1.000						
0.35	0.705	0.951	0.994	1.000						
0.40	0.670	0.938	0.992	0.999	1.000					
0.45	0.638	0.925	0.989	0.999	1.000					
0.50	0.607	0.910	0.986	0.998	1.000					
0.55	0.577	0.894	0.982	0.998	1.000					
0.60	0.549	0.878	0.977	0.997	1.000					
0.65	0.522	0.861	0.972	0.996	0.999	1.000				
0.70	0.497	0.844	0.966	0.994	0.999	1.000				
0.75	0.472	0.827	0.959	0.993	0.999	1.000				
0.80	0.449	0.809	0.953	0.991	0.999	1.000				
0.85	0.427	0.791	0.945	0.989	0.989	1.000				
0.90	0.407	0.772	0.937	0.987	0.998	1.000				
0.95	0.387	0.754	0.929	0.984	0.997	1.000				
1.00	0.368	0.736	0.920	0.981	0.996	0.999	1.000			
1.1	0.333	0.699	0.900	0.974	0.995	0.999	1.000			
1.2	0.301	0.663	0.879	0.966	0.992	0.998	1.000			
1.3	0.273	0.627	0.857	0.957	0.989	0.998	1.000			
1.4	0.247	0.592	0.833	0.946	0.986	0.997	0.999	1.000		
1.5	0.223	0.558	0.809	0.934	0.981	0.996	0.999	1.000		
1.6	0.202	0.525	0.783	0.921	0.976	0.994	0.999	1.000		
1.7	0.183	0.493	0.757	0.907	0.970	0.992	0.998	1.000		
1.8	0.165	0.463	0.731	0.891	0.964	0.990	0.997	0.999	1.000	
1.9	0.150	0.434	0.704	0.875	0.956	0.987	0.997	0.999	1.000	
2.0	0.135	0.406	0.677	0.857	0.947	0.983	0.995	0.999	1.000	
2.2	0.111	0.355	0.623	0.819	0.928	0.975	0.993	0.998	1.000	
2.4	0.091	0.308	0.570	0.779	0.904	0.964	0.989	0.997	0.999	1.000
2.6	0.074	0.267	0.518	0.736	0.877	0.951	0.983	0.995	0.999	1.000
2.8	0.061	0.231	0.469	0.692	0.848	0.935	0.976	0.992	0.998	0.999
3.0	0.050	0.199	0.423	0.647	0.815	0.916	0.966	0.988	0.996	0.999
3.2	0.041	0.171	0.380	0.603	0.781	0.895	0.955	0.983	0.994	0.998
3.4	0.033	0.147	0.340	0.558	0.744	0.871	0.942	0.977	0.992	0.997
3.6	0.027	0.126	0.303	0.515	0.706	0.844	0.927	0.969	0.988	0.996
3.8	0.022	0.107	0.269	0.473	0.668	0.816	0.909	0.960	0.984	0.994
4.0	0.018	0.092	0.238	0.433	0.629	0.785	0.889	0.949	0.979	0.992
4.2	0.015	0.078	0.210	0.395	0.590	0.753	0.867	0.936	0.972	0.989
4.4	0.012	0.066	0.185	0.359	0.551	0.720	0.844	0.921	0.964	0.985
4.6	0.010	0.056	0.163	0.326	0.513	0.686	0.818	0.905	0.955	0.980
4.8	0.008	0.048	0.143	0.294	0.476	0.651	0.791	0.887	0.944	0.975
5.0	0.007	0.040	0.125	0.265	0.440	0.616	0.762	0.867	0.932	0.968

附表2 泊松分布表

续表

λ \ x	0	1	2	3	4	5	6	7	8	9
5.2	0.006	0.034	0.109	0.238	0.406	0.581	0.732	0.845	0.918	0.960
5.4	0.005	0.029	0.095	0.213	0.373	0.546	0.702	0.822	0.903	0.951
5.6	0.004	0.024	0.082	0.191	0.342	0.512	0.670	0.797	0.886	0.941
5.8	0.003	0.021	0.072	0.170	0.313	0.478	0.638	0.771	0.867	0.929
6.0	0.002	0.017	0.062	0.151	0.285	0.446	0.606	0.744	0.847	0.916

λ \ x	10	11	12	13	14	15	16
2.8	1.000						
3.0	1.000						
3.2	1.000						
3.4	0.999	1.000					
3.6	0.999	1.000					
3.8	0.998	0.999	1.000				
4.0	0.997	0.999	1.000				
4.2	0.996	0.999	1.000				
4.4	0.994	0.998	0.999	1.000			
4.6	0.992	0.997	0.999	1.000			
4.8	0.990	0.996	0.999	1.000			
5.0	0.986	0.995	0.998	0.999	1.000		
5.2	0.982	0.993	0.997	0.999	1.000		
5.4	0.977	0.990	0.996	0.999	1.000		
5.6	0.972	0.988	0.995	0.998	0.999	1.000	
5.8	0.965	0.984	0.993	0.997	0.999	1.000	
6.0	0.957	0.980	0.991	0.996	0.999	0.999	1.000

λ \ x	0	1	2	3	4	5	6	7	8	9
6.2	0.002	0.015	0.054	0.134	0.259	0.414	0.574	0.716	0.826	0.902
6.4	0.002	0.012	0.046	0.119	0.235	0.384	0.542	0.687	0.803	0.886
6.6	0.001	0.010	0.040	0.105	0.213	0.355	0.511	0.658	0.780	0.869
6.8	0.001	0.009	0.034	0.093	0.192	0.327	0.480	0.628	0.755	0.850
7.0	0.001	0.007	0.030	0.082	0.173	0.301	0.450	0.599	0.729	0.830
7.2	0.001	0.006	0.025	0.072	0.156	0.276	0.420	0.569	0.703	0.810
7.4	0.001	0.005	0.022	0.063	0.140	0.253	0.392	0.539	0.676	0.788
7.6	0.001	0.004	0.019	0.055	0.125	0.231	0.365	0.510	0.648	0.765
7.8	0.000	0.004	0.016	0.048	0.112	0.210	0.338	0.481	0.620	0.741
8.0	0.000	0.003	0.014	0.042	0.100	0.191	0.313	0.453	0.593	0.717
8.5	0.000	0.002	0.009	0.030	0.074	0.150	0.256	0.386	0.523	0.653
9.0	0.000	0.001	0.006	0.021	0.055	0.116	0.207	0.324	0.456	0.587
9.5	0.000	0.001	0.004	0.015	0.040	0.089	0.165	0.269	0.392	0.522
10.0	0.000	0.000	0.003	0.010	0.029	0.067	0.130	0.220	0.333	0.458

λ \ x	10	11	12	13	14	15	16	17	18	19
6.2	0.949	0.975	0.989	0.995	0.998	0.999	1.000			
6.4	0.939	0.969	0.986	0.994	0.997	0.999	1.000			
6.6	0.927	0.963	0.982	0.992	0.997	0.999	0.999	1.000		
6.8	0.915	0.955	0.978	0.990	0.996	0.998	0.999	1.000		
7.0	0.901	0.947	0.973	0.987	0.994	0.998	0.999	1.000		
7.2	0.887	0.937	0.967	0.984	0.993	0.997	0.999	0.999	1.000	
7.4	0.871	0.926	0.961	0.980	0.991	0.996	0.998	0.999	1.000	

附表2 泊松分布表

续表

λ \ x	10	11	12	13	14	15	16	17	18	19
7.6	0.854	0.915	0.954	0.976	0.989	0.995	0.998	0.999	1.000	
7.8	0.835	0.902	0.945	0.971	0.986	0.993	0.997	0.999	1.000	
8.0	0.816	0.888	0.936	0.966	0.983	0.992	0.996	0.998	0.999	1.000
8.5	0.763	0.849	0.909	0.949	0.973	0.986	0.993	0.997	0.999	0.999
9.0	0.706	0.803	0.876	0.926	0.959	0.978	0.989	0.995	0.998	0.999
9.5	0.645	0.752	0.836	0.898	0.940	0.967	0.982	0.991	0.996	0.998
10.0	0.583	0.697	0.792	0.864	0.917	0.951	0.973	0.986	0.993	0.997

λ \ x	20	21	22
8.5	1.000		
9.0	1.000		
9.5	0.999	1.000	
10.0	0.998	0.999	1.000

λ \ x	0	1	2	3	4	5	6	7	8	9
10.5	0.000	0.000	0.002	0.007	0.021	0.050	0.102	0.179	0.279	0.397
11.0	0.000	0.000	0.001	0.005	0.015	0.038	0.079	0.143	0.232	0.341
11.5	0.000	0.000	0.001	0.003	0.011	0.028	0.060	0.114	0.191	0.289
12.0	0.000	0.000	0.001	0.002	0.008	0.020	0.046	0.090	0.155	0.242
12.5	0.000	0.000	0.000	0.002	0.005	0.015	0.035	0.070	0.125	0.201
13.0	0.000	0.000	0.000	0.001	0.004	0.011	0.026	0.054	0.100	0.166
13.5	0.000	0.000	0.000	0.001	0.003	0.008	0.019	0.041	0.079	0.135
14.0	0.000	0.000	0.000	0.000	0.002	0.006	0.014	0.032	0.062	0.109
14.5	0.000	0.000	0.000	0.000	0.001	0.004	0.010	0.024	0.048	0.088
15.0	0.000	0.000	0.000	0.000	0.001	0.003	0.008	0.018	0.037	0.070

λ \ x	10	11	12	13	14	15	16	17	18	19
10.5	0.521	0.639	0.742	0.825	0.888	0.932	0.960	0.978	0.988	0.994
11.0	0.460	0.579	0.689	0.781	0.854	0.907	0.944	0.968	0.982	0.991
11.5	0.402	0.520	0.633	0.733	0.815	0.878	0.924	0.954	0.974	0.986
12.0	0.347	0.462	0.576	0.682	0.772	0.844	0.899	0.937	0.963	0.979
12.5	0.297	0.406	0.519	0.628	0.725	0.806	0.869	0.916	0.948	0.969
13.0	0.252	0.353	0.463	0.573	0.675	0.764	0.835	0.890	0.930	0.957
13.5	0.211	0.304	0.409	0.518	0.623	0.718	0.798	0.861	0.908	0.942
14.0	0.176	0.260	0.358	0.464	0.570	0.669	0.756	0.827	0.883	0.923
14.5	0.145	0.220	0.311	0.413	0.518	0.619	0.711	0.790	0.853	0.901
15.0	0.118	0.185	0.268	0.363	0.466	0.568	0.664	0.749	0.819	0.875

λ \ x	20	21	22	23	24	25	26	27	28	29
10.5	0.997	0.999	0.999	1.000						
11.0	0.995	0.998	0.999	1.000						
11.5	0.992	0.996	0.998	0.999	1.000					
12.0	0.988	0.994	0.997	0.999	0.999	1.000				
12.5	0.983	0.991	0.995	0.998	0.999	0.999	1.000			
13.0	0.975	0.986	0.992	0.996	0.998	0.999	1.000			
13.5	0.965	0.980	0.989	0.994	0.997	0.998	0.999	1.000		
14.0	0.952	0.971	0.983	0.991	0.995	0.997	0.999	0.999	1.000	
14.5	0.936	0.960	0.976	0.986	0.992	0.996	0.998	0.999	0.999	1.000
15.0	0.917	0.947	0.967	0.981	0.989	0.994	0.997	0.998	0.999	1.000

附表 2　泊松分布表

续表

λ \ x	0	1	2	3	4	5	6	7	8	9
16	0.000	0.001	0.004	0.010	0.022	0.043	0.077	0.127	0.193	0.275
17	0.000	0.001	0.002	0.005	0.013	0.026	0.049	0.085	0.135	0.201
18	0.000	0.000	0.001	0.003	0.007	0.015	0.030	0.055	0.092	0.143
19	0.000	0.000	0.001	0.002	0.004	0.009	0.018	0.035	0.061	0.098
20	0.000	0.000	0.000	0.001	0.002	0.005	0.011	0.021	0.039	0.066
21	0.000	0.000	0.000	0.000	0.001	0.003	0.006	0.013	0.025	0.043
22	0.000	0.000	0.000	0.000	0.001	0.002	0.004	0.008	0.015	0.028
23	0.000	0.000	0.000	0.000	0.000	0.001	0.002	0.004	0.009	0.017
24	0.000	0.000	0.000	0.000	0.000	0.000	0.001	0.003	0.005	0.011
25	0.000	0.000	0.000	0.000	0.000	0.000	0.001	0.001	0.003	0.006

λ \ x	14	15	16	17	18	19	20	21	22	23
16	0.368	0.467	0.566	0.659	0.742	0.812	0.868	0.911	0.942	0.963
17	0.281	0.371	0.468	0.564	0.655	0.736	0.805	0.861	0.905	0.937
18	0.208	0.287	0.375	0.496	0.562	0.651	0.731	0.799	0.855	0.899
19	0.150	0.215	0.292	0.378	0.469	0.561	0.647	0.725	0.793	0.849
20	0.105	0.157	0.221	0.297	0.381	0.470	0.559	0.644	0.721	0.787
21	0.072	0.111	0.163	0.227	0.302	0.384	0.471	0.558	0.640	0.716
22	0.048	0.077	0.117	0.169	0.232	0.306	0.387	0.472	0.556	0.637
23	0.031	0.052	0.082	0.123	0.175	0.238	0.310	0.389	0.472	0.555
24	0.020	0.034	0.056	0.087	0.128	0.180	0.243	0.314	0.392	0.473
25	0.012	0.022	0.038	0.060	0.092	0.134	0.185	0.247	0.318	0.394

λ \ x	24	25	26	27	28	29	30	31	32	33
16	0.987	0.987	0.993	0.996	0.998	0.999	0.999	1.000		
17	0.959	0.975	0.985	0.991	0.995	0.997	0.999	0.999	1.000	
18	0.932	0.955	0.972	0.983	0.990	0.994	0.997	0.998	0.999	1.000
19	0.893	0.927	0.951	0.969	0.980	0.988	0.993	0.996	0.998	0.999
20	0.843	0.888	0.922	0.948	0.966	0.978	0.987	0.992	0.995	0.997
21	0.782	0.838	0.883	0.917	0.944	0.963	0.976	0.985	0.991	0.994
22	0.712	0.777	0.832	0.877	0.913	0.940	0.959	0.973	0.983	0.989
23	0.635	0.708	0.772	0.827	0.873	0.908	0.936	0.956	0.971	0.981
24	0.554	0.632	0.704	0.768	0.823	0.868	0.904	0.932	0.953	0.969
25	0.473	0.553	0.629	0.700	0.763	0.818	0.863	0.900	0.929	0.950

λ \ x	34	35	36	37	38	39	40	41	42
19	0.999	1.000							
20	0.999	0.999	1.000						
21	0.997	0.998	0.999	0.999	1.000				
22	0.994	0.996	0.998	0.999	0.999	1.000			
23	0.989	0.993	0.996	0.997	0.999	0.999	1.000		
24	0.979	0.987	0.992	0.995	0.997	0.998	0.999	0.999	1.000
25	0.966	0.978	0.985	0.991	0.994	0.997	0.998	0.999	1.000

附表3 标准正态分布表

$$\Phi(z)=\int_{-\infty}^{z}\frac{1}{\sqrt{2\pi}}e^{-u^2/2}\mathrm{d}u=P(Z\leqslant z)$$

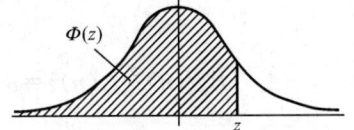

z	0	1	2	3	4	5	6	7	8	9
0.0	0.5000	0.5040	0.5080	0.5120	0.5160	0.5199	0.5239	0.5279	0.5319	0.5359
0.1	0.5398	0.5438	0.5478	0.5517	0.5557	0.5596	0.5636	0.5675	0.5714	0.5753
0.2	0.5793	0.5832	0.5871	0.5910	0.5948	0.5987	0.6026	0.6064	0.6103	0.6141
0.3	0.6179	0.6217	0.6255	0.6293	0.6331	0.6368	0.6406	0.6443	0.6480	0.6517
0.4	0.6554	0.6591	0.6628	0.6664	0.6700	0.6736	0.6772	0.6808	0.6844	0.6879
0.5	0.6915	0.6950	0.6985	0.7019	0.7054	0.7088	0.7123	0.7157	0.7190	0.7224
0.6	0.7257	0.7291	0.7324	0.7357	0.7389	0.7422	0.7454	0.7486	0.7517	0.7549
0.7	0.7580	0.7611	0.7642	0.7673	0.7703	0.7734	0.7764	0.7794	0.7823	0.7852
0.8	0.7881	0.7910	0.7939	0.7967	0.7995	0.8023	0.8051	0.8078	0.8106	0.8133
0.9	0.8159	0.8186	0.8212	0.8238	0.8264	0.8289	0.8315	0.8340	0.8365	0.8389
1.0	0.8413	0.8438	0.8461	0.8485	0.8508	0.8531	0.8554	0.8577	0.8599	0.8621
1.1	0.8643	0.8665	0.8686	0.8708	0.8729	0.8749	0.8770	0.8790	0.8810	0.8830
1.2	0.8849	0.8869	0.8888	0.8907	0.8925	0.8944	0.8962	0.8980	0.8997	0.9015
1.3	0.9032	0.9049	0.9066	0.9082	0.9099	0.9115	0.9131	0.9147	0.9162	0.9177
1.4	0.9192	0.9207	0.9222	0.9236	0.9251	0.9265	0.9278	0.9292	0.9306	0.9319
1.5	0.9332	0.9345	0.9357	0.9370	0.9382	0.9394	0.9406	0.9418	0.9430	0.9441
1.6	0.9452	0.9463	0.9474	0.9484	0.9495	0.9505	0.9515	0.9525	0.9535	0.9545
1.7	0.9554	0.9564	0.9573	0.9582	0.9591	0.9599	0.9608	0.9616	0.9625	0.9633
1.8	0.9641	0.9648	0.9656	0.9664	0.9671	0.9678	0.9686	0.9693	0.9700	0.9706
1.9	0.9713	0.9719	0.9726	0.9732	0.9738	0.9744	0.9750	0.9756	0.9762	0.9767
2.0	0.9772	0.9778	0.9783	0.9788	0.9793	0.9798	0.9803	0.9808	0.9812	0.9817
2.1	0.9821	0.9826	0.9830	0.9834	0.9838	0.9842	0.9846	0.9850	0.9854	0.9857
2.2	0.9861	0.9864	0.9868	0.9871	0.9874	0.9878	0.9881	0.9884	0.9887	0.9890
2.3	0.9893	0.9896	0.9898	0.9901	0.9904	0.9906	0.9909	0.9911	0.9913	0.9916
2.4	0.9918	0.9920	0.9922	0.9925	0.9927	0.9929	0.9931	0.9932	0.9934	0.9936
2.5	0.9938	0.9940	0.9941	0.9943	0.9945	0.9946	0.9948	0.9949	0.9951	0.9952
2.6	0.9953	0.9955	0.9956	0.9957	0.9959	0.9960	0.9961	0.9962	0.9963	0.9964
2.7	0.9965	0.9966	0.9967	0.9968	0.9969	0.9970	0.9971	0.9972	0.9973	0.9974
2.8	0.9974	0.9975	0.9976	0.9977	0.9977	0.9978	0.9979	0.9979	0.9980	0.9981
2.9	0.9981	0.9982	0.9982	0.9983	0.9984	0.9984	0.9985	0.9985	0.9986	0.9986
3.0	0.9987	0.9990	0.9993	0.9995	0.9997	0.9998	0.9998	0.9999	0.9999	1.0000

注:表中末行系函数值 $\Phi(3.0),\Phi(3.1),\cdots,\Phi(3.9)$.

附表 4　t 分 布 表

$P\{t(n) > t_\alpha(n)\} = \alpha$

n	$\alpha=0.25$	0.10	0.05	0.025	0.01	0.005
1	1.0000	3.0777	6.3138	12.7062	31.8207	63.6574
2	0.8165	1.8856	2.9200	4.3027	6.9646	9.9248
3	0.7649	1.6377	2.3534	3.1824	4.5407	5.8409
4	0.7407	1.5332	2.1318	2.7764	3.7469	4.6041
5	0.7267	1.4759	2.0150	2.5706	3.3649	4.0322
6	0.7176	1.4398	1.9432	2.4469	3.1427	3.7074
7	0.7111	1.4149	1.8946	2.3646	2.9980	3.4995
8	0.7064	1.3968	1.8595	2.3060	2.8965	3.3554
9	0.7027	1.3830	1.8331	2.2622	2.8214	3.2498
10	0.6998	1.3722	1.8125	2.2281	2.7638	3.1693
11	0.6974	1.3634	1.7959	2.2010	2.7181	3.1058
12	0.6955	1.3562	1.7823	2.1788	2.6810	3.0545
13	0.6938	1.3502	1.7709	2.1604	2.6503	3.0123
14	0.6924	1.3450	1.7613	2.1448	2.6245	2.9768
15	0.6912	1.3406	1.7531	2.1315	2.6025	2.9467
16	0.6901	1.3368	1.7459	2.1199	2.5835	2.9208
17	0.6892	1.3334	1.7396	2.1098	2.5669	2.8982
18	0.6884	1.3304	1.7341	2.1009	2.5524	2.8784
19	0.6876	1.3277	1.7291	2.0930	2.5395	2.8609
20	0.6870	1.3253	1.7247	2.0860	2.5280	2.8453
21	0.6864	1.3232	1.7207	2.0796	2.5177	2.8314
22	0.6858	1.3212	1.7171	2.0739	2.5083	2.8188
23	0.6853	1.3195	1.7139	2.0687	2.4999	2.8073
24	0.6848	1.3178	1.7109	2.0639	2.4922	2.7969
25	0.6844	1.3163	1.7081	2.0595	2.4851	2.7874

附表4 t 分 布 表

续表

n	α=0.25	0.10	0.05	0.025	0.01	0.005
26	0.6840	1.3150	1.7058	2.0555	2.4786	2.7787
27	0.6837	1.3137	1.7033	2.0518	2.4727	2.7707
28	0.6834	1.3125	1.7011	2.0484	2.4671	2.7633
29	0.6830	1.3114	1.6991	2.0452	2.4620	2.7564
30	0.6828	1.3104	1.6973	2.0423	2.4573	2.7500
31	0.6825	1.3095	1.6955	2.0395	2.4528	2.7440
32	0.6822	1.3086	1.6939	2.0369	2.4487	2.7385
33	0.6820	1.3077	1.6924	2.0345	2.4448	2.7333
34	0.6818	1.3070	1.6909	2.0322	2.4411	2.7284
35	0.6816	0.3062	1.6896	2.0301	2.4377	2.7238
36	0.6814	1.3055	1.6883	2.0281	2.4345	2.7195
37	0.6812	1.3049	1.6871	2.0262	2.4314	2.7154
38	0.6810	1.3042	1.6860	2.0244	2.4286	2.7116
39	0.6808	1.3036	1.6849	2.0227	2.4258	2.7079
40	0.6807	1.3031	1.6839	2.0211	2.4233	2.7045
41	0.6805	1.3025	1.6829	2.0195	2.4208	2.7012
42	0.6804	1.3020	1.6820	2.0181	2.4185	2.6981
43	0.6802	1.3016	1.6811	2.0167	2.4163	2.6951
44	0.6801	1.3011	1.6802	2.0154	2.4141	2.6923
45	0.6800	1.3006	1.6794	2.0141	2.4121	2.6806

附表 5 χ^2 分布表

$P\{\chi^2(n) > \chi^2_\alpha(n)\} = \alpha$

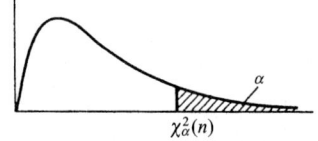

n	α=0.995	0.99	0.975	0.95	0.90	0.75
1	—	—	0.001	0.004	0.016	0.102
2	0.010	0.020	0.051	0.103	0.211	0.575
3	0.072	0.115	0.216	0.352	0.584	1.213
4	0.207	0.297	0.484	0.711	1.064	1.923
5	0.412	0.554	0.831	1.145	1.610	2.675
6	0.676	0.872	1.237	1.635	2.204	3.455
7	0.989	1.239	1.690	2.167	2.833	4.255
8	1.344	1.646	2.180	2.733	3.490	5.071
9	1.735	2.088	2.700	3.325	4.168	5.899
10	2.156	2.558	3.247	3.940	4.865	6.737
11	2.603	3.053	3.816	4.575	5.578	7.584
12	3.074	3.571	4.404	5.226	6.304	8.438
13	3.565	4.107	5.009	5.892	7.042	9.299
14	4.075	4.660	5.629	6.571	7.790	10.165
15	4.601	5.229	6.262	7.261	8.547	11.037
16	5.142	5.812	6.908	7.962	9.312	11.912
17	5.697	6.408	7.564	8.672	10.085	12.792
18	6.265	7.015	8.231	9.390	10.865	13.675
19	6.844	7.633	8.907	10.117	11.651	14.562
20	7.434	8.260	9.591	10.851	12.443	15.452
21	8.034	8.897	10.283	11.591	13.240	16.344
22	8.643	9.542	10.982	12.338	14.042	17.240
23	9.260	10.196	11.689	13.091	14.848	18.137
24	9.886	10.856	12.401	13.848	15.659	19.037
25	10.520	11.524	13.120	14.611	16.473	19.939
26	11.160	12.198	13.844	15.379	17.292	20.843
27	11.808	12.879	14.573	16.151	18.114	21.749

附表5 χ² 分 布 表

续表

n	α=0.995	0.99	0.975	0.95	0.90	0.75
28	12.461	13.565	15.308	16.928	18.939	22.657
29	13.121	14.257	16.047	17.708	19.768	23.567
30	13.787	14.954	16.791	18.493	20.599	24.478
31	14.458	15.655	17.539	19.281	21.434	25.390
32	15.134	16.362	18.291	20.072	22.271	26.304
33	15.815	17.074	19.047	20.807	23.110	27.219
34	16.501	17.789	19.806	21.664	23.952	28.136
35	17.192	18.509	20.569	22.465	24.797	29.054
36	17.887	19.233	21.336	23.269	25.613	29.973
37	18.586	19.960	22.106	24.075	26.492	30.893
38	19.289	20.691	22.878	24.884	27.343	31.815
39	19.996	21.426	23.654	25.695	28.196	32.737
40	20.707	22.164	24.433	26.509	29.051	33.660
41	21.421	22.906	25.215	27.326	29.907	34.585
42	22.138	23.650	25.999	28.144	30.765	35.510
43	22.859	24.398	26.785	28.965	31.625	36.430
44	23.584	25.143	27.575	29.787	32.487	37.363
45	24.311	25.901	28.366	30.612	33.350	38.291
n	α=0.25	0.10	0.05	0.025	0.01	0.005
1	1.323	2.706	3.841	5.024	6.635	7.879
2	2.773	4.605	5.991	7.378	9.210	10.597
3	4.108	6.251	7.815	9.348	11.345	12.838
4	5.385	7.779	9.488	11.143	13.277	14.860
5	6.626	9.236	11.071	12.833	15.086	16.750
6	7.841	10.645	12.592	14.449	16.812	18.548
7	9.037	12.017	14.067	16.013	18.475	20.278
8	10.219	13.362	15.507	17.535	20.090	21.955
9	11.389	14.684	16.919	19.023	21.666	23.589
10	12.549	15.987	18.307	20.483	23.209	25.188
11	13.701	17.275	19.675	21.920	24.725	26.757
12	14.845	18.549	21.026	23.337	26.217	28.299
13	15.984	19.812	22.362	24.736	27.688	29.819
14	17.117	21.064	23.685	26.119	29.141	31.319
15	18.245	22.307	24.996	27.488	30.578	32.801
16	19.369	23.542	26.296	28.845	32.000	34.267
17	20.489	24.769	27.587	30.191	33.409	35.718

续表

n	$\alpha=0.25$	0.10	0.05	0.025	0.01	0.005
18	21.605	25.989	28.869	31.526	34.805	37.156
19	22.718	27.204	30.144	32.852	36.191	38.582
20	23.828	28.412	31.410	34.170	37.566	39.997
21	24.935	29.615	32.671	35.479	38.932	41.401
22	26.039	30.813	33.924	36.781	40.289	42.796
23	27.141	32.007	35.172	38.076	41.638	44.181
24	28.241	33.196	36.415	39.364	42.980	45.559
25	29.339	34.382	37.652	40.646	44.314	46.928
26	30.435	35.563	38.885	41.923	45.642	48.290
27	31.528	36.741	40.113	43.194	46.963	49.645
28	32.620	37.916	41.337	44.461	48.278	50.993
29	33.711	39.087	42.557	45.722	49.588	52.336
30	34.800	40.256	43.773	46.979	50.892	53.672
31	35.887	41.422	44.985	48.232	52.191	55.003
32	36.973	42.585	46.194	49.480	53.486	56.328
33	38.053	43.745	47.400	50.725	54.776	57.648
34	39.141	44.903	48.602	51.966	56.061	58.964
35	40.223	46.059	49.802	53.203	57.342	60.275
36	41.304	47.212	50.998	54.437	58.619	61.581
37	42.383	48.363	52.192	55.668	59.892	62.883
38	43.462	49.513	53.384	56.896	61.162	64.181
39	44.539	50.660	54.572	58.120	62.428	65.476
40	45.616	51.805	55.758	59.342	63.691	66.766
41	46.692	52.949	53.942	60.561	64.950	68.053
42	47.766	54.090	58.124	61.777	66.206	69.336
43	48.840	55.230	59.304	62.990	67.459	70.606
44	49.913	56.369	60.481	64.201	68.710	71.893
45	50.985	57.505	61.656	65.410	69.957	73.166

附表 6 F 分布表

$$P\{F(n_1, n_2) > F_\alpha(n_1, n_2)\} = \alpha$$

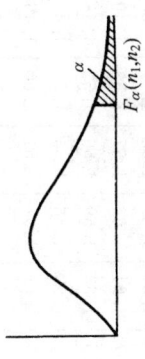

$\alpha = 0.10$

n_1 \ n_2	1	2	3	4	5	6	7	8	9	10	12	15	20	24	30	40	60	120	∞
1	39.86	49.50	53.59	55.83	57.24	58.20	58.91	59.44	59.86	60.19	60.71	61.22	61.74	62.00	62.26	62.53	62.79	63.06	63.33
2	8.53	9.00	9.16	9.24	9.29	9.33	9.35	9.37	9.38	9.39	9.41	9.42	9.44	9.45	9.46	9.47	9.47	9.48	9.49
3	5.54	5.46	5.39	5.34	5.31	5.28	5.27	5.25	5.24	5.23	5.22	5.20	5.18	5.18	5.17	5.16	5.15	5.14	5.13
4	4.54	4.32	4.19	4.11	4.05	4.01	3.98	3.95	3.94	3.92	3.90	3.87	3.84	3.83	3.82	3.80	3.79	3.78	3.76
5	4.06	3.78	3.62	3.52	3.45	3.40	3.37	3.34	3.32	3.30	3.27	3.24	3.21	3.19	3.17	3.16	3.14	3.12	3.10
6	3.78	3.46	3.29	3.18	3.11	3.05	3.01	2.98	2.96	2.94	2.90	2.87	2.84	2.82	2.80	2.78	2.76	2.74	2.72
7	3.59	3.26	3.07	2.96	2.88	2.83	2.78	2.75	2.72	2.70	2.67	2.63	2.59	2.58	2.56	2.54	2.51	2.49	2.47
8	3.46	3.11	2.92	2.81	2.73	2.67	2.62	2.59	2.56	2.54	2.50	2.46	2.42	2.40	2.38	2.36	2.34	2.32	2.29
9	3.36	3.01	2.81	2.69	2.61	2.55	2.51	2.47	2.44	2.42	2.38	2.34	2.30	2.28	2.25	2.23	2.21	2.18	2.16
10	3.29	2.92	2.73	2.61	2.52	2.46	2.41	2.38	2.35	2.32	2.28	2.24	2.20	2.18	2.16	2.13	2.11	2.08	2.06

续表

$\alpha=0.10$

n_1 \ n_2	1	2	3	4	5	6	7	8	9	10	12	15	20	24	30	40	60	120	∞
11	3.23	2.86	2.66	2.54	2.45	2.39	2.34	2.30	2.27	2.25	2.21	2.17	2.12	2.10	2.08	2.05	2.03	2.00	1.97
12	3.18	2.81	2.61	2.48	2.39	2.33	2.28	2.24	2.21	2.19	2.15	2.10	2.06	2.04	2.01	1.99	1.96	1.93	1.90
13	3.14	2.76	2.56	2.43	2.35	2.28	2.23	2.20	2.16	2.14	2.10	2.05	2.01	1.98	1.96	1.93	1.90	1.88	1.85
14	3.10	2.73	2.52	2.39	2.31	2.24	2.19	2.15	2.12	2.10	2.05	2.01	1.96	1.94	1.91	1.89	1.86	1.83	1.80
15	3.07	2.70	2.49	2.36	2.27	2.21	2.16	2.12	2.09	2.06	2.02	1.97	1.92	1.90	1.87	1.85	1.82	1.79	1.76
16	3.05	2.67	2.46	2.33	2.24	2.18	2.13	2.09	2.06	2.03	1.99	1.94	1.89	1.87	1.84	1.81	1.78	1.75	1.72
17	3.03	2.64	2.44	2.31	2.22	2.15	2.10	2.06	2.03	2.00	1.96	1.91	1.86	1.84	1.81	1.78	1.75	1.72	1.69
18	3.01	2.62	2.42	2.29	2.20	2.13	2.08	2.04	2.00	1.98	1.93	1.89	1.84	1.81	1.78	1.75	1.72	1.69	1.66
19	2.99	2.61	2.40	2.27	2.18	2.11	2.06	2.02	1.98	1.96	1.91	1.86	1.81	1.79	1.76	1.73	1.70	1.67	1.63
20	2.97	2.59	2.38	2.25	2.16	2.09	2.04	2.00	1.96	1.94	1.89	1.84	1.79	1.77	1.74	1.71	1.68	1.64	1.61
21	2.96	2.57	2.36	2.23	2.14	2.08	2.02	1.98	1.95	1.92	1.87	1.83	1.78	1.75	1.72	1.69	1.66	1.62	1.59
22	2.95	2.56	2.35	2.22	2.13	2.06	2.01	1.97	1.93	1.90	1.86	1.81	1.76	1.73	1.70	1.67	1.64	1.60	1.57
23	2.94	2.55	2.34	2.21	2.11	2.05	1.99	1.95	1.92	1.89	1.84	1.80	1.74	1.72	1.69	1.66	1.62	1.59	1.55
24	2.93	2.54	2.33	2.19	2.10	2.04	1.98	1.94	1.91	1.88	1.83	1.78	1.73	1.70	1.67	1.64	1.61	1.57	1.53
25	2.92	2.53	2.32	2.18	2.09	2.02	1.97	1.93	1.89	1.87	1.82	1.77	1.72	1.69	1.66	1.63	1.59	1.56	1.52
26	2.91	2.52	2.31	2.17	2.08	2.01	1.96	1.92	1.88	1.86	1.81	1.76	1.71	1.68	1.65	1.61	1.58	1.54	1.50
27	2.90	2.51	2.30	2.17	2.07	2.00	1.95	1.91	1.87	1.85	1.80	1.75	1.70	1.67	1.64	1.60	1.57	1.53	1.49
28	2.89	2.50	2.29	2.16	2.06	2.00	1.94	1.90	1.87	1.84	1.79	1.74	1.69	1.66	1.63	1.59	1.56	1.52	1.48
29	2.89	2.50	2.28	2.15	2.06	1.99	1.93	1.89	1.86	1.83	1.78	1.73	1.68	1.65	1.62	1.58	1.55	1.51	1.47
30	2.88	2.49	2.28	2.14	2.05	1.98	1.93	1.88	1.85	1.82	1.77	1.72	1.67	1.64	1.61	1.57	1.54	1.50	1.46
40	2.84	2.44	2.23	2.09	2.00	1.93	1.87	1.83	1.79	1.76	1.71	1.66	1.61	1.57	1.54	1.51	1.47	1.42	1.38
60	2.79	2.39	2.18	2.04	1.95	1.87	1.82	1.77	1.74	1.71	1.66	1.60	1.54	1.51	1.48	1.44	1.40	1.35	1.29
120	2.75	2.35	2.13	1.99	1.90	1.82	1.77	1.72	1.68	1.65	1.60	1.55	1.48	1.45	1.41	1.37	1.32	1.26	1.19
∞	2.71	2.30	2.08	1.94	1.85	1.77	1.72	1.67	1.63	1.60	1.55	1.49	1.42	1.38	1.34	1.30	1.24	1.17	1.00

附表6 F 分 布 表

续表

$\alpha=0.05$

n_1 \ n_2	1	2	3	4	5	6	7	8	9	10	12	15	20	24	30	40	60	120	∞
1	161.4	199.5	215.7	224.6	230.2	234.0	236.8	238.9	240.5	241.9	243.9	245.9	248.0	249.1	250.1	251.1	252.2	253.3	254.3
2	18.51	19.00	19.16	19.25	19.30	19.33	19.35	19.37	19.38	19.40	19.41	19.43	19.45	19.45	19.46	19.47	19.48	19.49	19.50
3	10.13	9.55	9.28	9.12	9.01	8.94	8.89	8.85	8.81	8.79	8.74	8.70	8.66	8.64	8.62	8.59	8.57	8.55	8.53
4	7.71	6.94	6.59	6.39	6.26	6.16	6.09	6.04	6.00	5.96	5.91	5.86	5.80	5.77	5.75	5.72	5.69	5.66	5.63
5	6.61	5.79	5.41	5.19	5.05	4.95	4.88	4.82	4.77	4.74	4.68	4.62	4.56	4.53	4.50	4.46	4.43	4.40	4.36
6	5.99	5.14	4.76	4.53	4.39	4.28	4.21	4.15	4.10	4.06	4.00	3.94	3.87	3.84	3.81	3.77	3.74	3.70	3.67
7	5.59	4.74	4.35	4.12	3.97	3.87	3.79	3.73	3.68	3.64	3.57	3.51	3.44	3.41	3.38	3.34	3.30	3.27	3.23
8	5.32	4.46	4.07	3.84	3.69	3.58	3.50	3.44	3.39	3.35	3.28	3.22	3.15	3.12	3.08	3.04	3.01	2.97	2.93
9	5.12	4.26	3.86	3.63	3.48	3.37	3.29	3.23	3.18	3.14	3.07	3.01	2.94	2.90	2.86	2.83	2.79	2.75	2.71
10	4.96	4.10	3.71	3.48	3.33	3.22	3.14	3.07	3.02	2.98	2.91	2.85	2.77	2.74	2.70	2.66	2.62	2.58	2.54
11	4.84	3.98	3.59	3.36	3.20	3.09	3.01	2.95	2.90	2.85	2.79	2.72	2.65	2.61	2.57	2.53	2.49	2.45	2.40
12	4.75	3.89	3.49	3.26	3.11	3.00	2.91	2.85	2.80	2.75	2.69	2.62	2.54	2.51	2.47	2.43	2.38	2.34	2.30
13	4.67	3.81	3.41	3.18	3.03	2.92	2.83	2.77	2.71	2.67	2.60	2.53	2.46	2.42	2.38	2.34	2.30	2.25	2.21
14	4.60	3.74	3.34	3.11	2.96	2.85	2.76	2.70	2.65	2.60	2.53	2.46	2.39	2.35	2.31	2.27	2.22	2.18	2.13
15	4.54	3.68	3.29	3.06	2.90	2.79	2.71	2.64	2.59	2.54	2.48	2.40	2.33	2.29	2.25	2.20	2.16	2.11	2.07
16	4.49	3.63	3.24	3.01	2.85	2.74	2.66	2.59	2.54	2.49	2.42	2.35	2.28	2.24	2.19	2.15	2.11	2.06	2.01
17	4.45	3.59	3.20	2.96	2.81	2.70	2.61	2.55	2.49	2.45	2.38	2.31	2.23	2.19	2.15	2.10	2.06	2.01	1.96

续表

$\alpha = 0.05$

n_1 \ n_2	1	2	3	4	5	6	7	8	9	10	12	15	20	24	30	40	60	120	∞
18	4.41	3.55	3.16	2.93	2.77	2.66	2.58	2.51	2.46	2.41	2.34	2.27	2.19	2.15	2.11	2.06	2.02	1.97	1.92
19	4.38	3.52	3.13	2.90	2.74	2.63	2.54	2.48	2.42	2.38	2.31	2.23	2.16	2.11	2.07	2.03	1.98	1.93	1.88
20	4.35	3.49	3.10	2.87	2.71	2.60	2.51	2.45	2.39	2.35	2.28	2.20	2.12	2.08	2.04	1.99	1.95	1.90	1.84
21	4.32	3.47	3.07	2.84	2.68	2.57	2.49	2.42	2.37	2.32	2.25	2.18	2.10	2.05	2.01	1.96	1.92	1.87	1.81
22	4.30	3.44	3.05	2.82	2.66	2.55	2.46	2.40	2.34	2.30	2.23	2.15	2.07	2.03	1.98	1.94	1.89	1.84	1.78
23	4.28	3.42	3.03	2.80	2.64	2.53	2.44	2.37	2.32	2.27	2.20	2.13	2.05	2.01	1.96	1.91	1.86	1.81	1.76
24	4.26	3.40	3.01	2.78	2.62	2.51	2.42	2.36	2.30	2.25	2.18	2.11	2.03	1.98	1.94	1.89	1.84	1.79	1.73
25	4.24	3.39	2.99	2.76	2.60	2.49	2.40	2.34	2.28	2.24	2.16	2.09	2.01	1.96	1.92	1.87	1.82	1.77	1.71
26	4.23	3.37	2.98	2.74	2.59	2.47	2.39	2.32	2.27	2.22	2.15	2.07	1.99	1.95	1.90	1.85	1.80	1.75	1.69
27	4.21	3.35	2.96	2.73	2.57	2.46	2.37	2.31	2.25	2.20	2.13	2.06	1.97	1.93	1.88	1.84	1.79	1.73	1.67
28	4.20	3.34	2.95	2.71	2.56	2.45	2.36	2.29	2.24	2.19	2.12	2.04	1.96	1.91	1.87	1.82	1.77	1.71	1.65
29	4.18	3.33	2.93	2.70	2.55	2.43	2.35	2.28	2.22	2.18	2.10	2.03	1.94	1.90	1.85	1.81	1.75	1.70	1.64
30	4.17	3.32	2.92	2.69	2.53	2.42	2.33	2.27	2.21	2.16	2.09	2.01	1.93	1.89	1.84	1.79	1.74	1.68	1.62
40	4.08	3.23	2.84	2.61	2.45	2.34	2.25	2.18	2.12	2.08	2.00	1.92	1.84	1.79	1.74	1.69	1.64	1.58	1.51
60	4.00	3.15	2.76	2.53	2.37	2.25	2.17	2.10	2.04	1.99	1.92	1.84	1.75	1.70	1.65	1.59	1.53	1.47	1.39
120	3.92	3.07	2.68	2.45	2.29	2.17	2.09	2.02	1.96	1.91	1.83	1.75	1.66	1.61	1.55	1.50	1.43	1.35	1.25
∞	3.84	3.00	2.60	2.37	2.21	2.10	2.01	1.94	1.88	1.83	1.75	1.67	1.57	1.52	1.46	1.39	1.32	1.22	1.00

附表6 F 分 布 表

续表

$\alpha=0.025$

n_1 \ n_2	1	2	3	4	5	6	7	8	9	10	12	15	20	24	30	40	60	120	∞
1	647.8	799.5	864.2	899.6	921.8	937.1	948.2	956.7	963.3	368.6	976.7	984.9	993.1	997.2	1001	1006	1010	1014	1018
2	38.51	39.00	39.17	39.25	39.30	39.33	39.36	39.37	39.39	39.40	39.41	39.43	39.45	39.46	39.46	39.47	39.48	39.49	39.50
3	17.44	16.04	15.44	15.10	14.88	14.73	14.62	14.54	14.47	14.42	14.34	14.25	14.17	14.12	14.08	14.04	13.99	13.95	13.90
4	12.22	10.65	9.98	9.60	9.36	9.20	9.07	8.98	8.90	8.84	8.75	8.66	8.56	8.51	8.46	8.41	8.36	8.31	8.26
5	10.01	8.43	7.76	7.39	7.15	6.98	6.85	6.76	6.68	6.62	6.52	6.43	6.33	6.28	6.23	6.18	6.12	6.07	6.02
6	8.81	7.26	6.60	6.23	5.99	5.82	5.70	5.60	5.52	5.46	5.37	5.27	5.17	5.12	5.07	5.01	4.96	4.90	4.85
7	8.07	6.54	5.89	5.52	5.29	5.12	4.99	4.90	4.82	4.76	4.67	4.57	4.47	4.42	4.36	4.31	4.25	4.20	4.14
8	7.57	6.06	5.42	5.05	4.82	4.65	4.53	4.43	4.36	4.30	4.20	4.10	4.00	3.95	3.89	3.84	3.78	3.73	3.67
9	7.21	5.71	5.08	4.72	4.48	4.23	4.20	4.10	4.03	3.96	3.87	3.77	3.67	3.61	3.56	3.51	3.45	3.39	3.33
10	6.94	5.46	4.83	4.47	4.24	4.07	3.95	3.85	3.78	3.72	3.62	3.52	3.42	3.37	3.31	3.26	3.20	3.14	3.08
11	6.72	5.26	4.63	4.28	4.04	3.88	3.76	3.66	3.59	3.53	3.43	3.33	3.23	3.17	3.12	3.06	3.00	2.94	2.88
12	6.55	5.10	4.47	4.12	3.89	3.73	3.61	3.51	3.44	3.37	3.28	3.18	3.07	3.02	2.96	2.91	2.85	2.79	2.72
13	6.41	4.97	4.35	4.00	3.77	3.60	3.48	3.39	3.31	3.25	3.15	3.05	2.95	2.89	2.84	2.78	2.72	2.66	2.60
14	6.30	4.86	4.24	3.89	3.66	3.50	3.38	3.29	3.21	3.15	3.05	2.95	2.84	2.79	2.73	2.67	2.61	2.55	2.49
15	6.20	4.77	4.15	3.80	3.58	3.41	3.29	3.20	3.12	3.06	2.96	2.86	2.76	2.70	2.64	2.59	2.52	2.46	2.40
16	6.12	4.69	4.08	3.73	3.50	3.34	3.22	3.12	3.05	2.99	2.89	2.79	2.68	2.63	2.57	2.51	2.45	2.38	2.32
17	6.04	4.62	4.01	3.66	3.44	3.28	3.16	3.06	2.98	2.92	2.82	2.72	2.62	2.56	2.50	2.44	2.38	2.32	2.25

续表

$\alpha=0.025$

n_1 \ n_2	1	2	3	4	5	6	7	8	9	10	12	15	20	24	30	40	60	120	∞
18	5.98	4.56	3.95	3.61	3.38	3.22	3.10	3.01	2.93	2.87	2.77	2.67	2.56	2.50	2.44	2.38	2.32	2.26	2.19
19	5.92	4.51	3.90	3.56	3.33	3.17	3.05	2.96	2.88	2.82	2.72	2.62	2.51	2.45	2.39	2.33	2.27	2.20	2.13
20	5.87	4.46	3.86	3.51	3.29	3.13	3.01	2.91	2.84	2.77	2.68	2.57	2.46	2.41	2.35	2.29	2.22	2.16	2.09
21	5.83	4.42	3.82	3.48	3.25	3.09	2.97	2.87	2.80	2.73	2.64	2.53	2.42	2.37	2.31	2.25	2.18	2.11	2.04
22	5.79	4.38	3.78	3.44	3.22	3.05	2.93	2.84	2.76	2.70	2.60	2.50	2.39	2.33	2.27	2.21	2.14	2.08	2.00
23	5.75	4.35	3.75	3.41	3.18	3.02	2.90	2.81	2.73	2.67	2.57	2.47	2.36	2.30	2.24	2.18	2.11	2.04	1.97
24	5.72	4.32	3.72	3.38	3.15	2.99	2.87	2.78	2.70	2.64	2.54	2.44	2.33	2.27	2.21	2.15	2.08	2.01	1.94
25	5.69	4.29	3.69	3.35	3.13	2.97	2.85	2.75	2.68	2.61	2.51	2.41	2.30	2.24	2.18	2.12	2.05	1.98	1.91
26	5.66	4.27	3.67	3.33	3.10	2.94	2.82	2.73	2.65	2.59	2.49	2.39	2.28	2.22	2.16	2.09	2.03	1.95	1.88
27	5.63	4.24	3.65	3.31	3.08	2.92	2.80	2.71	2.63	2.57	2.47	2.36	2.25	2.19	2.13	2.07	2.00	1.93	1.85
28	5.61	4.22	3.63	3.29	3.06	2.90	2.78	2.69	2.61	2.55	2.45	2.34	2.23	2.17	2.11	2.05	1.98	1.91	1.83
29	5.59	4.20	3.61	3.27	3.04	2.88	2.76	2.67	2.59	2.53	2.43	2.32	2.21	2.15	2.09	2.03	1.96	1.89	1.81
30	5.57	4.18	3.59	3.25	3.03	2.87	2.75	2.65	2.57	2.51	2.41	2.31	2.20	2.14	2.07	2.01	1.94	1.87	1.79
40	5.42	4.05	3.46	3.13	2.90	2.74	2.62	2.53	2.45	2.39	2.29	2.18	2.07	2.01	1.94	1.88	1.80	1.72	1.64
60	5.29	3.93	3.34	3.01	2.79	2.63	2.51	2.41	2.33	2.27	2.17	2.06	1.94	1.88	1.82	1.74	1.67	1.58	1.48
120	5.15	3.80	3.23	2.89	2.67	2.52	2.39	2.30	2.22	2.16	2.05	1.94	1.82	1.76	1.69	1.61	1.53	1.43	1.31
∞	5.02	3.69	3.12	2.79	2.57	2.41	2.29	2.19	2.11	2.05	1.94	1.83	1.71	1.64	1.57	1.48	1.39	1.27	1.00

附表6 F 分 布 表

续表

$\alpha = 0.01$

n_1 \ n_2	1	2	3	4	5	6	7	8	9	10	12	15	20	24	30	40	60	120	∞
1	4052	4999.5	5403	5625	5764	5859	5928	5982	6022	6056	6106	6157	6209	6235	6261	6287	6313	6339	6366
2	98.50	99.00	99.17	99.25	99.30	99.33	99.36	99.37	99.39	99.40	99.42	99.43	99.45	99.46	99.47	99.47	99.48	99.49	99.50
3	34.12	30.82	29.46	28.71	28.24	27.91	27.67	27.49	27.35	27.23	27.05	26.87	26.69	26.60	26.50	26.41	26.32	26.22	26.13
4	21.20	18.00	16.69	15.98	15.52	15.21	14.98	14.80	14.66	14.55	14.37	14.20	14.02	13.93	13.84	13.75	13.65	13.56	13.46
5	16.26	13.27	12.06	11.39	10.97	10.67	10.46	10.29	10.16	10.05	9.89	9.72	9.55	9.47	9.38	9.29	9.20	9.11	9.02
6	13.75	10.92	9.78	9.15	8.75	8.47	8.26	8.10	7.98	7.87	7.72	7.56	7.40	7.31	7.23	7.14	7.06	6.97	6.88
7	12.25	9.55	8.45	7.85	7.46	7.19	6.99	6.84	6.72	6.62	6.47	6.31	6.16	6.07	5.99	5.91	5.82	5.74	5.65
8	11.26	8.65	7.59	7.01	6.63	6.37	6.18	6.03	5.91	5.81	5.67	5.52	5.36	5.28	5.20	5.12	5.03	4.95	4.86
9	10.56	8.02	6.99	6.42	6.06	5.80	5.61	5.47	5.35	5.26	5.11	4.96	4.81	4.73	4.65	4.57	4.48	4.40	4.31
10	10.04	7.56	6.55	5.99	5.64	5.39	5.20	5.06	4.94	4.85	4.71	4.56	4.41	4.33	4.25	4.17	4.08	4.00	3.91
11	9.65	7.21	6.22	5.67	5.32	5.07	4.89	4.74	4.63	4.54	4.40	4.25	4.10	4.02	3.94	3.86	3.78	3.69	3.60
12	9.33	6.93	5.95	5.41	5.06	4.82	4.64	4.50	4.39	4.30	4.16	4.01	3.86	3.78	3.70	3.62	3.54	3.45	3.36
13	9.07	6.70	5.74	5.21	4.86	4.62	4.44	4.30	4.19	4.10	3.96	3.82	3.66	3.59	3.51	3.43	3.34	3.25	3.17
14	8.86	6.51	5.56	5.04	4.69	4.46	4.28	4.14	4.03	3.94	3.80	3.66	3.51	3.43	3.35	3.27	3.18	3.09	3.00
15	8.68	6.36	5.42	4.89	4.56	4.32	4.14	4.00	3.89	3.80	3.67	3.52	3.37	3.29	3.21	3.13	3.05	2.96	2.87
16	8.53	6.23	5.29	4.77	4.44	4.20	4.03	3.89	3.78	3.69	3.55	3.41	3.26	3.18	3.10	3.02	2.93	2.84	2.75
17	8.40	6.11	5.18	4.67	4.34	4.10	3.93	3.79	3.68	3.59	3.46	3.31	3.16	3.08	3.00	2.92	2.83	2.75	2.65

续表

$\alpha=0.01$

n_1 \ n_2	1	2	3	4	5	6	7	8	9	10	12	15	20	24	30	40	60	120	∞
18	8.29	6.01	5.09	4.58	4.25	4.01	3.84	3.71	3.60	3.51	3.37	3.23	3.08	3.00	2.92	2.84	2.75	2.66	2.57
19	8.18	5.93	5.01	4.50	4.17	3.94	3.77	3.63	3.52	3.43	3.30	3.15	3.00	2.92	2.84	2.76	2.67	2.58	2.49
20	8.10	5.85	4.94	4.43	4.10	3.87	3.70	3.56	3.46	3.37	3.23	3.09	2.94	2.86	2.78	2.69	2.61	2.52	2.42
21	8.02	5.78	4.87	4.37	4.04	3.81	3.64	3.51	3.40	3.31	3.17	3.03	2.88	2.80	2.72	2.64	2.55	2.46	2.36
22	7.95	5.72	4.82	4.31	3.99	3.76	3.59	3.45	3.35	3.26	3.12	2.98	2.83	2.75	2.67	2.58	2.50	2.40	2.31
23	7.88	5.66	4.76	4.26	3.94	3.71	3.54	3.41	3.30	3.21	3.07	2.93	2.78	2.70	2.62	2.54	2.45	2.35	2.26
24	7.82	5.61	4.72	4.22	3.90	3.67	3.50	3.36	3.26	3.17	3.03	2.89	2.74	2.66	2.58	2.49	2.40	2.31	2.21
25	7.77	5.57	4.68	4.18	3.85	3.63	3.46	3.32	3.22	3.13	2.99	2.85	2.70	2.62	2.54	2.45	2.36	2.27	2.17
26	7.72	5.53	4.64	4.14	3.82	3.59	3.42	3.29	3.18	3.09	2.96	2.81	2.66	2.58	2.50	2.42	2.33	2.23	2.13
27	7.68	5.49	4.60	4.11	3.78	3.56	3.39	3.26	3.15	3.06	2.93	2.78	2.63	2.55	2.47	2.38	2.29	2.20	2.10
28	7.64	5.45	4.57	4.07	3.75	3.53	3.36	3.23	3.12	3.03	2.90	2.75	2.60	2.52	2.44	2.35	2.26	2.17	2.06
29	7.60	5.42	4.54	4.04	3.73	3.50	3.33	3.20	3.09	3.00	2.87	2.73	2.57	2.49	2.41	2.33	2.23	2.14	2.03
30	7.56	5.39	4.51	4.02	3.70	3.47	3.30	3.17	3.07	2.98	2.84	2.70	2.55	2.47	2.39	2.30	2.21	2.11	2.01
40	7.31	5.18	4.31	3.83	3.51	3.29	3.12	2.99	2.89	2.80	2.66	2.52	2.37	2.29	2.20	2.11	2.02	1.92	1.80
60	7.08	4.98	4.13	3.65	3.34	3.12	2.95	2.82	2.72	2.63	2.50	2.35	2.20	2.12	2.03	1.94	1.84	1.73	1.60
120	6.85	4.79	3.95	3.48	3.17	2.96	2.79	2.66	2.56	2.47	2.34	2.19	2.03	1.95	1.86	1.76	1.66	1.53	1.38
∞	6.63	4.61	3.78	3.32	3.02	2.80	2.64	2.51	2.41	2.32	2.18	2.04	1.88	1.79	1.70	1.59	1.47	1.32	1.00

续表

$\alpha=0.005$

n_1 \ n_2	1	2	3	4	5	6	7	8	9	10	12	15	20	24	30	40	60	120	∞
1	16211	20000	21615	22500	23056	23437	23715	23925	24091	24224	24426	24630	24836	24940	25044	25148	25253	25359	25465
2	198.5	199.0	199.2	199.2	199.3	199.3	199.4	199.4	199.4	199.4	199.4	199.4	199.4	199.5	199.5	199.5	199.5	199.5	199.5
3	55.55	49.80	47.47	46.19	45.39	44.84	44.43	44.13	43.88	43.69	43.39	43.08	42.78	42.62	42.47	42.31	42.15	41.99	41.83
4	31.33	26.28	24.26	23.15	22.46	21.97	21.62	21.35	21.14	20.97	20.70	20.44	20.17	20.03	19.89	19.75	19.61	19.47	19.32
5	22.78	18.31	16.53	15.56	14.94	14.51	14.20	13.96	13.77	13.62	13.38	13.15	12.90	12.78	12.66	12.53	12.40	12.27	12.14
6	18.63	14.54	12.92	12.03	11.46	11.07	10.79	10.57	10.39	10.25	10.03	9.81	9.59	9.47	9.36	9.24	9.12	9.00	8.88
7	16.24	12.40	10.88	10.05	9.52	9.16	8.89	8.68	8.51	8.38	8.18	7.97	7.75	7.65	7.53	7.42	7.31	7.19	7.08
8	14.69	11.04	9.60	8.81	8.30	7.95	7.69	7.50	7.34	7.21	7.01	6.81	6.61	6.50	6.40	6.29	6.18	6.06	5.95
9	13.61	10.11	8.72	7.96	7.47	7.13	6.88	6.69	6.54	6.42	6.23	6.03	5.83	5.73	5.62	5.52	5.41	5.30	5.19
10	12.83	9.43	8.08	7.34	6.87	6.54	6.30	6.12	5.97	5.85	5.66	5.47	5.27	5.17	5.07	4.97	4.86	4.75	4.64
11	12.23	8.91	7.60	6.88	6.42	6.10	5.86	5.68	5.54	5.42	5.24	5.05	4.86	4.76	4.65	4.55	4.44	4.34	4.23
12	11.75	8.51	7.23	6.52	6.07	5.76	5.52	5.35	5.20	5.09	4.91	4.72	4.53	4.43	4.33	4.23	4.12	4.01	3.90
13	11.37	8.19	6.93	6.23	5.79	5.48	5.25	5.08	4.94	4.82	4.64	4.46	4.27	4.17	4.07	3.97	3.87	3.76	3.65
14	11.06	7.92	6.68	6.00	5.56	5.26	5.03	4.86	4.72	4.60	4.43	4.25	4.06	3.96	3.86	3.76	3.66	3.55	3.44
15	10.80	7.70	6.48	5.80	5.37	5.07	4.85	4.67	4.54	4.42	4.25	4.07	3.88	3.79	3.69	3.58	3.48	3.37	3.26
16	10.58	7.51	6.30	5.64	5.21	4.91	4.69	4.52	4.38	4.27	4.10	3.92	3.73	3.64	3.54	3.44	3.33	3.22	3.11
17	10.38	7.35	6.16	5.50	5.07	4.78	4.56	4.39	4.25	4.14	3.97	3.79	3.61	3.51	3.41	3.31	3.21	3.10	2.98

续表

$\alpha=0.005$

n_1 \ n_2	1	2	3	4	5	6	7	8	9	10	12	15	20	24	30	40	60	120	∞
18	10.22	7.21	6.03	5.37	4.96	4.66	4.44	4.28	4.14	4.03	3.86	3.68	3.50	3.40	3.30	3.20	3.10	2.99	2.87
19	10.07	7.09	5.92	5.27	4.85	4.56	4.34	4.18	4.04	3.93	3.76	3.59	3.40	3.31	3.21	3.11	3.00	2.89	2.78
20	9.94	6.99	5.82	5.17	4.76	4.47	4.26	4.09	3.96	3.85	3.68	3.50	3.32	3.22	3.12	3.02	2.92	2.81	2.69
21	9.83	6.89	5.73	5.09	4.68	4.39	4.18	4.01	3.88	3.77	3.60	3.43	3.24	3.15	3.05	2.95	2.84	2.73	2.61
22	9.73	6.81	5.65	5.02	4.61	4.32	4.11	3.94	3.81	3.70	3.54	3.36	3.18	3.08	2.98	2.88	2.77	2.66	2.55
23	9.63	6.73	5.58	4.95	4.54	4.26	4.05	3.88	3.75	3.64	3.47	3.30	3.12	3.02	2.92	2.82	2.71	2.60	2.48
24	9.55	6.66	5.52	4.89	4.49	4.20	3.99	3.83	3.69	3.59	3.42	3.25	3.06	2.97	2.87	2.77	2.66	2.55	2.43
25	9.48	6.60	5.46	4.84	4.43	4.15	3.94	3.78	3.64	3.54	3.37	3.20	3.01	2.92	2.82	2.72	2.61	2.50	2.38
26	9.41	6.54	5.41	4.79	4.38	4.10	3.89	3.73	3.60	3.49	3.33	3.15	2.97	2.87	2.77	2.67	2.56	2.45	2.33
27	9.34	6.49	5.36	4.74	4.34	4.06	3.85	3.69	3.56	3.45	3.28	3.11	2.93	2.83	2.73	2.63	2.52	2.41	2.29
28	9.28	6.44	5.32	4.70	4.30	4.02	3.81	3.65	3.52	3.41	3.25	3.07	2.89	2.79	2.69	2.59	2.48	2.37	2.25
29	9.23	6.40	5.28	4.66	4.26	3.98	3.77	3.61	3.48	3.38	3.21	3.04	2.86	2.76	2.66	2.56	2.45	2.33	2.21
30	9.18	6.35	5.24	4.62	4.23	3.95	3.74	3.58	3.45	3.34	3.18	3.01	2.82	2.73	2.63	2.52	2.42	2.30	2.18
40	8.83	6.07	4.98	4.37	3.99	3.71	3.51	3.35	3.22	3.12	2.95	2.78	2.60	2.50	2.40	2.30	2.18	2.06	1.93
60	8.49	5.79	4.73	4.14	3.76	3.49	3.29	3.13	3.01	2.90	2.74	2.57	2.39	2.29	2.19	2.08	1.96	1.83	1.69
120	8.18	5.54	4.50	3.92	3.55	3.28	3.09	2.93	2.81	2.71	2.54	2.37	2.19	2.09	1.98	1.87	1.75	1.61	1.43
∞	7.88	5.30	4.28	3.72	3.35	3.09	2.90	2.74	2.62	2.52	2.36	2.19	2.00	1.90	1.79	1.67	1.53	1.36	1.00

附表 7　检验相关系数的临界值表

$$P(|R| > r_\alpha) = \alpha$$

n \ α	0.10	0.05	0.02	0.01	0.001
1	0.98769	0.99692	0.999507	0.999877	0.9999988
2	0.90000	0.95000	0.98000	0.99000	0.99900
3	0.8054	0.8783	0.93433	0.95873	0.99116
4	0.7293	0.8114	0.8822	0.91720	0.97406
5	0.6694	0.7545	0.8329	0.8745	0.95074
6	0.6215	0.7067	0.7887	0.8743	0.92493
7	0.5822	0.6664	0.7498	0.7977	0.8982
8	0.5494	0.6319	0.7155	0.7646	0.8721
9	0.5214	0.6021	0.6851	0.7348	0.8471
10	0.4933	0.5760	0.6581	0.7079	0.8233
11	0.4762	0.5529	0.6339	0.6835	0.8010
12	0.4575	0.5324	0.6120	0.6614	0.7800
13	0.4409	0.5139	0.5923	0.6411	0.7603
14	0.4259	0.4973	0.5742	0.6226	0.7420
15	0.4124	0.4821	0.5577	0.6055	0.7246
16	0.4000	0.4683	0.5425	0.5897	0.7084
17	0.3887	0.4555	0.5285	0.5751	0.6932
18	0.3783	0.4438	0.5155	0.5614	0.6787
19	0.3687	0.4329	0.5034	0.5487	0.6652
20	0.3598	0.4227	0.4921	0.5368	0.6524
25	0.3233	0.3809	0.4451	0.4869	0.5974
30	0.2960	0.3494	0.4093	0.4487	0.5541
35	0.2746	0.3246	0.3810	0.4182	0.5189
40	0.2573	0.3044	0.3578	0.3932	0.4896
45	0.2428	0.2875	0.3384	0.3721	0.4648
50	0.2306	0.2732	0.3218	0.3541	0.4433
60	0.2108	0.2500	0.2948	0.3248	0.4078
70	0.1954	0.2319	0.2737	0.3017	0.3799
80	0.1829	0.2172	0.2565	0.2830	0.3568
90	0.1726	0.2050	0.2422	0.2673	0.3375
100	0.1638	0.1946	0.2301	0.2540	0.3211

附表 8 常用的正交表

表 1 正交表 $L_4(2^3)$

试验号 \ 列号	1	2	3
1	1	1	1
2	1	2	2
3	2	1	2
4	2	2	1

表 2 正交表 $L_8(2^7)$

试验号 \ 列号	1	2	3	4	5	6	7
1	1	1	1	1	1	1	1
2	1	1	1	2	2	2	2
3	1	2	2	1	1	2	2
4	1	2	2	2	2	1	1
5	2	1	2	1	2	1	2
6	2	1	2	2	1	2	1
7	2	2	1	1	2	2	1
8	2	2	1	2	1	1	2

表 3 正交表 $L_{16}(2^{15})$

试验号 \ 列号	1	2	3	4	5	6	7	8	9	10	11	12	13	14	15
1	1	1	1	1	1	1	1	1	1	1	1	1	1	1	1
2	1	1	1	1	1	1	1	2	2	2	2	2	2	2	2
3	1	1	1	2	2	2	2	1	1	1	1	2	2	2	2
4	1	1	1	2	2	2	2	2	2	2	2	1	1	1	1
5	1	2	2	1	1	2	2	1	1	2	2	1	1	2	2
6	1	2	2	1	1	2	2	2	2	1	1	2	2	1	1
7	1	2	2	2	2	1	1	1	1	2	2	2	2	1	1
8	1	2	2	2	2	1	1	2	2	1	1	1	1	2	2
9	2	1	2	1	2	1	2	1	2	1	2	1	2	1	2
10	2	1	2	1	2	1	2	2	1	2	1	2	1	2	1
11	2	1	2	2	1	2	1	1	2	1	2	2	1	2	1
12	2	1	2	2	1	2	1	2	1	2	1	1	2	1	2
13	2	2	1	1	2	2	1	1	2	2	1	1	2	2	1
14	2	2	1	1	2	2	1	2	1	1	2	2	1	1	2
15	2	2	1	2	1	1	2	1	2	2	1	2	1	1	2
16	2	2	1	2	1	1	2	2	1	1	2	1	2	2	1

附表 8　常用的正交表

表 4　2 水平正交表 $L_4(2^3) L_8(2^7) L_{16}(2^{15})$ 的交互作用表

列号	1	2	3	4	5	6	7	8	9	10	11	12	13	14	15
1	(1)	3	2	5	4	7	6	9	8	11	10	13	12	15	14
2		(2)	1	6	7	4	5	10	11	8	9	14	15	12	13
3			(3)	7	6	5	4	11	10	9	8	15	14	13	12
4				(4)	1	2	3	12	13	14	15	8	9	10	11
5					(5)	3	2	13	12	15	14	9	8	11	10
6						(6)	1	14	15	12	13	10	11	8	9
7							(7)	15	14	13	12	11	10	9	8
8								(8)	1	2	3	4	5	6	7
9									(9)	3	2	5	4	7	6
10										(10)	1	6	7	4	5
11											(11)	7	6	5	4
12												(12)	1	2	3
13													(13)	3	2
14														(14)	1

表 5　正交表 $L_9(3^4)$

试验号 \ 列号	1	2	3	4
1	1	1	1	1
2	1	2	2	2
3	1	3	3	3
4	2	1	2	3
5	2	2	3	1
6	2	3	1	2
7	3	1	3	2
8	3	2	1	3
9	3	3	2	1

表 6　正交表 $L_{27}(3^{13})$

列号 试验号	1	2	3	4	5	6	7	8	9	10	11	12	13
1	1	1	1	1	1	1	1	1	1	1	1	1	1
2	1	1	1	1	2	2	2	2	2	2	2	2	2
3	1	1	1	1	3	3	3	3	3	3	3	3	3
4	1	2	2	2	1	1	1	2	2	2	3	3	3
5	1	2	2	2	2	2	2	3	3	3	1	1	1
6	1	2	2	2	3	3	3	1	1	1	2	2	2
7	1	3	3	3	1	1	1	3	3	3	2	2	2
8	1	3	3	3	2	2	2	1	1	1	3	3	3
9	1	3	3	3	3	3	3	2	2	2	1	1	1
10	2	1	2	3	1	2	3	1	2	3	1	2	3
11	2	1	2	3	2	3	1	2	3	1	2	3	1
12	2	1	2	3	3	1	2	3	1	2	3	1	2
13	2	2	3	1	1	2	3	2	3	1	3	1	2
14	2	2	3	1	2	3	1	3	1	2	1	2	3
15	2	2	3	1	3	1	2	1	2	3	2	3	1
16	2	3	1	2	1	2	3	3	1	2	2	3	1
17	2	3	1	2	2	3	1	1	2	3	3	1	2
18	2	3	1	2	3	1	2	2	3	1	1	2	3
19	3	1	3	2	1	3	2	1	3	2	1	3	2
20	3	1	3	2	2	1	3	2	1	3	2	1	3
21	3	1	3	2	3	2	1	3	2	1	3	2	1
22	3	2	1	3	1	3	2	2	1	3	3	2	1
23	3	2	1	3	2	1	3	3	2	1	1	3	2
24	3	2	1	3	3	2	1	1	3	2	2	1	3
25	3	3	2	1	1	3	2	3	2	1	2	1	3
26	3	3	2	1	2	1	3	1	3	2	3	2	1
27	3	3	2	1	3	2	1	2	1	3	1	3	2

附表 8 常用的正交表

表 7 3 水平正交表 $L_9(3^4)$ $L_{27}(3^{13})$ 的交互作用表

列号	1	2	3	4	5	6	7	8	9	10	11	12	13
1	(1){	3 4	2 4	2 3	6 7	5 7	5 6	9 10	8 10	8 9	12 13	11 13	11 12
2		(2){	1 4	1 3	8 11	9 12	10 13	5 11	6 12	7 13	5 8	6 9	7 10
3			(3){	1 2	9 13	10 11	8 12	7 12	5 13	6 11	6 10	7 8	5 9
4				(4){	10 12	8 13	9 11	6 13	7 11	5 12	7 9	5 10	6 8
5					(5){	1 7	1 6	2 11	3 13	4 12	2 8	4 10	3 9
6						(6){	1 5	4 13	2 12	3 11	3 10	2 9	4 8
7							(7){	3 12	4 11	2 13	4 9	3 8	2 10
8								(8){	1 10	1 9	2 5	3 7	4 6
9									(9){	1 8	4 7	2 6	3 5
10										(10){	3 6	4 5	2 7
11											(11){	1 13	1 12
12												(12){	1 11

表8 正交表 $L_{16}(4^5)$

试验号 \ 列号	1	2	3	4	5
1	1	1	1	1	1
2	1	2	2	2	2
3	1	3	3	3	3
4	1	4	4	4	4
5	2	1	2	3	4
6	2	2	1	4	3
7	2	3	4	1	2
8	2	4	3	2	1
9	3	1	3	4	2
10	3	2	4	3	1
11	3	3	1	2	4
12	3	4	2	1	3
13	4	1	4	2	3
14	4	2	3	1	4
15	4	3	2	4	1
16	4	4	1	3	2

注:表中任何2列的交互作用是另外3列.

表9 正交表 $L_{25}(5^6)$

试验号 \ 列号	1	2	3	4	5	6
1	1	1	1	1	1	1
2	1	2	2	2	2	2
3	1	3	3	3	3	3
4	1	4	4	4	4	4
5	1	5	5	5	5	5
6	2	1	2	3	4	5
7	2	2	3	4	5	1
8	2	3	4	5	1	2
9	2	4	5	1	2	3
10	2	5	1	2	3	4
11	3	1	3	5	2	4
12	3	2	4	1	3	5
13	3	3	5	2	4	1
14	3	4	1	3	5	2
15	3	5	2	4	1	3
16	4	1	4	2	5	3
17	4	2	5	3	1	4
18	4	3	1	4	2	5
19	4	4	2	5	3	1
20	4	5	3	1	4	2
21	5	1	5	4	3	2
22	5	2	1	5	4	3
23	5	3	2	1	5	4
24	5	4	3	2	1	5
25	5	5	4	3	2	1

注:表中任何2列的交互作用是另外4列.